Michio Kaku

Wettlauf um die Zukunft

Wie der Quantencomputer die Probleme der Menschheit lösen wird

Aus dem Englischen von Monika Niehaus und Bernd Schuh

Rowohlt

Die englische Originalausgabe erschien 2023 unter dem Titel «Quantum Supremacy. How the Quantum Computer Revolution Will Change Everything» bei Doubleday, New York.

Deutsche Erstausgabe
Veröffentlicht im Rowohlt Verlag, Hamburg, Juni 2023

Satz Skolar Latin Pro bei Dörlemann Satz, Lemförde
Druck und Bindung GGP Media GmbH, Pößneck
ISBN 978-3-498-00309-8

Die Rowohlt Verlage haben sich zu einer nachhaltigen Buchproduktion verpflichtet. Gemeinsam mit unseren Partnern und Lieferanten setzen wir uns für eine klimaneutrale Buchproduktion ein, die den Erwerb von Klimazertifikaten zur Kompensation des CO_2-Ausstoßes einschließt.
www.klimaneutralerverlag.de

FSC www.fsc.org MIX Papier | Fördert gute Waldnutzung FSC® C014496

Für meine liebe Frau, Shizue, und meine
Töchter, Dr. Michelle Kaku und Alyson Kaku

Inhalt

Teil IV: Die Welt und das Universum 273

Teil I: Aufstieg der Quantencomputer

Kapitel 1: Das Ende des Siliziumzeitalters

Eine Revolution steht bevor

In den Jahren 2019 und 2020 erschütterten zwei Knalleffekte die wissenschaftliche Welt. Zwei Gruppen von Forschenden meldeten, sie hätten «Quantenüberlegenheit» (Quantum Supremacy) erreicht, jenen sagenhaften Punkt, an dem ein radikal neuer Computertyp, der sogenannte Quantencomputer, einen gewöhnlichen digitalen Supercomputer bei bestimmten Aufgaben an Leistungsstärke deutlich übertrifft. Dies kündigte einen Umbruch an, der die gesamte Computerlandschaft verändern und jeden Aspekt unseres alltäglichen Lebens auf den Kopf stellen kann.

Zuerst meldete Google, sein «Sycamore»-Quantencomputer könne ein mathematisches Problem in 200 Sekunden lösen, für das die schnellsten Supercomputer der Welt 10 000 Jahre brauchen würden. Dem MIT-Magazin *Technology Review* zufolge bezeichneten die Google-Forscher dies als wichtigen Durchbruch. Sie verglichen es mit dem Start des Sputniks oder dem ersten Flug der Gebrüder Wright. Es sei «die Schwelle zu einem neuen Maschinenzeitalter, das die leistungsfähigsten Computer unserer Tage wie einen Abakus aussehen lassen» würden.[1]

Dann ging das Quantum Innovation Institute an der Chinesischen Akademie der Wissenschaften noch einen Schritt weiter. Die Forscher dort behaupteten, ihr Quantencomputer sei hundert Billionen Mal schneller als ein gewöhnlicher Supercomputer.

Der Vizepräsident von IBM, Bob Sutor, meint in einem Kommentar zum kometenhaften Aufstieg der Quantencomputer lakonisch: «Ich denke, das wird die wichtigste Rechnertechnologie dieses Jahrhunderts werden.»[2]

Quantencomputer sind als die «ultimativen Computer» bezeichnet worden, ein entscheidender Technologiesprung mit tiefgreifenden Konsequenzen für die ganze Welt. Statt mit winzigen Transistoren zu rechnen, rechnen sie mit den winzigsten Objekten überhaupt, den Atomen selbst, und können daher unsere leistungsfähigsten Supercomputer problemlos übertreffen. Quantencomputer könnten für Wirtschaft, Gesellschaft und unsere Lebensweise ein völlig neues Zeitalter einläuten.

Quantencomputer sind jedoch mehr als nur ein weiterer leistungsfähiger Computertyp. Sie repräsentieren einen völlig neuen Computertyp, der Probleme in Angriff nehmen kann, die ein Digitalrechner selbst in einer unendlich langen Zeitspanne niemals lösen könnte. So können digitale Computer niemals genau berechnen, wie sich Atome bei wichtigen chemischen Reaktionen miteinander verbinden, vor allem solchen Reaktionen, die Leben möglich machen. Digitalrechner können nur mit Folgen von Nullen und Einsen rechnen, die zu grob sind, um die empfindlichen Elektronenwellen zu beschreiben, die tief im Inneren eines Moleküls tanzen. Um die Wege einer Maus in einem Labyrinth zu berechnen, muss ein Digitalrechner beispielsweise mühsam nacheinander alle möglichen Wege aufwendig analysieren. Ein Quantencomputer analysiert hingegen all diese Wege gleichzeitig (*simultan*), und das mit Lichtgeschwindigkeit.

Diese Situation hat zu einem verbissenen Wettstreit zwischen rivalisierenden Computergiganten geführt, die sich ein Rennen um die Schaffung des leistungsfähigsten Quantencomputers der Welt liefern. Im Jahr 2021 stellte IBM der Öffentlichkeit seinen Quantencomputer namens Eagle (Adler) vor, der über mehr Rechenkapazität als alle Vorgänger verfügt und damit die Spitze übernommen hat.

Diese Höchstleitungen sind jedoch wie sportliche Rekorde – dazu da, gebrochen zu werden.

Angesichts der tiefgreifenden Konsequenzen dieser Revolution überrascht es nicht, dass viele der weltweit führenden Unternehmen massiv in diese neue Technologie investieren. Google, Microsoft, Intel, IBM, Rigetti und Honeywell – sie alle sind dabei, Prototypen von Quantencomputern zu bauen. Die führenden Köpfe von Silicon Valley erkennen, dass sie mit dieser Revolution Schritt halten müssen, wollen sie nicht abgehängt werden.

IBM, Honeywell und Rigetti Computing haben ihre erste Generation Quantencomputer ins Internet gestellt, um den Appetit der neugierigen Öffentlichkeit zu wecken und den Menschen ihre ersten direkten Erfahrungen mit Quantencomputing zu ermöglichen. Man kann diese neue Quantenrevolution aus erster Hand erleben, indem man im Netz eine Verbindung zu einem Quantencomputer herstellt. So macht die «IBM Q Experience», die 2016 ins Leben gerufen wurde, 15 Quantencomputer via Internet kostenlos für die Öffentlichkeit zugänglich. Samsung und JPMorgan Chase gehören zu den Nutzern. Bereits heute nutzen rund 2000 Menschen, von Schulkindern bis zu Professoren, diese Möglichkeit jeden Monat.

Die Wall Street zeigte großes Interesse an dieser Technologie. IonQ war das erste wichtige Quantencomputer-Unternehmen, das an die Öffentlichkeit ging und 2021 bei seinem Börsengang 600 Millionen Dollar einwarb. Noch verblüffender: Offenbar ist die Rivalität so groß, dass ein neues Start-up namens PsiQuantum, das weder einen kommerziellen Prototyp auf dem Markt hat noch eine Erfolgsbilanz mit früheren Produkten aufweisen kann, an der Wall Street plötzlich mit 3,1 Milliarden US-Dollar bewertet wurde und fast über Nacht 665 Millionen Dollar an Kapital einwerben konnte. Sie hätten selten erlebt, notierten Business-Analysten, dass ein neues Unternehmen, auf der Bugwelle fieberhafter Spekulationen und sensationeller Schlagzeilen reitend, in solch schwindelerregende Höhen katapultiert wurde.

Das internationale Wirtschaftsprüfungs- und Consulting-Unternehmen Deloitte schätzt, dass der Markt für Quantencomputer in den 2020er-Jahren mehrere Hundert Millionen Dollar und in den 2030er-Jahren Dutzende Milliarden Dollar erreichen wird. Niemand weiß, wann Quantencomputer reif für den kommerziellen Markt sein und die Wirtschaftswelt verändern werden, doch die Prognosen werden ständig revidiert, um mit der beispiellosen Geschwindigkeit des wissenschaftlichen Fortschritts auf diesem Gebiet Schritt zu halten. Christopher Savoie, CEO von Zapata Computing, meint im Zusammenhang mit dem kometenhaften Aufstieg der Quantencomputer: «Es ist nicht länger eine Frage des ‹Ob›, sondern eine Frage des ‹Wann›.»[3]

Sogar der US-amerikanische Kongress zeigt großes Interesse daran, dieser neuen Quantentechnologie auf die Sprünge zu helfen. Als er erkannte, dass andere Länder die Entwicklung von Quantencomputern bereits großzügig finanziell unterstützten, verabschiedete der Kongress im Dezember 2018 die National Quantum Initiative, um Startkapital für neue Forschungsvorhaben bereitzustellen. Er verfügte die Bildung von zwei bis fünf neuen «National Quantum Information Science Research Centers», die mit 80 Millionen Dollar jährlich finanziert werden sollen.

Im Jahr 2021 kündigte die US-amerikanische Regierung zudem an, unter Federführung des Energieministeriums 625 Millionen Dollar in Quantentechnologien zu investieren. Führende Unternehmen wie Microsoft, IBM und Lockheed Martin unterstützten dieses Projekt mit weiteren 340 Millionen Dollar.

China und die Vereinigten Staaten sind nicht die einzigen Länder, deren Regierung diese Technologie finanziell unterstützt, um ihre Entwicklung zu beschleunigen. Die britische Regierung richtete am Harwell-Labor des Science and Technology Facilities Council in Oxfordshire ein National Quantum Computing Center ein, das als Drehscheibe für Forschung zum Thema Quantencomputing dienen soll. Dank der finanziellen Unterstützung der Regierung wurden in Großbritannien bis Ende 2019 30 Quantencomputer-Start-ups gegründet.

Branchenanalysten sind sich klar, dass es sich dabei um ein Billionen-Dollar-Glücksspiel handelt. Auf diesem höchst konkurrenzbetonten Feld gibt es keine Garantien. Trotz der eindrucksvollen technischen Erfolge von Google und anderen Unternehmen in den letzten Jahren wird ein funktionstüchtiger Quantencomputer, der Probleme der wirklichen Welt lösen kann, noch jahrelang auf sich warten lassen. Vor uns liegt noch ein Berg harter Arbeit. Einige Kritiker warnen sogar, es könne sich um ein vergebliches Bemühen handeln. Computerunternehmen haben jedoch erkannt, dass ihnen die Tür vor der Nase zuschlagen könnte, wenn sie jetzt keinen Fuß dareinsetzen.

Ivan Ostojic, Partner bei McKinsey, meint: «Unternehmen in Industrien, wo Quanten das größte Potenzial für eine vollständige Umwälzung haben, sollten sich jetzt schleunigst damit beschäftigen.»[4] Gebieten wie Chemie, Medizin, Öl und Gas, Logistik, Bankwesen, Arzneimittelherstellung und Cybersicherheit stehen große Umwälzungen bevor. Er fügt hinzu: «Prinzipiell sind Quanten für alle Informationsmanager von Bedeutung, denn sie werden Lösungen für ein breites Spektrum von Problemen beschleunigen. Diese Unternehmen müssen Eigentümer von Quantenkenntnissen werden.»

Verne Brownell, früherer CEO von D-Wave Systems, einem kalifornischen Quantencomputing-Unternehmen, meint dazu: «Unserer Meinung nach stehen wir kurz davor, Rechenfähigkeiten zur Verfügung zu stellen, die sich mit klassischen Computern nicht verwirklichen lassen.»

Viele Wissenschaftler glauben, dass wir gerade in ein ganz neues Zeitalter eintreten, das von Schockwellen begleitet wird, wie sie mit der Einführung des Transistors und des Mikrochips einhergingen. Auch Unternehmen ohne direkte Computerproduktion wie der Automobilgigant Daimler-Benz investieren bereits in die neue Technologie, weil sie der Ansicht sind, dass Quantencomputer den Weg für neue Entwicklungen in ihren eigenen Industrien ebnen könnten. Julius Marcea, ein leitender Angestellter des Rivalen BMW, schrieb dazu: «Wir freuen uns darauf, das transformative Potenzial des Quantencomputing für die Automobilindustrie zu erforschen, und sind bestrebt, die Grenzen der Ingenieurskunst zu erweitern.»[5] Andere große Unternehmen, wie Volkswagen und Airbus, haben allesamt eigene Quantencomputing-Abteilungen eingerichtet, um zu analysieren, wie dies ihr Geschäftsgebiet revolutionieren könnte.

Pharmaunternehmen beobachten die Entwicklung auf diesem Gebiet ebenfalls aufmerksam, denn sie wissen, dass Quantencomputer in der Lage sein könnten, komplexe chemische und biologische Prozesse zu simulieren, die die Fähigkeiten von digitalen Computern weit übersteigen. Riesige Anlagen mit dem Zweck, Millionen Arzneimittel zu testen, könnten eines Tages durch «virtuelle Labors» ersetzt werden, die Medikamente im Cyberspace testen. Manche fürchten, dass durch diese Technik eines Tages Chemiker ersetzt werden könnten. Derek Lowe, der einen Blog über die Entwicklung von Medikamenten unterhält, meint jedoch: «Es geht nicht um Maschinen, die Chemiker ersetzen werden. Vielmehr werden Chemiker, die Maschinen gebrauchen, solche Chemiker ersetzen, die das nicht tun.»[6]

Selbst die größte naturwissenschaftliche Maschine der Welt, der Teilchenbeschleuniger Large Hadron Collider (LHC, deutsch Großer Hadronen-Speicherring) in der Nähe von Genf, der Protonen mit 14 Billionen Elektronenvolt aufeinanderprallen lässt, um Bedingungen wie im frühen Universum zu schaffen, setzt inzwischen Quantencomputer ein, um die riesigen dabei anfallenden Datenmengen zu sichten. In einer einzigen Sekunde können diese Quantencomputer bis zu eine Billion Bytes analysieren, die von rund einer Milliarde Teilchenkollisionen erzeugt werden. Vielleicht werden Quantencomputer eines Tages die Geheimnisse der Entstehung des Universums enträtseln.

Quantenüberlegenheit

Als der Physiker John Preskill am California Institute of Technology 2012 den Begriff Quantum Supremacy (deutsch: Quantenvorherrschaft, Quantenüberlegenheit) prägte, schüttelten viele in der Fachwelt den Kopf. Es werde Jahrzehnte, wenn nicht Jahrhunderte dauern, so ihre Meinung, bis Quantencomputer einem Digitalrechner überlegen sein würden. Schließlich galt das Rechnen mit einzelnen Atomen statt mit Siliziumchips als teuflisch schwierig. Die leichteste Erschütterung, das leiseste Geräusch kann den fragilen Tanz von Atomen in einem Quantencomputer stören. Doch haben die verblüffenden Ankündigungen die Unkenrufe der Neinsager einstweilen Lügen gestraft. Nun verlagert sich die Sorge darauf, wie rasch sich das Gebiet entwickelt.

Die Erschütterung, die von diesen bemerkenswerten Leistungen hervorgerufen wurde, hat auch Vorstandsetagen und Geheimdienste rund um die Welt aufgeschreckt. Von Whistleblowern zugespielte Dokumente zeigen, dass die CIA und die National Security Agency die Entwicklung intensiv verfolgen. Denn Quantencomputer sind so leistungsstark, dass sie im Prinzip alle bekannten Verschlüsselungscodes knacken könnten. Das heißt, dass alle von der Regierung so sorgsam gehüteten Geheimnisse, hochsensible Informationen, gleichsam ihre Kronjuwelen, nicht mehr vor Zugriffen sicher sind. Gleiches gilt auch für die bestgehüteten Geheimnisse von Unternehmen und selbst von Privatpersonen. Die Lage ist so bedrohlich, dass das National Institute of Standards and Technology (NIST, der deutschen Physikalisch-technischen Bundesanstalt vergleichbar), das nationale Normen festlegt, vor Kurzem sogar Richtlinien veröffentlichte, um große Unternehmen und Behörden beim unvermeidlichen Übergang in diese neue Ära zu unterstützen. Wie NIST verlautbaren ließ, erwartet das Institut, dass Quantencomputer bis 2029 in der Lage sein werden, die 128-Bit-AES-Verschlüsselung zu knacken, den Code, der von vielen Unternehmen eingesetzt wird.

Im *Forbes*-Magazin schrieb Ali El Kaafarani, Experte für Cybersicherheit: «Das ist eine ziemlich erschreckende Aussicht für sämtliche Organisationen, die sensible Informationen zu schützen haben.»[7]

China hat 10 Milliarden Dollar in sein National Laboratory for Quantum Information Sciences investiert, weil das Land fest entschlossen ist, eine Führungsrolle auf diesem sich so rasch entwickelnden Gebiet zu spielen. Weltweit wenden Nationen hohe Milliardensummen auf, um ihre Codes eifersüchtig zu schützen. Mithilfe eines Quantencomputers könnte ein Hacker vermutlich in *jeden* digitalen Computer auf der ganzen Welt einbrechen und dadurch Industrien aller Art und sogar das Militär lahmlegen. Die sensiblen Informationen könnten Meistbietenden in die Hände fallen. Auch die Finanzmärkte könnten ins Trudeln geraten, wenn Quantencomputer in das innerste Sanktum der Wall Street einbrächen. Überdies könnten Quantencomputer die Blockchains entschlüsseln und auch den Bitcoin-Markt ins Chaos stürzen. Schätzungen von Deloitte zufolge könnten rund 25 Prozent der Bitcoins durch Hackerangriffe mittels Quantencomputer gefährdet sein.

«Diejenigen, die Blockchains-Projekte am Laufen haben, werden wohl ein nervöses Auge auf die Fortschritte beim Quantencomputing werfen», schließt ein Bericht von CB Insights, einer Datensoftware-IT-Firma.[8]

Insofern steht nicht weniger auf dem Spiel als die Weltwirtschaft, die stark mit der Digitaltechnik verflochten ist. Wall-Street-Banken verwenden Computer, um Multimilliarden-Dollar-Transaktionen im Auge zu behalten. Ingenieure benutzen Computer, um Wolkenkratzer, Brücken und Raketen zu entwerfen. Künstler greifen auf Computer zurück, um Hollywood-Blockbuster zu animieren. Pharmaunternehmen verwenden Computer, um ihr nächstes Wundermittel zu entwickeln. Kinder brauchen Computer, um mit ihren Freunden das neueste Videospiel zu spielen. Und wir alle sind höchst abhängig von Mobiltelefonen, um uns direkt mit Freunden, Familie und Partnern auszutauschen. Jeder von uns kennt die Panik, die sich einstellt, wenn wir unser Mobiltelefon verlegt haben. Tatsächlich ist es außerordentlich schwierig, eine menschliche Aktivität zu finden, die nicht von Computern auf den Kopf gestellt wurde. Wir sind inzwischen derart von ihnen abhängig, dass unsere Zivilisation ins Chaos stürzen würde, wenn sämtliche Computer weltweit plötzlich ausfielen. Darum verfolgen Wissenschaftler die Entwicklung von Quantencomputern so aufmerksam.

Das Ende des Mooreschen Gesetzes

Was ist die Triebkraft hinter all dieser Unruhe und diesen Kontroversen?

Der Aufstieg der Quantencomputer ist ein Zeichen dafür, dass sich das Silizium Zeitalter allmählich seinem Ende zuneigt. In den letzten 50 Jahren ließ sich die Explosion der Computerleistung durch das Mooresche Gesetz beschreiben, benannt nach dem Intel-Gründer Gordon Moore. Dem Mooreschen Gesetz zufolge verdoppelt sich die Computerleistung alle 18 Monate. Dieses täuschend einfache Gesetz zeichnet das bemerkenswerte exponentielle Wachstum an Computerleistung nach; keine andere Erfindung in der menschlichen Geschichte hatte innerhalb einer so kurzen Zeitspanne eine so weitreichende Wirkung.

Im Lauf ihrer Geschichte sind Computer durch viele Stadien gegangen, wobei sie jedes Mal ihre Leistungsfähigkeit stark erhöht und große soziale Veränderungen in Gang gesetzt haben. Tatsächlich lässt sich das Mooresche Gesetz bis ins 19. Jahrhundert zurückverfolgen, in die Zeit der mechanischen Computer. Damals verwendeten Ingenieure sich drehende Zylinder, Zahnräder und Getriebe, um einfache arithmetische Operationen durchzuführen. Um die Wende zum 20. Jahrhundert begann man, Elektrizität einzusetzen und Zahnräder durch Relais und Kabel zu ersetzen. Im Zweiten Weltkrieg stattete man Computer mit einer riesigen Anzahl von Vakuumröhren aus, um geheime Regierungscodes zu knacken. In der Nachkriegszeit wurden die Vakuumröhren durch Transistoren ersetzt, die sich bis auf Mikrochipgröße verkleinern ließen, was zu immer höherer Geschwindigkeit und Leistung führte.

Damals, in den 1950er-Jahren, konnten sich nur große Unternehmen, Regierungsbehörden wie das Pentagon und internationale Banken Großrechner leisten. Diese besaßen eine hohe Rechenkapazität (so konnte ENIAC beispielsweise in 30 Sekunden erledigen, wofür ein Mensch wohl 20 Stunden gebraucht hätte). Aber sie waren teuer und so groß, dass sie oft eine ganze Etage in einem Bürogebäude einnahmen. Der Mikrochip revolutionierte diesen ganzen Prozess und verringerte ihre Größe im Lauf der Jahrzehnte, sodass ein typischer Chip von der Größe eines Fingernagels heute rund eine Milliarde Transistoren enthalten kann. Inzwischen sind die Mobiltelefone, die von Kindern für ihre Videospiele benutzt werden, leistungsfähiger als ein ganzer Raum voll der trägen Dinosaurier, wie sie das Pentagon einst benutzte. Wir sehen es als selbstverständlich an, dass der Computer in unserer Westentasche die Leistungsfähigkeit von Computern während des Kalten Krieges übersteigt.

Alles muss vergehen. Jeder Übergang in der Entwicklung des Computers ließ in einem Prozess kreativer Vernichtung die Vorgängertechnik veralten. Die Entwicklung, die das Mooresche Gesetz beschreibt, verlangsamt sich bereits und kann schließlich zum Halt kommen. Denn inzwischen sind Mikrochips so kompakt, dass die dünnste Transistorschicht nur noch rund 20 Atome hoch ist. Bei einer Schichtdicke von fünf Atomen lassen sich Elektronen nicht mehr sicher lokalisieren; sie können austreten und den Chip kurzschließen oder so viel Wärme produzieren, dass er schmilzt. Mit anderen Worten muss das Mooresche Gesetz nach den Gesetzen der Physik schließlich kollabieren, wenn wir damit fortfahren, hauptsächlich Silizium einzusetzen. Wir könnten das Ende des Silizium Zeitalters miterleben. Der nächste Schritt könnte der Übergang ins Post-Silizium- oder Quanten Zeitalter sein.

Wie der Intel-Mitarbeiter Sanjay Natarajan einst meinte: «Unserer Meinung nach haben wir alles aus dieser Rechner-Architektur herausgepresst, was man aus ihr herauspressen kann.»[9]

Silicon Valley könnte schließlich der nächste Rust Belt (die einstmals größte Industrieregion der Vereinigten Staaten) werden.

Auch wenn die Lage gegenwärtig ruhig erscheint, wird früher oder später die Zukunft heraufdämmern. Wie Hartmut Neven, Direktor von Googles KI-Labor, meinte: «Es sieht so aus, als passiere gar nichts, als passiere rein gar nichts, und dann, schwuppdiwupp, befindet man sich in einer anderen Welt.»[10]

Warum sind sie so leistungsstark?

Was macht Quantencomputer so leistungsfähig, dass sich die Nationen der Welt darauf stürzen, diese neue Technologie zu beherrschen?

Im Wesentlichen basieren alle modernen Computer auf digitaler Information, die sich als Folge von Nullen und Einsen codieren lässt. Die kleinste Informationseinheit, eine einzelne Ziffer, wird als «Bit» bezeichnet. Diese Folge von Nullen und Einsen wird in einen Digitalprozessor eingespeist, der die Berechnung durchführt und dann ein Ergebnis (Output) ausspuckt. Beispielsweise lässt sich Ihre Internetverbindung in Gigabit pro Sekunde (Gbit/s) bemessen, das heißt, dass jede Sekunde eine Milliarde Bit auf Ihren

Computer geschickt wird, was Ihnen einen sofortigen Zugriff auf Filme, E-Mails, Dokumente und anderes mehr erlaubt.

Der Nobelpreisträger Richard Feynman sah 1959 jedoch einen anderen Zugang zu digitaler Information. In einem weit vorausschauenden, bahnbrechenden Artikel «There is plenty of room at the bottom» (deutsch: «Viel Spielraum nach unten») und Folgeartikeln fragte er: Warum diese Folge von Nullen und Einsen nicht durch atomare Zustände ersetzen und einen atomaren Computer bauen? Warum nicht Transistoren durch das kleinstmögliche Objekt, das Atom, ersetzen?

Atome sind so etwas wie Kreisel. In einem Magnetfeld können sie sich in Bezug auf das Magnetfeld nach oben oder nach unten ausrichten, was mit einer Null oder einer Eins korrespondieren kann. Die Leistungsstärke eines digitalen Computers hängt von der Anzahl der Zustände (Nullen oder Einsen) in Ihrem Computer ab.

Aufgrund der seltsamen Regeln der subatomaren Welt können Atome aber auch in jeder Kombination der beiden Kreiselzustände (man spricht von «Spins») auftreten. Beispielsweise gibt es einen Zustand, bei dem der Spin des Atoms 10 Prozent der Zeit nach oben und 90 Prozent der Zeit nach unten weist. Oder 65 Prozent der Zeit nach oben und 35 Prozent nach unten. Tatsächlich gibt es unendlich viele Zustände, wie sich der Spin eines Atoms zusammensetzen kann. Das lässt die Zahl der möglichen Zustände stark anwachsen. Daher kann das Atom weitaus mehr Information tragen, nicht nur ein Bit, sondern ein «Qubit», das heißt, eine simultane Mischung von Nach-oben- und Nach-unten-Zuständen. Digitale Bits können nur jeweils ein Bit an Information tragen, was ihre Leistung einschränkt, während die Leistungsfähigkeit von Qubits fast unbegrenzt ist. Die Tatsache, dass Objekte auf atomarem Niveau gleichzeitig in multiplen Zuständen existieren können, wird als Überlagerung (*Superposition*) bezeichnet. (Das bedeutet auch, dass die vertrauten Gesetze des gesunden Menschenverstands auf atomarem Niveau ständig verletzt werden. Auf dieser Größenskala können Elektronen gleichzeitig an zwei Orten sein, was bei größeren Objekten unmöglich ist.)

Zusätzlich können diese Qubits miteinander wechselwirken, gewöhnliche Bits hingegen nicht. Das nennt man *Verschränkung* (*entanglement*). Während digitale Bits unabhängige Zustände haben, interagiert jedes neu hinzukommende Qubit mit allen vorherigen Qubits, sodass sich die Anzahl der möglichen Interaktionen verdoppelt. Daher sind Quantencomputer ihrem Wesen nach exponentiell leistungsstärker als Digitalrechner, denn jedes Mal, wenn man ein Qubit hinzufügt, verdoppelt sich die Anzahl der möglichen Wechselwirkungen.

Beispielsweise können heutige Quantencomputer mehr als 100 Qubits aufweisen. Das heißt, dass sie 2^{100} Mal leistungsstärker sind als ein Supercomputer mit nur einem einzigen Bit.

Googles Quantencomputer Sycamore, der als erster Quantenüberlegenheit erreichte, kann mit seinen 53 Qubits 72 Millionen Milliarden Bytes verarbeiten. Daher stellt ein Quantencomputer wie Sycamore jeden konventionellen Computer, was dessen Rechenleistung angeht, in den Schatten.

Die wirtschaftlichen und wissenschaftlichen Konsequenzen, die sich daraus ergeben, sind enorm. Während wir im Begriff sind, von einer digitalen Weltwirtschaft in eine Quantenökonomie überzugehen, steht außerordentlich viel auf dem Spiel.

Hindernisse auf dem Weg zum Quantencomputer

Die nächste Schlüsselfrage lautet daher: Was hält uns davon ab, heute leistungsstarke Quantencomputer auf den Markt zu bringen? Warum baut nicht ein unternehmungslustiger Erfinder einen Quantencomputer, der jeden Code knacken kann?

Das Problem beim Bau von Quantencomputern wurde von

Richard Feynman damals, als er das Konzept vorschlug, bereits vorausgesehen. Damit Quantencomputer funktionieren, müssen Atome so angeordnet werden, dass sie genau im Gleichtakt schwingen. Das nennt man Kohärenz. Aber Atome sind unglaublich kleine und empfindliche Objekte. Die geringste Verunreinigung oder Störung von außen kann dazu führen, dass diese Anordnung von Atomen ihre Kohärenz verliert und die gesamte Berechnung zunichtemacht. Diese Störanfälligkeit ist das Hauptproblem bei der Konstruktion von Quantencomputern. Daher ist die Milliarden-Dollar-Frage: Können wir die Dekohärenz kontrollieren?

Um die Kontaminierung von außen möglichst gering zu halten, benutzen Wissenschaftler Spezialgeräte, um die Temperatur auf nahe den absoluten Nullpunkt zu senken, wo unerwünschte Schwingungen minimal sind. Um derart niedrige Temperaturen zu erreichen, benötigt man einen Raum voll teurer Spezialpumpen und Schläuche.

Wir stehen jedoch vor einem Rätsel. Mutter Natur benutzt ohne die geringsten Probleme Quantenmechanik bei Raumtemperatur. Beispielsweise ist das Wunder der Fotosynthese, einer der wichtigsten Prozesse auf der Erde, ein Quantenprozess, und dennoch findet er bei normalen Temperaturen statt. Mutter Natur benutzt keinen Raum voller exotischer Geräte, die nahe dem absoluten Nullpunkt arbeiten, um sie zu betreiben. Aus noch weitgehend unverstandenen Gründen bleibt die Kohärenz in der Natur selbst an einem warmen, sonnigen Tag erhalten, an dem Störungen von außen eigentlich Chaos auf atomarem Niveau auslösen sollten. Wenn wir eines Tages herausfinden könnten, wie Mutter Natur ihre Magie bei Raumtemperatur ausübt, könnten wir das Quant und vielleicht sogar das Leben selbst beherrschen.

Die Wirtschaft revolutionieren

Quantencomputer können einerseits kurzfristig eine Bedrohung für die Cybersicherheit der Staaten darstellen, doch haben sie langfristig große praktische Konsequenzen und das Potenzial, die Weltwirtschaft zu revolutionieren, eine nachhaltigere Zukunft zu schaffen und eine Ära der Quantenmedizin einzuläuten, die es erlaubt, bisher unheilbare Krankheiten zu heilen.

Es gibt viele Gebiete, auf denen Quantencomputer Digitalrechner übertrumpfen können:

1. Suchmaschinen

In der Vergangenheit wurde Reichtum vielleicht in Form von Öl oder Gold bemessen. Heute wird er zunehmend in Daten bemessen. Früher warfen Unternehmen ihre eigenen Finanzdaten in der Regel einfach weg, doch inzwischen ist diese Information bisweilen wertvoller als kostbares Metall. Sich durch riesige Datenmengen zu arbeiten, kann einen konventionellen digitalen Computer jedoch überfordern. Hier kommen Quantencomputer ins Spiel, die die Nadel im Heuhaufen finden können. Sie sind unter Umständen in der Lage, die Finanzen eines Unternehmens zu analysieren, um jene Handvoll Faktoren zu identifizieren, die sein Wachstum behindern.

Tatsächlich ist JP Morgan kürzlich eine Partnerschaft mit IBM und Honeywell eingegangen, um die Daten des Bankhauses zu analysieren. So sollen finanzielle Risiken sowie Unsicherheiten besser vorhergesagt werden, um die Effizienz der Bankoperationen zu steigern.

2. Optimierung

Sobald Quantencomputer Suchmaschinen eingesetzt haben, um die Schlüsselfaktoren in den Daten zu identifizieren, lautet die nächste Frage, wie man sie anpassen sollte, um bestimmte Größen, wie den Profit, zu maximieren. Zumindest große Unternehmen, Universitäten und Regierungsbehörden werden Quantencomputer verwenden, um ihre Kosten zu minimieren und ihre Effizienz wie auch ihren Profit zu maximieren. Beispielsweise hängt der Reingewinn eines Konzerns von vielen Hundert Faktoren ab, darunter Umsätze, Gehälter, Kosten, die sich alle rasch in Abhängigkeit von der Zeit verändern. Ein traditioneller digitaler Computer könnte damit überfordert sein, die richtigen Faktoren aus Myriaden von Kombinationen zu finden, um die Profitmarge des Konzerns zu vergrößern. Unterdessen möchte ein Finanzunternehmen vielleicht Quantencomputer einsetzen, um die Zukunft bestimmter Finanzmärkte vorherzusagen, die jeden Tag Milliarden Dollar an Transaktionen tätigen. In diesem Fall können Quantencomputer zur Optimierung des Reingewinns beitragen, indem sie die rechnerische «Muskelkraft» liefern.

3. Simulation

Quantencomputer können unter Umständen auch komplexe Gleichungen lösen, die digitale Computer überfordern. Beispielsweise könnten Ingenieurbüros Quantencomputer einsetzen, um die Aerodynamik von Flugzeugen und Autos zu berechnen und die ideale Form zu finden, die Reibung verringert, die Kosten minimiert und die Effizienz maximiert. Regierungen könnten Quantencomputer zur Wettervorhersage verwenden und so den Weg eines Monster-Hurrikans berechnen oder analysieren, wie die Klimaerwärmung die Wirtschaft und unsere Lebensweise zukünftig beeinflussen wird. Oder Wissenschaftler könnten Quantencomputer einsetzen, um die optimale Anordnung von Magneten in riesigen Kernfusionsanlagen zu finden, auf diese Weise eine Wasserstofffusion zu ermöglichen und «die Sonne in die Flasche» packen.

Der größte Vorteil von Quantencomputern besteht jedoch vielleicht darin, Hunderte von wichtigen chemischen Reaktionen zu simulieren. Der Traum wäre, das Ergebnis einer beliebigen chemischen Reaktion auf atomarem Niveau vorherzusagen, ohne überhaupt chemische Verbindungen einzusetzen, sondern lediglich Quantencomputer. Dieser neue Wissenschaftszweig, Computerchemie (*computational chemistry*) genannt, erforscht chemische Eigenschaften nicht mithilfe von Experimenten, sondern durch Simulation in einem Computer, der eines Tages teure und zeitaufwendige Tests überflüssig machen könnte. Die gesamte Biologie, Medizin und Chemie würden sich auf Quantenmechanik reduzieren. Das bedeutet die Schaffung eines «virtuellen Labors», in dem wir rasch neue Arzneimittel, Behandlungsmethoden und Heilmittel im Speicher eines Quantencomputers ausprobieren und damit jahrzehntelange langsame, mühsame Laborexperimente nach dem Versuch-und-Irrtum-Verfahren umgehen können. Statt Tausende komplexer, teurer und zeitaufwendiger chemischer Experimente durchzuführen, braucht man vielleicht einfach nur auf die Taste eines Quantencomputers zu drücken.

4. Verschmelzung von KI und Quantencomputern

Künstliche Intelligenz (KI) zeichnet sich dadurch aus, dass sie aus Fehlern lernen und unglaublich schwierige Aufgaben erledigen kann. KI hat ihren Wert in Industrie und Medizin bereits bewiesen. Einschränkend für die KI ist jedoch, dass die riesige Datenmenge, die sie verarbeiten muss, einen konventionellen Digitalrechner leicht überfordern kann. Die Fähigkeit, große Datenmengen zu durchforsten, gehört jedoch zu den Stärken von Quantencomputern. Daher kann die gegenseitige Befruchtung von KI und Quantencomputern ihre Kompetenz zur Lösung von Problemen aller Art erheblich steigern.

Weitere Anwendungen von Quantencomputern

Quantencomputer haben das Potenzial, ganze Branchen zu verändern. Zum Beispiel könnten sie das lang erwartete Solarzeitalter einläuten. Seit Jahrzehnten sagen Futurologen und Visionäre voraus, dass erneuerbare Energien fossile Brennstoffe ersetzen und den Treibhauseffekt vermeiden können, der den Planeten erwärmt. Heerscharen dieser Denker und Visionäre haben die Vorteile von erneuerbaren Energien gepriesen.

Aber das Zeitalter der Solarenergie ist vom Weg abgekommen.

Obwohl die Kosten für Windräder und Solaranlagen gesunken sind, erzeugen sie bislang weltweit nur einen geringen Teil der Energie. Die Frage lautet: Was ist passiert?

Jede neue Technologie sieht sich mit einem Grundproblem konfrontiert: Kosten. Nach jahrzehntelangen Lobgesängen auf Solar- und Windenergie müssen Befürworter der Tatsache ins Auge sehen, dass diese Energien immer noch ein wenig teurer sind als fossile Energielieferanten. Der Grund dafür ist klar. Wenn die Sonne nicht scheint oder der Wind nicht weht, kommt die Produktion erneuerbarer Energie zum Stillstand.

Der wichtigste Engpass für das Fortschreiten des Solarzeitalters wird oft übersehen: Es ist die Batterie. Wir haben uns davon in die Irre führen lassen, dass die Computerleistung exponentiell rasch wächst, und unbewusst angenommen, dasselbe Tempo gelte für alle elektronischen Technologien.

Die Leistungsstärke von Computern ist zum Teil auch deshalb exponentiell gewachsen, weil wir ultraviolettes Licht mit kürzeren Wellenlängen verwenden können, um winzige Transistoren auf einen Siliziumchip zu ätzen. Aber Batterien sind etwas anderes; sie sind chaotisch und basieren auf exotischen Chemikalien, die in komplexer Weise miteinander wechselwirken. Die Leistung von Batterien wächst langsam und mühsam, durch Versuch und Irrtum, nicht durch systematisches Ätzen mit kurzwelligerem UV-Licht. Zudem macht die in einer Batterie gespeicherte Energie nur einen winzigen Bruchteil der in Benzin gespeicherten Energie aus.

Quantencomputer könnten diese Situation verändern. Sie könnten Tausende möglicher chemischer Reaktionen simulieren, ohne Versuche im Labor durchführen zu müssen, um den effizientesten Prozess für eine Superbatterie zu finden und damit das Solarzeitalter einzuläuten.

Elektrizitätswerke und Automobilfirmen setzen bereits die erste Generation der IBM-Quantencomputer ein, um das Batterieproblem anzugehen. Sie versuchen, Kapazität und Wiederaufladungsgeschwindigkeit der nächsten Generation von Lithium-Schwefel-Batterien zu erhöhen. Aber das ist nur eine Möglichkeit, das Klima zu beeinflussen. Zusätzlich verwendet ExxonMobil den IBM-Quantencomputer, um neue chemische Verbindungen für energiearme Verarbeitung und CO_2-Abscheidung (Carbon Capture) zu schaffen. Insbesondere wünscht man sich bei Exxon, dass Quantencomputer Materialien simulieren und deren chemische Eigenschaften vorhersagen, zum Beispiel ihre Wärmekapazität.

Jeremy O'Brian, Gründer von PsiQuantum, betont, dass es bei dieser Revolution nicht um den Bau schnellerer Computer geht.[11] Vielmehr geht es um die Inangriffnahme von Problemen wie zum Beispiel komplexen chemischen und biologischen Reaktionen, die kein konventioneller Computer lösen kann, ganz gleich, wie viel Zeit wir ihm geben. Er meint: «Wir sprechen nicht davon, Dinge schneller oder besser zu tun ... Wir sprechen davon, diese Dinge überhaupt tun zu können. ... Diese Probleme liegen für immer außerhalb der Reichweite eines jeden konventionellen Computers, den wir jemals bauen könnten. ... Selbst wenn wir jedes Siliziumatom auf dem Planeten nehmen und es in einen Supercomputer einbauen würden, könnten wir ... diese schwierigen Probleme nicht lösen.»

Den Planeten ernähren

Eine weitere entscheidende Anwendung von Quantencomputern könnte darin bestehen, die wachsende Weltbevölkerung zu ernähren. Gewisse Bakterien können Stickstoff aus der Luft in Ammoniak umwandeln, der dann als Grundstoff für Dünger dient. Diese sogenannte Stickstofffixierung ist der Grund dafür, dass die Erde Leben trägt; sie erlaubt ein üppiges Pflanzenwachstum, das Mensch und Tier ernährt. Die Grüne Revolution kam in Schwung, als es Chemikern gelang, diese Leistung mit dem Haber-Bosch-Verfahren nachzuahmen. Dieser Prozess kostet jedoch sehr viel Energie. Tatsächlich verschlingt er erstaunliche 2 Prozent der gesamten Energieproduktion weltweit.

Das ist wirklich eine Ironie: *Bakterien können etwas kostenlos tun, das einen beträchtlichen Teil der weltweit erzeugten Energie auffrisst.*

Die Frage ist: Können Quantencomputer dieses Problem einer effizienten Düngerproduktion lösen und eine Zweite Grüne Revolution in Gang setzen? Ohne eine weitere Revolution in der Nahrungsmittelproduktion prognostizieren einige Zukunftsforscher eine ökologische Katastrophe, da eine ständig wachsende Weltbevölkerung immer schwerer zu ernähren ist, was zu massiven Hungersnöten und Aufständen rund um den Erdball führen könnte.

Forschende bei Microsoft haben bereits erste Versuche unternommen, Quantencomputer einzusetzen, um die Erträge von Düngemitteln zu erhöhen und das Geheimnis der Stickstofffixierung zu lüften. Letztlich könnten Quantencomputer dazu beitragen, die menschliche Zivilisation vor sich selbst zu retten.

Ein weiteres Wunder der Natur ist die Fotosynthese, bei der Sonnenlicht und Kohlendioxid in Wasserstoff und einen Zucker (Glukose) umgewandelt werden, der anschließend die Grundlage fast allen Lebens auf der Erde bildet. Ohne Fotosynthese bricht die Nahrungskette zusammen, und das Leben auf diesem Planeten würde rasch zugrunde gehen. Wissenschaftler haben jahrzehntelang versucht, alle Schritte hinter diesem Prozess Molekül für Molekül aufzuklären. Hinter dem Problem, Licht und Kohlendioxid in Zucker umzuwandeln, steckt jedoch ein quantenmechanischer Prozess. Nach jahrelangen Bemühungen haben die Forschenden herausgefunden, an welchen Stellen Quanteneffekte diesen Prozess dominieren, und alle liegen außerhalb der Reichweite digitaler Computer. Eine synthetische Fotosynthese, die potenziell effizienter als die natürliche sein könnte, ist daher ein Unterfangen, das sich selbst von unseren besten Chemikern nicht verwirklichen lässt.

Quantencomputer könnten dazu beitragen, eine effizientere Fotosynthese zu entwickeln, oder vielleicht auch völlig neue Wege aufzeigen, die Energie des Sonnenlichts zu nutzen. Möglicherweise hängt die Zukunft unserer Lebensmittelproduktion davon ab.

Die Geburt der Quantenmedizin

Quantencomputer haben also die Macht, die Umwelt und das pflanzliche Leben zu regenerieren. Aber sie können auch Kranke heilen und Sterbenden helfen. Sie können nicht nur simultan die Wirkung von Millionen potenzieller Medikamente schneller als jeder konventionelle Computer analysieren, sondern auch die Natur der Krankheit selbst entschlüsseln.

Quantencomputer könnten Fragen wie diese beantworten: Was veranlasst gesunde Zellen, sich plötzlich in Krebszellen zu verwandeln, und wie kann man diesen Prozess stoppen? Was ruft die Alzheimer-Krankheit hervor? Warum sind Parkinson und Amyotrophe Lateralsklerose (ALS) unheilbar? Wir wissen, dass das Coronavirus in neuerer Zeit mutiert ist, aber wie gefährlich sind die einzelnen Virusmutanten, und wie werden sie auf eine Behandlung reagieren?

Zwei der größten Errungenschaften in der Medizin sind Antibiotika und Impfstoffe. Neue Antibiotika werden jedoch weitgehend nach dem Prinzip von Versuch und Irrtum entdeckt, ohne dass wir genau verstünden, wie sie auf molekularer Ebene funktionieren, und Vakzine regen den menschlichen Körper lediglich dazu an, chemische Verbindungen zu produzieren, die eindringende Viren angreifen. In beiden Fällen sind die genauen molekularen Mechanismen noch immer ein Geheimnis, und Quantencomputer könnten uns helfen, bessere Impfstoffe und Antibiotika zu entwickeln.

Der erste Schritt zu einem genaueren Verständnis des Körpers war das Humangenomprojekt, das sämtliche drei Milliarden Basenpaare und 20000 Gene auflistete, die die Blaupause für den menschlichen Körper bilden. Aber das ist nur der Anfang. Das Problem ist, dass Digitalrechner hauptsächlich dazu verwendet werden, riesige Datenbanken bekannter genetischer Codes zu durchsuchen, aber aufgeschmissen sind, wenn es darum geht, genau zu erklären, wie DNA und Proteine ihre Magie innerhalb des Körpers entfalten. Proteine sind komplexe Objekte, die oft aus vielen Tausend Atomen bestehen und sich auf spezielle und unerklärliche Weise zusammenfalten, wenn sie ihre molekulare Magie ausüben. Auf seiner fundamentalen Ebene ist alles Leben quantenmechanisch und liegt damit außerhalb der Reichweite digitaler Computer.

Quantencomputer werden jedoch den Weg zum nächsten Stadium weisen. Mit ihrer Hilfe können wir die Mechanismen auf molekularer Ebene entziffern und verstehen, wie sie funktionieren. Das würde es Forschenden ermöglichen, neue genetische Wege, neue Therapien und neue Heilmethoden zu entwickeln, um zuvor unheilbare Krankheiten zu besiegen.

Beispielsweise richten Pharmaunternehmen wie ProteinQure, Digital Health 150, Merck und Biogen bereits Forschungszentren ein, um herauszufinden, wie Quantencomputer die Analyse von Arzneimittel beeinflussen werden.

Wissenschaftler staunen darüber, dass es Mutter Natur gelungen ist, einen riesigen Vorrat molekularer Mechanismen zu schaffen, die das Wunder des Lebens möglich machen. Diese Mechanismen sind jedoch Nebenprodukte des Zufalls und der zufälligen natürlichen Selektion, die über Milliarden Jahre auf Zellen eingewirkt hat. Deshalb leiden wir noch immer unter unheilbaren Krankheiten und dem Alterungsprozess. Wenn wir einmal verstehen, wie diese molekularen Mechanismen funktionieren, können wir Quantencomputer verwenden, um sie zu verbessern oder neue Versionen von ihnen zu schaffen.

Bei der DNA-Genomik können wir beispielsweise Computer einsetzen, um Gene wie BRAC-1 und BRAC-2 zu identifizieren, die die Wahrscheinlichkeit für Brustkrebs erhöhen. Aber Digitalrechner sind nutzlos, wenn es darum geht, im Detail aufzuklären, wie genau diese defekten Gene zu Brustkrebs führen. Und sie können auch nicht verhindern, dass der Krebs sich im ganzen Körper ausbreitet. Aber wenn es uns mithilfe von Quantencomputern gelingt, die komplexen molekularen Wechselbeziehungen unseres Immunsystems zu entschlüsseln, können wir möglicherweise neue Medikamente und Therapien entwickeln, um diese Krankheit zu bekämpfen.

Ein anderes Beispiel ist die Alzheimer-Krankheit, von der manche glauben, sie werde aufgrund der Alterung der Weltbevölkerung zur «Krankheit des Jahrhunderts» werden. Mit digitalen Computern kann man zeigen, dass Mutationen in bestimmten Genen, wie dem ApoE4-Gen, mit Alzheimer assoziiert sind. Aber Digitalrechner helfen nicht weiter, wenn es darum geht zu erklären, warum das so ist.

Eine weitgehend akzeptierte Theorie ist, dass Alzheimer von «Prionen» hervorgerufen wird, anomal gefalteten Proteinen, die im Gehirn sogenannte Amyloid-Ablagerungen bilden. Wenn dieses anomal gefaltete Protein auf ein gleichartiges, aber normal gefaltetes Proteinmolekül stößt, bewirkt es, dass sich dieses Proteinmolekül ebenfalls falsch faltet. Daher kann sich die Krankheit durch

Kontakt ausbreiten, obgleich weder Viren noch Bakterien beteiligt sind. Es wird vermutet, dass anomal gefaltete Prionen hinter Krankheiten wie Alzheimer, Parkinson, ALS und einer ganzen Palette anderer unheilbarer Krankheiten stecken könnten, unter denen besonders ältere Menschen leiden.

Daher ist das Problem der Proteinfaltung eines der größten noch unkartierten Gebiete der Biologie. Tatsächlich könnte es das Geheimnis des Lebens selbst in sich bergen. Aber herauszufinden, wie ein Proteinmolekül sich genau faltet, übersteigt die Fähigkeiten eines konventionellen Computers. Quantencomputer können hingegen neue Wege aufzeigen, wie sich defekte Proteine neutralisieren lassen, und neue Therapien liefern.

Zusätzlich könnte sich herausstellen, dass die Zukunft der Medizin in der bereits erwähnten Verschmelzung von KI und Quantencomputern liegt. Bereits heute sind KI-Programme wie AlphaFold in der Lage, die detaillierte atomare Struktur von erstaunlichen 350 000 verschiedenen Proteintypen zu kartieren, einschließlich des kompletten Satzes von Proteinen, aus denen sich der menschlichen Körper aufbaut. Der nächste Schritt besteht darin, die einzigartigen Methoden von Quantencomputern einzusetzen, um herauszufinden, wie diese Proteine ihre magische Wirkung entfalten, und sie einzusetzen, um die nächste Generation von Medikamenten und Therapien zu entwickeln.

Quantencomputer werden bereits heute mit neuronalen Netzwerken verknüpft, um die nächste Generation von lernenden Maschinen zu schaffen, die sich buchstäblich selbst neu erfinden können. Im Gegensatz dazu lernt der Laptop, den Sie auf dem Schoß haben, niemals von sich aus etwas Neues. Er ist heute nicht leistungsfähiger als letztes Jahr. Erst seit Kurzem machen Computer dank Fortschritten beim Deep Learning die ersten Schritte in Richtung Fehlererkennung und Lernen. Quantencomputer könnten diesen Prozess exponentiell beschleunigen und Medizin und Biologie damit revolutionieren.

Googles CEO Sundar Pichai vergleicht die Entwicklung von Quantencomputern mit dem historischen Flug der Gebrüder Wright im Jahr 1903. Der ursprüngliche Test war, für sich gesehen, nicht besonders eindrucksvoll, denn der Flug dauerte nur bescheidene zwölf Sekunden. Doch dieser kurze Flug läutete die moderne Luftfahrt ein, die den Lauf der menschlichen Geschichte verändert hat.

Es geht um nichts Geringeres als unsere Zukunft. Wer in der Lage ist, einen Quantencomputer zu bauen, kann nach ihr greifen. Um wirklich zu verstehen, welche Konsequenzen diese Revolution für unseren Alltag haben könnte, lohnt es sich, einige der beherzten Versuche nachzuvollziehen, die in der Vergangenheit gemacht wurden, um unseren Traum zu erfüllen: Computer zu verwenden, um die Welt um uns herum zu simulieren und zu verstehen.

Alles begann mit einem geheimnisvollen, 2000 Jahre alten Relikt, das auf dem Grund des Mittelmeers entdeckt wurde.

Kapitel 2: Das Ende des digitalen Zeitalters

Auf dem Grund der Ägäis stießen Taucher auf eines der faszinierendsten und fesselndsten Rätsel der antiken Welt. Im Jahr 1901 gelang es ihnen, in der Nähe der Insel Antikythera eine seltsame Kuriosität zu bergen. Zwischen verstreuten Scherben von Töpferwaren, Münzen, Schmuck und Statuen in einem Schiffswrack fanden die Taucher einen Gegenstand, der auf eigentümliche Weise anders war. Auf den ersten Blick sah er aus wie ein wertloses Stück korallenverkrustetes Gestein.

Doch als die Schmutzschichten abgetragen wurden, erkannten Archäologen, dass sie es mit einem äußerst seltenen, einzigartigen Schatz zu tun hatten. Es war ein Gerät von kompliziertem und ausgefallenem Design, bestückt mit Rädern, Zahnkränzen und seltsamen Inschriften.

Die Datierung der im Schiffswrack gefundenen Artefakte ergab, dass das Gerät irgendwann zwischen 150 und 100 v. Chr. hergestellt worden war. Einige Historiker glauben, dass es von Rhodos nach Rom unterwegs war, um Julius Cäsar als Geschenk bei einem Triumphzug überreicht zu werden.

Im Jahr 2008 gelang es Wissenschaftlern, mithilfe von Röntgentomografie und hochauflösender Oberflächenspektroskopie in das Innere dieses faszinierenden Objekts vorzudringen. Völlig überrascht stellten sie fest, dass sie ein uraltes mechanisches Gerät vor sich hatten, das unglaublich fortschrittlich war.

Nirgendwo in antiken Aufzeichnungen wurde ein derart ausgeklügelter Mechanismus erwähnt. Es dämmerte ihnen, dass diese großartige Maschine der Gipfel der wissenschaftlichen Erkenntnisse der antiken Welt gewesen sein musste. Es war eine Supernova der Brillanz, die aus vergangenen Jahrtausenden leuchtete. Es handelte sich um den *ältesten Computer der Welt*, ein Gerät, das erst in zweitausend Jahren nachgebaut werden würde.

Abb. 1: Der Mechanismus von Antikythera
Vor 2000 Jahren schufen die Griechen den Antikythera-Computer, den allerersten in der langen Entwicklungsgeschichte der Computer. Während er den Beginn der Computertechnologie darstellt, könnte der Quantencomputer die höchste Stufe in dieser Entwicklung sein.

Wissenschaftler begannen, dieses bemerkenswerte mechanische Gerät nachzubauen. Durch das Drehen einer Kurbel wurde zum ersten Mal seit Tausenden von Jahren eine Reihe von komplexen Rädern und Radzähnen in Bewegung gesetzt. Das Gerät hatte mindestens 37 Bronzezahnräder. Mit einem Teil dieser Zahnräder wurde die Bewegung von Mond und Sonne berechnet. Mit anderen konnte man die nächste Sonnenfinsternis vorhersagen. Das Gerät war von solcher Genauigkeit, dass es sogar kleine Unregelmäßigkeiten in der Mondumlaufbahn berechnete. Übersetzungen der Inschriften auf dem Gerät beschreiben die Bewegungen von Merkur, Venus, Mars, Saturn und Jupiter, jenen Planeten, die den Alten bekannt waren, und es wird vermutet, dass ein fehlender Teil des Mechanismus sogar die Bewegung der Planeten am Himmel aufzeichnen konnte.

Seitdem hat die Wissenschaft aufwendige Modelle vom Innenleben dieses Mechanismus erstellt, die Historikerinnen und Historikern einen beispiellosen Einblick in Wissen und Denken der Antike verschafft haben. Das Gerät war die Geburtsstunde eines völlig neuen Wissenschaftszweigs, der das Universum mit mechanischen Hilfsmitteln simuliert. Es handelte sich um den ältesten *Analogrechner* der Welt, also um eine Maschine, die mit kontinuierlichen mechanischen Bewegungen bestimmte Berechnungen durchführen konnte.

Der Zweck des ersten Computers der Welt bestand also darin, die Bewegung der Himmelskörper zu simulieren und die Geheimnisse des Kosmos in einem Gerät zu reproduzieren, das man in der Hand halten konnte. Anstatt einfach nur den Nachthimmel zu bestaunen, wollten die Wissenschaftler der Antike ihn im Detail verstehen, was ihnen einen noch nie da gewesenen Einblick in die Bewegung der Himmelskörper ermöglichte.

Quantencomputer: Die ultimative Simulation

Archäologen haben festgestellt, dass der Mechanismus von Antikythera den Höhepunkt aller antiken Bemühungen um die Simulation des Kosmos darstellt. Tatsächlich ist derselbe uralte Drang, die Welt um uns herum modellhaft abzubilden, eine der treibenden Kräfte hinter dem Quantencomputer, der die ultimative Anstrengung der 2000 Jahre währenden Reise darstellt, alles zu simulieren – vom Kosmos bis hin zum Atom.

Die Simulation gehört zu den tiefsten menschlichen Sehnsüchten. Kinder nutzen Simulationen mit Spielzeugfiguren, um menschliches Verhalten zu verstehen. Wenn Kinder Räuber und Gendarm, Lehrer und Schüler oder Arzt und Patient spielen, simulieren sie ein Stück Erwachsenengesellschaft, um komplexe menschliche Beziehungen zu verstehen.

Leider sollte es noch viele Jahrhunderte dauern, bis Wissenschaftler Maschinen von ausreichender Komplexität bauen konnten, um unsere Welt so gut zu simulieren, wie es der Mechanismus von Antikythera konnte.

Babbage und die Differenzmaschine

Mit dem Untergang des Römischen Reiches kam der wissenschaftliche Fortschritt auf vielen Feldern zum Stillstand, auch bei der Simulation des Universums.

Erst im 19. Jahrhundert erwachte das Interesse daran allmählich wieder.

Inzwischen gab es dringende, praktische Fragen, die nur mit mechanischen Analogrechnern beantwortet werden konnten. Zum Beispiel waren die Seefahrer auf detaillierte Karten und Diagramme angewiesen, um den Kurs ihrer Schiffe festzulegen. Sie benötigten Geräte, um diese Karten so wirklichkeitsgetreu wie möglich zu gestalten.

Immer komplexere Maschinen wurden auch benötigt, um den Überblick über Handel und Gewerbe zu behalten, da die Menschen immer mehr Wohlstand anhäuften. Buchhalter mussten ausführliche mathematische Tabellen mit Zinsen und Hypotheken von Hand zusammenstellen.

Menschen machten jedoch oft kostspielige und entscheidende

Fehler. Daher war man sehr daran interessiert, mechanische Rechenmaschinen zu entwickeln, denen diese Fehler nicht unterlaufen würden. Als die Rechenmaschinen immer komplexer wurden, entstand ein zwangloser Wettbewerb zwischen unternehmungslustigen Erfindern, wer die fortschrittlichste Maschine bauen konnte.

Das vielleicht ehrgeizigste dieser Projekte wurde von dem exzentrischen englischen Erfinder und Visionär Charles Babbage geleitet, der oft als Vater des Computers bezeichnet wird. Er versuchte sich in einer Reihe von unterschiedlichen Bereichen, darunter Kunst und sogar Politik, blieb aber immer von Zahlen fasziniert. Glücklicherweise wurde er in eine wohlhabende Familie hineingeboren, sodass sein Vater, ein Bankier, ihn bei der Verfolgung seiner vielfältigen Interessen finanziell unterstützen konnte.

Sein Traum war es, die fortschrittlichste Rechenmaschine seiner Zeit zu erschaffen, mit der Banker, Ingenieure, Seeleute und das Militär mühsame, aber wichtige Berechnungen fehlerfrei durchführen konnten. Er verfolgte zwei Ziele. Als Gründungsmitglied der Royal Astronomical Society hatte er Interesse an einer Maschine, die die Bewegungen der Planeten und Himmelskörper verfolgen konnte (und er folgte im Wesentlichen dem Weg des mathematischen Genies, das den Mechanismus von Antikythera gebaut hatte). Außerdem war er bestrebt, genaue Karten für die Schifffahrt zu erstellen. England war eine bedeutende Seemacht, und Fehler in den Seekarten konnten zu teuren Katastrophen führen. Seine Idee war, den leistungsstärksten mechanischen Computer seiner Art zu entwickeln, um Bewegungen aller Arten – von den Planeten über Schiffe auf See bis hin zu Zinssätzen – zu berechnen.

Er überzeugte und rekrutierte eifrige Anhänger, die ihn und sein ehrgeiziges Projekt unterstützten. Eine von ihnen war Lady Ada Lovelace, eine Angehörige der Aristokratie und Tochter von Lord Byron. Sie war auch eine ambitionierte Studentin der Mathematik, was für Frauen in dieser Zeit selten war. Als sie ein kleines Arbeitsmodell von Babbages Projekt sah, war sie von diesem spannenden Programm fasziniert.

Man weiß, dass Lovelace Babbage bei der Einführung mehrerer neuer Konzepte im Bereich der Computertechnik half. Normalerweise benötigte ein mechanischer Computer eine Reihe von Zahnrädern und Rädchen, um langsam und mühsam eine Zahl nach der anderen zu berechnen. Um jedoch ganze Tabellen mit Tausenden von mathematischen Zahlen auf einmal zu erzeugen (z.B. Logarithmen, Zinssätze, Navigationskarten usw.), brauchte man eine Reihe von Anweisungen, die die Maschine über viele Iterationen hinweg anleitete. Mit anderen Worten, man brauchte eine Software, um die Abfolge der Berechnungen in der Hardware zu steuern. Also schrieb sie eine Reihe detaillierter Anweisungen, mit denen die Maschine systematisch die sogenannten Bernoulli-Zahlen erzeugen konnte, die für die von ihr durchgeführten Berechnungen unerlässlich waren.

Lady Lovelace war in gewissem Sinne die erste Programmiererin der Welt. Historiker sind sich einig, dass Babbage sich wahrscheinlich der Bedeutung von Software und Programmierung bewusst war, aber Lovelace' detaillierte Notizen aus dem Jahr 1843 stellen den ersten veröffentlichten Bericht über ein Computerprogramm dar.

Lovelace erkannte auch, dass der Computer nicht nur in der Lage war, Zahlen zu verarbeiten, wie Babbage glaubte, sondern dass er auch zur Beschreibung symbolischer Konzepte in einer Vielzahl von Bereichen eingesetzt werden konnte. Der Autor Doron Swade schreibt: «Ada sah etwas, was Babbage in gewisser Weise nicht sah. In Babbages Welt waren seine Maschinen an Zahlen gebunden. Was Lovelace sah, war, dass Zahlen auch für andere Dinge stehen können als für Zahlenwerte. Wenn man also eine Maschine hatte, mit der man Zahlen manipulieren konnte, und wenn diese Zahlen andere Dinge repräsentierten, wie Buchstaben oder Musiknoten, dann konnte die Maschine Symbole verarbeiten, von denen die Zahl nur ein Beispiel war, und zwar nach bestimmten Regeln.»[1]

Lovelace schrieb zum Beispiel, dass der Computer programmiert werden könnte, Musikstücke zu erzeugen. Sie schrieb: «Die Maschine könnte kunstvolle und wissenschaftliche Musikstücke von beliebiger Komplexität und beliebigem Umfang komponieren.»[2]

Der Computer war also nicht nur ein Zahlenmagier, eine hochgejubelte Rechenmaschine. Er konnte auch zur Erforschung von Wissenschaft, Kunst, Musik oder Kultur eingesetzt werden. Leider starb Ada Lovelace im Alter von 36 Jahren an Krebs, bevor sie diese weltverändernden Konzepte weiter ausarbeiten konnte.

Unterdessen litt Babbage inzwischen unter chronischem Geldmangel und war ständig in Streitigkeiten verwickelt, sodass sein Traum, den fortschrittlichsten mechanischen Computer zu erschaffen, nie vollendet wurde. Als er starb, starben viele seiner Entwürfe und Ideen mit ihm.

Doch seither haben Wissenschaftler versucht, genau zu untersuchen, wie fortschrittlich seine Maschinen waren. Der Bauplan eines seiner unvollendeten Modelle enthielt 25000 Teile. Fertiggestellt hätte es vier Tonnen gewogen und wäre über zwei Meter hoch gewesen. Er war seiner Zeit so weit voraus, dass seine Maschine eintausend 50-stellige Zahlen hätte verarbeiten können. Diese enorme Speicherkapazität sollte bis 1960 von keiner anderen Maschine erreicht werden.

Etwa ein Jahrhundert später gelang es Ingenieuren des Londoner Wissenschaftsmuseums, ein Modell seiner Maschine nach seinen Entwürfen anzufertigen und auszustellen. Und es funktionierte, genau wie Babbage es ein Jahrhundert zuvor vorhergesagt hatte.

Ist die Mathematik vollständig?

Während die Ingenieure immer komplexere mechanische Computer bauten, um den Anforderungen einer zunehmend industrialisierten Welt gerecht zu werden, stellten sich die reinen Mathematiker eine andere Frage. Es war schon ein Traum der griechischen Geometrie gewesen zu zeigen, dass alle wahren Aussagen der Mathematik streng bewiesen werden können.

Doch bemerkenswerterweise frustrierte diese einfache Idee Mathematikerinnen und Mathematiker zweitausend Jahre lang. Jahrhundertelang mühten sich die Studenten von Euklids *Elementen* damit ab, ein Theorem nach dem anderen über geometrische Objekte zu beweisen. Im Laufe der Zeit gelang es brillanten Denkerinnen und Denkern, eine immer umfangreichere Reihe von wahren Aussagen zu beweisen. Noch heute verbringen Mathematiker ihr ganzes Leben damit, eine Vielzahl wahrer Aussagen zusammenzustellen, die mathematisch bewiesen werden können. Zu Babbages Zeiten begann man jedoch, eine ganz grundlegende Frage zu stellen: Ist die Mathematik vollständig? Stellen die Regeln der Mathematik sicher, dass jede wahre Aussage bewiesen werden kann, oder gibt es wahre Aussagen, die sich selbst den außergewöhnlichsten Köpfen der Menschheit entziehen können, weil sie tatsächlich nicht beweisbar sind?

Im Jahr 1900 listete der große deutsche Mathematiker David Hilbert die wichtigsten unbewiesenen mathematischen Fragen seiner Zeit auf und forderte damit die größten Mathematiker der Welt heraus. Diese bemerkenswerte Liste ungelöster Fragen bestimmte dann die Agenda der Mathematik für das folgende Jahrhundert, in dem ein unbewiesenes Theorem nach dem anderen bewiesen werden sollte. Im Laufe der Jahrzehnte erlangten junge Mathematikerinnen und Mathematiker Ruhm und Ehre, wenn sie einen dieser unbewiesenen Sätzen bezwangen.

Aber hier lag eine gewisse Ironie. Eines der von Hilbert aufgelisteten ungelösten Probleme war das uralte Problem, alle wahren Aussagen in der Mathematik zu beweisen, wenn eine Reihe von Axiomen gegeben ist. Im Jahr 1931, auf einer Konferenz, auf der Hilbert sein Programm zur Diskussion stellte, bewies ein junger österreichischer Mathematiker, Kurt Gödel, dass dies unmöglich war.

Schockwellen durchliefen die mathematische Gemeinschaft. Zweitausend Jahre griechisches Denken wurde vollständig und unwiderruflich zerstört. Man musste sich mit der Tatsache abfinden, dass die Mathematik nicht mehr die saubere, ordentliche, vollständige und beweisbare Sammlung von Theoremen war, die einst von den Griechen postuliert wurde. Selbst die Mathematik, die die Grundlage für das Verständnis der uns umgebenden physikalischen Welt bildete, war chaotisch und unvollständig.

Alan Turing: Pionier der Informatik

Einige Jahre später fand ein junger Mathematiker, der von Gödels berühmtem Unvollständigkeitssatz fasziniert war, einen genialen Weg, die gesamte Frage neu zu formulieren. Dies sollte die Richtung der Informatik für immer verändern.

Alan Turings außergewöhnliche Fähigkeiten wurden schon frühzeitig erkannt. Die Direktorin seiner Grundschule schrieb, dass sie unter ihren Schülern «kluge Jungen und fleißige Jungen» habe, «aber Alan ist ein Genie».[3] Später wurde er als Vater der Computerwissenschaft und der künstlichen Intelligenz bekannt.

Turing war fest entschlossen, die Mathematik trotz aller Widerstände und Entbehrungen zu meistern. Sein Schuldirektor versuchte sogar aktiv, ihn zu ermutigen, und meinte, er würde «seine Zeit an einer öffentlichen Schule nur verschwenden». Doch diese Widerstände stachelten seine Entschlossenheit nur noch mehr an. Als er 14 Jahre alt war, kam es zu einem Generalstreik, der weite

Teile des Landes lahmlegte. Er wollte jedoch unbedingt in die Schule gehen und fuhr deshalb allein fast 100 Kilometer mit dem Fahrrad, um am Unterricht teilzunehmen, wenn die Schule nach dem Streik wieder öffnete.

Anstatt immer komplexere Rechenmaschinen wie Babbages Differenzmaschine zu bauen, stellte sich Alan Turing schließlich eine andere Frage: Gibt es eine mathematische Grenze für die Leistungsfähigkeit eines mechanischen Computers?

Mit anderen Worten: Kann ein Computer alles beweisen?

Um dies zu erreichen, musste er das Gebiet der Informatik, das bis dahin eine lose Ansammlung von unzusammenhängenden Ideen und Erfindungen exzentrischer Ingenieure war, in strenge Voraussetzungen fassen. Es gab keine systematische Methode, um Fragen wie die Grenze des Berechenbaren zu diskutieren. Daher stellte er 1936 das Konzept der später so genannten universellen Turing-Maschine vor, ein täuschend einfaches Gerät, das das Wesen des Rechnens erfasst und es ermöglicht, das gesamte Gebiet auf eine solide mathematische Grundlage zu stellen. Heute bilden Turing-Maschinen die Grundlage für alle modernen Computer. Alles, von den riesigen Supercomputern des Pentagons bis hin zum Handy in Ihrer Tasche, sind Beispiele für Turing-Maschinen. Es ist keine Übertreibung zu sagen, dass fast die gesamte moderne Gesellschaft auf Turing-Maschinen aufbaut.

Turing stellte sich ein unendlich langes Band vor, das eine Reihe von quadratischen Zellen enthielt. In jedes Quadrat könnte man eine 0 oder eine 1 schreiben oder es leer lassen.

Dann ging ein Prozessor in Form eines Lese- und Schreibkopfs über das Band und durfte darauf nur sechs einfache Operationen durchführen. Im Grunde konnte man eine 0 durch eine 1 ersetzen oder umgekehrt und den Prozessor um ein Feld nach links oder rechts bewegen:

a) Lies die Zahl im Quadrat.
b) Schreib eine Zahl in das Quadrat.
c) Geh ein Feld nach links.
d) Geh ein Feld nach rechts.
e) Ändere die Zahl im Quadrat.
f) Halt an.

Die Turing-Maschine ist nicht in der Dezimalbasis geschrieben, sondern in Binärsprache. In der Binärsprache wird die Zahl eins durch 1 dargestellt, die Zahl zwei durch 10, die Zahl drei durch 11, die Zahl vier durch 100 und so weiter. Es gibt auch einen Speicher, in dem Zahlen gespeichert werden können. Das endgültige numerische Ergebnis kommt dann als Ausgabe aus dem Prozessor.

Mit anderen Worten: Die Turing-Maschine kann eine Zahl nehmen und sie nach präzisen Befehlen in der Software in eine andere verwandeln. So reduzierte Turing die Mathematik auf ein Spiel: Durch systematisches Ersetzen von 0 durch 1 und umgekehrt konnte man die gesamte Mathematik verschlüsseln.

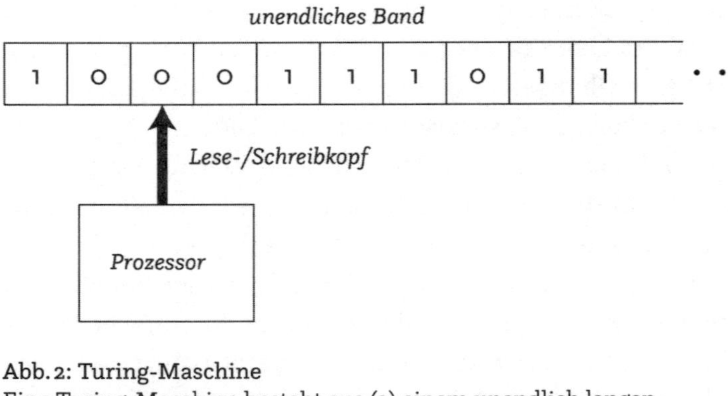

Abb. 2: Turing-Maschine
Eine Turing-Maschine besteht aus (a) einem unendlich langen digitalen Eingabeband, (b) einem digitalen Ausgabeband und (c) einem Prozessor, der die Eingabedaten nach einem festen Regelwerk in die Ausgabe umwandelt. Die Turing-Maschine ist die Grundlage aller modernen Digitalcomputer.

In dem Artikel, in dem diese Ideen dargelegt wurden, zeigte Turing mit einem knappen Satz von Anweisungen, dass man mit seiner Maschine alle arithmetischen Operationen durchführen konnte, d.h., sie konnte addieren, subtrahieren, multiplizieren und dividieren. Er nutzte dieses Ergebnis, um einige der schwierigsten Probleme der Mathematik zu lösen, indem er alles im Hinblick auf Berechenbarkeit neu formulierte. Die gesamte Mathematik wurde unter dem Gesichtspunkt der Berechnung neu geschrieben.

Zeigen wir zum Beispiel, wie 2+2=4 auf einer Turing-Maschine berechnet wird, was zeigt, wie damit die gesamte Arithmetik kodiert werden kann. Beginnen Sie das Band mit der Eingabe, die durch die Zahl 2 oder 010 gegeben ist. Gehen Sie dann zur mittleren Zelle, wo sich eine 1 befindet, und ersetzen Sie diese durch eine 0. Gehen Sie dann einen Schritt nach links, wo sich eine 0 befindet, und ersetzen Sie diese durch eine 1. Das Band zeigt nun 100 an, was gleich vier ist. Wenn man diese Befehle verallgemeinert, kann man jede Operation durchführen, die Addition, Subtraktion und Multiplikation beinhaltet. Mit ein wenig mehr Arbeit kann man auch Zahlen dividieren.

Turing stellte sich dann eine einfache, aber wichtige Frage: Kann der berüchtigte Unvollständigkeitssatz von Gödel, der höhere Mathematik involvierte, mit seiner Turing-Maschine bewiesen werden, die viel einfacher war, aber dennoch das Wesen der Mathematik erfasste?

Turing begann damit, den Begriff der Berechenbarkeit zu definieren. Im Wesentlichen, so Turing, ist ein Theorem berechenbar, wenn es in einer endlichen Zeitspanne von einer Turing-Maschine bewiesen werden kann. Wenn eine Turing-Maschine für ein Theorem unendlich viel Zeit benötigt, dann ist es im Grunde genommen nicht berechenbar, und wir wissen nicht, ob das Theorem richtig ist oder nicht. Damit wäre es nicht beweisbar.

Vereinfacht ausgedrückt, formulierte Turing die von Gödel aufgeworfene Frage: Gibt es wahre Aussagen, die von einer Turing-

Maschine nicht in einer endlichen Zeit berechnet werden können, wenn man eine Reihe von Axiomen voraussetzt?

Wie die Arbeit von Gödel zeigte auch Turing, dass die Antwort «ja» lautet.

Damit war der uralte Traum, die Vollständigkeit der Mathematik zu beweisen, erneut geplatzt, allerdings auf eine intuitive und einfache Weise. Es bedeutete, dass man selbst mit den leistungsfähigsten Computern der Welt niemals alle wahren Aussagen der Mathematik in einer endlichen Zeit mit einem gegebenen Satz von Axiomen beweisen kann.

Computer in der Kriegsführung

Turing hatte sich eindeutig als mathematisches Genie von höchstem Rang erwiesen. Doch seine Forschungen wurden durch den Ausbruch des Zweiten Weltkriegs unterbrochen. Um die Kriegsanstrengungen zu unterstützen, wurde Turing für streng geheime Arbeiten in der britischen Militäreinrichtung Bletchley Park außerhalb von London rekrutiert. Die Experten dort sollten geheime Nazi-Codes entschlüsseln. Nazi-Wissenschaftler hatten eine Maschine namens Enigma entwickelt, die eine deutsche Nachricht aufnehmen, mit einem unknackbaren Code umschreiben und dann die verschlüsselte Nachricht an die weltweite Kriegsmaschinerie der Nazis senden konnte. Der Code enthielt die sensibelsten Anweisungen der Welt: die Kriegspläne des Nazi-Militärs, insbesondere der Marine. Das endgültige Schicksal der Zivilisation konnte von der Entschlüsselung des Enigma-Codes abhängen.

Turing und seine Kollegen machten sich an dieses entscheidende Problem, indem sie Rechenmaschinen entwickelten, die diese nicht brechbaren Codes systematisch würden knacken können. Ihr erster Durchbruch, die sogenannte Bombe, ähnelte in mancher Hinsicht der Differenzmaschine von Babbage. Anstelle dampfbetriebener Mechanismen wie bei früheren Maschinen, deren Zahnräder und Rädchen schwierig herzustellen waren, sich langsam bewegten und oft klemmten, stützte sich die Bombe auf Rotoren, Trommeln und Relais, die alle mit Strom betrieben wurden.

Turing war aber auch an einem anderen Projekt beteiligt, dem Colossus, dessen Design noch genialer war. Die Geschichtsschreibung geht davon aus, dass es sich dabei um den ersten *programmierbaren elektronischen Digitalcomputer* der Welt handelte. Anstelle mechanischer Teile wie bei der Differenzmaschine oder der Bombe wurden Vakuumröhren verwendet, die elektrische Signale mit annähernd Lichtgeschwindigkeit senden konnten. Vakuumröhren können mit Ventilen verglichen werden, die den Wasserfluss steuern. Durch Drehen eines kleinen Ventils kann man das Wasser in einem viel größeren Rohr abstellen oder es ungehindert fließen lassen. Dies wiederum kann die Zahl 0 oder 1 abbilden. So kann ein System von Wasserrohren und Ventilen einen digitalen Computer darstellen, bei dem das Wasser dem Stromfluss entspricht. In den Maschinen in Bletchley Park konnte eine große Anordnung von Vakuumröhren digitale Berechnungen mit enormer Geschwindigkeit durchführen, indem der Stromfluss in den Vakuumröhren an- oder abgeschaltet wurde. Die Arbeit von Turing und anderen ersetzte also den analogen Computer durch einen digitalen Computer. Eine der Versionen von Colossus enthielt 2400 Vakuumröhren und nahm einen ganzen Raum in Anspruch.

Digitalcomputer sind nicht nur schneller, sie haben auch einen weiteren großen Vorteil gegenüber analogen Systemen. Stellen Sie sich vor, Sie verwenden einen Bürokopierer, um ein Bild zu vervielfältigen, indem Sie jede Kopie erneut kopieren. Jedes Mal verlieren Sie einige Informationen. Wenn Sie dasselbe Bild auf diese Weise immer und immer wieder kopieren, wird es auf Dauer immer schwächer und verschwindet schließlich ganz. Bei analogen Signalen kommt es also bei jedem Kopieren des Bildes zu Fehlern.

Digitalisieren Sie stattdessen das Bild, sodass es eine Reihe von Nullen und Einsen wird. Wenn Sie das Bild zum ersten Mal digitalisieren, verlieren Sie zwar einige Informationen. Aber einmal digital, kann die Nachricht immer und immer wieder kopiert werden, wobei bei jedem Zyklus kaum Informationen verloren gehen. Daher können digitale Computer wesentlich genauer sein als analoge Computer.

Außerdem ist es einfach, digitale Signale zu bearbeiten. Analoge Signale, wie ein Bild, sind äußerst schwer zu verändern. Digitale Signale aber können mit einfachen mathematischen Algorithmen auf Knopfdruck verändert werden.

Unter dem enormen Druck des Krieges gelang es Turing und seinem Team 1943 schließlich, den Nazi-Code zu knacken, was dazu beitrug, die Nazi-Flotte im Atlantik zu besiegen. Bald erlangten die Alliierten sogar Einsicht in die geheimsten Pläne des Nazi-Militärs. Sie konnten sogar die Anweisungen der Nazis an ihre Truppen belauschen und so ihre Kriegspläne vorhersehen. Colossus wurde 1944 fertiggestellt, rechtzeitig vor der endgültigen Invasion in der Normandie, auf die sich die Nazis nicht ausreichend vorbereitet hatten. Damit war das Schicksal des Nazireichs besiegelt.

Dies waren Durchbrüche von monumentalem Ausmaß, von denen einige in dem Film *The Imitation Game* verewigt wurden. Ohne diese wichtigen Errungenschaften hätte sich der Krieg vielleicht noch jahrelang hingezogen und unsägliches Elend und Leid verursacht. Historiker wie Harry Hinsley haben geschätzt, dass die Arbeit von Turing und anderen in Bletchley Park die Dauer des Zweiten Weltkriegs um etwa zwei Jahre verkürzt und über 14 Millionen Menschenleben gerettet hat. Die Weltkarte wurde durch seine Pionierarbeit unwiderruflich verändert und das Leben von Tausenden Unschuldiger gerettet.

In den USA wurden die Arbeiter, die die Atombombe bauten, als Kriegshelden und Wundertäter gefeiert, aber im Vereinigten Königreich erwartete Turing ein anderes Schicksal. Aufgrund der nationalen Geheimhaltungsvorschriften wurden seine Leistungen jahrzehntelang unter Verschluss gehalten, sodass niemand von seinem enormen Beitrag zu den Kriegsanstrengungen erfuhr.

Turing und die Erschaffung der KI

Nach dem Krieg kehrte Turing zu einem uralten Problem zurück, das ihn schon in seiner Jugend fasziniert hatte: künstliche Intelligenz. Im Jahr 1950 eröffnete er seine bahnbrechende Arbeit zu diesem Thema mit den Worten: «Ich schlage vor, die Frage zu betrachten: Können Maschinen denken?»

Oder anders gefragt: Ist das Gehirn eine Art Turing-Maschine?

Er war all die jahrhundertelangen philosophischen Diskussionen über die Bedeutung des Bewusstseins, der Seele und darüber, was uns zu Menschen macht, leid. Letztlich waren all diese Diskussionen sinnlos, weil es keinen endgültigen Test oder Maßstab für das Bewusstsein gab.

Deshalb hat Turing den berühmten Turing-Test entwickelt. Setzen Sie einen Menschen in einen versiegelten Raum und einen Roboter in einen anderen Raum. Sie dürfen beiden eine beliebige schriftliche Frage stellen und ihre Antworten ablesen. Die Herausforderung besteht darin herauszufinden, in welchem Raum sich der Mensch befindet. Turing nannte diesen Test das Imitationsspiel.

In seinem Aufsatz schrieb er: «Ich glaube, dass es in etwa fünfzig Jahren möglich sein wird, Computer mit einer Speicherkapazität von etwa 10^9 so zu programmieren, dass sie das Imitationsspiel so gut spielen können, dass ein durchschnittlicher Vernehmer nach fünf Minuten Verhör nicht mehr als 70 Prozent Chance hat, die richtige Identifizierung vorzunehmen.»[4]

Der Turning-Test ersetzt endlose philosophische Debatten durch einen einfachen, reproduzierbaren Test, auf den es eine einfache Ja-oder-nein-Antwort gibt. Im Gegensatz zu einer philosophischen Frage, auf die es oft keine Antwort gibt, ist dieser Test entscheidbar.

Außerdem umgeht er die heikle Frage des «Denkens», indem er maschinelles «Denken» einfach mit dem vergleicht, was Menschen tun können. Es besteht keine Notwendigkeit zu definieren, was wir mit «Bewusstsein», «Denken» oder «Intelligenz» meinen. Mit anderen Worten: Wenn etwas wie eine Ente aussieht und sich wie eine Ente verhält, dann *ist es* vielleicht eine Ente, unabhängig davon, wie man es definiert. Turing gab damit eine operationelle Definition von Intelligenz.

Bislang ist es keiner Maschine gelungen, den Turing-Test dauerhaft zu bestehen. Alle paar Jahre gibt es Schlagzeilen, wenn der Turing-Test durchgeführt wird, aber jedes Mal sind die Sachverständigen in der Lage, einen Menschen von einer Maschine zu unterscheiden, selbst wenn diese lügen und Fakten erfinden darf.

Ein unglücklicher Zwischenfall sollte Turings bahnbrechender Arbeit ein jähes Ende setzen. Im Jahr 1952 wurde in Turings Haus eingebrochen. Als die Polizei die Ermittlungen aufnahm, fand sie Beweise dafür, dass Turing schwul war. Daraufhin wurde er verhaftet und nach dem *Criminal Law Amendment Act* von 1885 verurteilt. Die Strafe war ausgesprochen hart. Er wurde vor die Wahl gestellt, entweder ins Gefängnis zu gehen oder sich einer hormonellen Behandlung zu unterziehen. Als er sich für Letzteres entschied, wurde ihm Diethylstilbestrol verabreicht, eine synthetische Form des weiblichen Sexualhormons Östrogen, das ihm Brüste wachsen ließ und ihn impotent machte. Die umstrittenen Behandlungen dauerten ein Jahr lang. Dann wurde er eines Tages tot in seinem Haus aufgefunden. Er starb an einer Zyanidvergiftung. Neben ihm fand man den Berichten zufolge einen angebissenen vergifteten Apfel, was Anlass zu der Annahme gab, dass er auf diese Weise Selbstmord beging.

Es ist eine Tragödie, dass einer der Erfinder der Computerrevolution, der dazu beigetragen hat, das Leben von Millionen Menschen zu retten und den Faschismus zu besiegen, in gewisser Weise von seinem eigenen Land zugrunde gerichtet wurde.

Aber sein Vermächtnis lebt in jedem digitalen Computer auf der Welt weiter. Heute verdankt jeder Computer auf der Erde seine Architektur der Turing-Maschine. Die Weltwirtschaft beruht auf der Pionierarbeit dieses Mannes.

Aber das ist nur der Anfang unserer Geschichte. Turings Arbeit basiert auf etwas, das Determinismus genannt wird, d.h. auf der Vorstellung, dass die Zukunft im Voraus festgelegt ist. Das bedeutet, dass man jedes Mal, wenn man eine Turing-Maschine mit einem Problem füttert, dieselbe Antwort erhält. In diesem Sinne ist alles vorhersehbar.

Wäre das Universum also eine Turing-Maschine, dann stünden alle zukünftigen Ereignisse bereits zum Zeitpunkt der Entstehung des Universums fest.

Aber eine weitere Revolution in unserem Verständnis der Welt sollte diese Idee umstoßen. Der Determinismus sollte gestürzt werden. So wie Gödel und Turing dazu beigetragen haben zu zeigen, dass die Mathematik unvollständig ist, müssen die Computer der Zukunft wohl mit der grundlegenden Ungewissheit umgehen, die die Physik mit sich bringt.

Die Mathematiker sollten sich also auf eine andere Frage konzentrieren: Ist es möglich, eine Quanten-Turing-Maschine zu bauen?

Kapitel 3: Siegeszug der Quantenphysik

Max Planck, der Begründer der Quantentheorie, war ein Mann von Gegensätzen. Auf der einen Seite war er der ultimative Konservative. Es mochte daran liegen, dass sein Vater Juraprofessor an der Universität Kiel war und seine Familie auf eine lange, rechtschaffene Tradition im öffentlichen Dienst zurückblicken konnte. Sowohl sein Großvater als auch sein Urgroßvater waren Theologieprofessoren, und einer seiner Onkel war Richter.

Bei seiner Arbeit ging er sorgfältig vor, er legte Wert auf korrekte Umgangsformen und war eine Stütze der Gesellschaft. Dem äußeren Anschein nach wäre dieser friedfertige Mann der Letzte gewesen, von dem man erwartet hätte, einer der größten Revolutionäre aller Zeiten zu werden. Ein Mann, der alle liebgewonnenen Vorstellungen der vergangenen Jahrhunderte über den Haufen wirft, indem er die Schleusen der Quantenphysik öffnet. Aber genau das tat er.

Im Jahr 1900 waren die Physiker fest davon überzeugt, dass die Welt um uns herum vollständig durch die Arbeiten von Isaac Newton, dessen Gesetze die Bewegungen des Universums beschrieben, und die von James Clerk Maxwell erklärt werden konnte, der die Gesetze des Lichts und des Elektromagnetismus entdeckt hatte. Alles, von der Bewegung riesiger Planeten im Weltraum über die Bewegung von Kanonenkugeln bis hin zum Verhalten von Blitzen, ließ sich nach Newton und Maxwell erklären. Es hieß, dass das US-Patentamt sogar seine Arbeit einzustellen gedachte, weil alles, was erfunden werden konnte, bereits erfunden worden war.

Newton zufolge glich das Universum einem Uhrwerk. Es tickte nach seinen drei Bewegungsgesetzen auf präzise und vorbestimmte Weise. Diese Lehre wurde als Newtonscher Determinismus bezeichnet, sie hat sich über mehrere Jahrhunderte hinweg halten können. (Zur Unterscheidung von der Quantenphysik wird die Newtonsche Physik manchmal als «klassische» Physik bezeichnet.)

Aber es gab ein lästiges Problem. Da waren ein paar lose Fäden, und wenn man an ihnen zog, würde sich dieses ausgeklügelte Newtonsche Gewebe schließlich auflösen.

Alte Kunsthandwerker wussten, dass Ton, wenn er in einem Ofen auf eine ausreichend hohe Temperatur erhitzt wird, irgendwann hell leuchtet. Er wurde zunächst rot, dann gelb und schließlich bläulich-weiß. Man kann das jedes Mal auch beim Anzünden eines Streichholzes beobachten. An der Spitze der Flamme, wo es am kühlsten ist, ist die Flamme rot. In der Mitte ist sie gelb, und wenn die Umstände stimmen, ist der untere Teil blau-weiß heiß.

Die Physiker versuchten, diese bekannte Eigenschaft heißer Objekte zu erklären, und scheiterten kläglich. Sie wussten, dass Wärme nichts anderes ist als atomare Bewegung. Je höher die Temperatur eines Objekts, desto schneller bewegen sich seine Atome. Bekannt war auch, dass Atome elektrische Ladungen besitzen. Bewegt man ein geladenes Atom schnell genug, strahlt es nach den Gesetzen von James Clerk Maxwell elektromagnetische Strahlung ab (auch Radiowellen oder Licht sind elektromagnetische Strahlung). Die Farbe eines heißen Objekts zeigt die Frequenz der Strahlung an.

Wenn man also die Newtonsche Theorie auf das Atom anwendet und die Maxwellsche Lichttheorie benutzt, kann man das von einem heißen Objekt ausgestrahlte Licht berechnen. So weit, so gut.

Wenn man aber die Berechnungen tatsächlich durchführt, ist das Ergebnis desaströs. Man stellt nämlich fest, dass die abgestrahlte Energie bei hohen Frequenzen (also Strahlung im Ultraviolettbereich) unbegrenzt anwächst und letztlich unendlich werden kann, was unmöglich ist. Dies wurde als Ultraviolett-Katastrophe bezeichnet. Sie zeigte den Physikern, dass die Newtonsche Mechanik eine klaffende Lücke aufwies.

Eines Tages versuchte Planck, die Ultraviolett-Katastrophe für seine Physikvorlesung herzuleiten, und zwar mit einer seltsamen, neuartigen Methode. Er war es leid, es auf dieselbe hergebrachte Art und Weise zu tun, also stellte er aus rein pädagogischen Gründen eine bizarre Vermutung auf. Er nahm an, dass die von einem Atom abgestrahlte Energie nur in winzigen diskreten Energiepaketen, den sogenannten *Quanten, zu* finden sei. Das war ein ketzerischer Ansatz, denn die Newtonschen Gleichungen besagten, dass Energie kontinuierlich und nicht in Paketen vorkommen sollte. Als Planck jedoch voraussetzte, dass die Energie in Paketen einer bestimmten Größe auftritt, fand er genau die richtige Kurve, die Lichtenergie und Frequenz miteinander verbindet.

Dies war eine Entdeckung für die Ewigkeit.

Geburt der Quantentheorie

Es war der erste Schritt in einem langen Prozess, der schließlich zur Entwicklung des Quantencomputers führen sollte. Plancks revolutionäre Erkenntnis bedeutete, dass die Newtonsche Mechanik unvollständig war und eine neue Physik entstehen musste. Alles, was wir über das Universum zu wissen glaubten, musste umgeschrieben werden.

Aber da er ein echter Konservativer war, beschrieb er seine Arbeit vorsichtig und behauptete diplomatisch, dass man, wenn man diesen Trick mit den Energiepaketen nur als Übung einführt, die tatsächliche Energiekurve, die man in der Natur findet, genau reproduzieren kann.

Um die Berechnung durchzuführen, musste er eine Zahl einführen, die die Größe des Energiequants darstellt. Er nannte sie *h* (auch bekannt als Plancksche Konstante, 6,62 ... x 10^{-34} Joulesekunden), was eine unglaublich kleine Zahl ist. In der Alltagswelt sieht man nie Quanteneffekte, weil *h* so klein ist. Aber wenn man *h* irgendwie variieren könnte, könnte man sich kontinuierlich zwischen Quantenwelt und unserer Alltagswelt hin- und herbewegen. Fast wie beim Einstellen eines Radiosenders könnte man ganz nach unten gehen, sodass $h = 0$ ist, und man hat die Newtonsche Alltagswelt, in der es keine Quanteneffekte gibt. Dreht man den Regler jedoch in die andere Richtung, so entsteht die bizarre subatomare Welt der Quanten, eine Welt, die, wie die Physiker bald herausfinden sollten, einer Grauzone ähnelt.

Wir können dies auch auf einen Computer anwenden. Wenn wir *h* gegen null gehen lassen, kommen wir zur klassischen Turing-Maschine. Wenn wir *h* aber größer werden lassen, so treten allmählich Quanteneffekte auf, und wir verwandeln die klassische Turing-Maschine allmählich in einen Quantencomputer.

Obwohl seine Theorie unbestreitbar zu den experimentellen Daten passte und einen völlig neuen Zweig der Physik eröffnete, setzten eingefleischte Anhänger der klassischen Newtonschen Idee Planck jahrelang hartnäckig zu. Er selbst beschrieb diesen Shitstorm der Opposition so: «Eine neue wissenschaftliche Wahrheit pflegt sich nicht in der Weise durchzusetzen, daß ihre Gegner überzeugt werden und sich als belehrt erklären, sondern vielmehr dadurch, daß ihre Gegner allmählich aussterben und daß die heranwachsende Generation von vornherein mit der Wahrheit vertraut gemacht ist.»[1]

Doch so heftig der Widerstand auch war, es häuften sich die Beweise, die die Quantentheorie bestätigten. Sie war unbestreitbar richtig.

Zum Beispiel kann Licht, wenn es auf eine Metalloberfläche trifft, ein Elektron herausschlagen, wodurch ein kleiner elektrischer Strom erzeugt wird, ein Phänomen, das als photoelektrischer

Effekt bekannt ist. Genauso wandelt ein Solarmodul Licht in Strom um. (Dieser Effekt wird in vielen Geräten genutzt, z.B. in solarbetriebenen Taschenrechnern, die Batterien durch Solarzellen ersetzen, und in modernen Digitalkameras, die das Licht des Motivs in elektrische Signale umwandeln.)

Der Mann, der diesen Effekt schließlich erklärte, war ein mittelloser, unbekannter Physiker, der in der Schweiz im Berner Patentamt arbeitete. Als Student hatte er so viele Vorlesungen geschwänzt, dass seine Professoren ihm wenig schmeichelhafte Zeugnisse schrieben, sodass er für jede Lehrtätigkeit, für die er sich nach seinem Abschluss bewarb, abgelehnt wurde. Er war oft arbeitslos und schlug sich mit Gelegenheitsjobs durch, etwa als Nachhilfelehrer oder Verkäufer. Er schrieb sogar einen Brief an seine Eltern, in dem er erklärte, dass es vielleicht besser gewesen wäre, wenn er nie geboren worden wäre. Schließlich landete er als Angestellter im Patentamt. Die meisten Leute hätten ihn als Versager bezeichnet.

Der Mann, der den photoelektrischen Effekt erklärte, war Albert Einstein, und er tat dies anhand der Planckschen Theorie. In Anlehnung an Planck behauptete Einstein, dass Lichtenergie in diskreten Energiepaketen oder -quanten (später Photonen genannt) auftreten kann, die Elektronen aus einem Metall herausschlagen können.

Damit begann sich ein neues physikalisches Prinzip abzuzeichnen. Einstein führte das Konzept der «Dualität» ein, d.h., dass Lichtenergie eine duale Natur hat. Licht kann sich wie ein Teilchen, das Photon, oder wie eine Welle, so wie in der Optik, verhalten. Irgendwie hatte das Licht zwei mögliche Erscheinungsformen.

Im Jahr 1924 gelang einem jungen Doktoranden, Louis de Broglie, auf der Grundlage der Ideen von Planck und Einstein der nächste große Wurf. Wenn Licht sowohl als Teilchen als auch als Welle auftreten kann, warum dann nicht auch Materie? Vielleicht besaßen auch Elektronen eine Dualität.

Das war schon wieder ketzerisch, denn man glaubte – eine Idee, die Demokrit zweitausend Jahre zuvor eingeführt hatte –, dass die Materie aus Teilchen besteht, den Atomen. Doch ein cleveres Experiment brachte diesen Glauben schließlich zu Fall.

Wenn man Steine in einen Teich wirft, bilden sich Wellen, die sich ausdehnen und dann aneinanderstoßen, wodurch ein netzartiges Interferenzmuster auf der Oberfläche des Teichs entsteht. Dies erklärt die Eigenschaften von Wellen, aber man ging davon aus, dass Materie aus punktförmigen Teilchen besteht, die kein wellenförmiges Interferenzmuster aufweisen.

Man nehme zwei parallele Blätter Papier. In das erste Blatt schneidet man zwei kleine Schlitze und lässt dann einen Lichtstrahl auf die Schlitze fallen. Da Licht Welleneigenschaften hat, entsteht auf dem Blatt dahinter ein deutliches Muster aus hellen und dunklen Streifen. Wenn die Wellen durch die beiden Spalten laufen, überlagern sie sich auf dem zweiten Blatt, verstärken sich und heben sich gegenseitig auf. So entstehen diese Streifen, die man Interferenzmuster nennt. Dies war allgemein bekannt.

Ändern Sie nun dieses Experiment, indem Sie den Lichtstrahl durch einen Elektronenstrahl ersetzen und das Papier durch Fotopapier. Wenn ein Elektronenstrahl durch zwei Spalte im ersten Blatt Papier geschossen würde, dann würde man erwarten, dass auf dem anderen Blatt zwei deutlich sichtbare helle Streifen zu sehen sind. Der Grund dafür ist, dass das Elektron als Punktteilchen betrachtet wurde, das entweder durch den ersten oder den zweiten Schlitz hindurchgeht, aber nicht durch beide.

Als dieses sogenannte Doppelspalt-Experiment mit Elektronen gemacht wurde, stellten die Forscher ein wellenförmiges Muster fest, ähnlich dem Effekt des Lichtstrahls. Die Elektronen verhielten sich so, als wären sie Wellen und nicht nur Punktteilchen. Atome galten lange Zeit als die letzte Einheit der Materie. Nun lösten sie sich in Wellen wie Licht auf. Diese Experimente zeigten, dass sich Atome entweder wie eine Welle oder wie ein Teilchen verhalten können.

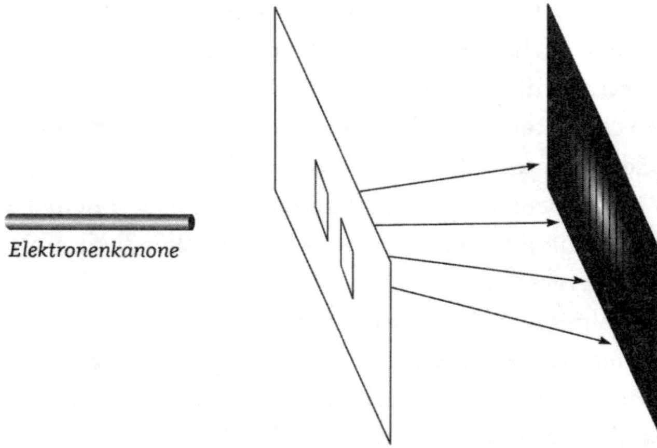

Abb. 3: Doppelspalt-Experiment
Wenn ein Elektronenstrahl auf eine Schranke mit zwei Spalten trifft, entsteht kein Bild mit zwei getrennten Spalten, sondern ein komplexes wellenförmiges Interferenzmuster. Dies gilt auch, wenn nur ein einziges Elektron hindurchgeschickt wird. In gewissem Sinne ist ein einziges Elektron durch beide Löcher hindurchgegangen. Noch heute diskutieren Physiker darüber, wie ein Elektron an zwei Orten gleichzeitig sein kann.

Eines Tages diskutierte der österreichische Physiker Erwin Schrödinger mit einem Kollegen über die Idee, dass Materie eine Welle sei. Wenn aber Materie sich wie eine Welle verhalten kann, fragte sein Freund, wie lautet dann die Gleichung, der sie gehorchen muss?

Schrödinger war von dieser Frage fasziniert. Physiker waren mit Wellen vertraut, da sie bei der Untersuchung der optischen Eigenschaften von Licht nützlich waren und sie häufig schon in Form von Meereswellen oder Schallwellen in der Musik untersucht worden waren. Also machte sich Schrödinger daran, die Wellengleichung für Elektronen zu finden. Er kam auf eine Gleichung, die unser Verständnis des Universums völlig auf den Kopf stellen sollte. In gewissem Sinne ist das gesamte Universum, einschließlich Ihnen und mir, mit all seinen chemischen Elementen eine Lösung von Schrödingers Wellengleichung.

Die Geburt der Wellengleichung

Heute ist Schrödingers Wellengleichung das Fundament der Quantentheorie und wird in jeder Vorlesung für fortgeschrittene Physiker gelehrt. Sie bildet das Herz und die Seele der Quantentheorie. An der City University of New York verbringe ich manchmal ein ganzes Semester damit, die Implikationen dieser einen Gleichung zu lehren.

Seitdem bemühen sich Historiker zu verstehen, was genau Schrödinger in dem Moment tat, als er seine berühmte Gleichung formulierte. Wer oder was hat dazu beigetragen, eine der größten Schöpfungen des 20. Jahrhunderts zu inspirieren? Biografen war Schrödinger seit Langem für seine Liebschaften bekannt. Seine Frau und er glaubten an die freie Liebe, und er führte eine Liste, in der er alle seine Geliebten und ihre Begegnungen auflistete. Seine Mitmenschen überraschte er bisweilen, indem er sowohl mit seiner Frau als auch mit seiner Geliebten reiste. Die Historiker gehen aufgrund von Schrödingers Notizbüchern davon aus, dass er genau an dem Wochenende, an dem er seine berühmte Gleichung fand, mit einer seiner Freundinnen in der Villa Herwig in den Alpen war. Einige Historiker haben sie als die Muse bezeichnet, die die Quantenrevolution inspirierte.

Schrödingers Gleichung schlug ein wie eine Bombe. Sie wurde unmittelbar zu einem überwältigenden Erfolg. Zuvor hatten Physiker wie Ernest Rutherford gedacht, das Atom sei wie ein Sonnensystem, mit winzigen punktförmigen Elektronen, die um einen Kern kreisen. Dieses Bild war jedoch viel zu simpel, denn es sagte nichts über die Struktur des Atoms aus und darüber, warum es so viele Elemente gab.

Aber wenn das Elektron eine Welle war, dann sollte die Welle diskrete Resonanzen bei bestimmten Frequenzen bilden, während sie um den Kern kreist. Als man die Resonanzen auflistete, die ein Elektron bilden konnte, fand man ein Wellenmuster, das perfekt auf die Beschreibung des Wasserstoffatoms passte.

Wie hat man sich das vorzustellen? Wenn wir unter der Dusche singen, kann nur ein Teil der Schallwellen zwischen den Wänden widerhallen und einen angenehmen Klang erzeugen. Andere Tonhöhen, deren Wellenlängen nicht richtig in die Dusche passen, werden abgeschwächt und verklingen. Unter der Dusche werden wir plötzlich zu großen Opernsängern. Ähnlich verhält es sich, wenn wir auf eine Trommelhaut schlagen oder in eine Trompete blasen: Nur bestimmte Frequenzen können auf der Oberfläche oder in den Rohren schwingen. Dies ist die Grundlage von Musik.

Beim Vergleich der von Schrödingers Wellen vorhergesagten Resonanzen mit den chemischen Elementen fand man eine bemerkenswerte Übereinstimmung. Physiker, die jahrzehntelang vergeblich versucht hatten, das Atom zu verstehen, waren nun in der Lage, einen Blick in sein Innerstes zu werfen. Wenn man diese Wellenmuster mit den etwa 100 chemischen Elementen verglich, die Mendelejew und andere in der Natur gefunden hatten, konnte man die chemischen Eigenschaften der Elemente allein aus der Mathematik der Schrödingergleichung erklären.

Dies war eine atemberaubende Leistung. Der Physiker Paul Dirac sollte prophetisch schreiben: «Die grundlegenden Gesetze, die für die mathematische Behandlung eines großen Teils der Physik und der gesamten Chemie notwendig sind, sind somit vollständig bekannt, und die Schwierigkeit liegt nur darin, dass die Anwendung dieser Gesetze zu Gleichungen führt, die zu komplex sind, um gelöst zu werden.»[2]

Das Quantenatom

Das Periodensystem der Elemente, das von Chemikern über Jahrhunderte hinweg mühsam zusammengestellt wurde, konnte nun mit einer einfachen Gleichung erklärt werden, indem man die Resonanzen der Elektronenwellen berechnete, die um den Atomkern kreisen.

Um zu verstehen, wie das Periodensystem aus der Schrödingergleichung hervorgeht, stellen Sie sich das Atom als ein Hotel vor. Jedes Stockwerk hat eine unterschiedliche Anzahl von Zimmern, und jedes Zimmer kann bis zu zwei Elektronen beherbergen. Außerdem müssen die Stockwerke in einer bestimmten Reihenfolge belegt werden, d.h., das Zimmer im ersten Stock muss belegt sein, bevor ein Zimmer im zweiten Stock gebucht werden kann. In der ersten Etage gibt es nur einen Raum oder ein «Orbital» namens 1 s, das ein oder zwei Elektronen aufnehmen kann. Der Raum 1 s entspricht dem Wasserstoff im Falle eines Elektrons und dem Helium im Falle von zwei Elektronen.

In der zweiten Etage gibt es zwei Arten von Räumen, die 2 s- und 2 p-Orbitale. Im 2 s-Raum können wir 2 Elektronen unterbringen, aber wir haben auch drei P-Räume, die mit p_x, p_y und p_z bezeichnet sind und jeweils 2 Elektronen aufnehmen können. Das bedeutet, dass wir im zweiten Stock bis zu 8 Elektronen unterbringen können. Wenn diese Räume belegt sind, entsprechen sie den Elementen Lithium, Beryllium, Bor, Kohlenstoff, Stickstoff, Sauerstoff, Fluor und Neon.

Wenn ein Elektron in seinem Zimmer keinen Partner hat, kann es zwischen verschiedenen Hotels mit freien Zimmern wechseln. Wenn sich also zwei Atome einander nähern, kann die Welle eines ungepaarten Elektrons zwischen den Atomen hin und her laufen. Dadurch entsteht eine Bindung – aus den beiden Atomen wird ein Molekül.

Die Gesetze der Chemie lassen sich erklären, wenn wir die

Hotelzimmer auffüllen. Auf der untersten Ebene kann man zwei Elektronen im s-Orbital haben, dann ist das 1s-Orbital voll. Das bedeutet, dass Helium, das nur zwei Elektronen hat, keine chemischen Bindungen eingehen kann, also chemisch inert ist und keine Moleküle bilden kann. Ähnlich verhält es sich, wenn wir 8 Elektronen in der zweiten Ebene haben, dann sind alle Orbitale voll belegt, sodass Neon ebenfalls keine Moleküle bilden kann. Auf diese Weise können wir erklären, warum es Edelgase wie Helium, Neon, Krypton usw. gibt.

Auch die Chemie des Lebens lässt sich auf diese Weise erklären. Das wichtigste Element der organischen Chemie ist Kohlenstoff. Das Kohlenstoffatom hat vier Bindungsmöglichkeiten und kann daher Kohlenwasserstoffe bilden, die Bausteine des Lebens. Ein Blick auf das Diagramm zeigt, dass Kohlenstoff vier «freie Betten»(vier leere Orbitale), also Platz für vier Elektronen auf der zweiten Ebene hat, wodurch er sich mit bis zu vier anderen Atomen wie Sauerstoff, Wasserstoff usw. verbinden kann, um Proteine und sogar DNA zu bilden. Die Moleküle unseres Körpers sind Nebenprodukte dieser einfachen Tatsache.

Der Punkt ist, dass man durch die Bestimmung der Anzahl der Elektronen auf jeder Ebene – jedem «Energieniveau» – viele der chemischen Eigenschaften des Periodensystems einfach und elegant mit reiner Mathematik erklären kann. Auf diese Weise lässt sich der Aufbau des gesamten Periodensystems weitgehend aus wenigen ersten Prinzipien vorhersagen. All seine mehr als 100 Elemente kann man grob dadurch beschreiben, dass sich die Elektronen in verschiedenen Resonanzen um den Kern herum bewegen, so, wie man ein Hotelzimmer Stockwerk für Stockwerk füllt.

Es war eine atemberaubende Erkenntnis, dass eine einzige Gleichung die Elemente erklären konnte, aus denen das gesamte Universum besteht, einschließlich des Lebens. Plötzlich erschien das Universum einfacher, als man gedacht hatte.

Die Chemie war auf die Physik reduziert.

Wahrscheinlichkeitswellen

So spektakulär und aussagekräftig die Schrödingergleichung auch war, es blieb eine wichtige, aber unangenehme Frage: Wenn das Elektron eine Welle war, was «wellte» dann eigentlich?

Die Lösung sollte die Gemeinschaft der Physiker in zwei Lager spalten und sie auf Jahrzehnte hinaus gegeneinander aufbringen. Sie sollte eine der kontroversesten Debatten in der gesamten Geschichte der Wissenschaft auslösen und sogar unsere Vorstellung von Existenz infrage stellen. Noch heute finden Konferenzen statt, auf denen alle mathematischen Nuancen und philosophischen Implikationen dieser Spaltung diskutiert werden. Der Quantencomputer ist, wie sich herausstellen sollte, ein Nebenprodukt dieser Debatte.

Der Physiker Max Born zündete die Lunte dieser Explosion, indem er postulierte, dass die Materie zwar aus Teilchen besteht, *aber die Wahrscheinlichkeit, ein Teilchen zu finden, durch eine Welle gegeben ist*.

Dies spaltete die Physikergemeinde sofort in zwei Lager: Auf der einen Seite standen die Vertreter der «alten» Garde, u.a. Planck, Einstein, de Broglie und Schrödinger, die alle diese neue Interpretation als unsinnig anprangerten, auf der anderen Seite Werner Heisenberg und Niels Bohr, die die «Kopenhagener Schule» der Quantenmechanik begründeten.

Diese neue Interpretation war selbst für Einstein zu viel. Sie bedeutete, dass man nur Wahrscheinlichkeiten berechnen kann, niemals Gewissheiten. Man weiß nie genau, wo sich ein Teilchen befindet; man kann nur die Wahrscheinlichkeit angeben, dass es sich an einem bestimmten Ort befindet. In gewissem Sinne können sich Elektronen an zwei Orten gleichzeitig aufhalten. Werner Heisenberg, der eine alternative, aber gleichwertige Formulierung der Quantenmechanik vorschlug, bezeichnete dies als «Unschärferelation».

Die gesamte Wissenschaft erschien den Physikern wie auf den Kopf gestellt. Zuvor waren die Mathematiker gezwungen gewesen, sich mit Gödels Unvollständigkeitssatz auseinanderzusetzen, und nun mussten sich die Physiker mit der Unschärferelation befassen. Die Physik war, wie die Mathematik, irgendwie unvollständig.

Mit dieser neuen Interpretation konnten die Prinzipien der Quantentheorie nun endlich einheitlich ausgedrückt werden. Hier ist eine (stark vereinfachte) Zusammenfassung der Grundlagen der Quantenmechanik:

1. Man beginnt mit der Wellenfunktion $\Psi(x)$, die ein Elektron beschreibt, das sich am Ort x befindet.
2. Dann setzt man die Welle in die Schrödingergleichung $H\Psi(x) = i(h/2\pi)\,\partial_t\,\Psi(x)$ ein. (H, der «Hamiltonoperator», entspricht der Energie des Systems.)
3. Jede Lösung dieser Gleichung ist mit einem Index n gekennzeichnet, sodass $\Psi(x)$ im Allgemeinen eine Summe oder Überlagerung all dieser möglichen Zustände ist.
4. Bei einer Messung «kollabiert» die Wellenfunktion zu einem einzigen Zustand $\Psi_n(x)$, d.h., alle anderen Wellen werden auf null gesetzt. Die Wahrscheinlichkeit, das Elektron in diesem Zustand zu finden, ist durch den Absolutwert von $\Psi_n(x)$ gegeben.

Aus diesen einfachen Regeln lässt sich im Prinzip alles ableiten, was über Chemie und Biologie bekannt ist. Was an der Quantenmechanik umstritten ist, findet sich in der dritten und vierten Aussage. Die dritte Aussage besagt, dass ein Elektron in der subatomaren Welt gleichzeitig als Summe verschiedener Zustände existieren kann, was in der Newtonschen Mechanik unmöglich ist. Bevor eine Messung durchgeführt wird, existiert das Elektron in dieser Zwischenwelt tatsächlich als Ansammlung verschiedener Zustände.

Die wichtigste und unerhörteste Aussage ist jedoch die vierte, die besagt, dass die Welle erst nach einer Messung «kollabiert» und die richtige Antwort liefert, die die Wahrscheinlichkeit angibt, dass sich das Elektron in diesem Zustand befindet. Man kann erst wissen, in welchem Zustand sich das Elektron befindet, nachdem eine Messung durchgeführt wurde.

Dies wird als «Messproblem der Quantenmechanik» bezeichnet.

Seinen Widerspruch gegen diese Aussage formulierte Einstein so: «Gott würfelt nicht». Der Legende nach hielt Niels Bohr dagegen: «Hör auf, Gott vorzuschreiben, was er tun soll.»

Es sind gerade die Postulate 3 und 4, die Quantencomputer möglich machen. Das Elektron wird nun als Summe über verschiedene Quantenzustände beschrieben, was Quantencomputern ihre Rechenstärke verleiht. Während klassische Computer nur über Nullen und Einsen summieren, summieren Quantencomputer über alle Quantenzustände $\Psi_n(x)$ zwischen 0 und 1, was die Anzahl der Zustände und damit Reichweite und Leistung der Quantencomputer enorm erhöht.

Paradoxerweise wandte sich Schrödinger, der mit seinen Gleichungen die Quantenmechanik überhaupt erst ins Rollen gebracht hatte, von dieser Version seiner eigenen Theorie schon bald ab. Er bedauerte, dass er überhaupt etwas damit zu tun hatte. Er dachte, dass ein einfaches Paradoxon, das die Absurdität dieser radikalen Interpretation aufzeigt, sie ein für alle Mal erledigen würde. In diesem Paradoxon geht es um eine Katze.

Schrödingers Katze

Schrödingers Katze ist das berühmteste Tier der gesamten Physik. Man stelle sich vor, schrieb er, dass sich eine Katze in einer versiegelten Kiste befindet, die ein Fläschchen mit Giftgas enthält.

Dieses Fläschchen steht unter einem Hammer, der an einem Geigerzähler neben einem Stück Uran befestigt ist. Wenn ein Uranatom zerfällt, aktiviert es den Geigerzähler, der den Hammer herunterfallen lässt, sodass das Glas zerbricht, wodurch das Gift freigesetzt und die Katze getötet wird.

Hier ist die Frage, die die besten Physiker der Welt im vergangenen Jahrhundert vor ein Rätsel gestellt hat: *Ist die Katze tot oder lebendig, bevor man die Kiste öffnet?*

Ein Newtonianer würde sagen, dass die Antwort offensichtlich ist: Der gesunde Menschenverstand sagt, dass die Katze entweder tot oder lebendig ist, aber nicht beides. Man kann sich immer nur in einem Zustand befinden. Noch bevor man die Kiste öffnet, steht das Schicksal der Katze bereits fest.

Werner Heisenberg und Niels Bohr hatten jedoch eine radikal andere Interpretation.

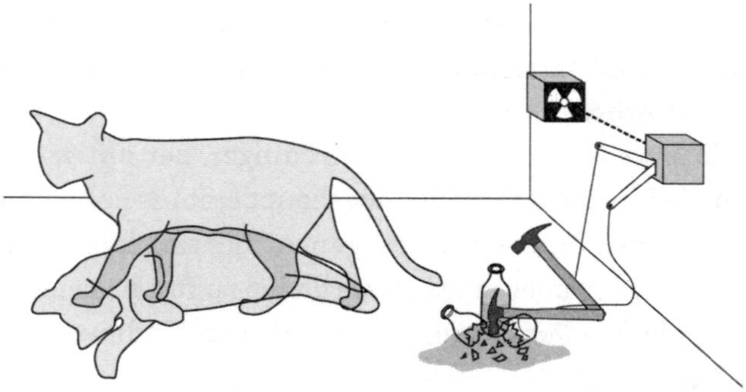

Abb. 4: Schrödingers Katze
In der Quantenmechanik muss man zur Beschreibung einer Katze in einer versiegelten Kiste, die ein Fläschchen mit Giftgas enthält und einen Hammer, der durch einen Geigerzähler in Aktion gesetzt wird, die Wellenfunktion einer toten Katze zu der einer lebenden Katze addieren. Bevor man die Kiste öffnet, ist die Katze weder tot noch lebendig. Die Katze befindet sich in einer Überlagerung von zwei Zuständen. Noch heute diskutieren Physiker die Frage, wie die Katze gleichzeitig tot und lebendig sein kann.

Sie sagten, dass die Katze am besten durch die Summe zweier Wellen dargestellt wird: die Welle der lebenden Katze und die der toten Katze. Solange die Kiste verschlossen ist, kann die Katze nur als Überlagerung oder Summe von zwei Wellen existieren, die gleichzeitig eine tote und eine lebende Katze darstellen.

Aber ist die Katze tot oder lebendig? Solange die Kiste versiegelt ist, macht diese Frage keinen Sinn. *In der Mikrowelt existieren die Dinge nicht in bestimmten Zuständen, sondern nur als Summe aller möglichen Zustände.* Erst wenn die Kiste schließlich geöffnet wird und man die Katze anschaut, kollabiert die Überlagerungswelle auf wundersame Weise und zeigt, dass die Katze entweder tot oder lebendig ist, aber nicht beides. Der Prozess der Messung verbindet also Mikrowelt und Makrowelt.

Dies hat tiefgreifende philosophische Auswirkungen. Wissenschaftler haben viele Jahrhunderte damit verbracht, gegen den sogenannten Solipsismus zu argumentieren, d.h. die Idee, der Philosophen wie George Berkeley anhingen, dass Objekte nicht wirklich existieren, wenn man sie nicht beobachtet. Diese Philosophie lässt sich wie folgt zusammenfassen: «Sein heißt wahrgenommen werden.» Wenn ein Baum im Wald umstürzt, aber niemand da war, um ihn fallen zu hören, dann ist der Baum vielleicht gar nicht gefallen. In dieser Vorstellung ist die Wirklichkeit ein menschliches Konstrukt. Oder, wie der Dichter John Keats einmal sagte: «Nichts wird jemals wirklich, bis es erfahren wird.»

Die Quantentheorie hat diese Vorstellung noch verschärft. Nach der Quantentheorie kann ein Baum, bevor man ihn betrachtet, in allen möglichen Zuständen existieren, z.B. als Brennholz, Bauholz, Asche, Zahnstocher, Haus oder Sägemehl. Wenn man den Baum jedoch tatsächlich ansieht, kollabieren alle Wellen, die diese Zustände repräsentieren, auf wundersame Weise zu einem einzigen Objekt, dem gewöhnlichen Baum.

Da aber ein Beobachter ein Bewusstsein benötigt, bedeutet dies, dass das Bewusstsein in gewisser Weise die Existenz bestimmt. Die

Anhänger Newtons waren entsetzt, dass sich der Solipsismus wieder in die Physik einschlich.

Einstein hasste diese Vorstellung. Wie Newton glaubte auch er an eine «objektive Realität», was bedeutet, dass Objekte in bestimmten, genau definierten Zuständen existieren, und das heißt, man kann nicht an zwei Orten gleichzeitig sein. Dies entspricht dem Newtonschen Determinismus, also der Vorstellung, dass man, wie wir bereits gesehen haben, die Zukunft mithilfe grundlegender physikalischer Gesetze genau bestimmen kann.

Einstein hat sich oft über die Quantentheorie lustig gemacht. Wenn Gäste sein Haus besuchten, bat er sie, sich den Mond anzusehen. Gibt es den Mond, fragte er, weil eine Maus ihn anschaut?

Mikrowelt versus Makrowelt

Der Mathematiker John von Neumann, der an der Entwicklung der Quantentheorie beteiligt war, glaubte, dass es eine unsichtbare «Wand» gebe, die die Mikro- von der Makrowelt trennt. Beide gehorchten jeweils unterschiedlichen physikalischen Gesetzen, aber es wurde nachgewiesen, dass man die Wand frei hin- und herbewegen konnte, ohne dass sich das Ergebnis eines jeden Experiments änderte. Mit anderen Worten, die Mikro- und die Makrowelt gehorchten zwei unterschiedlichen physikalischen Gesetzen, was jedoch keinen Einfluss auf die Messungen hatte, da es nicht darauf ankam, wo genau man die Mikro- und die Makrowelt voneinander trennte.

Gefragt nach der Bedeutung dieser Wand, sagte von Neumann: «Man gewöhnt sich einfach daran.»

Doch so verrückt die Quantentheorie auch zu sein schien, ihr experimenteller Erfolg war unbestreitbar. Viele ihrer Vorhersagen (bei den Eigenschaften von Elektronen und Photonen in der sogenannten Quantenelektrodynamik) stimmten mit einer Genauigkeit von einem Teil in zehn Milliarden mit den Daten überein, was sie zur erfolgreichsten Theorie aller Zeiten machte. Das Atom, einst das rätselhafteste Objekt im Universum, gab plötzlich seine tiefsten Geheimnisse preis. Die nächste Generation von Physikern, die sich die Quantentheorie zu eigen machte, wurde mit zahlreichen Nobelpreisen ausgezeichnet. Nicht ein einziges Experiment produzierte einen Verstoß gegen die Quantentheorie.

Das Universum war unbestreitbar ein Quantenuniversum.

Einstein indessen fasste die Erfolge der Quantentheorie zusammen, indem er sagte: «Je mehr Erfolge die Quantentheorie hat, desto dümmer sieht sie aus.»

Was die Kritiker der Quantenmechanik am meisten beanstandeten, war diese künstliche Trennung zwischen der Makrowelt, in der wir leben, und der seltsamen, absurden Welt der Quanten. Die Kritiker sagten, es müsse ein glattes Kontinuum zwischen Mikrowelt und Makrowelt geben. In Wirklichkeit gebe es keine «Mauer».

Falls wir beispielsweise, rein hypothetisch, in einer vollständigen Quantenwelt leben könnten, würde dies bedeuten, dass alles, was wir über den gesunden Menschenverstand wissen, falsch ist, z.B.:

- Wir können an zwei Orten gleichzeitig sein.
- Wir können verschwinden und an anderer Stelle wieder auftauchen.
- Wir können mühelos durch Wände gehen und Barrieren durchdringen, was als Tunneln bezeichnet wird.
- Menschen, die in unserem Universum gestorben sind, könnten in einem anderen Universum noch leben.
- Wenn wir durch einen Raum gehen, nehmen wir tatsächlich gleichzeitig alle unendlich vielen möglichen Wege durch den Raum, egal wie bizarr sie sein mögen.

Um es mit Bohr zu sagen: «Wer von der Quantentheorie nicht schockiert ist, der hat sie nicht verstanden.»

All das ist Stoff für die *Twilight Zone*. Aber wundersamerweise beschreibt es genau das, was Elektronen tun, nur dass sie es hauptsächlich im Inneren des Atoms tun, wo wir nicht sehen können, was sie für Verrenkungen machen. Deshalb haben wir Laser, Transistoren, digitale Computer und das Internet. Isaac Newton wäre schockiert, wenn er all die atomaren Bewegungen sehen könnte, die die Elektronen ausführen, um Computer und das Internet zu ermöglichen. Aber die moderne Welt würde zusammenbrechen, wenn wir die Quantentheorie ächten und die Plancksche Konstante auf null setzen würden. All die wunderbaren elektronischen Geräte in Ihrem Wohnzimmer sind genau deshalb möglich, weil die Elektronen diese fantastischen Tricks vollbringen können.

Aber wir bemerken diese Effekte in unserem Leben nie, weil wir aus Billionen und Aberbillionen von Atomen bestehen, bei denen sich diese Quanteneffekte herausmitteln, und weil die Größe dieser Quantenfluktuationen die Plancksche Konstante *h* ist, eine sehr kleine Zahl.

Verschränkung

1930 hatte Einstein genug. Auf der sechsten Solvay-Konferenz in Brüssel beschloss er, Niels Bohr, den führenden Vertreter der Quantenmechanik, herauszufordern. Es sollte der Kampf der Titanen werden, bei dem die größten Physiker der Zeit über das Schicksal der Physik und die Natur der Realität debattierten. Auf dem Spiel stand die Bedeutung der Existenz. Der Physiker Paul Ehrenfest schrieb: «Ich werde nie den Anblick der beiden Kontrahenten vergessen, als sie den Universitätsclub verließen. Einstein, eine majestätische Gestalt, ging ruhig und mit einem leichten ironischen Lächeln, und Bohr trottete äußerst aufgebracht neben ihm her.»[3] Später war Bohr so erschüttert, dass man hören konnte, wie er vor sich hin murmelte: «Einstein ... Einstein ... Einstein ...»

Der Physiker John Wheeler erinnerte sich: «Es war die größte, mir bekannte Debatte der Geistesgeschichte. In dreißig Jahren habe ich noch nie von einer Debatte zwischen zwei größeren Männern über einen längeren Zeitraum zu einem tieferen Thema mit tieferen Konsequenzen für das Verständnis dieser unserer seltsamen Welt gehört.»[4]

Immer und immer wieder bombardierte Einstein Bohr erbarmungslos mit den Paradoxien der Quantentheorie. Bohr war zwischenzeitlich benommen von dem kritischen Kreuzfeuer, aber am nächsten Tag sammelte er seine Gedanken und gab eine schlüssige, hieb- und stichfeste Antwort. Einmal erwischte Einstein Bohr mit einem weiteren Paradoxon, bei dem es um Licht und Schwerkraft ging. Es sah so aus, als sei Bohr endlich schachmatt gesetzt. Doch ironischerweise konnte Bohr den Fehler in Einsteins Argumentation finden, indem er aus Einsteins eigener Gravitationstheorie zitierte.

Die meisten Physiker waren der Ansicht, dass Bohr alle Argumente, die Einstein auf der berühmten Solvay-Konferenz vorgebracht hatte, erfolgreich widerlegt hatte. Aber Einstein, der sich vielleicht über diesen Rückschlag ärgerte, versuchte ein weiteres Mal, die Quantentheorie zu Fall zu bringen.

Fünf Jahre später startete er seinen endgültigen Gegenangriff. Gemeinsam mit seinen Studenten Boris Podolsky und Nathan Rosen unternahm er einen letzten tapferen Versuch, die Quantentheorie ein für alle Mal zu zerschlagen. Die nach den Anfangsbuchstaben der Autoren benannte EPR-Veröffentlichung sollte der letzte Schlag gegen die Quantentheorie sein.

Als unvorhergesehenes Nebenprodukt dieser schicksalhaften Herausforderung würde sich der Quantencomputer herausstellen.

Man stelle sich zwei Elektronen vor, die miteinander kohärent sind, d.h., sie liegen dicht beieinander und schwingen im Gleichklang. Es ist allgemein bekannt, dass Elektronen einen Spin haben (weshalb es Magnete gibt). Wenn zwei Elektronen den Gesamtspin Null haben und sich ein Elektron z. B. im Uhrzeigersinn dreht, muss sich das andere Elektron gegen den Uhrzeigersinn drehen, weil der Nettospin Null ist.

Trennen Sie nun die beiden Elektronen. Die Summe der Spins der beiden Elektronen muss immer noch Null sein, selbst wenn sich ein Elektron jetzt auf der anderen Seite der Galaxie befindet. Aber man kann nicht wissen, wie es sich dreht, bevor man eine Messung vornimmt. Wenn man jedoch den Spin eines Elektrons misst und feststellt, dass es sich im Uhrzeigersinn dreht, weiß man sofort, dass sich sein Partner auf der anderen Seite der Galaxie gegen den Uhrzeigersinn drehen muss. Diese Information wandert augenblicklich zwischen den beiden Elektronen hin und her, schneller als in Lichtgeschwindigkeit. Mit anderen Worten: Wenn man diese beiden Elektronen trennt, entsteht zwischen ihnen eine unsichtbare Nabelschnur, durch die die Kommunikation schneller als mit Lichtgeschwindigkeit verläuft.

Aber, so Einstein, da sich nichts schneller als mit Lichtgeschwindigkeit fortbewegen könne, verstoße dies gegen die Spezielle Relativitätstheorie, und daher sei die Quantenmechanik falsch. Dies sei das schlagende Argument, das die Quantentheorie widerlegte, dachte Einstein. Damit sei alles gesagt. Die durch die Verschränkung hervorgerufene «spukhafte Fernwirkung» sei nur eine Illusion, behauptete er.

Einstein glaubte, er hätte damit den Fangschuss getan, der die Quantentheorie ein für alle Mal zu Fall bringen würde. Trotz aller experimentellen Erfolge der Quantentheorie blieb das sogenannte EPR-Paradoxon jahrzehntelang ungelöst, weil es im Labor zu schwierig nachzuprüfen war. Doch im Laufe der Jahre wurde dieses Experiment schließlich 1949, 1975 und 1980 auf verschiedene Weise durchgeführt, und jedes Mal erwies sich die Quantentheorie als richtig.

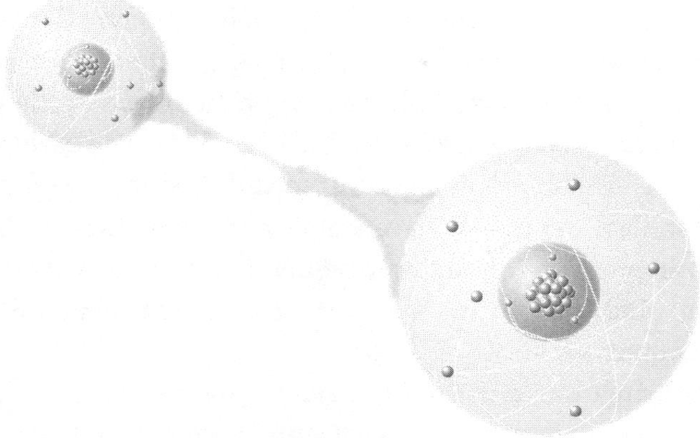

Abb. 5: Verschränkung
Wenn zwei Atome nebeneinanderliegen, können sie im Gleichklang schwingen – mit anderen Worten, sie sind kohärent. Wenn man sie trennt und an einem von ihnen rüttelt, bleiben sie kohärent, und die Information über die Störung kann sich zwischen ihnen schneller als mit Lichtgeschwindigkeit ausbreiten. (Dies verstößt jedoch nicht gegen die Relativitätstheorie, da die Information, die die Lichtschranke durchbricht, zufällig ist.) Dies ist ein Grund, warum Quantencomputer so leistungsfähig sind, denn sie rechnen gleichzeitig mit allen möglichen Zuständen.

Aber bedeutet das, dass sich Informationen schneller als Licht bewegen können, was gegen die spezielle Relativitätstheorie verstößt? Hier hat Einstein das Nachsehen. Nein, denn die Information, die zwischen den beiden Elektronen übertragen wird, ist eine zufällige Information und daher nutzlos. Das bedeutet, dass man mit dem EPR-Experiment keine nützlichen Codes senden kann, die eine Nachricht enthalten. Wenn man das EPR-Signal tatsächlich analysiert, findet man nur Kauderwelsch. Informationen können also sofort zwischen kohärenten Teilchen übertragen werden, aber nützliche Informationen, die eine Nachricht enthalten, können nicht schneller als das Licht übertragen werden.

Heute wird dieses Prinzip, also die Vorstellung, dass zwei Objekte, die miteinander kohärent sind (z. B. in der gleichen Weise schwingen), auch dann kohärent bleiben, wenn sie durch große Entfernungen voneinander getrennt sind, als *Verschränkung* bezeichnet.

Sie hat erhebliche Auswirkungen auf Quantencomputer. Es bedeutet, dass die Qubits in einem Quantencomputer auch dann noch miteinander interagieren können, wenn sie voneinander getrennt sind, was für die fantastische Rechenleistung von Quantencomputern verantwortlich ist.

Dies bringt auf den Punkt, warum Quantencomputer so einzigartig und nützlich sind. Ein gewöhnlicher Digitalrechner ist in gewisser Weise wie mehrere Buchhalter, die unabhängig voneinander in einem Büro arbeiten, jeder für sich eine Berechnung durchführen und ihre Antworten von einem zum anderen weitergeben. Ein Quantencomputer hingegen ist wie ein Raum voller interagierender Buchhalter, von denen jeder gleichzeitig rechnet und, was wichtig ist, über Verschränkung mit den anderen kommuniziert. Wir sagen also, dass sie dieses Problem gemeinsam kohärent lösen.

Die Tragödie des Krieges

Leider wurde diese lebhafte intellektuelle Debatte durch den aufkommenden Weltkrieg unterbrochen. Plötzlich wurden die wissenschaftlichen Diskussionen über die Quantentheorie tödlich ernst, da sowohl Nazi-Deutschland als auch die USA Sofort-Programme zur Entwicklung einer Atombombe starteten. Der Zweite Weltkrieg sollte verheerende Folgen für die Physik haben.

Planck wurde Zeuge der massenhaften Abwanderung jüdischer Physiker aus Deutschland und traf sich persönlich mit Adolf Hitler, um ihn zu bitten, die Verfolgung jüdischer Physiker zu beenden, die für die Physik in Deutschland zerstörerisch war. Hitler wurde jedoch wütend auf Planck und schrie ihn an.

Danach sagte Planck: «Mit einem solchen Mann kann man nicht vernünftig reden.» Tragischerweise war einer von Plancks Söhnen, Erwin, an einem Attentatsversuch auf Hitler beteiligt. Er wurde gefasst und gefoltert. Planck versuchte, das Leben seines Sohnes zu retten, indem er sich direkt an Hitler wandte. Doch Erwin wurde von den Nazis hingerichtet.

Die Nazis setzten einen Preis auf Einsteins Kopf aus. Sein Bild erschien auf der Titelseite eines Nazimagazins mit der Unterschrift «noch nicht gehängt». Er floh 1933 aus Deutschland und kehrte nie wieder zurück.

Erwin Schrödinger, der Zeuge wurde, wie ein jüdischer Mann von den Nazis auf offener Straße in Berlin verprügelt wurde, versuchte, den Angriff zu stoppen, und wurde dabei selbst von der SS verprügelt. Erschüttert verließ er Deutschland und nahm eine Stelle an der Universität Oxford an. Dort löste er jedoch eine Kontroverse aus, weil er mit seiner Frau und seiner Geliebten kam. Dann wurde ihm eine Stelle in Princeton angeboten, aber Historiker vermuten, dass er sie wegen seiner unorthodoxen Lebensweise ablehnte. Schließlich landete er in Irland.

Niels Bohr, einer der Begründer der Quantenmechanik, konnte sein Leben nur durch Flucht in die Vereinigten Staaten retten und wäre bei der Flucht aus Europa beinahe gestorben.

Werner Heisenberg, der vielleicht größte deutsche Quantenphysiker, wurde von den Nazis mit der Entwicklung der Atombombe beauftragt. Sein Labor musste jedoch mehrfach umziehen, da es von den Alliierten bombardiert wurde. Nach dem Krieg wurde er von den Alliierten verhaftet. (Glücklicherweise kannte Heisenberg eine wichtige Größe nicht, nämlich die Wahrscheinlichkeit für die Spaltung des Uranatoms, sodass er Schwierigkeiten hatte, die Atombombe zu bauen, und die Nazis nie eine Atomwaffe entwickelten.)

In den tragischen Nachwehen des Krieges begannen die Menschen, die enorme Macht der Quanten zu erkennen, die am Himmel über Hiroshima und Nagasaki entfesselt wurde. Plötzlich war die Quantenmechanik nicht mehr nur ein Spielfeld für Physiker, sondern etwas, das die Geheimnisse des Universums entschlüsseln und das Schicksal der Menschheit bestimmen konnte.

Aus der Asche des Krieges erhob sich eine neue Quantenerfindung, die das Gefüge der modernen Zivilisation grundlegend verändern sollte: der Transistor. Vielleicht könnte die enorme Kraft des Atoms genutzt werden, um Frieden zu schaffen.

Kapitel 4: Die Anfänge der Quantencomputer

Der Transistor ist ein Paradoxon

Je größer eine Erfindung, desto leistungsfähiger ist sie in der Regel auch. Riesige doppelstöckige Düsenflugzeuge können eine Menge Passagiere in wenigen Stunden um die halbe Welt befördern. Heutige Raketen sind gewaltige Innovationen, die tonnenschwere Nutzlasten zum Mars befördern können. Der 27 Kilometer lange Ring des Large Hadron Collider (LHC) kostete über 10 Milliarden Dollar und könnte eines Tages das Geheimnis des Urknalls lüften. Der Teilchenbeschleuniger ist so groß, dass ein großer Teil der Stadt Genf darin Platz fände.

Doch der Transistor, die vielleicht wichtigste Erfindung des 20. Jahrhunderts, ist heutzutage so klein, dass Milliarden davon auf einen Fingernagel passen. Ohne Übertreibung kann man sagen, dass er jeden Aspekt der menschlichen Gesellschaft revolutioniert hat.

Demnach ist kleiner manchmal doch besser. Auf unseren Schultern ruht zum Beispiel das komplexeste Objekt des bekannten Universums: das menschliche Gehirn. Mit seinen etwa 80 Milliarden Neuronen, von denen jedes mit etwa 10 000 anderen Neuronen verbunden ist, übertrifft das menschliche Gehirn an Komplexität alles, was der Wissenschaft bekannt ist.

Sowohl ein Mikrochip mit seinen Milliarden von Transistoren als auch das menschliche Gehirn passen in nur eine Hand, und doch sind sie die höchstentwickelten Objekte, die wir kennen.

Wie kommt das? Ihre erstaunlich geringe Größe verbirgt die Tatsache, dass in ihnen gewaltige Mengen Information gespeichert und manipuliert werden können. Zudem ähnelt die Art und Weise, wie diese Informationen gespeichert werden, einer Turing-Maschine, was ihnen eine enorme Rechenleistung verleiht. Ein Mikrochip ist das Herzstück eines Digitalrechners mit einem endlichen Eingabeband (Turing-Maschinen können allerdings im Prinzip über ein unendliches Band verfügen). Und das Gehirn ist eine lernende Maschine oder ein neuronales Netz, das sich ständig selbst verändert, wenn es Neues lernt. Auch eine Turing-Maschine kann so modifiziert werden, dass sie wie ein neuronales Netz lernt.

Aber wenn die Stärke des Transistors darin liegt, dass er mikroskopisch klein ist, dann lautet die nächste Frage: Wie klein kann man einen Computer machen? Was wäre der kleinstmögliche Transistor?

Die Geburt des Transistors

Drei Physiker erhielten 1956 den Nobelpreis für die Entwicklung dieses Wunderbauteils: die Wissenschaftler der Bell Laboratories John Bardeen, Walter Brattain und William Shockley. Heute ist eine Nachbildung des ersten Transistors der Welt in einer Glasvitrine im Smithsonian Museum in Washington zu sehen. Es ist ein grobes, unbeholfen aussehendes Gerät, aber dennoch besuchen Delegationen von Wissenschaftlern aus aller Welt dieses Exponat in stiller Verehrung, und einige verbeugen sich sogar vor ihm, als wäre es eine Art Gottheit. Bardeen, Brattain und Shockley verwendeten eine Materieform, die man als Halbleiter bezeichnet. Metalle sind Leiter, die den freien Fluss von Elektronen ermöglichen. Isolatoren, wie Glas, Kunststoff oder Gummi, leiten keinen Strom. Halbleiter liegen dazwischen und können den Fluss der Elektronen sowohl leiten als auch stoppen. Der Transistor macht sich diese entscheidende Eigenschaft zunutze. Er ist der Nachfolger der alten Vakuumröhre, die von Turing und anderen auf geniale Weise eingesetzt wurde. Wie wir gesehen haben, kann man sowohl die Vakuumröhre als auch den Transistor grob mit einem Ventil vergleichen, das den Wasserfluss in einem Rohr steuert. Mit einem kleinen Ventil kann man den viel größeren Wasserfluss in einer Leitung steuern. Man kann es entweder schließen, was dem Wert 0 entspricht, oder es geöffnet lassen, was dem Wert 1 entspricht. Auf diese Weise lässt sich der Wasserdurchfluss in einer komplexen Anordnung von Rohren genau steuern. Ersetzt man nun in Gedanken das Ventil durch einen Transistor und die Wasserleitungen durch elektrisch leitende Drähte, so erhält man einen Digitalrechner auf Transistorbasis.

Ein Transistor ähnelt also in dieser Hinsicht einer Vakuumröhre, aber damit enden die Ähnlichkeiten auch schon. Vakuumröhren sind dafür bekannt, dass sie sehr simpel und anfällig sind. (Als Kind musste ich meinen alten Fernseher auseinandernehmen, alle Röhren von Hand herausnehmen und im Supermarkt mühsam jede einzelne testen, um zu sehen, welche durchgebrannt war.) Sie waren sperrig, unzuverlässig und schnell abgenutzt.

Ein Transistor hingegen, der aus dünnen Siliziumscheiben (Wafer genannt) hergestellt wird, ist robust, billig und mikroskopisch klein. Transistoren können wie T-Shirts in Massenproduktion hergestellt werden.

T-Shirt-Aufdrucke werden in der Regel mit einer Kunststoffschablone hergestellt, in der das gewünschte Bild ausgeschnitten worden ist. Die Schablone wird auf das T-Shirt gelegt, und dann wird mit einer Sprühdose Farbe aufgetragen. Entfernt man die Schablone, bleibt das Bild auf dem T-Shirt zurück.

Ein Transistor wird auf ähnliche Weise hergestellt. Man beginnt mit einer Schablone, in die das Bild der gewünschten Schaltkreise eingeritzt wurde. Dann legt man die Schablone auf den Siliziumwafer. Anschließend wird sie ultravioletter Strahlung ausgesetzt, sodass ihr Bild auf den Siliziumwafer übertragen wird. Nun wird die Schablone entfernt und Säure hinzugefügt. Der Siliziumchip ist chemisch so behandelt, dass die Säure nur das gewünschte Bild in den Wafer einbrennt.

Der Vorteil ist, dass diese Bilder so klein sein können wie die Wellenlänge von ultraviolettem Licht, die etwas größer als ein Atom ist. Das bedeutet, ein typischer Chip in einem Computer kann eine Milliarde Transistoren enthalten. Heute ist die Herstellung von Transistoren ein großes Geschäft, das die Wirtschaft ganzer Länder bestimmt. Eine moderne Fabrik zur Herstellung von Transistoren kostet mehrere Milliarden Dollar.

In gewisser Weise kann ein Mikrochip mit den Straßen einer Großstadt verglichen werden. Dem ständigen Strom der Autos entsprechen Elektronen, die sich längs der geätzten Schaltkreise bewegen. Die Ampeln, die den Verkehrsfluss regeln, entsprechen Transistoren. Eine rote Ampel, die den Verkehr anhält, entspricht einer 0, während eine grüne Ampel, die den Verkehr durchlässt, für eine 1 steht.

Wenn wir immer mehr Transistoren auf einen Chip ätzen, ist das so, als würden wir die Größe jedes Häuserblocks verkleinern, um die Zahl der Autos und Ampeln zu erhöhen. Aber man kann Straßen in einem bestimmten Gebiet nicht grenzenlos dicht anordnen. Irgendwann wird der Block so klein, dass die Autos zu den Seiten ausbrechen. Es führt zu Kurzschlüssen, wenn die Siliziumbahnen zu dünn werden.

Wenn sich die Breite der Leiterbahnen in einem Siliziumchip der Größe eines Atoms nähert, kommt die Heisenbergsche Unschärferelation zum Tragen und die Position der Elektronen wird unbestimmt, sodass sie austreten und den Stromkreis kurzschließen. Außerdem reicht die Wärme, die durch so viele Transistoren auf einem Fleck entsteht, aus, um das Silizium zum Schmelzen zu bringen.

Mit anderen Worten: Alle Dinge müssen vergehen, auch das

Siliziumzeitalter. Ein neues Zeitalter zieht herauf: das Quantenzeitalter.

Und einer der berühmtesten Physiker des 20. Jahrhunderts ebnete den Weg.

Genie in Aktion

Richard Feynman war einzigartig. Es wird wahrscheinlich nie wieder einen Physiker wie ihn geben. Einerseits war Feynman ein charismatischer Unterhaltungskünstler, der das Publikum gerne mit haarsträubenden Geschichten aus seiner Vergangenheit und mit seinen verrückten Streichen amüsierte. Mit seinem rauen Akzent klang er wie ein Lastwagenfahrer, wenn er die bunten Geschichten aus seinem Leben erzählte.

Er war stolz darauf, ein Experte im Knacken von Schlössern und Tresoren zu sein. Während seiner Arbeit in Los Alamos gelang es ihm sogar, den Tresor zu öffnen, der das Geheimnis der Atombombe enthielt (wobei er indessen einen Großalarm auslöste). Er war stets an neuen, skurrilen Erfahrungen interessiert. Einmal schloss er sich gar in eine Überdruckkammer ein, um herauszufinden, ob er seinen Körper verlassen und sich von oben schwebend sehen kann. Und am liebsten spielte er zu jeder Tageszeit auf seinen Bongos.

Wenn man ihm zuhörte, konnte man fast vergessen, dass er 1965 den Nobelpreis für Physik erhielt und wahrscheinlich einer der größten Physiker seiner Generation war, der die komplexen Grundlagen für eine relativistische Theorie der Wechselwirkung zwischen Elektronen und Photonen schuf. Diese Theorie, die als Quantenelektrodynamik oder QED bezeichnet wird, ist auf 1 Teil in 10 Milliarden genau; sie erklärt die verschiedenen Messungen, die an Quantensystemen durchgeführt wurden, am erfolgreichsten. Andere Physiker hörten ihm aufmerksam zu, in der Hoffnung, etwas mitzunehmen, das auch ihnen Ruhm und Ehre einbringen könnte.

Die Geburt der Nanotechnologie

Feynman war vor allem ein Visionär.

Er beobachtete, dass die Computer immer kleiner wurden. Also stellte er sich eine einfache Frage: Wie klein kann man einen Computer bauen?

Feynman erkannte, dass Transistoren in Zukunft so klein werden würden, dass sie schließlich die Größe von Atomen erreichen konnten. Tatsächlich, so vermutete er, könnte die nächste Grenze der Physik darin bestehen, Maschinen so klein wie Atome zu bauen und damit Pionierarbeit in einem wachsenden Bereich zu leisten, der heute «Nanotechnologie» genannt wird.

Welche Grenze setzt die Quantenmechanik den Pinzetten, Hämmern und Schraubenschlüsseln in der Größe von Atomen? Was ist die ultimative Grenze für einen Computer, der mit Transistoren von atomarer Größe funktioniert?

Er erkannte, dass im atomaren Bereich neue fantastische Erfindungen möglich sind. Die derzeitigen physikalischen Gesetze, die wir auf der Makroebene anwenden, werden auf der atomaren Skala obsolet, und wir müssen unseren Geist für völlig neue Möglichkeiten öffnen. Seine Ideen trug er erstmals 1959 in einer Rede vor der American Physical Society am Caltech vor, die er mit dem Titel «There's Plenty of Room at the Bottom» (Unten ist noch viel Platz) überschrieb und damit die Geburt einer neuen Wissenschaft vorwegnahm.

In diesem bahnbrechenden Vortrag fragte er: «Warum können wir nicht alle Bände einer Enzyklopädie auf einen Stecknadelkopf schreiben?»

Seine Grundidee war einfach: winzige Maschinen zu schaffen,

die «die Atome so anordnen können, wie wir wollen». Jedes Werkzeug, das wir in der Werkstatt verwenden, würde bis auf die Größe der Elementarteilchen miniaturisiert werden. Mutter Natur manipuliert Atome unentwegt. Warum sollten wir das nicht auch können?

Feynman fasste seine Idee von Quantencomputern mit den Worten zusammen: «Die Natur ist, verdammt noch mal, nicht klassisch, und wenn man die Natur simulieren will, sollte man die Simulation besser quantenmechanisch machen.»

Dies ist eine tiefgründige Beobachtung. Klassische Digitalrechner, wie leistungsfähig sie auch sein mögen, können niemals erfolgreich einen Quantenprozess simulieren. (Bob Sutor, Vizepräsident von IBM, zieht gerne diesen Vergleich: Sollte ein klassischer Computer ein einfaches Molekül wie Koffein eins zu eins simulieren, wären 10^{48} Bits an Informationen erforderlich. Diese riesige Zahl entspricht 10 Prozent der Anzahl der Atome, aus denen der Planet Erde besteht. Daher können klassische Computer nicht einmal einfache Moleküle erfolgreich simulieren.)

In seinem als Transkript nachlesbaren Vortrag unterbreitete Feynman eine Reihe von erstaunlichen Ideen. Er schlug einen Roboter vor, der so klein ist, dass er im Blutstrom schwimmen und medizinische Probleme behandeln könnte. Feynman nannte dies «den Arzt schlucken». Er würde wie eine weiße Blutzelle funktionieren und den Körper auf der Suche nach Bakterien und Viren durchstreifen, die er abtöten könnte. Er würde auch Operationen durchführen, während er im Körper zirkuliert. Die Medizin würde also im Körperinneren praktiziert werden, nicht von außen. Man müsste keine Schnitte mit dem Skalpell mehr machen oder sich um Schmerzen und Infektionen sorgen.

Feynman behauptete in seiner prophetischen Voraussicht sogar, es werde eines Tages möglich sein, ein Supermikroskop zu erfinden, um Atome zu «sehen». Tatsächlich wurde 1981, einige Jahrzehnte nach seiner Vorhersage, das Rastertunnelmikroskop erfunden.

Seine Vision war so fantastisch, dass sein Vortrag anschließend jahrzehntelang weitgehend ignoriert wurde. Das war eine Schande, denn er war seiner Zeit weit voraus. Viele seiner Vorhersagen sind eingetreten.

Er lobte sogar einen Preis von jeweils 1000 Dollar für diejenigen aus, die eine von zwei Erfindungen machen würden: Die erste Aufgabe bestand darin, eine Buchseite so zu verkleinern, dass nur ein Elektronenmikroskop sie lesbar machen kann. Der zweite 1000-Dollar-Preis sollte für die Entwicklung eines Elektromotors vergeben werden, der in einen Würfel mit 0,4 Millimeter Kantenlänge passt. (Zwei Erfinder beanspruchten später beide Preise, obwohl sie die genauen Anforderungen der Ausschreibung nicht erfüllten.)

Eine weitere seiner Vorhersagen wurde durch die Entdeckung von Nanomaterialien wie Graphen (Aussprache: Betonung auf dem e) möglich, das aus einer Kohlenstoffschicht besteht, die nur ein Atom dick ist. Graphen wurde von zwei russischen Wissenschaftlern im britischen Manchester entdeckt, Andre Geim und Konstantin Novoselov. Sie stellten fest, dass sich mit Klebeband eine dünne Graphitschicht abziehen lässt. Indem sie diesen Vorgang wiederholt durchführten, landeten sie schließlich bei einer nur eine Atomlage dicken Kohlenstoffschicht. Für diesen einfachen, aber bemerkenswerten Durchbruch erhielten sie im Jahr 2010 den Nobelpreis für Physik. Da die Kohlenstoffatome in einer symmetrischen Anordnung so dicht gepackt sind, handelt es sich um die härteste Substanz, die der Wissenschaft bekannt ist – härter als Diamant. Ein Blatt Graphen ist so stark, dass es nicht reißen würde, wenn man einen gespitzten Bleistift daraufstellen würde mit einem Elefanten obenauf.

Kleine Mengen lassen sich leicht herstellen, aber die Herstellung großer Mengen reinen Graphens ist äußerst schwierig. Im Prinzip ist reines Graphen jedoch stark genug, um damit einen Wolkenkratzer oder eine Brücke zu bauen, die so dünn ist, dass sie durchsichtig wäre. Eine lange Faser aus Graphen könnte so stark sein, dass sie einen Weltraumfahrstuhl tragen könnte, der einen per Knopfdruck ins All befördert. (Der Weltraumfahrstuhl wäre an einem Kabel aus Graphen aufgehängt, das dann, wie ein Ballon an einer Schnur, nie herunterfällt, weil es sich aufgrund der Rotation des Planeten um die Erde dreht.) Außerdem kann Graphen Elektrizität leiten. Tatsächlich können einige der kleinsten Transistoren der Welt aus winzigen Mengen Graphen hergestellt werden.

Feynman erkannte auch die enormen Fortschritte, die mit einem Quantencomputer möglich wären, der über eine gigantische Rechenleistung verfügen würde. Wir haben bereits gesehen, dass sich die Leistung eines Quantencomputers verdoppelt, wenn man ihm nur ein weiteres Qubit hinzufügt. Ein Quantencomputer, der aus 300 Atomen besteht, hätte also die 2^{300}-fache Leistung eines Quantencomputers mit nur einem Qubit.

Feynmans Pfadintegral

Eine weitere Errungenschaft Feynmans sollte den Lauf der Physik verändern. Er fand einen verblüffenden Weg, die gesamte Theorie der Quantenmechanik neu zu formulieren.

Alles begann, als er in der Highschool war. Er liebte es, Dinge zu berechnen und Rätsel zu lösen. Eines seiner Markenzeichen war, die Lösung eines Problems schnell auf verschiedene Arten zu berechnen. Wenn er in einer Richtung nicht weiterkam, bemühte er mathematische Kniffe, um das Problem auf andere Weise zu lösen. Er war berühmt für seinen Ausspruch, das Ziel eines jeden Physikers sei es, «sich selbst so schnell wie möglich zu widerlegen». Mit anderen Worten: Man muss seinen Stolz herunterschlucken und zugeben, dass das, was man tut, eine Sackgasse sein könnte, und dies so schnell wie möglich beweisen, damit man zur nächsten Idee übergehen kann.

(Als forschender Physiker denke ich tatsächlich oft über diese Aussage nach. Irgendwann müssen Physiker zugeben, dass ihre Lieblingsidee vielleicht falsch ist und dass sie alsbald einen neuen Ansatz ausprobieren sollten.)

Da der junge Feynman seiner Klasse in den Naturwissenschaften immer voraus war, dachte sich sein Highschool-Lehrer clevere Methoden aus, um ihn bei Laune zu halten, damit er sich nicht langweilte. Er forderte ihn mit ausgefallenen, aber tiefgründigen Lektionen aus der Physik heraus.

Eines Tages machte ihn sein Lehrer mit dem sogenannten Prinzip der kleinsten Wirkung bekannt, das eine radikale Neuinterpretation der gesamten klassischen Physik ermöglicht. Der Lehrer stellte heraus, dass eine Kugel, die einen Hügel hinunterrollt, auf unendlich vielen Wegen rollen kann, es aber nur einen Weg gibt, den sie tatsächlich nimmt. Woher weiß sie, welchen Weg sie nehmen muss?

Dreihundert Jahre früher hatte Newton diese Frage beantwortet. Er hätte gesagt: Man berechne die Kräfte, die in einem Moment auf den Ball wirken, und verwende dann meine Gleichungen, um zu bestimmen, wohin sich der Ball im nächsten Moment bewegen wird. Dann wiederhole man dieses Prozedere. Wenn man all diese aufeinanderfolgenden Zeitpunkte aneinanderreiht, Mikrosekunde für Mikrosekunde, kann man den gesamten Weg der Kugel nachvollziehen. Noch heute, 300 Jahre später, sagen Physiker auf diese Weise die Bewegung von Sternen, Planeten, Raketen, Kanonenkugeln und Baseballbällen voraus. Dies ist die Basis der Newtonschen Physik. Fast die gesamte klassische Physik wird auf diese Weise ausgeführt. Und die Mathematik, mit der all diese inkrementellen Bewegungen addiert werden, wird als Infinitesimalrechnung bezeichnet, die ebenfalls von Newton erfunden wurde.

Aber dann stellte der Lehrer eine bizarre Art vor, die Sache anzugehen. Er sagte: «Zeichne *alle* möglichen Wege, die der Ball nehmen kann, egal wie seltsam. Einige dieser Wege können absurd sein, wie eine Reise zum Mond oder zum Mars. Manche Wege können sogar bis ans Ende des Universums führen. Berechne für jede Bahn die sogenannte Wirkung. (Die Wirkung ist vergleichbar mit der Energie des Systems. Sie ist die kinetische Energie abzüglich der potenziellen Energie.) Der Weg der Kugel ist dann derjenige mit dem kleinsten Wert für die Wirkung. Mit anderen Worten: Der Ball ‹erschnüffelt› irgendwie alle möglichen Wege, auch die verrückten, und ‹entscheidet› sich dann für den Weg mit der kleinsten Wirkung.»

Wenn man es nachrechnet, erhält man genau die gleiche Antwort wie Newton. Feynman war erstaunt. In dieser einfachen Betrachtung konnte man die gesamte Newtonsche Physik ohne komplizierte Differentialgleichungen zusammenfassen – man musste nur den Weg der kleinsten Wirkung finden. Das erfreute Feynman, denn nun hatte er zwei gleichwertige Möglichkeiten, alle Aufgaben der klassischen Mechanik zu lösen.

Anders ausgedrückt: Im alten Newtonschen Bild wird die Bahn einer Kugel nur durch die Kräfte bestimmt, die an diesem Punkt in Raum und Zeit auf die Kugel wirken. Entfernte Punkte beeinflussen den Ball überhaupt nicht. In dem neuen Bild «weiß» die Kugel plötzlich von allen möglichen Wegen, die sie einschlagen kann, und «entscheidet» sich für den Weg mit der kleinsten Wirkung. Wie könnte die Kugel «wissen», wie sie diese Milliarden von Wegen analysieren und den richtigen auswählen kann?

Warum fällt zum Beispiel ein Ball auf den Boden? Newton würde sagen, dass es eine Gravitationskraft gibt, die den Ball zu Boden zieht, Mikrosekunde für Mikrosekunde. Eine andere Erklärung wäre, dass der Ball irgendwie alle möglichen Wege erschnüffelt und sich dann für den Weg der kleinsten Wirkung entscheidet, und das ist derjenige, der senkrecht nach unten führt.

Jahre später, als Feynman an seiner nobelpreisgekrönten Theorie arbeitete, kehrte er zu diesem Ansatz aus der Highschool zurück. Das Prinzip der kleinsten Wirkung funktionierte in der klassischen,

Newtonschen Physik. Warum sollte man diese seltsame Methode nicht auf die Quantentheorie verallgemeinern können?

Quantensumme über Pfade

Er erkannte, dass dies in einem Quantencomputer eine enorme Rechenleistung zur Folge haben würde. Denken Sie an ein Labyrinth. Würde man eine klassische Maus in ein Labyrinth setzen, würde sie mühsam viele mögliche Wege nacheinander ausprobieren, ein extrem langsamer Vorgang. Setzt man jedoch eine Quantenmaus in ein Labyrinth, erschnüffelt sie gleichzeitig alle möglichen Wege. Wendet man dieses Prinzip auf einen Quantencomputer an, so erhöht sich dessen Leistung exponentiell.

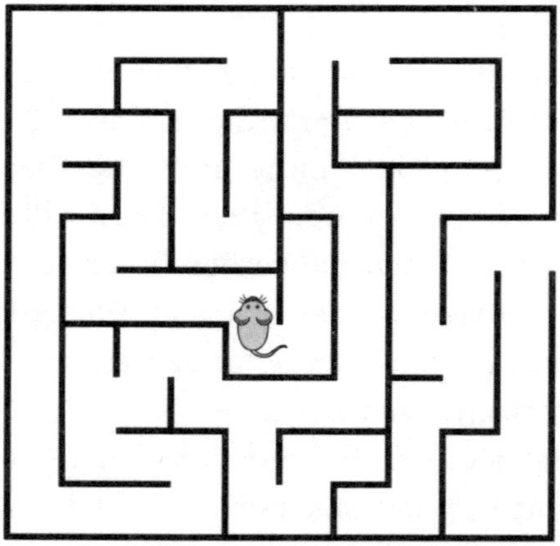

Abb. 6: Summe über Pfade
Eine Maus in einem klassischen Labyrinth muss an jeder Stelle entscheiden, in welche Richtung sie abbiegen will, und zwar mit einer Entscheidung nach der anderen. Eine Quantenmaus in einem Labyrinth kann jedoch in gewissem Sinne alle möglichen Wege gleichzeitig analysieren. Dies ist ein Grund, warum Quantencomputer exponentiell leistungsfähiger sind als gewöhnliche klassische Computer.

Also schrieb Feynman die Quantentheorie im Sinne des Prinzips der kleinsten Wirkung um. Nach dieser Auffassung «erschnüffeln» die subatomaren Teilchen alle möglichen Wege. Jedem Weg ordnete er einen Faktor zu, der mit der Wirkung und der Planckschen Konstante zusammenhängt. Dann summierte oder integrierte er über alle möglichen Pfade. Dieser Ansatz wird heute als «Pfadintegral» bezeichnet, weil man die Beiträge aller Pfade, die ein Objekt nehmen kann, addiert.

Zu seinem großen Erstaunen stellte er fest, dass er so die Schrödingergleichung herleiten konnte. Er fand sogar heraus, dass sich die *gesamte* Quantenphysik in diesem einfachen Prinzip zusammenfassen ließ. Jahrzehnte, nachdem Schrödinger seine Wellengleichung auf magische Weise und ohne Herleitung eingeführt hatte, konnte Feynman die gesamte Quantenmechanik, einschließlich der Schrödingergleichung, mit diesem Pfadintegralansatz vereinheitlichen.

Wenn ich Physikdoktoranden in Quantenmechanik unterrichte, beginne ich in der Regel damit, die Schrödingergleichung so darzustellen, als wäre sie einfach aus dem Nichts aufgetaucht, als hätte sie ein Magier aus dem Hut gezaubert. Wenn die Studenten mich fragen, woher diese Gleichung kommt, zucke ich nur mit den Schultern und sage, dass die Gleichung einfach da ist. Aber später im Kurs, wenn wir schließlich Pfadintegrale besprechen, erkläre ich den Studenten, dass die gesamte Quantentheorie mithilfe von Feynman-Pfadintegralen neu formuliert werden kann, indem die Wirkung über alle möglichen Pfade summiert wird, egal, wie verrückt sie sind.

Ich verwende Feynman-Pfadintegrale nicht nur in meiner beruflichen Arbeit, sondern denke auch manchmal zu Hause darüber nach, wenn ich durch einen Raum gehe. Wenn ich über einen Teppich gehe, habe ich ein seltsames, unheimliches Gefühl, weil ich weiß, dass viele Kopien von mir über denselben Teppich gehen, und jede denkt, sie sei die einzige Person, die durch den Raum geht. Einige dieser Kopien sind sogar zum Mars und wieder zurück gereist.

Als Physiker arbeite ich mit relativistischen Versionen der Schrödingergleichung, eine Methode, die als Quantenfeldtheorie bezeichnet wird. Das ist die Quantentheorie der subatomaren Teilchen bei hohen Energien. Wenn ich mit der Quantenfeldtheorie rechne, folge ich als Allererstes Feynman und beginne mit der Wirkung. Dann summiere ich über alle möglichen Pfade, um die Bewegungsgleichungen zu erhalten. Feynmans Pfadintegralansatz hat also in gewisser Weise die gesamte Quantenfeldtheorie annektiert.

Aber dieser Formalismus ist nicht nur ein Trick, sondern er hat auch einige tiefgreifende Auswirkungen auf das Leben auf der Erde. Wir haben vorhin gesehen, dass Quantencomputer auf Temperaturen in der Nähe des absoluten Nullpunkts gehalten werden müssen, während Mutter Natur wunderbare Quantenreaktionen bei Raumtemperatur durchführen kann (z.B. bei der Fotosynthese und der Fixierung von Stickstoff für Düngemittel). Nach den Regeln der klassischen Physik gibt es bei Raumtemperatur so viel Rauschen und Wackeln der Atome, dass viele chemische Prozesse unter diesen Bedingungen unmöglich sein sollten. Mit anderen Worten: Die Fotosynthese verstößt gegen die Gesetze von Newton.

Wie also löst Mutter Natur das Problem der Dekohärenz, das schwierigste Problem bei Quantencomputern, um Fotosynthese bei Raumtemperatur zu ermöglichen?

Durch Summierung über alle Pfade. Wie Feynman zeigte, können Elektronen alle möglichen Wege «erschnüffeln», um ihre wundersame Arbeit zu verrichten. Mit anderen Worten: Die Fotosynthese und damit das Leben selbst könnten ein Nebenprodukt von Feynmans Pfadintegralansatz sein.

Quanten-Turing-Maschine

Im Jahr 1981 betonte Feynman, dass nur ein Quantencomputer einen Quantenprozess wirklich simulieren kann. Feynman ging jedoch nicht näher darauf ein, wie genau ein Quantencomputer gebaut werden könnte. Der Nächste, der die Fackel in die Hand nahm, war David Deutsch von der Universität Oxford. Ihm gelang es unter anderem, die Frage zu beantworten: Kann man die Quantenmechanik auf eine Turing-Maschine anwenden? Feynman hatte dieses Problem zwar angedeutet, aber nie die Gleichungen für eine Quanten-Turing-Maschine aufgeschrieben. Deutsch füllte dann die Idee mit Leben und Details. Er entwarf sogar einen Algorithmus, der auf dieser hypothetischen Quanten-Turing-Maschine laufen könnte.

Eine Turing-Maschine ist, wie bereits erwähnt, ein einfaches klassisches Gerät, das auf einem Prozessor basiert, der die Zahl auf einem unendlich langen Band in eine andere Zahl umwandelt und somit eine Reihe von mathematischen Operationen durchführt. Das Schöne an einer Turing-Maschine ist, dass sie alle Eigenschaften eines Digitalrechners in einer einfachen, kompakten Form zusammenfasst, die dann von Mathematikern rigoros untersucht werden kann. Der nächste Schritt besteht darin, Turings Erfindung um die Quantentheorie zu erweitern, was es den Wissenschaftlern ermöglichen würde, auch die bizarren Eigenschaften von Quantencomputern auf rigorose Art und Weise zu untersuchen. In einer Quanten-Turing-Maschine, dachte Deutsch, ersetzt man ein klassisches Bit durch ein Quantenbit – ein Qubit. Das hat mehrere wichtige Änderungen zur Folge.

Erstens bleiben die grundlegenden Manipulationen der Turing-Maschine (z. B. das Beschriften und Löschen von Einträgen auf den Feldern des Bandes sowie das Vorwärts- oder Rückwärtsbewegen des Bandes) in etwa gleich. Aber die Bits sind radikal verändert. Sie sind nicht mehr 0 oder 1. Vielmehr können sie die bizarre Quanteneigenschaft der Superposition (d.h. die Fähigkeit, sich gleichzeitig in zwei verschiedenen Zuständen zu befinden) nutzen, um ein Qubit zu erzeugen, das Werte zwischen 0 und 1 annehmen kann. Und da alle Qubits in einer Quanten-Turing-Maschine verschränkt sind, kann das, was mit einem Qubit geschieht, andere Qubits beeinflussen, die weit entfernt sind. Um am Ende der Berechnung eine Zahl zu erhalten, muss man «die Welle zum Kollaps bringen», sodass die Qubits wieder eine Ansammlung von Nullen oder Einsen ergeben. Auf diese Weise können wir dem Quantencomputer echte Zahlen und Antworten entlocken.

So wie Turing durch die Einführung der präzisen Regeln für Turing-Maschinen die Idee des Digitalrechners präzisierte, trug Deutsch dazu bei, die Grundlagen der Quantencomputer zu präzisieren. Indem er das Wesen der Manipulation von Qubits herausarbeitete, half er, die Arbeit an Quantencomputern zu standardisieren.

Parallele Universen

Deutsch ist aber nicht nur für die Entwicklung des Konzepts der Quantencomputer bekannt, sondern er nimmt auch die tiefgreifenden philosophischen Fragen ernst, die sie aufwerfen. In der üblichen Kopenhagener Interpretation der Quantenmechanik muss man eine Beobachtung machen, um endgültig festzustellen, wo sich ein Elektron befindet. Bevor eine Beobachtung gemacht wird, befindet sich das Elektron in einer unbestimmten Mischung aus mehreren Zuständen. Wird jedoch der Zustand des Elektrons gemessen, «kollabiert» die Wellenfunktion auf magische Weise auf einen einzigen physikalischen Zustand. Auf diese Weise erhält man numerische Antworten von einem Quantencomputer.

Dieses «Kollabieren» der Welle erscheint so fremd, so konstruiert und künstlich, und doch ist es der entscheidende Prozess, der es uns ermöglicht, die Quantenwelt zu verlassen und in unsere makroskopische Welt einzutreten. Warum macht sie sich gerade dann bemerkbar, wenn wir uns entschließen, sie zu betrachten? Es geht um die Brücke zwischen Mikro- und Makrowelt, und philosophisch hat die Brücke große Lücken.

Immerhin trägt sie, niemand kann dies bestreiten.

Aber viele Wissenschaftler fühlen sich unbehaglich, weil sie wissen, dass unser gesamtes Wissen über die Welt auf diesem unsicheren Fundament wie auf Sand gebaut ist, der eines Tages verwehen könnte. In den vergangenen Jahrzehnten wurden zahlreiche Vorschläge zur Klärung dieses Problems gemacht.

Der vielleicht ungeheuerlichste dieser Vorschläge kam 1956 von dem Doktoranden Hugh Everett. Wir erinnern uns, dass sich die Quantentheorie grob in vier Prinzipien zusammenfassen lässt. Das letzte ist der Knackpunkt, bei dem wir die Wellenfunktion zum «Kollabieren» bringen, um zu entscheiden, in welchem Zustand sich das System befindet. Everetts Vorschlag war gewagt und umstritten: Seine Theorie besagt, dass die *letzte Aussage, die besagt, dass die Welle «kollabiert»*, einfach gestrichen wird, *sodass sie überhaupt nicht kollabiert*. Jede mögliche Lösung existiert weiterhin in ihrer eigenen Realität und erzeugt «viele Welten», was der Theorie auch ihren Namen gibt.

Wie ein Fluss, der sich im Flussdelta in viele kleinere Abflüsse verzweigt, breiten sich die verschiedenen Wellen des Elektrons fröhlich weiter aus, teilen sich immer wieder auf und verzweigen sich in alle Ewigkeit in immer neue Universen. Mit anderen Worten: Es gibt eine unendliche Anzahl von Paralleluniversen, von denen keines jemals kollabiert. Jeder Zweig dieses Multiversums erscheint real wie jeder andere, aber sie repräsentieren *alle* möglichen Quantenzustände.

Mikrokosmos und Makrokosmos gehorchen also denselben Gleichungen, da es keinen Kollaps und keine «Wand» mehr gibt, die sie trennt.

Denken Sie zum Beispiel an eine Meereswelle. In ihrem Inneren besteht sie eigentlich aus Tausenden kleinerer Wellen. Die Kopenhagener Interpretation bedeutet, nur eine dieser kleineren Wellen auszuwählen und den Rest fortzulassen. Die Everett-Interpretation hingegen besagt, dass man alle Wellen existieren lassen sollte. Dann werden sich die Wellen weiterhin in kleinere Wellen verzweigen, die sich wiederum in noch mehr Wellen verzweigen.

Diese Idee ist sehr praktisch. Man muss sich nie Sorgen machen, dass Wellen «kollabieren», weil sie das nie tun. Diese Version ist also einfacher als die standardmäßige Kopenhagener Interpretation. Sie ist übersichtlich, elegant und bemerkenswert einfach.

Viele Welten

Die Theorie von Everett und Deutsch stellt jedoch das Wesen der Realität selbst infrage. Die Viele-Welten-Theorie stellt unsere Vorstellung von Existenz selbst auf den Kopf. Ihre Konsequenzen sind erschütternd.

Denken Sie zum Beispiel an all die Momente, in denen Sie eine wichtige Entscheidung in Ihrem Leben treffen mussten, zum Beispiel, um welchen Job Sie sich bewerben, wen Sie heiraten oder ob Sie Kinder haben wollen. Man kann stundenlang an einem entspannten Nachmittag darüber nachdenken, was alles hätte sein können. Die Viele-Welten-Theorie besagt, dass es ein Paralleluniversum gibt, in dem eine Kopie von Ihnen lebt, die eine völlig andere Lebensgeschichte hat. In dem einen Universum sind Sie vielleicht ein Milliardär, der über sein nächstes Abenteuer nachdenkt, das für Schlagzeilen sorgt. In einem anderen Universum sind Sie vielleicht ein armer Schlucker, der sich fragt, woher seine nächste Mahlzeit kommen soll. Vielleicht leben Sie auch irgendwo dazwischen und schuften in einem langweiligen, ermüdenden Job mit geringem Einkommen, aber ohne Zukunft. In jedem Universum bestehen Sie darauf, dass Ihr Universum das echte ist und alle anderen nicht. Stellen Sie sich dies nun auf der Quantenebene vor. Jede einzelne atomare Aktion spaltet unser Universum auf.

In Robert Frosts Gedicht «The Road Not Taken» (Der nicht gegangene Weg) geht es um etwas, über das wir alle schon in Tagträumen nachgedacht haben. Wir fragen uns, was in Zeiten, in denen wir eine wichtige Entscheidung getroffen haben, passiert sein könnte. Diese folgenschweren Entscheidungen können unser Leben bis heute beeinflussen. Frost schrieb:

> Zwei Wege trennten sich im fahlen Wald
> Und, weil ich nicht auf beiden konnte gehn
> Und einer bleiben, macht' ich lange Halt
> Und schaute auf des einen Wegs Gestalt, soweit ich durch die Büsche konnte sehn.

Er beendet das Gedicht mit der Feststellung, dass seine Entscheidung epische Folgen für sein Leben hatte, dass der weniger begangene Weg ein Wendepunkt war. Er schließt mit den Zeilen:

> Und seufzend werd' ich einmal sicherlich
> Es dort erzählen, wo die Zeit verweht:
> Zwei Waldeswege trennten sich und ich,
> Ich ging und wählt' den stilleren für mich –
> Und das hat all mein Leben umgedreht.

Das gilt nicht nur für Ihr eigenes Leben, sondern für die ganze Welt. In der Fernsehserie *The Man in the High Castle*, die auf dem Roman von Philip K. Dick basiert (deutsch: *Das Orakel vom Berge*), teilt sich das Universum in zwei Hälften. In dem einen Universum versucht ein Attentäter, Franklin D. Roosevelt zu töten, aber seine Waffe klemmt, und Roosevelt lebt weiter und führt die Alliierten im Zweiten Weltkrieg zum Sieg. In dem anderen Universum jedoch versagt die Waffe nicht, und der Präsident wird getötet. Ein schwacher Vizepräsident übernimmt das Amt, und die USA werden im Zweiten Weltkrieg besiegt. Die Nazis besetzen daraufhin die Ostküste der USA, während die japanische kaiserliche Armee die Westküste einnimmt.

Was diese sehr unterschiedlichen, divergierenden Universen voneinander trennt, ist das Klemmen eines einzelnen Geschosses. Aber Kugeln können auch wegen winziger Unvollkommenheiten in ihrem chemischen Treibmittel fehlzünden, vielleicht verursacht durch Quantenfehler in der Molekularstruktur des Sprengstoffs. Ein einziges Quantenereignis kann also diese beiden Universen voneinander trennen.

Unglücklicherweise war Everetts Idee so radikal, so weltfremd, dass sie jahrzehntelang von den Physikern ignoriert wurde.[1] Erst in jüngster Zeit wird sie erneut von Physikern aufgegriffen, die seine Arbeit wiederentdecken.

Everetts viele Welten

Hugh Everett III wurde 1930 in eine Familie von Militärs geboren. Sein Vater, der ihn nach der Scheidung von seiner Mutter mit aufzog, war während des Zweiten Weltkriegs Oberstleutnant im Generalstab. Nach dem Krieg war sein Vater in Westdeutschland stationiert, wohin Hugh ihm folgte.

Schon in jungen Jahren interessierte er sich für Physik. Er schrieb sogar einen Brief an Einstein, der ihm auf seine Frage nach einem seit Langem bestehenden philosophischen Problem tatsächlich wie folgt antwortete:

> Lieber Hugh,
> so etwas wie eine unwiderstehliche Kraft und einen unbeweglichen Körper gibt es nicht. Aber es scheint einen sehr hartnä-

ckigen Jungen zu geben, der sich siegreich durch seltsame, von ihm selbst zu diesem Zweck geschaffene Schwierigkeiten gekämpft hat.

Mit freundlichen Grüßen,

A. Einstein.

In Princeton verfolgte er schließlich seine wissenschaftlichen Interessen, die sich auf zwei Bereiche konzentrierten. Zum einen ging es darum, wie sich die Wissenschaft auf militärische Angelegenheiten auswirken könnte, z.B. durch die Anwendung der Spieltheorie zum Verständnis der Kriegsführung. Und zum anderen versuchte er, die Paradoxien der Quantenmechanik zu verstehen. Sein Doktorvater war John Archibald Wheeler, derselbe Doktorvater, der auch Richard Feynman betreute. Wheeler war einer der großen alten Männer der Physik, der mit Bohr und Einstein zusammengearbeitet hatte.

Everett war unzufrieden mit der traditionellen Kopenhagener Interpretation der Quantenmechanik, bei der die Wellenfunktion auf mysteriöse Weise «kollabiert» und den Zustand der Makrowelt bestimmt, in der wir leben.

Seine Lösung war radikal, aber auch einfach und elegant. Wheeler erkannte sofort die Bedeutung der Arbeit seines Schülers, aber er war auch Realist. Er wusste, dass diese Theorie vom Establishment in der Physik in Grund und Boden gestampft werden würde. Deshalb forderte Wheeler Everett mehrmals auf, die Theorie abzuschwächen, damit sie nicht so ungeheuerlich erschien. Everett gefiel dies überhaupt nicht, aber da er nur ein Doktorand war, stimmte er diesen Änderungen zu. Wheeler versuchte manchmal, die Theorie seines Schülers mit anderen prominenten Physikern zu diskutieren, erntete aber in der Regel frostige Ablehnung.

Im Jahr 1959 arrangierte Wheeler sogar ein Treffen zwischen Everett und Niels Bohr in Kopenhagen. Es war Wheelers letzter Versuch, eine gewisse Anerkennung für die Arbeit seines Schülers zu erreichen. Aber er war wie ein Lamm, das die Höhle des Löwen betritt. Das Treffen wurde ein Desaster. Der belgische Physiker Léon Rosenfeld, der anwesend war, sagte, Everett sei «unbeschreiblich [sic] dumm und könne die einfachsten Dinge der Quantenmechanik nicht verstehen».[2]

Everett erinnerte sich später daran, dass dieses Treffen «die Hölle war … von Anfang an zum Scheitern verurteilt». Sogar Wheeler, der versucht hatte, Everetts Theorie unter Spitzenphysikern eine faire Anhörung zu verschaffen, gab die Theorie schließlich auf, weil sie «zu viel Ballast» mitführte.

Da sich alle großen Namen der Physik gegen ihn verbündet hatten, war eine Anstellung in der theoretischen Physik höchst unwahrscheinlich, sodass er zu seinem Militärstudium zurückkehrte und eine Stelle bei der Weapons Systems Evaluation Group des Pentagons erhielt. Von dort aus führte er streng geheime Forschungen über Minuteman-Raketen, Atomkrieg und radioaktiven Niederschlag sowie über die militärischen Anwendungen der Spieltheorie durch.

Wiedergeburt der Paralleluniversen

In den Jahren, in denen er sich mit nuklearer Kriegsführung beschäftigte, verbreiteten sich seine Ideen allmählich in der Physikergemeinschaft. Ein Problem hatten die Physiker mit dem Versuch, die Quantenmechanik auf das gesamte Universum anzuwenden, d.h. eine Quantentheorie der Schwerkraft zu schaffen.

In der Quantenmechanik gehen wir von einer Welle aus, die beschreibt, wie ein Elektron sich in vielen parallelen Zuständen gleichzeitig befinden kann. Am Ende führt ein äußerer Beobachter eine Messung durch und führt dadurch den Kollaps der Wellenfunktion herbei. Aber dieses Verfahren lässt sich nicht problemlos auf das gesamte Universum übertragen.

Einstein stellte sich das Universum als eine Art Kugel vor, die sich ausdehnt. Wir leben auf der Oberfläche dieser Kugel. Aber wenn wir die Quantentheorie auf das gesamte Universum anwenden, bedeutet dies, dass das Universum, wie das Elektron, in vielen parallelen Zuständen existieren muss.

Wenn man also versucht, die Superposition auf das gesamte Universum anzuwenden, dann landet man *zwangsläufig bei Paralleluniversen,* genau wie Everett es vorhergesagt hat. Mit anderen Worten: Der Ausgangspunkt der Quantenmechanik ist, dass das Elektron in zwei Zuständen gleichzeitig sein kann.

Also entstehen zwangsläufig Paralleluniversen, wenn man versucht, das gesamte Universum in Quantenbegriffen zu beschreiben. Anstelle von parallelen Elektronen haben wir jetzt parallele Universen.

Das aber eröffnet die nächste Frage: Können wir diese Paralleluniversen besuchen? Warum sehen wir diese unendliche Ansammlung von Paralleluniversen nicht, von denen einige vielleicht unserer eigenen Welt ähneln, während andere bizarr und absurd sind? (Und eine Frage, die mir oft gestellt wird, lautet: Bedeutet das, dass Elvis Presley in einem anderen Universum noch am Leben ist? Die heutige Wissenschaft sagt: vielleicht.)

Paralleluniversen im Wohnzimmer

Der Nobelpreisträger Steven Weinberg hat mir einmal erklärt, wie man die Viele-Welten-Theorie verstehen kann, ohne verrückt zu werden. Stellen Sie sich vor, sagte er, dass Sie ruhig in Ihrem Wohnzimmer sitzen und die Radiowellen von verschiedenen Radiosendern aus der ganzen Welt die Raumluft erfüllen. Im Prinzip gibt es in Ihrem Wohnzimmer Hunderte von Signalen verschiedener Sender. Aber Ihr Radio ist nur auf eine Frequenz eingestellt; es kann nur einen Sender empfangen, weil Sie nur mit einem synchronisiert sind. Mit anderen Worten: Ihr Radio hat sich von den anderen Radiowellen, die Ihr Wohnzimmer füllen, «entkoppelt». Ihr Wohnzimmer ist voll von verschiedenen Radiowellen, aber Sie können sie nicht hören, weil Sie nicht auf die Sender eingestellt sind oder mit ihnen kohärent sind.

Nun, sagte er mir, ersetzen Sie die Radiowellen durch Quantenwellen von Elektronen und Atomen. Genau in Ihrem Wohnzimmer gibt es die Wellen der Paralleluniversen, d.h. die Wellen der Dinosaurier, der Aliens, der Piraten, der Vulkane. Sie können jedoch nicht mehr mit ihnen interagieren, weil Sie sich von ihnen entkoppelt haben. Sie schwingen nicht mehr im Einklang mit den Wellen der Dinosaurier. Diese Paralleluniversen befinden sich nicht unbedingt im Weltraum oder in einer anderen Dimension. Sie könnten auch in Ihrem Wohnzimmer sein. Es ist also durchaus möglich, in ein Paralleluniversum einzutreten, aber wenn Sie die Chancen dafür ausrechnen, werden Sie feststellen, dass Sie eine astronomische Zeitspanne warten müssen, bis es so weit ist.

Menschen, die in unserem Universum verstorben sind, können in einem Paralleluniversum, direkt in unserem Wohnzimmer, durchaus noch am Leben und wohlauf sein. Aber es ist so gut wie unmöglich, mit ihnen in Kontakt zu treten, weil wir nicht mehr mit ihnen in Verbindung stehen. Elvis mag also am Leben sein, aber er singt seine Hits in einem Paralleluniversum.

Die Wahrscheinlichkeit, in diese Paralleluniversen zu gelangen, ist nahezu null. Das Schlüsselwort ist «nahezu». In der Quantenmechanik wird alles auf eine Wahrscheinlichkeit reduziert. So bitten wir beispielsweise unsere Doktoranden manchmal, die Wahrscheinlichkeit zu berechnen, dass sie am nächsten Tag auf dem Mars aufwachen werden. In der klassischen Physik lautet die Antwort: niemals, denn wir können der Gravitationsbarriere nicht entkommen, die uns auf der Erde festhält. Aber in der Quantenwelt kann man die Wahrscheinlichkeit berechnen, dass man sich durch die Gravitationsbarriere «tunnelt» und auf dem Mars landet.

(Wenn man die Berechnung tatsächlich durchführt, stellt man fest, dass man länger als die Lebensdauer des Universums warten muss, um dies zu erreichen, sodass man höchstwahrscheinlich morgen doch wieder im eigenen Bett aufwacht.)

David Deutsch nimmt diese verblüffenden Konzepte ernst. Warum sind Quantencomputer so leistungsfähig?, fragt er. Weil die Elektronen gleichzeitig in Paralleluniversen rechnen. Sie interagieren und stören sich gegenseitig durch Verschränkung. So können sie einen herkömmlichen Computer, der nur in einem Universum rechnet, schnell abhängen.

Dies demonstriert er mit einem tragbaren Laserexperiment, das er im Büro stehen hat. Es besteht einfach aus einem Blatt Papier mit zwei Löchern darin. Er schickt einen Laserstrahl durch beide Löcher und findet auf der anderen Seite ein schönes Interferenzmuster. Das liegt daran, dass die Welle beide Löcher gleichzeitig durchquert und auf der anderen Seite mit sich selbst interferiert hat, sodass ein Interferenzmuster entstanden ist.

Das ist nichts Neues.

Nun aber, so sagt er, reduziere man die Intensität des Laserstrahls allmählich auf fast null. Schließlich hat man keine Wellenfront mehr, sondern nur ein einzelnes Photon, das beide Löcher durchläuft. Aber wie kann ein einzelnes Lichtphoton beide Löcher gleichzeitig durchdringen?

Nach der üblichen Kopenhagener Interpretation existiert das Photon, bevor man es misst, tatsächlich als Summe zweier Wellen, eine für jedes Loch. Die Isolierung eines einzelnen Photons hat keine Bedeutung, bis man es misst. Sobald man es gemessen hat, weiß man, durch welches Loch es gegangen ist.

Everett gefiel dieses Bild nicht, denn es bedeutete, dass man nie die Frage beantworten konnte: In welches Loch ist das Photon eingetreten, bevor wir es gemessen haben? Wenden Sie dies nun auf Elektronen an. In Everetts Viele-Welten-Theorie ist das Elektron ein Punktteilchen, das tatsächlich durch ein einziges Loch gegangen ist, aber es gab ein weiteres Zwillingselektron in einem Paralleluniversum, das durch das andere Loch ging. Diese beiden Elektronen in zwei verschiedenen Universen interagierten dann über Verschränkung miteinander, um die Flugbahn des Elektrons zu verändern und das Interferenzmuster zu erzeugen.

Ein einzelnes Photon kann demzufolge also zwar nur einen Spalt passieren, aber dennoch ein Interferenzmuster erzeugen, weil das Photon mit seinem Gegenstück, das sich in einem Paralleluniversum bewegt, wechselwirken kann.

(Bemerkenswerterweise streiten sich die Physiker auch heute noch über verschiedene Interpretationen des «Kollapses» der Wellenfunktion. Aber inzwischen sind nicht nur Physiker, sondern auch Schulkinder von dieser Idee der vielen Welten begeistert, denn viele ihrer Lieblingscomic-Superhelden leben im Multiversum. Wenn ihr Lieblings-Superheld in der Klemme steckt, kommt manchmal sein Gegenstück in einem Paralleluniversum zur Rettung. So ist die Quantenphysik auch für Kinder zu einem heißen Thema geworden.)

Zusammenfassung der Quantentheorie

Fassen wir also all die bizarren Eigenschaften der Quantentheorie zusammen, die Quantencomputer möglich machen.

1. *Überlagerung (Superposition).* Bevor man ein Objekt beobachtet, existiert es in vielen möglichen Zuständen. So kann sich ein Elektron an zwei Orten gleichzeitig befinden. Dies erhöht die Leistung eines Computers erheblich, da man mit mehr Zuständen rechnen kann.
2. *Verschränkung.* Wenn zwei Teilchen kohärent sind und man sie trennt, können sie sich dennoch gegenseitig beeinflussen.

Diese Wechselwirkung findet instantan statt. So können Atome miteinander kommunizieren, auch wenn sie getrennt sind. Das bedeutet, dass die Leistung von Computern exponentiell ansteigt, wenn immer mehr Qubits hinzugefügt werden, die miteinander interagieren können, und zwar viel schneller als bei normalen Computern.

3. *Summe über Pfade.* Wenn sich ein Teilchen zwischen zwei Punkten bewegt, nimmt es alle möglichen Pfade, die diese beiden Punkte verbinden. Der wahrscheinlichste Weg ist der klassische Weg, aber alle anderen Wege tragen ebenfalls zum endgültigen Quantenweg des Teilchens bei. Das bedeutet, dass auch extrem unwahrscheinliche Pfade real werden können. Vielleicht wurden die Pfade der Moleküle, die das Leben schufen, aufgrund dieses Effekts real und machten das Leben möglich.
4. *Tunneleffekt.* Wenn ein Teilchen mit einer großen Energiebarriere konfrontiert wird, gelingt es ihm normalerweise nicht, diese zu überwinden. In der Quantenmechanik gibt es jedoch eine kleine, aber endliche Wahrscheinlichkeit, durch die Barriere zu «tunneln» und sie auf diese Weise zu überwinden. Dies könnte der Grund sein, warum die komplexen chemischen Reaktionen des Lebens bei Raumtemperatur ablaufen können, ohne viel Energie (für Kühlung) aufzubringen.

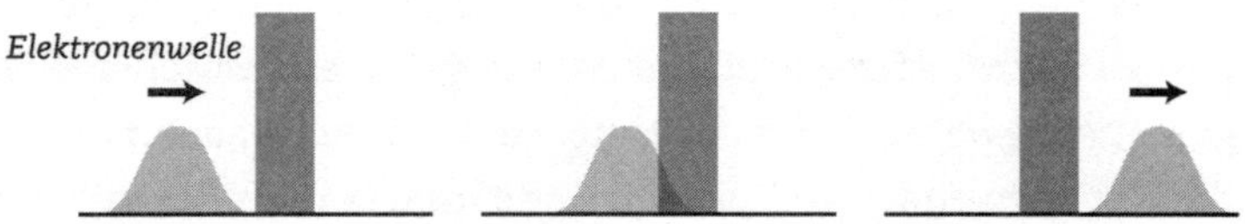

Abb. 7: Tunneleffekt
Normalerweise kann ein Mensch nicht durch eine Ziegelmauer gehen. In der Quantenmechanik gibt es eine kleine, aber endliche Wahrscheinlichkeit, dass man direkt durch sie «tunneln» kann. In der subatomaren Welt ist das Tunneln alltäglich und könnte erklären, wie exotische chemische Reaktionen, die Leben ermöglichen, ablaufen können.

Shors Durchbruch

Bis in die 1990er-Jahre waren Quantencomputer noch weitgehend eine Spielerei für Theoretiker. Sie existierten in den Köpfen eines kleinen, aber brillanten Kerns von Wissenschaftlern, wahren Gläubigen und Akademikern.

Doch die Arbeit von Peter Shor bei AT&T in den frühen 1990er-Jahren veränderte alles. Quantencomputer waren keine Fußnote mehr, über die man beiläufig in der Kaffeeküche spricht. Plötzlich standen sie auf der Tagesordnung der wichtigsten Regierungen. Analytiker von Sicherheitssystemen, die bislang eher kein Physikstudium absolvieren mussten, waren nun aufgerufen, die Geheimnisse der Quantentheorie zu entschlüsseln.

Jeder, der einen James-Bond-Film gesehen hat, weiß, dass die Welt angesichts der vielen konkurrierenden und sogar feindlichen nationalen Interessen voller Spione und Geheimcodes ist. Das mag eine Hollywood-Übertreibung sein, andererseits hüten Sicherheitsbehörden die Codes zum Schutz der wertvollsten nationalen Geheimnisse sicher wie Kronjuwelen. Wir erinnern uns, dass Turings Erfolg beim Knacken des Enigma-Codes im Jahr 1943 ein historischer Wendepunkt war, der dazu beitrug, die Dauer des Weltkriegs zu verkürzen und den Lauf der Menschheitsgeschichte zu verändern.

Bis zur Arbeit von Peter Shor war die Arbeit an Quantencomputern höchst spekulativ und eine Domäne esoterischer Elektroingenieure gewesen. Doch er zeigte, dass ein Quantencomputer jeden derzeit verwendeten digitalen Code knacken und damit die Weltwirtschaft gefährdet kann, die beim Umbuchen von Milliarden von Dollar über das Internet absolute Geheimhaltung braucht.

Die wichtigste Codierungsmethode für die Übermittlung geheimer Botschaften wird als RSA-Standard bezeichnet und basiert auf der Faktorisierung einer sehr großen Zahl. Nehmen wir zum Beispiel zwei Zahlen mit jeweils 100 Stellen. Wenn man sie miteinander multipliziert, erhält man eine Zahl mit annähernd 200 Ziffern. Die Multiplikation zweier Zahlen ist eine vergleichsweise einfache Aufgabe.

Wenn Ihnen aber jemand diese 200-stellige Zahl vorlegt und Sie bittet, sie in Faktoren zu zerlegen, also jene beiden Zahlen zu finden, die multipliziert diese Zahl ergeben haben, könnte ein Digitalrechner Jahrhunderte oder sogar länger dafür brauchen. Man spricht in diesem Fall von «Falltürfunktion». In der einen Richtung, bei der Multiplikation zweier Zahlen, ist die Falltürfunktion trivial. Aber in der umgekehrten Richtung bereitet sie große Schwierigkeiten. Sowohl klassische als auch Quantencomputer können große Zahlen faktorisieren. Im Prinzip kann ein klassischer Computer alles berechnen, was ein Quantencomputer berechnen kann, und umgekehrt, aber wenn die Daten zu komplex sind, können klassische Computer überfordert sein.

Der entscheidende Vorteil eines Quantencomputers ist seine Schnelligkeit. Obwohl sowohl klassische als auch Quantencomputer bestimmte Aufgaben erfüllen können, kann die Zeit, die klassische Computer benötigen, um ein schwieriges Problem zu lösen, sie völlig unpraktikabel machen.

Die Zeit, die ein klassischer Computer benötigt, um eine große Zahl zu faktorisieren, ist also unermesslich lang, sodass er nicht in der Lage ist, Geheimbotschaften zu entschlüsseln. Ein Quantencomputer hingegen kann den Code in einer Zeit knacken, die zwar noch lang ist, aber durchaus praktikabel sein könnte.

Wenn Hacker also versuchen, in Ihren Computer einzudringen, wird der Computer sie auffordern, eine Zahl mit vielleicht 200 Ziffern zu faktorisieren. Da dieser Vorgang sehr lange dauert, geben die Hacker möglicherweise einfach auf. Wenn Sie dagegen einem Empfänger die Nachricht zugänglich machen wollen, brauchen Sie ihm nur die beiden kleineren Zahlen zu geben. Dann kann man das Computerprogramm, das die Nachricht schützt, leicht entschlüsseln.

Der RSA-Algorithmus scheint im Moment sicher zu sein, aber in Zukunft könnte es möglich sein, diese 200-stellige Zahl mithilfe von Quantencomputern zu faktorisieren.

Um diese Möglichkeit zu verstehen, wollen wir den Shor-Algorithmus untersuchen. Im Laufe der Jahrhunderte haben Mathematiker Algorithmen entwickelt, die ihnen helfen, eine Zahl in ihre Primfaktoren zu zerlegen, d.h. in Zahlen, deren Faktoren nur eins und sie selbst sind. Ein Beispiel: $16 = 2 \times 2 \times 2 \times 2$, da zwei nur durch sich selbst und eins teilbar ist.

Der Algorithmus von Shor beginnt mit diesen Standardtechniken, eine beliebige Zahl zu faktorisieren, die schon antiken Mathematikern bekannt waren. Gegen Ende des Prozesses führt man dann eine sogenannte «Fourier-Transformation» durch. Dabei handelt es sich um eine normale Summation mit einem komplexen Faktor. Im Quantenfall müssen wir jedoch über viel, viel mehr Zustände summieren, sodass wir stattdessen eine Quanten-Fourier-Transformation durchführen müssen. Das Endergebnis zeigt, dass die Berechnung in Rekordzeit durchgeführt werden kann, weil wir mit viel mehr Zuständen arbeiten können.

Mit anderen Worten: Sowohl ein klassischer Computer als auch ein Quantencomputer faktorisieren auf die gleiche Weise, nur dass der Quantencomputer mit vielen Zuständen gleichzeitig rechnet, was den Prozess erheblich beschleunigt.

Nennt man $N=10^x$ die Zahl, die zu faktorisieren ist. Für einen gewöhnlichen Digitalrechner wächst die Zeit, die für die Faktorisierung einer Zahl benötigt wird, exponentiell in der Zahl der Stellen, d.h. wie $t \sim e^x$, multipliziert mit einigen unwichtigen Faktoren. So kann die Rechenzeit schnell in astronomische Höhen steigen, vergleichbar mit dem Alter des Universums. Das macht die Faktorisierung einer großen Zahl zwar nicht unmöglich, aber auf einem herkömmlichen Computer höchst unpraktikabel.

Führt man dieselbe Berechnung jedoch mit einem Quantencomputer durch, wächst die Zeit für die Faktorisierung nur wie ein

Polynom in der Anzahl der Stellen, da Quantencomputer enorm viel schneller sind als ein Digitalrechner.

Shors Algorithmus besiegen

Sobald sich die Geheimdienste der Tragweite dieses Durchbruchs bewusst wurden, begannen sie, Gegenmaßnahmen zu ergreifen.

Zunächst gab das National Institute of Standards and Technology (NIST), das für die US-Regierung technische Normen festlegt, eine Erklärung zu Quantencomputern ab, in der es heißt, dass die wirkliche Bedrohung durch Quantencomputer noch Jahre entfernt sei. Aber die Zeit, über sie nachzudenken, ist hier und jetzt. In Zukunft könnte es zu spät sein, eine ganze Branche kurzfristig umzurüsten, wenn Quantencomputer anfangen, Codes zu knacken.

Anschließend benannte man eine einfache Maßnahme, die Unternehmen ergreifen könnten, um dieser Bedrohung zumindest teilweise zu begegnen. Der einfachste Weg, mit dem Shor-Algorithmus umzugehen, besteht darin, einfach die Zahl zu erhöhen, die faktorisiert werden muss. Letztendlich könnten Quantencomputer immer noch in der Lage sein, einen auf diese Art modifizierten RSA-Code zu knacken, aber dies wird jeden Hacker viel Zeit kosten und die Entschlüsselung vielleicht unerschwinglich teuer machen.

Der direkteste Weg, das Problem zu lösen, ist jedoch die Entwicklung anspruchsvollerer Falltürfunktionen. Da der RSA-Algorithmus zu einfach ist, um einen Quantencomputer zu überlisten, wurden im NIST-Memo mehrere neue Algorithmen erwähnt, die komplexer sind als der ursprüngliche RSA-Code. Diese neuen Falltürfunktionen sind jedoch nicht einfach zu implementieren. Es bleibt abzuwarten, ob sie Quantencomputer aufhalten können.

Die Regierung forderte Unternehmen und Behörden auf, Maßnahmen zu ergreifen, um sich auf diese digitale Bedrohung vorzubereiten. In den USA wurden vom NIST Leitlinien herausgegeben, wie die Grundlagen für die Abwehr dieser neuen Bedrohung der nationalen Sicherheit geschaffen werden können.

Doch im schlimmsten Fall könnten Regierungen und große Institutionen als letzten Ausweg die Quantenkryptografie selbst nutzen, d. h. die Macht der Quanten gegen sich selbst einsetzen.

Laser-Internet

In Zukunft könnten streng geheime Nachrichten über einen separaten Internetkanal verschickt werden, der nicht durch Stromkabel, sondern mittels Laserstrahlen übertragen wird. Laserstrahlen sind polarisiert, das heißt, ihre Lichtwellen schwingen nur in einer Ebene. Wenn ein Krimineller versucht, den Laserstrahl anzuzapfen, ändert das die Polarisationsrichtung des Lasers, was sofort auf einem Monitor erkannt würde. Auf diese Weise wissen Sie aufgrund der Gesetze der Quantentheorie, dass jemand Ihre Kommunikation angezapft hat.

Wenn also ein Krimineller versucht, eine Übertragung abzufangen, werden unweigerlich die Alarmglocken läuten. Für die Übertragung der wichtigsten Staatsgeheimnisse ist jedoch ein separates Internet auf Laserbasis erforderlich, was eine teure Lösung wäre.

Dies könnte bedeuten, dass es in Zukunft ein zweischichtiges Internet geben könnte. Einige Organisationen, wie Banken, große Unternehmen und Regierungen, könnten einen Aufpreis zahlen, um Nachrichten über ein lasergestütztes Internet zu versenden, das garantiert sicher ist, während alle anderen das normale Internet nutzen, das nicht über diesen teuren zusätzlichen Schutz verfügt.

Dieses Sicherheitsproblem führt auch zu einer neuen Technologie namens Quantum Key Distribution (QKD), bei der Codierungsschlüssel mithilfe von verschränkten Qubits übertragen werden, sodass man sofort erkennen kann, ob sich jemand in das Übertragungsnetz einhackt. Das japanische Unternehmen Toshiba hat bereits vorausgesagt, dass mit QKD bis zum Ende dieses Jahrzehnts annähernd 3 Milliarden Dollar Umsatz erzielt werden könnten.

Im Moment heißt es also abwarten. Viele hoffen, dass die Bedrohung übertrieben wird. Aber das hat die führenden Unternehmen der Welt nicht davon abgehalten, sich einen Wettlauf darum zu liefern, welche Technologie die Zukunft dominieren wird.

Abgesehen von der Cyber-Bedrohung gibt es mit Quantencomputern völlig neue Welten zu erobern, und die Unternehmen drängen sich jetzt, um bei dieser aufregenden, neuen Technologie ganz vorne dabei zu sein.

Dem Gewinner gehört die Zukunft.

Kapitel 5: Das Rennen ist eröffnet

Einige der Großen im Silicon Valley wetten darauf, welches Pferd das Rennen machen wird. Es ist noch zu früh, das zu sagen, aber auf dem Spiel steht nicht weniger als die Zukunft der Weltwirtschaft. Um zu verstehen, wie sich das Rennen entwickelt, ist es wichtig zu erkennen, dass es mehr als eine funktionierende Computerarchitektur gibt. Erinnern Sie sich daran, dass die Turing-Maschine auf allgemeinen Prinzipien beruht, die auf eine breite Palette von Technologien angewendet werden können. So kann man einen Digitalrechner durchaus auch aus Wasserrohren und Ventilen bauen. Die wesentliche Zutat ist ein System, das digitale Informationen, die durch eine Reihe von Nullen und Einsen gegeben sind, übertragen und verarbeiten kann.

Auch bei Quantencomputern gibt es eine breite Palette möglicher Konstruktionen. Grundsätzlich kann jedes Quantensystem zu einem Quantencomputer werden, das Zustände von Nullen und Einsen überlagern und so verschränken kann, dass es diese Informationen verarbeiten kann. Elektronen und Ionen, deren Spin nach oben oder unten zeigt, könnten diesen Zweck erfüllen, ebenso wie polarisierte Photonen, die sich im oder gegen den Uhrzeigersinn drehen. Da die Quantentheorie alle Materie und Energie im Universum regiert, gibt es potenziell Tausende von Möglichkeiten, einen Quantencomputer zu bauen. An einem entspannten Nachmittag kann ein Physiker sich unzählige Möglichkeiten ausdenken, wie er die Überlagerung von 0 und 1 darstellen kann, um einen völlig neuen Quantencomputer zu konstruieren.

Wie sehen diese verschiedenen Konzepte aus, und welche Vor- und Nachteile haben sie? Wie bereits erwähnt, investieren Unternehmen und Regierungen Milliarden in diese Technologie, und die Wahl des Designs kann Einfluss darauf haben, wer in diesem Rennen am Ende vorne liegen wird. Bislang liegt IBM mit 433 Qubits an der Spitze, aber wie bei einem Pferderennen kann sich die genaue Rangfolge jederzeit ändern.

Name	Produzent	Qubits
Osprey	IBM	433
Jiuzhang	China	76
Bristlecone	Google	72
Bergahorn	Google	53
Tangle Lake	Intel	149

Erst im November 2022 hat IBM den 433-Qubit-Quantencomputer Osprey vorgestellt. Schon 2023 soll dann der 1121-Qubit-Quantenprozessor Condor folgen. Dario Gil, Senior Vice President und Leiter der IBM-Forschungsabteilung, sagt: «Wir glauben, dass wir in der Lage sein werden, innerhalb der nächsten paar Jahre eine Demonstration der Überlegenheit von Quantencomputern zu erreichen – etwas, das praktischen Wert haben kann. Das ist unser Ziel.»[1] Tatsächlich hat sich IBM öffentlich das Ziel gesteckt, irgendwann einen Quantencomputer mit einer Million Quantenbits zu bauen.

Wie funktioniert also IBMs branchenführendes Design, und wie sieht die Konkurrenz aus?

1. Supraleitender Quantencomputer

Derzeit setzt der supraleitende Quantencomputer die Messlatte für die Rechenleistung. Im Jahr 2019 verkündete Google als erstes Unternehmen, dass es mit seinem supraleitenden Quantencomputer Sycamore die Überlegenheit von Quantencomputern demonstrieren könne.

IBM lag jedoch nicht weit zurück und setzte sich später mit seinem Quantencomputer Eagle an die Spitze, der die 100-Qubit-Grenze durchbrach und im Jahr 2021 mit 127 Qubits vorübergehend an der Spitze stand. Mittlerweile hat IBMs Osprey mit 433 Qubits die Führung übernommen.

Abb. 8: Quantencomputer
Ein Quantencomputer wie der hier abgebildete ähnelt oft einem großen Kronleuchter. Der größte Teil der komplexen Hardware in diesem Bild besteht aus den Rohren und Pumpen, die notwendig sind, um den Kern auf Temperaturen nahe dem absoluten Nullpunkt zu kühlen. Das eigentliche Herz eines Quantencomputers kann so klein wie eine Euromünze sein und befindet sich im unteren Teil des Bildes.

Supraleitende Quantencomputer haben einen großen Vorteil: Sie können eine Standardtechnologie nutzen, die von der digitalen Computerindustrie entwickelt wurde. Die Unternehmen im Silicon Valley hatten jahrzehntelang Zeit, die Kunst des Ätzens winziger Schaltkreise auf Siliziumwafern zu vervollkommnen. Auf jedem

Chip ist es möglich, die Zahlen 0 und 1 durch die An- oder Abwesenheit von Elektronen im Schaltkreis darzustellen.

Auch der supraleitende Quantencomputer beruht auf dieser Technologie. Indem man die Temperatur auf einen Bruchteil eines Grades über den absoluten Nullpunkt bringt, werden die Schaltkreise quantenmechanisch, d.h., sie werden kohärent, sodass die Überlagerung der Elektronen ungestört ist. Wenn man dann verschiedene Schaltkreise zusammenbringt, kann man sie verschränken, sodass Quantenberechnungen möglich werden.

Der Nachteil dieses Ansatzes ist jedoch der große Aufwand zur Kühlung des Rechners. Dies erhöht auch die Kosten und birgt die Möglichkeit neuer Komplikationen und Fehler. Die kleinste Vibration oder Verunreinigung kann die Kohärenz der Schaltkreise stören. Jemand, der in der Nähe niest, kann ein Experiment ruinieren.

Wissenschaftler messen diese Empfindlichkeit mit der sogenannten «Kohärenzzeit», d.h. der Zeitspanne, in der die Atome kohärent miteinander schwingen. Im Allgemeinen gilt: Je niedriger die Temperatur, desto langsamer die Bewegung der Atome in der Umgebung und desto länger die Kohärenzzeit. Mit Temperaturen, die noch unter denen im Weltraum liegen, kann man die Kohärenzzeit maximieren.

Da es jedoch unmöglich ist, den absoluten Nullpunkt tatsächlich zu erreichen, schleichen sich unweigerlich Fehler in die Berechnungen ein.

Während ein gewöhnlicher Digitalrechner zu solchen Sorgen keinen Anlass gibt, bereitet dies beim Quantencomputer Kopfzerbrechen. Es bedeutet, dass man den Ergebnissen nicht ganz trauen kann. Dies könnte ein ernsthaftes Problem darstellen, wenn es um Transaktionen in Milliardenhöhe geht.

Eine Lösung für dieses Problem besteht darin, jedes Qubit mit weiteren Qubits abzusichern, was Redundanz schafft und die Fehlerquote des Systems verringert. Nehmen wir an, ein Quantencomputer führt eine Berechnung mit drei Qubits durch, die jedes Qubit absichern, und erzeugt die Zahlenfolge 101; wenn die Werte nicht alle übereinstimmen, ist die mittlere Ziffer höchstwahrscheinlich falsch und sollte durch eine 1 ersetzt werden. Redundanz kann die Fehler im Endergebnis verringern, allerdings um den Preis, dass die Anzahl der Qubits im System erheblich steigt.

Man hat überlegt, dass vielleicht 1000 Qubits notwendig sein könnten, um nur ein Qubit zu sichern, sodass diese Menge an Qubits Fehler korrigieren kann, die sich in die Berechnung einschleichen. Das bedeutet aber, dass man für einen Quantencomputer mit 1000 Qubits eine Million Qubits benötigt. Das ist eine riesige Zahl, die die Technologie an ihre Grenzen bringen wird. Aber Google schätzt, dass ein Millionen-Qubit-Prozessor innerhalb von 10 Jahren erreichbar sein könnte.

2. Ionenfallen-Rechner

Ein weiterer Anwärter ist der Ionenfallen-Quantencomputer. Wenn man einem elektrisch neutralen Atom einige Elektronen entnimmt, erhält man ein positiv geladenes Ion. Ein Ion kann in einer Falle aus elektrischen und magnetischen Feldern in der Schwebe gehalten werden, und wenn mehrere Ionen hineingeschleust werden, schwingen sie als kohärente Qubits. Der elektronische Zustand eines Ions kann durch Mikrowellen- oder Laserstrahlen verändert, quasi «umgedreht» werden. Dreht sich zum Beispiel der Zustand nach oben, so repräsentiert er eine 0. Der untere Zustand entspricht einer 1. Das Ergebnis ist also aufgrund der seltsamen Effekte der Quantenwelt eine Überlagerung aus zwei Zuständen.

Die Mikrowellen- oder Laserstrahlen wirken also wie ein Prozessor, der eine Konfiguration in eine andere umwandelt, so wie eine CPU in einem Digitalrechner Transistoren zwischen ein- und ausgeschaltetem Zustand umschaltet.

Dies ist also die vielleicht transparenteste Art zu verstehen, wie ein Quantencomputer aus einer Ansammlung von Zufallselektro-

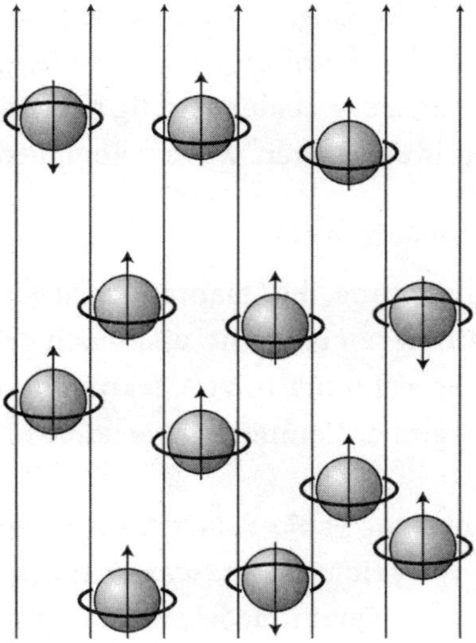

Abb. 9: Ionenfallen-Quantencomputer
Atome können sich wie Kreisel drehen und sich an einem Magnetfeld ausrichten. Dreht sich ein Atom nach oben, kann es die Zahl 0 darstellen, dreht es sich nach unten, kann es eine 1 sein. Atome können aber auch in einer Überlagerung dieser beiden Zustände existieren. Eine Berechnung wird durchgeführt, indem man diese Atome mit einem Laser beschießt, der die Spins umdrehen und die Nullen und Einsen vertauschen kann, wodurch eine Berechnung möglich wird.

nen entsteht. Honeywell ist einer der führenden Verfechter dieses Modells.

In einem Ionenfallen-Quantencomputer werden die Atome in einem nahezu vakuumähnlichen Zustand gehalten, der durch eine komplexe Anordnung elektrischer und magnetischer Felder aufrechterhalten wird, die zufällige Bewegungen absorbieren können. Die Kohärenzzeit kann daher viel länger sein als bei einem supraleitenden Quantencomputer, und der Ionencomputer kann sogar bei höheren Temperaturen arbeiten als seine Konkurrenten. Ein

Problem ist jedoch die Skalierung, d.h. der Versuch, die Anzahl der Qubits zu erhöhen. Die Skalierung ist recht schwierig, da man die elektrischen und magnetischen Felder ständig neu einstellen muss, um die Kohärenz aufrechtzuerhalten, was ein komplexer Prozess ist.

3. Photonische Quantencomputer

Kurz nach Googles Behauptung, die Quantenüberlegenheit erreicht zu haben, gaben die Chinesen bekannt, eine noch größere Hürde genommen und eine Berechnung in 200 Sekunden durchgeführt zu haben, für die ein digitaler Computer eine halbe Milliarde Jahre brauchen würde.

Als der Quantenphysiker Fabio Sciarrino von der Universität Sapienza in Rom die Nachricht hörte, war sein erster Eindruck: «Wow!»[2] Der chinesische Quantencomputer rechnet nicht mit Elektronen, sondern mit Laserstrahlen.

Der photonische Quantencomputer macht sich die Tatsache zunutze, dass Licht in verschiedene Richtungen, d.h. in polarisierten Zuständen, schwingen kann. So kann ein Lichtstrahl zum Beispiel senkrecht nach oben und unten schwingen, aber auch seitlich, links und rechts. Jeder, der eine Sonnenbrille mit polarisierenden Gläsern kauft, um die Blendung durch das Sonnenlicht am Strand zu verringern, macht sich dies zunutze. Das polarisierende Glas der Brille kann zum Beispiel eine Reihe paralleler Rillen in vertikaler Richtung haben, die das in horizontaler Richtung schwingende Sonnenlicht blockieren. So kann die Zahl 0 oder 1 durch Licht dargestellt werden, das in verschiedenen Polarisationsrichtungen schwingt.

Beim photonischen Quantencomputer wird zunächst ein Laserstrahl in einem Winkel von 45 Grad auf einen Strahlteiler geschossen, bei dem es sich lediglich um ein fein geschliffenes Stück Glas handelt. Wenn der Laserstrahl darauf trifft, teilt er sich in zwei Hälften, wobei die eine Hälfte weiterläuft und die andere Hälfte seitlich abgelenkt wird. Wichtig ist dabei, dass die beiden Strahlen kohärent sind, also im Einklang miteinander schwingen.

Dann können die beiden kohärenten Strahlen auf zwei polierte Spiegel treffen, die die beiden Strahlen zu einem gemeinsamen Punkt zurücklenken, wo die beiden Photonen miteinander verschränkt werden. Auf diese Weise können wir ein Qubit erzeugen. Der resultierende Strahl ist also eine Überlagerung von zwei verschränkten Photonen. Stellen Sie sich nun eine Tischplatte vor, die vielleicht aus Hunderten von Strahlteilern und Spiegeln besteht, die eine Reihe von kohärenten Photonen miteinander verschränken. So vollbringt der optische Quantencomputer seine wundersamen Leistungen. Der chinesische photonische Computer war in der Lage, mit 76 verschränkten Photonen zu rechnen, die sich in 100 Kanälen bewegten.

Photonische Computer haben jedoch einen gravierenden Nachteil: Sie sind eine unhandliche Ansammlung von Spiegeln und Strahlteilern, die leicht einen großen Raum ausfüllen können. Für jedes Problem muss man die komplizierte Ansammlung von Spiegeln und Strahlteilern in eine andere Position bringen. Es handelt sich nicht um eine Allzweckmaschine, die man so programmieren kann, dass sie sofort Berechnungen durchführt. Nach jeder Berechnung muss man sie abbauen und die Komponenten neu anordnen, was sehr zeitaufwendig ist. Da Photonen nicht ohne Weiteres mit anderen Photonen interagieren, ist es außerdem schwierig, immer komplexere Qubits zu erzeugen.

Die Verwendung von Photonen anstelle von Elektronen für einen Quantencomputer hat jedoch auch mehrere Vorteile. Während Elektronen stark mit gewöhnlicher Materie reagieren, weil sie geladen sind und daher Störungen aus der Umgebung recht groß sein können, sind Photonen nicht geladen und reagieren viel weniger auf Störungen aus der Umgebung. Tatsächlich können Lichtstrahlen andere Lichtstrahlen mit minimalen Störungen durchdringen. Außerdem sind Photonen viel schneller als Elektronen, sie bewegen sich zehn Mal schneller als elektrische Signale.

Der große Vorteil des photonischen Computers jedoch, der

möglicherweise andere Faktoren überwiegt, besteht darin, dass er bei Raumtemperatur arbeiten kann. Es sind keine teuren Installationen erforderlich, um die Temperatur auf nahezu den absoluten Nullpunkt zu senken, was die Kosten schnell in die Höhe treiben kann.

Da photonische Computer bei Raumtemperatur arbeiten, ist ihre Kohärenzzeit recht kurz. Dies wird jedoch durch die Tatsache kompensiert, dass die Laserstrahlen eine hohe Energie haben können, sodass die Berechnungen viel schneller als in Kohärenzzeit durchgeführt werden können und die Moleküle in der Umgebung wie in Zeitlupe erscheinen. Dadurch wird die Anzahl der Fehler, die durch Wechselwirkungen mit der Umgebung entstehen, verringert. Langfristig könnten die Vorteile der geringeren Fehlerquote und der niedrigeren Kosten die anderer Konzepte übertreffen.

In jüngster Zeit hat ein kanadisches Start-up-Unternehmen namens Xanadu seinen photonischen Quantencomputer vorgestellt, der einen deutlichen Vorteil bietet. Er basiert auf einem winzigen Chip (und nicht auf einer Tischplatte voller optischer Hardware), der Infrarot-Laserlicht durch ein mikroskopisches Labyrinth von Strahlteilern manipuliert. Anders als der chinesische Entwurf ist der Xanadu-Chip programmierbar, und sein Computer ist im Internet verfügbar. Allerdings hat er nur 8 Qubits und benötigt noch einige supraleitende Kühlaggregate. Aber, wie Zachary Vernon von Xanadu sagt: «Lange Zeit galt die Photonik als Außenseiter im Rennen um die Quantencomputer ... Mit diesen Ergebnissen wird klar, dass die Photonik kein Außenseiter ist, sondern einer der führenden Anwärter.»[3] Die Zeit wird es zeigen.

4. Photonische Siliziumcomputer

2016 ist ein neues Unternehmen an den Start gegangen, das für erhebliche Kontroversen gesorgt hat. PsiQuantum, ein neues Start-up-Unternehmen, überzeugte die Investoren von seinem Computerdesign auf der Basis photonischer Siliziumchips und schockierte die Wall Street, indem es eine schwindelerregende Bewertung von 3,1 Milliarden Dollar erreichte. Und das, ohne jemals einen Prototyp oder ein Demonstrationsprojekt vorzulegen, das zeigt, dass das Design tatsächlich funktioniert.

Der große Vorteil von photonischen Siliziumchips wäre, dass sie die bewährten und von der Halbleiterindustrie perfektionierten Methoden nutzen können. Tatsächlich hat PsiQuantum eine Partnerschaft mit GlobalFoundries, einem der drei fortschrittlichsten Chiphersteller der Welt. Dieses Joint Venture mit einem etablierten Hightech-Unternehmen verschaffte dem jungen Unternehmen unmittelbar Anerkennung an der Wall Street.

PsiQuantum hat zudem deshalb so viel Aufmerksamkeit in den Medien erregt, weil das Unternehmen den bisher ehrgeizigsten Plan für die Zukunft vorgelegt hat. Es behauptet, bis Mitte dieses Jahrhunderts einen optischen Siliziumcomputer mit einer Million Qubits mit praktischen Anwendungen bauen zu können. Bei PsiQuantum ist man der Meinung, dass die Konkurrenten, die sich auf Quantencomputer mit etwa 100 Qubits konzentriert haben, viel zu konservativ denken, weil sie sich auf kleine, schrittweise Fortschritte konzentrieren. Bei PsiQuantum hofft man dagegen, gewaltige Sprünge in die Zukunft zu machen und die vorsichtigeren und zaghaften Konkurrenten zu überholen.

Einer der Schlüssel zu ihrem Programm ist die Doppelnatur des Siliziums. Silizium kann nicht nur zur Herstellung von Transistoren und damit zur Steuerung des Elektronenflusses verwendet werden, sondern auch zur Übertragung von Licht, da es für Infrarotstrahlung bestimmter Frequenzen transparent ist. Diese Doppelnatur ist entscheidend für die Verschränkung von Photonen.

Ein großes Verkaufsargument ist, dass das Problem der Fehlerkorrektur lösbar wird. Da sich bei jeder Berechnung aufgrund von Wechselwirkungen mit der Umgebung Fehler einschleichen, möchte man Redundanz in das System einbauen, indem man redundante Qubits schafft. Mit einer Million Qubits glaubt man, diese Fehler in den Griff bekommen zu können, sodass man mit dem Computer wirklich praktische Berechnungen durchführen kann.

5. Topologische Quantencomputer

Der Außenseiter in diesem Rennen ist das Microsoft-Design, das topologische Prozessoren verwendet.

Wie wir gesehen haben, besteht ein großes Problem bei mehreren der bisherigen Konzepte darin, dass die Temperatur nahe dem absoluten Nullpunkt gehalten werden muss. Der Quantentheorie zufolge gibt es jedoch neben Ionenfallen und photonischen Systemen eine weitere Möglichkeit, einen Quantencomputer zu schaffen. Ein System kann bei Raumtemperatur stabil bleiben, wenn es einige spezielle topologische Eigenschaften erhält, die vorhanden sind. Stellen Sie sich eine Seilschlinge mit einem Knoten darin vor. Wenn man das Seil nicht durchschneiden darf, kann der Knoten nicht entfernt werden, egal wie sehr man sich bemüht. Die Topologie der Schlinge (d.h. die Form, in diesem Fall der Knoten) kann durch keine andere Manipulation als das Durchschneiden des Seils verändert werden. In ähnlicher Weise haben Physiker versucht, physikalische Systeme zu finden, die die Topologie des Systems (wie den Knoten) unabhängig von der Temperatur beibehalten. Ein solches System würde die Kosten eines Quantencomputers erheblich senken und seine Stabilität erhöhen. Aus solchen topologischen Konfigurationen könnten kohärente Qubits erzeugt werden.

Im Jahr 2018 gaben Physiker der Technischen Universität Delft in den Niederlanden bekannt, ein Material mit diesen Eigenschaften entdeckt zu haben: Indiumantimonid-Nanodrähte. Dieses Material entstand aus einer langen Reihe von Wechselwirkungen zwischen vielen Bestandteilen und war daher «emergent». Man nannte es ein «Majorana-Nullmoden-Quasiteilchen». In den Medien wurde es als magisches Material angepriesen, das sogar bei Raumtemperatur stabil sei. Microsoft zückte großzügig sein

Scheckbuch und errichtete ein neues Quantentechnologiezentrum auf dem Delfter Campus.

Gerade als es so aussah, als habe ein echter Durchbruch stattgefunden, gab eine andere Gruppe bekannt, dass sie das Ergebnis nicht duplizieren konnte. Nach eingehender Prüfung gab die Delfter Gruppe zu, dass sie ihre Ergebnisse vielleicht übereilt interpretiert hatte, und zog ihre Veröffentlichung zurück.

Es steht so viel auf dem Spiel, dass selbst Physiker dazu neigen, ihren eigenen Pressemitteilungen zu viel Glauben zu schenken. Es gibt jedoch weitere topologische Objekte, die noch untersucht werden, wie z.B. Anyonen, sodass dieser Ansatz immer noch als praktikabel gilt.

6. D-Wave-Quantencomputer

Eine letzte Art von Quantencomputern, das sogenannte *Quantum Annealing*, wird derzeit von dem in Kanada ansässigen Unternehmen D-Wave Systems entwickelt. Obwohl es nicht das volle Leistungsspektrum von Quantencomputern ausschöpft, behauptet D-Wave, dass es Maschinen produzieren kann, die 5600 Qubits erreichen, was weit über den Möglichkeiten der übrigen konkurrierenden Designs liegt. D-Wave plant, in einigen Jahren Computer mit mehr als 7000 Qubits anzubieten. Bislang hat eine Reihe namhafter Unternehmen D-Wave-Computer angeschafft, die auf dem freien Markt für 10 bis 15 Millionen Dollar verkauft werden. Dazu gehören Lockheed Martin, Volkswagen, das japanische Unternehmen NEC, das Los Alamos National Laboratory und die NASA. Offensichtlich zeichnen sich D-Wave-Quantencomputer in einem Bereich besonders aus: der Optimierung. Unternehmen, die daran interessiert sind, bestimmte Parameter ihres Geschäfts zu optimieren (z.B. Abfallreduzierung, Maximierung der Effizienz, Gewinnsteigerung usw.), haben in diese Technologie investiert. D-Wave-Computer können Daten optimieren, indem sie magnetische und elektrische Felder nutzen, um die in supraleitenden Drähten fließenden Ströme so zu manipulieren, dass sie den niedrigsten Energiezustand erreichen.

Zusammenfassend lässt sich sagen, dass es einen intensiven Wettbewerb zwischen Unternehmen und sogar Regierungen gibt, um sich einen Vorsprung bei dieser neuen Technologie zu verschaffen. Das Tempo des Fortschritts ist verblüffend. Jedes große Computerunternehmen hat sein eigenes Quantencomputerprogramm. Prototypen haben sich bereits bewährt und werden sogar auf dem Markt verkauft.

Die nächste große Herausforderung besteht jedoch darin, dass Quantencomputer reale, praktische Probleme lösen, die die Entwicklung ganzer Branchen verändern können. Wissenschaftler und Ingenieure konzentrieren sich auf Probleme, die weit jenseits der Möglichkeiten von Digitalrechnern liegen. Das Ziel ist es, Quantencomputer zur Lösung der größten Probleme in Wissenschaft und Technik einzusetzen.

Ein Forschungsschwerpunkt ist das Verständnis jener Quantenmechanik, die dem Ursprung des Lebens zugrunde liegt. Dies wird dazu beitragen, das Geheimnis der Fotosynthese zu lüften, den Planeten zu ernähren, die Gesellschaft mit Energie zu versorgen und die Behandlung unheilbarer Krankheiten voranzubringen.

Teil II: Quantencomputer und Gesellschaft

Kapitel 6: Die Entstehung des Lebens

Jede Kultur hegt ihren eigenen Mythos über die Entstehung des Lebens. Menschen haben sich oft gefragt, wie sich wohl die Fülle und Vielfalt des Lebens auf der Erde erklären lässt. Beispielsweise erschuf Gott der Bibel zufolge den Himmel und die Erde in sieben Tagen. Er erschuf den Menschen aus Staub, formte ihn nach seinem Ebenbild und hauchte ihm Leben ein. Er erschuf alle Pflanzen und Tiere und befahl dem Menschen, sich die Erde untertan zu machen.

In der antiken griechischen Mythologie gab es zu Anfang nur formloses Chaos und Nichts. Aus dieser riesigen Leere wurden jedoch die Götter und Göttinnen geboren, so Gaia, die Göttin der Erde, Eros, der Gott der Liebe, und Aither, der Gott des Lichts. Der Vereinigung von Gaia und Uranos, dem Gott des Himmels, entstammten sämtliche Geschöpfe, die die Erde bevölkerten.

Die Entstehung des Lebens ist wohl eines der größten Rätsel aller Zeiten. Diese Frage beherrscht seit eh und je religiöse, philosophische und naturwissenschaftliche Debatten wie keine andere. Im Lauf der Geschichte glaubten viele der tiefsten Denker an die Existenz einer geheimnisvollen «Lebenskraft», die das Unbelebte beleben könne. Viele Naturforscher glaubten sogar an eine «Urzeugung», durch die sich Leben spontan aus unbelebter Materie entwickeln könne.

Im 19. Jahrhundert konnten Naturforscher viele Hinweise auf die Entstehung des Lebens zusammenzufügen. Durch sorgfältige Experimente waren der Chemiker Louis Pasteur und andere in der Lage, überzeugend nachzuweisen, dass Leben nicht spontan entstehen konnte. Pasteur zeigte, dass durch Kochen von Wasser ein steriles Umfeld geschaffen wurde, in der kein Leben spontan aus unbelebter Materie entstehen konnte. Auch heute noch weist unser Wissen über die Entstehung des Lebens vor rund vier Milliarden Jahren viele Lücken auf. Tatsächlich sind digitale Computer unbrauchbar, wenn es darum geht, die grundlegenden biologischen und chemischen Prozesse, die Licht in dieses Dunkel bringen könnten, auf atomarem Niveau zu analysieren. Selbst der einfachste molekulare Prozess kann die Kapazität eines digitalen Rechners rasch überfordern. Die Quantenmechanik könnte jedoch dazu beitragen, viele dieser Lücken zu schließen. Quantencomputer sind ideal zur Lösung dieses Problems geeignet und schicken sich gerade an, einige der fundamentalen Rätsel des Lebens auf molekularer Ebene zu lösen.

Zwei Durchbrüche

In den 1950er-Jahren gelangen Wissenschaftlern zwei monumentale Durchbrüche, die seitdem die Richtung für weitere Forschungen zur Entstehung des Lebens vorgegeben haben. Der erste ereignete sich 1952, als der Doktorand Stanley Miller in Zusammenarbeit mit seinem Doktorvater Harold Urey an der University of Chicago ein einfaches Experiment durchführte. In einen Glaskolben gab Miller ein toxisches Gebräu von chemischen Stoffen, darunter Methan, Ammoniak, Wasser und Wasserstoff, ein Gemisch, das seiner Meinung nach die unwirtliche Atmosphäre der jungen Erde widerspiegelte. Um dem System Energie zuzufügen (und vielleicht, um die Blitze oder die UV-Strahlung von der Sonne zu simulieren), setzte er dieses Gebräu anschließend elektrischen Entladungen aus. Anschließend ließ er das Experiment eine Woche ungestört.

Als er zurückkehrte, fand er im Kolben eine rötliche Flüssigkeit vor. Wie sorgfältige Untersuchungen ergaben, ging die Färbung auf Aminosäuren zurück, die Grundbausteine von Proteinen in unserem Körper. Mit anderen Worten bildeten sich die Grundzutaten des Lebens ohne irgendeinen weiteren Einfluss von außen.

Seitdem ist dieses einfache Experiment viele Hundert Male wiederholt und mehrfach abgewandelt worden und hat Wissenschaftlern einen aufschlussreichen Blick in chemische Reaktionen auf der jungen Erde gestattet, aus denen vielleicht Leben erwachsen ist. Man kann sich beispielsweise vorstellen, dass chemische Stoffe, wie sie aus hydrothermalen Quellen am Meeresgrund ausgestoßen werden, die grundlegenden Elemente lieferten, um die ersten für Leben nötigen Verbindungen entstehen zu lassen. Und dass diese vulkanischen Schlote dann die nötige Energie lieferten, um diese Moleküle in Aminosäuren zu verwandeln, wie sie zum Aufbau von Proteinen notwendig sind. Tatsächlich findet man einige der primitivsten Zellen auf der Erde in der Nähe dieser Unterwasservulkane.

Heute begreifen wir, wie einfach es ist, die Bausteine des Lebens herzustellen. Aminosäuren wurden in Lichtjahre entfernten Gaswolken und im Inneren von Meteoriten aus dem All gefunden. Aminosäuren, die auf Kohlenstoff basieren, könnten im ganzen Universum Lebenskeime bilden. Und all das beruht auf den einfachen Bindungseigenschaften von Wasserstoff, Kohlenstoff, Sauerstoff und Stickstoff, wie sie von der Schrödingergleichung vorhergesagt werden.

Daher sollte es möglich sein, Quantenmechanik anzuwenden, um Schritt für Schritt diejenigen Quantenprozesse zu finden, die das Leben auf der Erde entstehen ließen. Die elementare Quantentheorie hilft uns zu verstehen, warum das Miller-Experiment so erfolgreich war, und könnte uns in Zukunft den Weg zu noch grundlegenderen Entdeckungen weisen.

Erstens lässt sich mithilfe der Quantenmechanik die Energie berechnen, die nötig ist, um die chemischen Bindungen von Methan, Ammoniak usw. zu brechen und so Aminosäuren zu schaffen. Quantenmechanische Gleichungen zeigen, dass eine elektrische Entladung wie im Miller-Experiment dafür ausreichend Energie bereitstellt. Und das Experiment zeigt, dass Leben niemals entstanden wäre, falls die Aktivierungsenergie, die nötig ist, um diese chemischen Bindungen zu brechen, deutlich größer gewesen wäre.

Zweitens wissen wir, dass Kohlenstoff sechs Elektronen hat. Zwei Elektronen sitzen im untersten Orbital, die verbleibenden vier einzeln in den vier Räumen der Orbitalen der zweiten Ebene; diese vier äußeren Elektronen stehen für chemische Bindungen zur Verfügung. Ein Element mit vier Bindungsmöglichkeiten kommt im Periodensystem nicht oft vor. Die Regeln der Quantenmechanik erlauben einer solchen Anordnung, lange, komplexe Ketten aus Kohlenstoff, Stickstoff, Sauerstoff und Wasserstoff zu bilden und so Aminosäuren zu erzeugen.

Drittens finden diese chemischen Reaktionen in Wasser (H_2O) statt, das wie ein Schmelztiegel arbeitet, in dem sich verschiedene Moleküle treffen und komplexere Verbindungen bilden. Mithilfe der Quantenmechanik findet man heraus, dass das Wassermolekül wie der Buchstabe L geformt ist, und man kann berechnen, dass der Winkel zwischen den beiden Schenkeln des «L» 104,5° beträgt. Das wiederum bedeutet, dass die elektrische Ladung im Wassermolekül ungleich über das Molekül verteilt ist. Diese ungleiche (inhomogene) Verteilung reicht aus, um die schwachen Bindungen anderer Moleküle zu brechen; daher kann Wasser als Lösungsmittel für viele Stoffe dienen.

Wir sehen also, dass grundlegende Quantenmechanik die Bedingungen für Leben rechnerisch bereitstellen kann. Die nächste Frage ist jedoch: Können wir über Millers Experiment hinausgehen und schauen, ob die Quantentheorie DNA erklären kann? Und lassen sich Quantencomputer darüber hinaus auf das menschliche

Genom anwenden, um die Rätsel von Krankheit und Altern zu lüften?

Was ist Leben?

Der zweite Durchbruch stammte direkt aus der Quantenmechanik. Im Jahr 1944 verfasste der österreichische Physiker Erwin Schrödinger, der Entdecker der Wellengleichung, die die Basis dieser Grundlagenwissenschaft bildet, ein wegweisendes Buch: *Was ist Leben?* Darin stellte er die erstaunliche Behauptung auf, Leben sei ein Nebenprodukt der Quantenmechanik und die Blaupause des Lebens sei in einem noch unbekannten Molekül verschlüsselt. In einer Zeit, in der viele Naturwissenschaftler noch immer glaubten, allem Lebenden wohne eine geheimnisvolle «Lebenskraft» inne, behauptete er, Leben lasse sich mithilfe der Quantenmechanik erklären. Aus der Untersuchung von Lösungen seiner Wellengleichungen schloss er, dass Leben aus reiner Mathematik erwachsen könne, und zwar in Form eines Codes, der durch dieses geheimnisvolle Molekül weitergegeben werde.

Das war eine ungeheuerliche Idee. Aber zwei junge Wissenschaftler, der Physiker Francis Crick und der Biologe James Watson, sahen sie als Herausforderung an. Falls sich die Basis des Lebens tatsächlich in einem Molekül finden ließ, dann war ihre Aufgabe, dieses Molekül zu finden und zu beweisen, dass es den Code des Lebens enthielt.

«Von dem Augenblick an, an dem ich Schrödingers *Was ist Leben?* las, war ich fest entschlossen, das Geheimnis des Lebensmoleküls zu lüften», erinnert sich Watson.

Die beiden Wissenschaftler überlegten, dass das Molekül des Lebens im genetischen Material des Zellkerns verborgen sein müsse, der größtenteils aus einer chemischen Verbindung namens DNA besteht. Aber da organische Moleküle wie DNA so klein sind (kleiner noch als die Wellenlänge sichtbaren Lichts), sind sie unsichtbar, und die Herausforderung erschien entmutigend. Sie wählten eine indirekte Nachweismethode und verwendeten das auf der Quantentheorie basierende Verfahren der Röntgenkristallografie, um das geheimnisvolle Molekül zu finden.

Anders als sichtbares Licht, haben Röntgenstrahlen eine Wellenlänge, die im atomaren Bereich liegt. Wenn Röntgenstrahlen daher durch ein Kristall geschickt werden, das aus vielen Milliarden gitterförmig angeordneter Moleküle besteht, bilden die gestreuten Röntgenstrahlen ein eigenständiges Interferenzmuster, das sich fotografieren lässt. Bei genauer Betrachtung kann ein erfahrener Physiker, der die Aufnahmen studiert, herausfinden, welches Kristallgitter diese Bilder hervorruft.

Als sich Crick und Watson die von Rosalind Franklin aufgenommenen Bilder anschauten, sahen sie ein Muster, das von einer Doppelhelix herrühren musste. Da sie wussten, dass die allgemeine Struktur der DNA eine Doppelhelix war, eine Formation wie zwei umeinander gewundene Wendeltreppen, gelang es ihnen, die vollständige Struktur der DNA Atom für Atom zu rekonstruieren.

Die Quantenmechanik gab ihnen die Winkel, die von Bindungen zwischen Kohlenstoff-, Wasserstoff- und Sauerstoffatomen gebildet wurden. Wie Kinder, die einen Legobausatz zusammensetzten, konnten sie so die komplette atomare Struktur der DNA rekonstruieren und erklären, auf welche Weise dieses Molekül Kopien seiner selbst herstellen und die Anweisungen für die gesamte biologische Entwicklung liefern konnte.

Diese Entdeckung hat wiederum das Wesen von Biologie und Medizin grundlegend verändert. Im 19. Jahrhundert war es dem Naturforscher Charles Darwin gelungen, einen Baum des Lebens mit all den Zweigen zu skizzieren, die die reiche Formenvielfalt des Lebendigen darstellten. Dieser riesige Lebensbaum erwuchs aus einem einzigen Molekül. Und wie von Schrödinger vorausgesehen, lässt sich all dies als Konsequenz der Mathematik ansehen.

Als die beiden Forscher das DNA-Molekül entzifferten, stellten sie fest, dass es sich aus vier Clustern von Atomen zusammensetzte, den sogenannten Nukleinsäuren, die abgekürzt A, C, T und G genannt werden. Diese Nukleinsäuren sind linear angeordnet und bilden zwei lange parallele Stränge, die umeinandergewunden sind wie eine Wendeltreppe und so das DNA-Molekül bilden. (Ein DNA-Strang ist zwar mit bloßem Auge nicht zu sehen, doch wenn man ihn entfaltete, wäre dieses Molekül rund 1,8 Meter lang.) Wenn es an der Zeit ist, sich zu verdoppeln, wickeln sich die beiden DNA-Stränge auseinander und trennen sich in zwei Nukleinsäure-Stränge. Jeder Strang dient dann als Vorlage, und andere Nukleinsäuremoleküle lagern sich in der richtigen Reihenfolge an, sodass aus jedem Einzelstrang wieder ein Doppelstrang wird. Auf diese Weise kann Leben sich selbst reproduzieren.

So hatten wir nun die Architektur des DNA-Moleküls mithilfe der Mathematik der Quantentheorie entschlüsselt. Den grundsätzlichen Aufbau der DNA zu verstehen, war in gewissem Sinne jedoch der einfache Teil. Der schwierige Teil besteht darin, die Milliarden im Molekül verborgenen Codes zu entziffern.

Es ist, als versuche man, Musik zu verstehen, und gelernt hat, einige Noten auf einer Klaviertastatur zu spielen. Aber das macht einen noch nicht zum Mozart. Einige Noten zu lernen, ist lediglich der Beginn einer langen Reise.

Physik und Biotechnologie

Ein Forscher, der dieses Bemühen, all unsere Gene zu sequenzieren, energisch vorantrieb, war der Harvard-Biochemiker und Nobelpreisträger Walter Gilbert. Als ich ihn interviewte, gestand er mir, dass dieses Gebiet gar nicht sein ursprüngliches Ziel gewesen war. Tatsächlich begann er seine Tätigkeit in Harvard als Physikprofessor und untersuchte das Verhalten subatomarer

Teilchen, die in leistungsstarken Beschleunigern entstehen. Auf dem Feld der Biologie zu arbeiten, kam ihm damals gar nicht in den Sinn.

Mit der Zeit begann er umzudenken. Zunächst einmal wurde ihm klar, wie schwierig es werden würde, bei so viel Konkurrenz in Harvard eine Festanstellung zu bekommen. Auf dem Gebiet der Teilchenphysik gab es viele kluge Köpfe, mit denen er in Wettbewerb treten musste. Zufällig arbeitete seine Frau für James Watson, den er bereits bei einer früheren Gelegenheit an der University of Cambridge kennengelernt hatte; so kam er mit den bahnbrechenden Arbeiten auf dem neuen Gebiet der Biotechnologie in Kontakt, die vor neuen Ideen und Entdeckungen geradezu explodierte. Neugierig geworden, teilte er seine Zeit bald zwischen den geheimnisvollen Gleichungen der Teilchenphysik und dem «schmutzigen Handwerk» der Biologie auf.

Und dann setzte er, was seine Karriere anging, alles auf eine Karte.

Als Assistant Professor tat er einen großen Schritt und wechselte von der theoretischen Teilchenphysik zur Biologie. Der riskante Wechsel zahlte sich jedoch aus, denn 1980 erhielt er den Nobelpreis in Chemie. Unter anderem entwickelte er als einer der Ersten eine schnelle Technik, um das DNA-Molekül Gen für Gen abzulesen.

Dabei kam ihm sein physikalischer Hintergrund zugute. Traditionell arbeiteten in den meisten biologischen Abteilungen Wissenschaftler, die auf ein einziges Tier oder eine einzige Pflanze spezialisiert waren. Einige verbrachten ihr ganzes Leben damit, neue Arten zu entdecken und zu benennen. Doch plötzlich wurden Durchbrüche von Quantenphysikern gemacht, die fortgeschrittene Infinitesimalrechnung verwendeten. Dass Gilbert die abstruse Sprache der Quantenmechanik fließend beherrschte, half ihm bei seinem Durchbruch, der unser Verständnis der molekularen Basis des Lebens veränderte.

Dann trug er dazu bei, das Humangenomprojekt voranzutreiben. In einem Vortrag, den er 1986 in Cold Spring Harbor hielt, schätzte er die Kosten für dieses ambitionierte und beispiellose Unterfangen auf drei Milliarden Dollar. «Das Publikum war sprachlos», erinnerte sich Robert Cook-Deegan, Autor des Buches *Gene Wars*. «Gilberts Hochrechnungen führten zu einem Aufschrei.» Viele Menschen hatten das Gefühl, das sei eine unmöglich geringe Summe. Als er seine verblüffende Vorhersage machte, war erst eine Handvoll Gene sequenziert worden. Viele Wissenschaftler glaubten sogar, das menschliche Genom werde für immer unentschlüsselt bleiben.

Diese Summe wurde jedoch zu dem Budget, das der Kongress für das Humangenomprojekt bewilligte. Die Technik machte so rasche Fortschritte, dass das Projekt sogar vor der anberaumten Zeit abgeschlossen werden konnte und unter dem bewilligten Budget blieb – etwas Noch-nie-Dagewesenes in Washington. (Ich fragte ihn, wie er zu der Summe gekommen war. Er wusste, dass es drei Milliarden Basenpaare in unserer DNA gab, und schätzte, dass es im Endeffekt 1 Dollar kosten würde, 1 Basenpaar zu sequenzieren.)

In Zukunft, so prophezeite Gilbert, wird man «in eine Apotheke gehen können und sich seine eigene DNA-Sequenz auf eine CD schreiben lassen, die man zu Hause auf seinem Macintosh analysieren kann … man wird eine CD aus der Tasche nehmen und sagen können: ‹Hier ist ein Mensch; das bin ich!› »

Ein Wissenschaftler, der von all dem stark beeinflusst wurde, ist Francis Collins, früherer Direktor des National Institute of Health. Er gehört zu den einflussreichsten Ärzten unserer Tage. Millionen Menschen haben ihn im Fernsehen über die neuesten Entwicklungen der Covid-Pandemie sprechen hören.

Ich fragte ihn, wie er sich für Biologie zu interessieren begann, obwohl er doch Chemie studiert hatte. Er gestand mir, dass ihm die Biologie mit all diesen willkürlichen Namen für Tiere und Pflanzen immer als zu «chaotisch» erschienen war, ohne Sinn und Verstand.

In der Chemie sah er Ordnung, Disziplin und Muster, die er untersuchen und duplizieren konnte. Daher lehrte er physikalische Chemie und benutzte die Schrödingergleichung, um das Innenleben der Moleküle zu erklären. Schließlich erkannte er jedoch, dass er sich das falsche Gebiet ausgesucht hatte. Die physikalische Chemie war gut etabliert und basierte auf wohlbekannten Prinzipien und Konzepten.

Er wandte sich erneut der Biologie zu. Während Biologen obskuren Käfern und Würmern seltsame griechische Namen gaben, explodierte die Biotechnologie geradezu mit neuen Ideen und Konzepten. Es war ein noch unkartiertes, jungfräuliches Gebiet für Neueinsteiger.

Er beriet sich mit anderen, darunter auch Walter Gilbert, der ihm erzählte, wie er selbst von der Teilchenphysik zur DNA-Sequenzierung gewechselt war. Gilbert ermutigte Collins zum selben Schritt.

Also wagte Collins den Sprung ins kalte Wasser und sollte es nicht bereuen. «Ich erkannte: ‹Oh, meine Güte, hier ist gerade ein Goldenes Zeitalter angebrochen›», erinnerte er sich später. «Ich fürchtete, ich müsse einen Haufen Studenten, die das Thema aus tiefster Seele hassten, in Thermodynamik unterrichten. Während das, was in der Biologie vor sich ging, an die Quantenmechanik in den 1920er-Jahren erinnerte ... Ich war absolut überwältigt.»

Sehr rasch machte sich Collins einen eigenen Namen. Im Jahr 1989 entdeckte er die Genmutation, die für Zystische Fibrose (Mukoviszidose) verantwortlich war, und stellte fest, dass sie durch den Verlust (Deletion) von nur drei Basenpaaren in der DNA verursacht wurde (von ATCTTT zu ATT).

Schließlich stieg er zum medizinischen Spitzenadministrator des Landes auf. Doch er brachte seinen eigenen Stil nach Washington mit. Zur Arbeit fuhr er mit dem Motorrad. Und er machte keinen Hehl aus seinem persönlichen Glauben. Er schrieb sogar einen Bestseller. *The Language of God: A Scientist Presents Evidence for Belief* (sinngemäß: Ein Naturwissenschaftler legt Beweise für Glauben vor).

Drei Stadien der Biotechnologie

In gewisser Weise stehen Gilbert und Collins für einige Etappen in der Entwicklung auf diesem Gebiet.

Phase 1: Kartierung des Genoms
In Phase 1 gelang es Walter Gilbert und anderen, das Humangenomprojekt abzuschließen, eines der wichtigsten wissenschaftlichen Unterfangen aller Zeiten. Der Katalog des menschlichen Genoms liest sich jedoch wie ein Wörterbuch mit 20000 Einträgen, aber ohne Definitionen. Für sich allein betrachtet, ist es eine gigantische Leistung, aber doch eine nutzlose.

Phase 2: Entschlüsselung der Genfunktion
In Phase 2 versuchten Francis Collins und andere, das Wörterbuch um die Definitionen für diese Gene zu ergänzen. Durch Sequenzierung von Genen, die Krankheiten auslösen, von Geweben, Organen usw. lässt sich mühsam herausfinden, in welcher Weise diese Gene operieren. Es ist ein schmerzhaft langsamer, kontinuierlicher Prozess, doch allmählich füllt sich das Wörterbuch mit Erklärungen.

Phase 3: Modifizierung und Optimierung des Genoms
Inzwischen stehen wir jedoch an der Schwelle von Stadium 3 und können das Wörterbuch benutzen, um selbst zu schreiben. Das heißt, wir können Quantencomputer verwenden, um zu entschlüsseln, wie diese Gene auf molekularem Niveau operieren, sodass wir neue Therapien entwickeln und neue Werkzeuge schaffen können, um bislang unheilbare Krankheiten in den Griff zu bekommen. Sobald wir erst einmal verstehen, wie sie auf moleku-

larem Niveau Schaden anrichten, können wir dieses Wissen möglicherweise nutzen, um neue Techniken zu entwickeln, die diese Krankheiten neutralisieren oder heilen.

Das Paradoxon des Lebens

Bei dem Versuch, die Entstehung des Lebens nachzuvollziehen, stehen wir immer noch einem offenkundigen Paradoxon gegenüber. Wie können zufällige chemische Ereignisse in so kurzer Zeit die außerordentlich komplexen Moleküle des Lebens hervorbringen?

Geologen nehmen an, dass die Erde 4,6 Milliarden Jahre alt ist. Fast eine Milliarde Jahre lang bestand unser Planet aus geschmolzenem Gestein und war zu heiß, um Leben zu tragen. Aufgrund wiederholter Meteoriteneinschläge und Vulkanausbrüchen verdampften die urzeitlichen Ozeane wahrscheinlich mehrmals und ließen kein Leben zu. Doch vor rund 3,8 Milliarden Jahren war die Erde langsam so weit abgekühlt, dass sich beständige Meere bilden konnten. Da die DNA vermutlich vor rund 3,7 Milliarden Jahren entstand, heißt das, dass sie innerhalb einer Zeitspanne von einigen Hundert Millionen Jahren ihren Siegeszug antrat, und die chemischen Prozesse, die ihr erlauben, Energie zu nutzen und sich zu vervielfältigen, voll ausgebildet waren.

Manche Wissenschaftler halten das für unmöglich. Fred Hoyle, einer der großen Pioniere der Kosmologie, nahm an, das Leben müsse aus dem All gekommen sein, da die DNA einfach zu rasch aufgetaucht sei und die Zeit für die Entwicklung des Lebens auf der Erde nicht ausgereicht haben könne. Tatsächlich ist bekannt, dass Gesteinsbrocken und Gaswolken im All Aminosäuren enthalten können, daher könnte das Leben vielleicht woanders entstanden sein, vermutete Hoyle.

Diese Vermutung wird als Panspermie-Theorie bezeichnet, und

kürzlich haben neue Befunde das Interesse an ihr wiederaufleben lassen. Bei der Untersuchung des mineralischen Inhalts und der winzigen Luftblasen im Inneren von Meteoriten stellte man eine exakte Übereinstimmung mit dem Gestein fest, das unsere Raumsonden auf dem Mars gefunden haben. Von den 60000 Meteoriten, die bislang entdeckt wurden, stammen mindesten 125 zweifelsfrei vom Mars.

Beispielsweise stürzte ein Meteorit namens ALH84001 vor rund 13000 Jahren auf den Südpol. Er wurde wahrscheinlich durch einen Meteoriteneinschlag auf dem Mars vor 16 Millionen Jahren ins All geschleudert und driftete dann durch den Weltraum, bis er schließlich auf der Erde landete. Mikroskopische Analysen des Inneren von ALH84001 ergaben Hinweise auf einige wurmförmige Strukturen. (Selbst heute noch wird diskutiert, ob es sich bei diesen Strukturen um uralte versteinerte Überreste vielzelliger Organismen oder um ein natürliches Phänomen handelt.) Wenn Felsbrocken vom Mars zur Erde reisen können, warum dann nicht auch DNA?

Inzwischen wird angenommen, dass eine große Zahl von Meteoriten zwischen Mars, Venus, Mond und Erde treiben könnten, weil Meteoriteneinschläge so heftig waren, dass Felsbrocken ins All geschleudert wurden und schließlich auf anderen Himmelskörpern landen konnten. Daher ist nicht auszuschließen, dass die DNA von einem anderen Ort als der Erde stammt.

Es gibt jedoch eine andere Erklärung für dieses Paradoxon.

Wie bereits erwähnt, kennt die Quantentheorie zahlreiche Mechanismen, die es erlauben, einen chemischen Prozess stark zu beschleunigen. Die schon erwähnte Pfadintegral-Methode bildet die Summe über alle möglichen Pfade einer chemischen Reaktion, und dazu gehören auch unwahrscheinliche Pfade. Pfade, die von den Newtonschen Regeln verboten werden, sind unter Umständen in der Quantenmechanik erlaubt. Einige davon könnten zur Schaffung komplexer Molekülstrukturen führen.

Wir wissen auch, dass Enzyme chemische Prozesse beschleunigen können. Sie können Moleküle zusammenbringen, sodass sie rasch reagieren, und die Energieschwelle senken, sodass sie die energetische Barriere durchtunneln können. Das heißt, es können selbst höchst unwahrscheinliche chemische Reaktionen stattfinden. Reaktionen, die scheinbar den Energieerhaltungssatz verletzen, sind in der Quantentheorie unter Umständen erlaubt. Mit anderen Worten könnte die Quantenmechanik der Grund dafür sein, warum sich das Leben auf dem Planeten Erde so früh entwickelte. Es ist zu hoffen, dass sich durch die Entwicklung von Quantencomputern viele Lücken in unserem Verständnis der Entwicklung des Lebens schließen lassen.

Computergestützte Chemie (*computational chemistry*) und Quantenbiologie

Rasante Fortschritte bei Quantencomputern haben zur Entstehung neuer Wissenschaftszweige wie Computerchemie und Quantenbiologie geführt. Letztlich ermöglichen Quantencomputer die Schaffung realistischer Molekülmodelle und ermöglichen Wissenschaftlern, Atom für Atom und Nanosekunde für Nanosekunde nachzuvollziehen, wie chemische Reaktionen ablaufen.

Stellen Sie sich beispielsweise vor, Sie benutzen ein Kochbuch, um eine Mahlzeit zuzubereiten. Es ist bequem, den Anweisungen Schritt für Schritt zu folgen, aber Sie haben keine Ahnung, wie die Aromen der Zutaten miteinander wechselwirken, um ein köstliches Gericht zu schaffen. Wenn Sie von den Anweisungen des Kochbuchs abweichen, dann läuft alles auf Vermutung nach dem Prinzip von Versuch und Irrtum hinaus. Es kostet viel Zeit und führt nicht selten in eine Sackgasse. Aber auf ganz ähnliche Weise wird Chemie heutzutage meistens praktiziert.

Nun stellen Sie sich vor, Sie könnten alle Zutaten auf molekularem Niveau analysieren. Im Prinzip wäre es möglich, neue köstliche Rezepte aus Grundzutaten zu kreieren, wenn man weiß, wie sämtliche Moleküle miteinander wechselwirken. Das ist es, was sich Wissenschaftler letztlich von Quantencomputern erhoffen: die Wechselbeziehungen von Genen, Proteinen und chemischen Verbindungen auf molekularer Ebene zu verstehen.

Jeanette M. Garcia von IBM meint dazu: «Wenn Moleküle größer werden, verlassen sie schnell den Anwendungsbereich klassischer Computer. Simulationen werden dann unmöglich.»[1]

An anderer Stelle schrieb Garcia: «Das Verhalten selbst simpler Moleküle im Detail vorherzusagen, übersteigt die Fähigkeiten der leistungsstärksten Computer. Hier bietet Quantencomputing die Möglichkeit für bedeutende Fortschritte in den kommenden Jahren.» Sie verweist darauf, dass Digitalrechner lediglich das Verhalten von einigen wenigen Elektronen zuverlässig berechnen können. Darüber hinaus übersteigt die Berechnung die Fähigkeit eines jeden klassischen Computers, es sei denn, man macht drastische Näherungen.

Sie fügt hinzu: «Quantencomputer sind nun an dem Punkt, an dem sie allmählich Energetik und Eigenschaften kleiner Moleküle, wie Lithiumhydriden, modellieren können – das erlaubt, Modelle zu entwerfen, die klarere Wege zur Entdeckung weisen, als wir sie heute haben.»

Linghua Zhu am Virginia Tech ergänzt: «Die Atome sind Quanten, der Computer ist Quantenwelt, wir benutzen Quanten zur Simulation von Quant. Wenn wir klassische Methoden verwenden, verwenden wir stets Näherungen, doch mit einem Quantencomputer lässt sich exakt feststellen, wie jedes einzelne Atom mit anderen Atomen wechselwirkt.»

Stellen Sie sich beispielsweise einen Künstler vor, der eine Kopie der Mona Lisa anfertigen möchte. Wenn man dem Künstler nicht mehr gibt als Zahnstocher, dann ist das Ergebnis nicht mehr als eine grobe Figur aus Stiften. Gerade Linien können die Komplexität der menschlichen Form nicht wiedergeben. Wenn man den Künstler aber mit einem dünnen Tuschestift und verschiedenen Farben ausstattet, kann er eine Fülle geschwungener Formen schaffen und eine vernünftige Kopie des berühmten Gemäldes herstellen. Mit anderen Worten: Man braucht gekrümmte Linien, um gekrümmte Linien wiederzugeben. Genauso kann nur ein Quantencomputer die Komplexität von Quantensystemen wie den chemischen Verbindungen und den Bausteinen des Lebens einfangen.

Um zu sehen, wie das funktioniert, lassen Sie uns zu Schrödingers Wellengleichung zurückkehren (siehe Kapitel 3). Erinnern Sie sich daran, dass dort eine Größe namens H, der Hamilton-Operator, eingeführt wurde, der die Gesamtenergie des untersuchten Systems repräsentiert. Das heißt für große Moleküle, dass diese Größe H aus der Summe einer großen Anzahl von Termen besteht, zum Beispiel:

- der kinetischen Energie eines jeden Elektrons und jedes Atomkerns,
- der elektrostatischen Energie einen jeden Teilchens,
- der Wechselwirkungen zwischen all den verschiedenen Teilchen,
- den Auswirkungen des Spins.

Wenn wir das einfachste System betrachten – das Wasserstoffatom mit nur einem einzigen Elektron und einem einzigen Proton –, dann lässt sich dies in jedem Fortgeschrittenen-Physikkurs lösen. Die Herleitung verlangt nicht viel mehr als höhere Differentialrechnung. Dennoch erhalten wir für ein derart simples System eine wahre Goldmine an Ergebnissen, solche, wie den gesamten Satz an Energieniveaus des Wasserstoffatoms.

Aber wenn wir es mit zwei Elektronen zu tun haben, wie beim Helium, werden die Dinge sehr rasch kompliziert, da wir komplexe Wechselbeziehungen zwischen den beiden Elektronen berücksichtigen müssen. Bei drei oder mehr Elektronen übersteigt dies rasch die Kapazität von Digitalrechnern. Um vernünftige Ergebnisse zu erhalten, müssen daher zahlreiche Näherungen gemacht werden. Quantencomputer könnten da von Nutzen sein.

So meldete Google 2020 einen neuen Rekord seines Sycamore-Computers; er war in der Lage, mithilfe von 12 Qubits eine Kette von zwölf Wasserstoffatomen präzise zu simulieren.

«Über dieses Ergebnis freuen wir uns sehr, denn es bedeutet im Vergleich zu jeder früheren quantenchemischen Simulation eine Mehr-als-Verdopplung der Anzahl von Qubits und Elektronen, und das mit der gleichen Genauigkeit», meint Ryan Babbush, Mitglied des Teams, das den neuen Rekord aufstellte.

Dem Quantencomputer gelang es auch, eine chemische Reaktion unter Beteiligung von Wasserstoff und Stickstoff selbst dann zu modellieren, wenn man den Ort der Wasserstoffatome veränderte. Babbush fügt hinzu: «Das zeigt, dass dieses Gerät tatsächlich ein voll programmierbarer Quantencomputer ist, der für jede Aufgabe eingesetzt werden kann, die man ihm stellt.»

Garcia zieht daraus den Schluss: «Klassische Computer sind einfach nicht in der Lage, das Komplexitätsniveau von so alltäglichen Substanzen wie Koffein zu handhaben.» Für sie gehört die Zukunft dem Quant.

Die ersten Erfolge haben die Quantenforscherinnen und -forscher jedoch erst so richtig auf den Geschmack gebracht. Sie sind begierig, noch ehrgeizigere Projekte, wie die Entschlüsselung der Fotosynthese, in Angriff zu nehmen, die die Grundlage des Lebens auf der Erde bildet. Das Geheimnis, wie man mithilfe des Sonnenlichts die Fülle an Früchten und Gemüsen schafft, die wir rund um uns herum sehen, wird womöglich eines Tages durch Quantencomputer gelöst werden. Daher ist das nächste Ziel vielleicht die Fotosynthese, einer der wichtigsten Quantenprozesse auf dem ganzen Planeten.

Kapitel 7: Das Ergrünen der Welt

Wenn ich an einem sonnigen Frühlingstag durch einen dichten Wald schlendere, fühle ich mich überwältigt von dem üppigen, pulsierenden Grün der Vegetation, die mich umgibt, und von der Blütenexplosion rund um mich herum. Wohin ich auch schaue, sehe ich diesen bunten Reigen lebhafter Farben. Ich sehe, wie das Leben in alle Richtung sprießt und wie Pflanzen, die sich eifrig dem Sonnenlicht entgegenstrecken, diese Energie in irgendeiner Weise in all diese Fülle umwandeln.

Doch ich bin auch überwältigt von der Erkenntnis, dass ich Zeuge eines Dramas bin, das sich seit rund drei Milliarden Jahren abspielt, ein Prozess, der komplexes Leben auf Erden erst möglich macht. Die Fotosynthese, der so einfach scheinende Prozess, durch den grüne Pflanzen Kohlendioxid, Sonnenlicht und Wasser in Zucker und Sauerstoff umwandeln, ist der Motor des Lebens auf diesem Planeten. Es ist wirklich atemberaubend: Jede Sekunde erzeugt diese Fotosynthese 15000 Tonnen Biomasse, die die Erde in ein grünes Kleid hüllen.

Ohne Fotosynthese wäre das Leben auf der Erde nicht vorstellbar, doch trotz aller wissenschaftlichen Fortschritte wissen Biologen noch immer nicht genau, wie dieser so wichtige Prozess abläuft. Einige Biologen glauben, die Fotosynthese müsse ein quantenmechanischer Prozess sein, da sie beim Einfangen eines energiereichen Photons eine Effizienz von fast 100 Prozent hat. (Wenn man jedoch die Gesamteffizienz für die Umwandlung von Licht in das Endprodukt – Brennstoff und Biomasse – berechnet, was eine Reihe komplizierter Schritte und chemischer Reaktionen erfordert, dann sinkt die endgültige Effizienz auf 1 Prozent.) Falls Quantencomputer eines Tages das Geheimnis der Fotosynthese lüften sollten, wäre es möglich, Photovoltaikzellen mit nahezu maximal möglicher Leistung herzustellen und das Solarzeitalter Wirklichkeit werden zu lassen. Wir könnten auch die Ernteerträge steigern und den globalen Hunger stillen. Vielleicht ließe sich die Fotosynthese auch so modifizieren, dass Pflanzen sogar in unwirtlichen Umgebungen gedeihen könnten. Oder falls wir eines Tages mit der Kolonialisierung des Mars beginnen, ist es vielleicht möglich, die Fotosynthese so zu modifizieren, dass Pflanzen auf dem roten Planeten wachsen.

Ein interessanter Forschungsansatz ist die sogenannte «künstliche Fotosynthese», die eines Tages zu einem «künstlichen Blatt» führen könnte, eine flexiblere Form der Fotosynthese, die Pflanzen insgesamt leistungsfähiger machen könnte. Wir vergessen manchmal, dass Fotosynthese das Ergebnis von Milliarden Jahren völlig planloser, chaotischer chemischer Prozesse ist und diese bemerkenswerten Eigenschaften nach dem Zufallsprinzip entwickelt hat. Wenn Quantencomputer also einmal das Geheimnis der Fotosynthese gelüftet haben, könnten wir die Art und Weise des Pflanzenwachstums vielleicht verändern und verbessern. Milliarden Jahre pflanzlicher Evolution könnten sich auf einem Quantencomputer möglicherweise auf einige Monate verkürzen lassen.

So meint Graham Fleming vom Kavli Energy NanoScience Institute in Berkeley: «Ich möchte wirklich gern wissen, wie die Natur bei den ersten Schritten der Fotosynthese vorgeht. Dann könnten wir dieses Wissen verwenden, um künstliche Systeme zu kreieren, die all die positiven Merkmale der natürlichen Systeme aufweisen, aber ohne den Ballast, Samen erzeugen, Leben erhalten oder sich gegen Fressfeinde schützen zu müssen.»[1]

Im gesamten Verlauf der Geschichte waren Pflanzen den Menschen ein Rätsel. Sie schienen aus sich selbst heraus zu blühen und zu gedeihen und brauchten nur gelegentlich Wasser. Seit der Antike glaubte man, Pflanzen wüchsen, indem sie Erde verzehrten. Erst Mitte des 17. Jahrhunderts änderte sich diese Sichtweise. Der belgische Naturforscher Jan van Helmont maß erstmals präzise das Gewicht einer Pflanze und ihres Nährbodens. Zu seiner Überraschung stellte er fest, dass sich das Gewicht des Bodens im Lauf der Zeit nicht veränderte. Er schloss daraus, Pflanzen würden aufgrund ihrer Wasseraufnahme wachsen.

Später führte der englische Naturforscher Joseph Priestley genauere Experimente durch, darunter auch einen Versuch, bei dem er eine Pflanze zusammen mit einer brennenden Kerze in einen Glaskolben einschloss. Wie er feststellte, erlosch die Kerze rasch, wenn sie sich allein in dem Kolben befand, brannte aber in Gegenwart der Pflanze weiter, da die Pflanze das Kohlendioxid in der Luft nutzte und Sauerstoff für die Kerze lieferte.

Zu Beginn des 19. Jahrhunderts machten sich Biologen daran, alle Puzzlestücke zusammenzufügen, und erkannten, dass Pflanzen Sonnenlicht, Wasser und Kohlendioxid benötigten und im Rahmen des Prozesses Sauerstoff abgaben.

Die Fotosynthese ist so entscheidend für das Leben auf der Erde, dass sie die Atmosphäre des Planeten buchstäblich neu geformt hat. In der Frühphase ihrer Entstehung bestand die Atmosphäre der Erde vorwiegend aus Kohlendioxid, das aus den Eruptionen prähistorischer Vulkane stammte. Wir sehen dieses Szenario in den Atmosphären von Mars und Venus, die aufgrund ihrer vulkanischen Tätigkeit aus fast reinem Kohlendioxid bestehen.

Als es auf der Erde jedoch zur Entwicklung der Fotosynthese kam, wandelte dieser Prozess die Kohlendioxid- in die Sauerstoffatmosphäre um, die wir heute atmen. Jeder Atemzug erinnert mich daher an die gewaltige Umwandlung, die vor Milliarden Jahren stattfand.

In den 1950er-Jahren gelang es der Forschung, den sogenannten Calvin-Zyklus aufzuklären, eine Reihe komplexer chemischer

Reaktionen, durch die Kohlendioxid und Wasser in Kohlenhydrate umgewandelt werden. Mithilfe verschiedener Methoden, einschließlich der Kohlenstoff-14-Analyse, konnten sie die Bewegung spezifischer Verbindungen innerhalb der Pflanze verfolgen.

So gelang es Biologen allmählich, die Lebensgeschichte von Pflanzen zu verstehen. Doch *ein* Schritt entzog sich ihnen. Wie fangen Pflanzen überhaupt erst die Energie der Lichtquanten ein? Was setzt diese lange Kette von Ereignissen in Gang, die mit dem Einfangen von Sonnenenergie beginnt? Das ist bis heute ein Rätsel. Quantencomputer könnten jedoch dazu beitragen, es zu lösen.

Die Quantenmechanik der Fotosynthese

Viele Wissenschaftler glauben, dass die Fotosynthese ein Quantenprozess ist. Sie startet, wenn Photonen, diskrete Lichtpakete, auf ein Blatt treffen, das Chlorophyll enthält. Dieses spezielle Molekül absorbiert rotes und blaues, aber kein grünes Licht, das in die Umgebung zurückgestreut wird. Pflanzen sehen also grün aus, weil sie kein grünes Licht absorbieren. (Wenn die Natur Pflanzen geschaffen hätte, die so viel Licht wie möglich absorbieren, wären Pflanzen nicht grün, sondern schwarz.)

Wenn Licht auf ein Blatt trifft, sollte man meinen, dieses Licht würde in alle Richtungen gestreut und gehe für immer verloren. Aber an dieser Stelle setzt die Quantenmagie ein. Das Photon trifft auf ein Chlorophyllmolekül, und das führt zu energetischen Schwingungen im Blatt, sogenannten Exzitonen, die sich auf irgendeine Weise längs der Blattoberfläche fortbewegen. Schließlich gelangen sie in ein sogenanntes «Reaktionszentrum» auf der Blattoberfläche, wo die Energie der Exzitonen dazu genutzt wird, Kohlendioxid in Sauerstoff umzusetzen.

Wenn Energie von einer Form in eine andere umgewandelt wird, dann geht nach dem Zweiten Hauptsatz der Thermodynamik ein

Großteil dieser Energie an die Umgebung verloren. Daher wäre zu erwarten, dass sich ein beträchtlicher Teil der Energie des Photons zerstreuen sollte, wenn es auf das Chlorophyllmolekül trifft, und daher im Lauf dieses Prozesses als Abwärme verloren geht. Stattdessen kommt die Photonenenergie auf wundersame Weise praktisch verlustfrei im Reaktionszentrum an. Aus bislang noch ungeklärten Gründen ist der Prozess zu fast 100 Prozent effizient.

Das Phänomen, durch das Photonen Exzitonen erzeugen, die sich in Reaktionszentren zusammenfinden, lässt sich mit einem Golfturnier vergleichen, bei dem jeder Golfer seine Bälle nach dem Zufallsprinzip in alle Richtungen schlägt. Und dann würden all diese Bälle auf magische Weise ihre Richtung ändern und jedes Mal mit einem Schlag ins Loch finden. Das sollte nicht passieren, doch es lässt sich tatsächlich im Labor nachweisen.

Einer Theorie zufolge wird diese Reise des Exzitons durch Pfadintegrale ermöglicht, die, wie bereits erwähnt, von Richard Feynman eingeführt wurden. Erinnern Sie sich, dass Feynman die Gesetze der Quantentheorie in Form von Pfaden umschrieb. Wenn sich ein Exziton von einem Punkt zum anderen bewegt, spürt es in gewisser Weise sämtliche möglichen Pfade zwischen diesen beiden Punkten auf. Dann berechnet es eine Wahrscheinlichkeit für jede Route. Daher ist sich das Exziton gleichsam aller möglichen Pfade «bewusst», die diese beiden Punkte verbinden. Das heißt in unserem Fall, das Exziton «wählt» den Pfad mit der höchsten Effizienz.

In diesem Zusammenhang gibt es noch ein zweites Rätsel. Der Fotosyntheseprozess läuft bei Raumtemperatur ab, sodass Zufallsbewegungen in der Umgebung eigentlich jedwede Kohärenz zwischen den Exzitonen zerstören sollten. Normalerweise müssen Quantencomputer bis fast auf den absoluten Nullpunkt heruntergekühlt werden, um diese chaotischen Bewegungen möglichst klein zu halten, aber Pflanzen funktionieren problemlos bei normalen Temperaturen. Wie ist das möglich?

Künstliche Fotosynthese

Eine Möglichkeit, die Existenz von Quanteneffekten experimentell zu belegen oder zu widerlegen, besteht darin, nach Hinweisen auf Kohärenz zu suchen, dem verräterischen Anzeichen von Quanteneffekten, wenn Atome im Einklang schwingen. Normalerweise würde man ein chaotisches Gewimmel individueller Schwingungen ohne Sinn und Verstand erwarten, doch wenn man Wellen entdeckt, die in Phase miteinander schwingen, wäre dies ein direkter Hinweis auf die Präsenz von Quanteneffekten.

Im Jahr 2007 berichtete Fleming, er habe dieses schwer zu fassende Phänomen beobachtet. Er konnte die Entdeckung von Kohärenz in der Fotosynthese melden, weil er ein spezielles, multidimensionales Spektroskop verwendete, das Lichtpulse von nur einer Femtosekunde (ein Millionstel eines Milliardstels einer Sekunde) Dauer generieren konnte. Diesen außergewöhnlich schnellen Laser benötigte er, um kohärente Lichtstrahlen nachzuweisen, bevor zufällige Kollisionen mit der Umgebung die Kohärenz zerstörten. Aus Sicht des Lasers waren die Atome der Umgebung so gut wie in der Zeit eingefroren und konnten daher weitgehend ignoriert werden. Fleming konnte zeigen, dass Lichtwellen in zwei oder mehr Quantenzuständen simultan existieren konnten – das heißt, Lichtwellen konnten gleichzeitig mehrere Pfade zum Reaktionszentrum nutzen. Das könnte erklären, warum Exzitonen das Reaktionszentrum in fast 100 Prozent der Fälle finden konnten.

K. Birgitta Whaley, eine Kollegin von Fleming in Berkeley, fügt hinzu: «Die Erregung ‹pickt sich› aus einem Quantenmenu möglicher Pfade … tatsächlich die effizienteste Route heraus. Das erfordert, dass sich alle möglichen Zustände des wandernden Teilchens für einige Zehntel einer Femtosekunde zu einem einzigen, kohärenten Quantenzustand überlagern.»[2] Das könnte auch erklären, wie die Fotosynthese bei Raumtemperatur operieren kann, ohne all die Leitungen und Röhren in einem Physiklabor.

Quantencomputer sind ideal dazu geeignet, diese Quantenberechnungen anzustellen. Wenn dieser Ansatz mit Pfadintegralen stichhaltig ist, so heißt das, dass wir nun die Dynamik der Fotosynthese verändern können, um eine ganze Reihe von Problemen zu lösen. Statt viele Tausend Experimente mit Pflanzen durchzuführen, was eine Unmenge an Zeit kosten würde, ließen sich diese Experimente virtuell durchführen.

So könnte es beispielsweise möglich sein, Nutzpflanzen zu züchten, die ertragreicher sind, oder mehr Gemüse und Früchte zu erzeugen und so den Ertrag der Landwirte zu steigern.

Zudem basiert die menschliche Ernährung auf einer Handvoll Getreidearten, wie Reis und Weizen; daher könnte eine überraschend auftretende Krankheit, die das Getreide befällt, die gesamte Nahrungskette zerstören. Wenn auch nur ein einziges unserer Grundnahrungsmittel plötzlich ausfiele, wären wir hilflos.

Der neue wissenschaftliche Fokus auf die Schaffung eines «künstlichen Blattes» mit künstlicher Fotosynthese würde unsere Abhängigkeit von diesem so wichtigen natürlichen Prozess deutlich verringern.

Ein künstliches Blatt

Wenn wir über die größten Probleme der Welt diskutieren, wird CO_2 gewöhnlich als einer der Bösewichte der Geschichte hingestellt. CO_2 fängt Energie von der Sonne ein und führt dazu, dass sich die Erde erwärmt. Aber was wäre, wenn wir dieses Treibhausgas recyceln könnten, sodass es harmlos würde? Wir wären dann möglicherweise auch in der Lage, aus dem recycelten CO_2 wertvolle chemische Verbindungen herzustellen. Wissenschaftler glauben, dass Sonnenlicht genau dazu fähig ist. Diese neue Technologie würde CO_2 aus der Luft nehmen und daraus zusammen mit Sonnenlicht und Wasser Treibstoff und andere wertvolle Stoffe erzeugen - nicht viel anders als ein Blatt, aber eben auf künstlichem Wege. Diesen Treibstoff zu verbrennen, würde mehr CO_2 freisetzen, das dann erneut zusammen mit Sonnenlicht und Wasser in einem endlosen Recyclingprozess ohne CO_2-Überschuss mehr Treibstoff erzeugen könnte. Auf diese Weise würde CO_2 sich vom Bösewicht in eine nützliche Ressource verwandeln.

Dieses Recycling müsste, damit es funktioniert, in zwei Schritten ablaufen.

Zunächst würde man Sonnenlicht dazu verwenden, um Wasser in Wasserstoff und Sauerstoff zu spalten. Der erzeugte Wasserstoff könnte in Brennstoffzellen saubere Wasserstoffautos antreiben. Ein Problem mit Elektroautos besteht nämlich darin, dass ihre Batterien ihre Energie weitgehend aus Quellen beziehen, die mit Kohle oder Öl betrieben werden. Auch wenn die elektrische Batterie selbst «saubere» Energie liefert, stammt diese Energie ursprünglich aus umweltschädlichen Betrieben. Daher fallen gegenwärtig bei der Verwendung von elektrischen Batterien verborgene Kosten an. Brennstoffzellen verbrennen jedoch Wasserstoff und Sauerstoff, die als «Abfallprodukt» Wasser erzeugen. Daher liefern Brennstoffzellen saubere Energie, ohne auf fossile Quellen zurückgreifen zu müssen. Die industrielle Infrastruktur, die auf Brennstoffzellen basiert, ist jedoch bislang viel weniger weit entwickelt als diejenige für elektrische Batterien.

Zweitens lässt sich der Wasserstoff, der durch die Spaltung von Wasser erzeugt wird, mit CO_2 kombinieren, um Brennstoff und wertvolle Kohlenwasserstoffe zu erzeugen. Dieser Brennstoff kann wiederum verbrannt werden, und erneut wird CO_2 produziert, doch auch dieses CO_2 lässt sich mit Wasserstoff rekombinieren und auf diese Weise recyceln. Dadurch könnte ein neuer Kreislauf entstehen, in dem CO_2 kontinuierlich wiederverwendet wird, sodass es sich nicht in der Atmosphäre ansammelt. Auf diese Weise lässt sich die Konzentration dieses Treibhausgases stabilisieren, während es gleichzeitig Energie liefert.

«Unser Ziel ist es, den Kohlendioxidzyklus zu schließen», meint Harry Atwater, Direktor des Joint Center for Artificial Photosynthesis (JCAP), ein Zweig des Energieministeriums, das die Erforschung der künstlichen Fotosynthese finanziert. «Es ist ein kühnes Konzept.»[3]

Wenn dieser Ansatz erfolgreich ist, würde dies zu einem Paradigmenwechsel beim Kampf gegen die Erderwärmung führen. CO_2 würde vom Bösewicht zu einem Zahnrädchen in einem größeren Getriebe werden, das die Gesellschaft in Gang hält. Quantencomputer könnten eine entscheidende Rolle dabei spielen, einen Kohlenstoffkreislauf zu schließen. Im *Forbes*-Magazin schreibt der Quantenforscher Ali El Kaafarani: «Quantencomputer könnten die Entwicklung neuer CO_2-Katalysatoren beschleunigen, die ein effizientes Kohlendioxidrecycling sicherstellen und gleichzeitig nützliche Gase wie Wasserstoff und Kohlenmonoxid erzeugen.»[4]

Auch wenn das wie ein Wunschtraum klingen mag, fand der erste Durchbruch 1972 statt; Damals zeigten Akira Fujishima und Kenichi Honda, dass sich Wasser mithilfe von Lichtenergie in Wasserstoff und Sauerstoff spalten lässt, wobei sie eine Elektrode aus Titandioxid und eine zweite aus Platin verwendeten. Obgleich der Prozess nur eine Effizienz von 0,1 Prozent aufwies, wies er nach, dass die Herstellung eines künstlichen Blattes im Prinzip möglich ist.

Seitdem haben Chemiker versucht, dieses Experiment zu modifizieren, um die Kosten zu senken, denn Platin ist sehr teuer. Am JCAP gelang es Chemikern, Wasser unter Zuhilfenahme von Licht mit einer Effizienz von 10 Prozent zu spalten, wobei sie eine aus einem Halbleiter hergestellte Elektrode und Nickelkatalysatoren benutzten.

Der schwierige Teil besteht nun darin, den letzten Schritt zu tun und eine preisgünstige Möglichkeit zu finden, um Wasserstoff mit CO_2 zu verbinden, um Treibstoff herzustellen. Das ist schwierig, weil CO_2 ein bemerkenswert stabiles Molekül ist. Der Harvard-

Chemiker Daniel Nocera meint, er habe einen gangbaren Weg entdeckt, dieses Problem zu lösen. Er verwendet ein Bakterium, *Ralstonia eutropha* (neuerer Name: *Cupriavidus necator*), das Wasserstoff mit CO_2 verbinden kann, um Treibstoff und Biomasse zu erzeugen, und das mit einer Effizienz von 11 Prozent. Nocera meint: «Wir führten eine vollständige künstliche Fotosynthese durch, die 10 bis 100 Mal besser ist als in der Natur. ... Die ganze Sache ist inzwischen nicht unbedingt mehr ein chemisches Problem. Es ist nicht einmal ein technologisches Problem.»[5] Aus seiner Sicht ist das große Problem heute gelöst. Nun ist es eine wirtschaftliche Frage, das heißt, ob sich Industrie und Regierung angesichts der Kosten hinter das CO_2-Recycling stellen.

Die Harvard-Wissenschaftlerin Pamela Silver, die an diesem Projekt arbeitet, merkt an, dass der Einsatz von Mikroorganismen zum Schließen des Kohlenstoffkreislaufs auf den ersten Blick seltsam erscheinen mag, doch Mikroorganismen werden bereits heute großindustriell in der Weinindustrie genutzt, um Zucker zu vergären.

Unterdessen verwendet der Chemiker Peidong Yang an der University of California ebenfalls gentechnisch veränderte Bakterien, aber auf andere Weise. Mithilfe von Licht spaltet er Wasser in Wasserstoff und Sauerstoff; dabei verwendet er winzige halbleitende Nanodrähte, auf denen er anschließend Bakterien züchtet, die dann den Wasserstoff zur Herstellung verschiedener nutzbarer chemischer Verbindungen wie Butanol und Erdgas verwenden.

Quantencomputer können diese Technologie auf die nächste Stufe heben. Bislang wird ein Großteil des Fortschritts auf diesem Gebiet durch Versuch und Irrtum erreicht, was viele Hundert Experimente mit exotischen chemischen Stoffen erfordert. Um Wasserstoff zur Fixierung von CO_2 einzusetzen und so Treibstoff herzustellen, ist zum Beispiel ein komplexer molekularer Prozess erforderlich, der den Transfer vieler Elektronen und das Brechen vieler Bindungen verlangt. Quantencomputer könnten diese chemischen Prozesse möglicherweise durch eine Simulation ersetzen und Chemikern erlauben, neue alternative Quantenwege zu schaffen. Beispielsweise ist CO_2 das Endprodukt einer ganzen Reihe von Oxidationsreaktionen. Quantencomputer könnten Möglichkeiten aufzeigen, wie sich die Bindungen im CO_2 aufbrechen lassen, und so die Rekombination mit Wasserstoff zu Treibstoff vereinfachen.

Falls Quantencomputer den letzten Schritt zur künstlichen Fotosynthese und zum künstlichen Blatt liefern würden, könnten sich völlig neue Industrien entwickeln, die neue Typen leistungsfähiger Solarzellen, alternative Nutzpflanzensorten und neue Formen der Fotosynthese hervorbringen können. Im Rahmen dieses Prozesses ließen sich mithilfe von Quantencomputern möglicherweise neue Wege für ein CO_2-Recycling finden, was unsere Bemühungen zur Bekämpfung des Klimawandels einen großen Schritt voranbringen würde.

Daher könnten Quantencomputer eine Schlüsselrolle dabei spielen, die Leistungsfähigkeit der Fotosynthese nutzbar zu machen, die Energie des Sonnenlichts in Nahrung umzuwandeln. Aber um Nahrungsmittel in Hülle und Fülle zu erzeugen, brauchen wir als nächsten Schritt ausreichend Dünger, damit Nutzpflanzen selbst genügend Nahrung haben und gut gedeihen. Und wieder einmal könnten Quantencomputer eine maßgebliche Rolle dabei spielen, diesen letzten und entscheidenden Schritt zur Ernährung unseres Planeten zu tun.

Paradoxerweise wird der Mann, der diesen letzten Schritt maßgeblich vorantrieb, die Ernährung von Milliarden Menschen sicherstellte und so die moderne Zivilisation aufzubauen half, nicht nur als einer der größten Naturwissenschaftler aller Zeiten angesehen, sondern gilt manchen auch als Kriegsverbrecher.

Kapitel 8: Genug Nahrung für alle

In der modernen Geschichte ist ein Mann für die Rettung von mehr Leben verantwortlich als irgendjemand anders auf der Welt, dennoch kennen nur wenige Menschen seinen Namen. Zuverlässigen Schätzungen zufolge verdankt die Hälfte der heute auf der Erde lebenden Menschen ihre Existenz der Entdeckung dieses Mannes, doch es gibt keine Biografien oder Filmberichte, die sein Loblied singen. Der deutsche Chemiker Fritz Haber hat das Leben eines jeden Menschen auf diesem Planeten beeinflusst. Haber war der Mann, der herausfand, wie man Kunstdünger herstellt. Die Hälfte aller Nahrungsmittel, die wir verzehren, hängt direkt mit seiner bahnbrechenden Erfindung zusammen, aber nur wenige Historiker sind mit seiner Arbeit vertraut.

Er setzte die Grüne Revolution in Gang und entschlüsselte das Geheimnis der Natur, um fast unbegrenzte Mengen an Stickstoffdünger zu produzieren, mit dessen Hilfe wir den Planeten heute ernähren. Als Haber den entscheidenden chemischen Prozess entwickelte, mit dem Stickstoff aus der Luft gewonnen und zu Dünger verarbeitet werden kann, veränderte er die Weltgeschichte. Wo einstmals Bauern sich abmühen mussten, um dem kargen Boden ihren armseligen Lebensunterhalt zu entreißen, sehen wir heute Kilometer um Kilometer grüne Nutzpflanzen, so weit das Auge reicht. Statt hungernder Nationen mit unfruchtbaren, leblosen Feldern sehen wir Farmen, die reiche Ernte einfahren.

Habers Rolle in der Geschichte wird jedoch getrübt durch die Tatsache, dass sein großer Durchbruch auch dazu eingesetzt werden kann, verheerende chemische Waffen herzustellen, darunter hochexplosive Sprengstoffe. Und Haber hat auch bei der Produktion von Giftgas eine entscheidende Rolle gespielt. Obwohl Milliarden Menschen auf der Erde ihre Existenz diesem Mann verdanken, töteten seine Entdeckungen auch Tausende aufgrund der Verheerungen, die sie auf dem Schlachtfeld anrichteten. Zudem müssen wir mit der Tatsache leben, dass das Haber-Bosch-Verfahren, wie die von ihm entwickelte Technik genannt wird, einen so hohen Energiebedarf hat, dass es unsere Energiereserven enorm strapaziert und Umweltverschmutzung wie auch den Klimawandel verschärft.

Das Problem ist jedoch: Es ist seit hundert Jahren nicht gelungen, das Haber-Bosch-Verfahren zu verbessern, weil es auf molekularem Niveau so kompliziert ist. Daher bleibt zu hoffen, dass Quantencomputer uns verbesserte Alternativen oder Modifikationen aufzeigen können, sodass wir den Planeten ernähren können, ohne so viel Energie zu verbrauchen und solche Umweltprobleme zu schaffen.

Um Habers Pionierarbeit und die Bedeutung von Quantencomputern für die Verbesserung seiner Entdeckung aber wirklich schätzen zu können, müssen wir uns zunächst vor Augen führen, welchen enormen Beitrag dieser Mann daran hatte, Malthus' düstere Prophezeiungen über das Schicksal der Menschheit Lügen zu strafen.

Überbevölkerung und Hungersnöte

Kurz vor Ende des 18. Jahrhunderts sagte der britische Ökonom Thomas Robert Malthus vorher, dass die Nahrungsmittelproduktion eines Tages mit dem Wachstum der menschlichen Bevölkerung nicht mehr würde Schritt halten können, was zu großen Hungersnöten und Massensterben führen werde. Für Malthus waren alle Tiere in einen ewigen Kampf auf Leben und Tod verstrickt, und wann immer ihre Anzahl die Tragfähigkeit ihres Lebensraums überstiege, müssten viele verhungern.

Menschen bilden da keine Ausnahme. Auch wir sind an das eherne Gesetz gebunden, dass die Menschheit nur gedeihen kann, solange es genügend Nahrung gibt. Aber da Populationen exponentiell wachsen können, während die Nahrungsproduktion nur langsam wächst, kann es sein, dass das Bevölkerungswachstum schließlich die verfügbaren Nahrungsressourcen übersteigt. Dann kann es zu Aufständen und Massenhungersnöten kommen, gefolgt von brutalen Verteilungskämpfen, wenn Nationen um Ressourcen streiten.

Im Lauf des 19. Jahrhunderts wurde zunehmend deutlich, dass Malthus' düstere Prophezeiung wahr werden könnte. Denn die menschliche Bevölkerung, die viele Tausend Jahre lang relativ stabil bei weniger als einer Million gelegen hatte, erlebte damals gerade eine beispiellose Explosion. Der Beginn der industriellen Revolution und des Maschinenzeitalters machte ein derartig rasches Wachstum möglich.

Ich sah eine plastische Illustration dieses Phänomens auf der Grundschule: Wir platzierten einige Bakterien in die Mitte einer Petrischale voller Nährstoffe. Innerhalb weniger Tage stellten wir fest, dass sich die Bakterien exponentiell ausbreiteten und eine große, kreisrunde Kolonie von Zellen schufen, doch dann kam ihr Wachstum plötzlich zum Stillstand. Warum wuchsen die Bakterien nicht weiter?, fragte ich mich. Und dann verstand ich, dass die Bakterienkolonie so rasch wuchs, weil sie all die Nährstoffe verbrauchte, und dann abstarb, weil ihre Nahrungsquelle erschöpft war. Daher war dieser Kampf auf Leben und Tod ein Malthusianischer Kampf um Nahrung in einer Petrischale.

Heute hängt die Lebensmittelproduktion weltweit stark von Düngergaben ab. Der entscheidende Bestandteil von Dünger ist Stickstoff, wie wir ihn in Proteinen und in der DNA finden. Paradoxerweise ist Stickstoff das häufigste Element in der Luft, die wir atmen, und macht dort rund 80 Prozent aus. Aus unbekannten Gründen sind einfache Bakterien, die an den Wurzeln von Hülsenfrüchten wachsen (also z.B. von Erdnüssen und Bohnen), in der Lage, Stickstoff aus der Luft zu extrahieren und ihn zusammen mit Wasserstoff so zu fixieren, dass Ammoniak entsteht, der maßgebliche Bestandteil von Dünger.

Diesen Bakterien ist es gelungen, einen verblüffenden chemischen Prozess zu meistern. Obwohl viele gewöhnliche Bakterien problemlos Stickstoff aus der Luft absorbieren können, um lebensnotwendigen Dünger zu produzieren, gelingt es Chemikern immer noch nicht, Mutter Natur so effizient nachzuahmen.

Der Grund dafür ist, dass es sich bei dem Stickstoff, den wir einatmen, um N_2 handelt, das heißt, um zwei Stickstoffatome, die durch drei kovalente chemische Bindungen extrem fest miteinander verbunden sind. Diese Bindungen sind so stark, dass normale chemische Prozesse sie nicht aufbrechen können. Daher stehen Chemiker vor einem Dilemma: Die Luft, die wir atmen, ist voller wertvollem Stickstoff, der sich für Dünger nutzen ließ, doch er liegt in der falschen Form vor und ist daher eben nicht nutzbar.

Das erinnert an den sprichwörtlichen Schiffbrüchigen, der auf einem Meer voller Salzwasser an Durst stirbt: Er ist von Wasser umgeben, aber es gibt keinen Tropfen zu trinken.

Wir können das Problem leicht verstehen, wenn wir uns das Stickstoffatom mit Schrödingers Theorie ansehen. Stickstoff hat sieben Elektronen; zwei davon besetzen die beiden verfügbaren Räume im 1s-Orbital auf der untersten Ebene, die fünf übrigen Elektronen Orbitale der darauffolgenden Ebene. Um alle Orbitale der ersten beiden Ebenen zu füllen, sind zehn Elektronen erforderlich. (Erinnern Sie sich, dass Elektronen paarweise kreisen und das erste Stockwerk des Hotels ein Zimmer aufweist, in dem sich zwei Elektronen aufhalten, das zweite Stockwerk hingegen vier Zimmer, von denen jedes zwei Elektronen aufnehmen kann.) Das heißt, dass sich auf der zweiten Ebene zwei Elektronen im 2 s-Orbital aufhalten und die verbleibenden drei einzeln im p_x-, p_y- und p_z-Orbital sitzen. Daher gibt es drei ungepaarte Elektronen. Wenn ein zweites Stickstoffatom hinzukommt, bildet sich ein Molekül, bei dem sich zwei Atome drei Elektronenpaare teilen, sodass die zehn Atome erreicht werden, die nötig sind, um die ersten beiden Orbitale zu füllen, und dass, was außerordentlich wichtig ist, eine extrem starke Dreifachbindung entsteht.

Wissenschaft für Krieg und Frieden

Und an dieser Stelle kommt Fritz Habers Arbeit ins Spiel. Schon als Kind war er von Chemie fasziniert und führte oft eigene chemische Experimente durch. Sein Vater war ein wohlhabender Kaufmann, der Farben und Pigmente importierte, und manchmal half er in der chemischen Fabrik seines Vaters aus. Haber gehört zu einer aufstrebenden Generation europäischer Juden, die sich erfolgreich im Geschäftsleben und in der Wissenschaft behauptete, doch er konvertierte schließlich zum Christentum. Vor allem war er ein Nationalist, der den glühenden Wunsch hegte, Deutschland mit seinem chemischen Wissen zu unterstützen.

Haber konzentrierte sich auf eine Reihe chemischer Rätsel, darunter auch das Problem, wie sich Luftstickstoff fixieren und in nützliche Produkte, wie Dünger, aber auch Sprengstoffe, umwandeln ließ. Er erkannte, dass die einzige Möglichkeit, die beiden Stickstoffatome zu spalten, darin bestand, sie sehr hohem Druck und sehr hoher Temperatur auszusetzen. Mit brutaler Gewalt ließen sich die Stickstoffbindungen sprengen, mutmaßte er. Dadurch, dass er die richtige magische Kombination im Labor fand, schrieb er Geschichte. Wenn man den gasförmigen Stickstoff in der Luft auf 300° Celsius erhitzte und das Gas einem Druck von 200 bis 300 Atmosphären aussetzte, ließen sich die Bindungen brechen und die Stickstoffatome voneinander trennen; in Kombination mit Wasserstoff entstand dann Ammoniak, NH_3. Zum ersten Mal in der Geschichte konnte Chemie eingesetzt werden, um die wachsende Weltbevölkerung zu ernähren.

Für seine bahnbrechende Arbeit wurde Haber 1918 der Chemie-Nobelpreis verliehen. Heute ist etwa die Hälfte der Stickstoffmoleküle in unserem Körper eine direkte Konsequenz von Habers Entdeckung, daher ist sein bleibendes Vermächtnis unseren Atomen aufgeprägt. Die Weltbevölkerung beträgt mittlerweile mehr als acht Milliarden Menschen, und ohne seine Entdeckung könnte man sie nicht ernähren.

Da der Stickstoff stark komprimiert und hohen Temperaturen ausgesetzt werden muss, kostet das Haber-Bosch-Verfahren jedoch so viel Energie, dass es 2 Prozent der weltweiten Energieerzeugung verschlingt.

Dünger war nicht das Einzige, was Haber beschäftigte. Als deutscher Nationalist war er im Ersten Weltkrieg ein begeisterter Unterstützer der deutschen Armee, und die im Stickstoffmolekül gespeicherte Energie ließ sich nicht nur nutzbar machen, um lebensspendenden Dünger zu produzieren, sondern auch zur Herstellung tödlicher Sprengstoffe. (Selbst Amateurterroristen sind sich darüber im Klaren. Eine Düngemittelbombe, die ein ganzes Wohnhaus in die Luft sprengen kann, besteht aus gewöhnlichem Stickstoffdünger, getränkt mit Schweröl.) Haber verwendete ein anderes Nebenprodukt seines Verfahrens, Nitrate, um Deutschlands riesige Kriegsmaschinerie zu unterstützen, und schuf neben Giftgas chemische Explosivwaffen, die viele Unschuldige das Leben kosten sollten.

Der Mann, dessen meisterhafte Beherrschung der Chemie die Weltbevölkerung expandieren ließ, verdammte also auch Tausende Unschuldige zum Tod. Haber ist auch als Vater des Gaskriegs bekannt.

Und so gibt einen tragischen Aspekt in seinem Leben. Seine

Frau Clara Immerwahr, eine Pazifistin, beging Selbstmord – vielleicht, weil sie eine entschiedene Gegnerin seiner Forschung zur chemischen Kriegsführung und zu Giftgas war. Und trotz seiner jahrzehntelangen Unterstützung der deutschen Regierung und ihres Militärs spürte Haber die Welle des Antisemitismus, die das Land in den 1930er-Jahren erfasste. Obwohl er als Jude zum Christentum übergetreten war, verließ er Deutschland, um im Ausland Zuflucht zu suchen, und starb 1934 nach einem gesundheitlichen Zusammenbruch. Im Zweiten Weltkrieg benutzten die Nazis Blausäuregas (Zyklon B), ein Giftgas, das von Haber entwickelt und perfektioniert worden war, um viele seiner eigenen Verwandten in Konzentrationslagern umzubringen.

ATP: Die Batterie der Natur

Wissenschaftler, die gern Quantencomputer auf das Problem anwenden möchten, das ineffiziente Haber-Bosch-Verfahren zu ersetzen, haben erkannt, dass sie verstehen müssen, wie Mutter Natur bei der Stickstofffixierung vorgeht.

Um die Stickstoffbindungen zu knacken, setzte Haber auf hohe Temperaturnen und enormen äußeren Druck. Das macht dieses Verfahren so ineffizient. Die Natur schafft dasselbe bei Raumtemperatur, ganz ohne Hochtemperaturöfen und Kompressoren. Wie kann eine simple Erdnusspflanze etwas tun, was normalerweise eine große chemische Fabrikanlage erfordert?

In der Natur dient ein Molekül als wichtigster chemischer Energiespeicher: ATP (Adenosintriphosphat) ist der Motor des Lebens, die Batterie der Natur. Wann immer Sie Ihre Muskeln anspannen, Atem holen und Nahrung verdauen, benutzen Sie die Energie von ATP, um Ihr Gewebe mit Energie zu versorgen. Das ATP-Molekül ist so elementar, dass man es in fast allen lebenden Organsimen findet, was dafür spricht, dass es sich schon vor Milliarden Jahren entwickelt hat. Ohne ATP würde ein Großteil des Lebens auf der Erde sterben.

Um das Geheimnis des ATP-Moleküls zu verstehen, muss man seinen Bau analysieren. Dieses Molekül besteht aus drei in einer Kette angeordneten Phosphatgruppen, wobei jede Gruppe ein Phosphoratom enthält, umgeben von Sauerstoff und Wasserstoff. Die Energie des Moleküls ist in einem Elektron der letzten Phosphatgruppe gespeichert. Wenn der Körper Energie für eine biologische Funktion braucht, nutzt er die Energie, die im Elektron der letzten Phosphatgruppe gespeichert ist.

Als Chemiker den Prozess der Stickstofffixierung bei Pflanzen unter die Lupe nahmen, stellten sie fest, dass zwölf ATP-Moleküle nötig sind, um die nötige Energie für das Aufbrechen eines einzigen N_2-Molekül zu liefern. Sofort wird das Problem deutlich. Gewöhnlich treffen Atome einfach eins zu eins aufeinander. Wenn mehrere Atome auf mehrere andere Atome treffen, dann muss dies in aufeinanderfolgenden Stufen geschehen, denn Atome kollidieren eins nach dem anderen miteinander, nicht alle auf einmal. Die Spaltung von N_2 via ATP erfordert damit viele, viele Zwischenschritte.

In der Natur könnte es daher Jahre dauern, die Energie von zwölf ATP-Molekülen durch zufällige Kollisionen nutzbar zu machen. Das ist eindeutig zu langsam, um Leben möglich zu machen. Daher ist eine ganze Reihe von Abkürzungen nötig, um diesen Prozess deutlich zu beschleunigen.

Quantencomputer könnten dazu beitragen, dieses Rätsel zu lösen. Sie könnten diesen Prozess auf molekularem Niveau entschlüsseln und die Stickstofffixierung verbessern oder einen alternativen Prozess entwickeln.

Wie das Magazin *CB Insights* schreibt: «Unsere heutigen Supercomputer einzusetzen, um die beste katalytische Kombination zur Ammoniakherstellung zu finden, würde Jahrhunderte dauern. Ein leistungsfähiger Quantencomputer könnte verschiedene katalytische Kombinationen jedoch viel effizienter analysieren – eine weitere Anwendung zur Simulation chemischer Reaktionen – und dazu beitragen, einen besseren Weg zur Ammoniaksynthese zu finden.»[1]

Die Katalyse: Eine Abkürzung der Natur

Chemiker sind der Ansicht, dass der Schlüssel zum Erfolg die sogenannte Katalyse ist, ein Prozess, der sich möglicherweise mithilfe von Quantencomputern analysieren lässt. Ein Katalysator ist wie ein Zuschauer. Er nimmt nicht direkt an einem chemischen Prozess teil, doch irgendwie erleichtert seine Präsenz die Reaktion.

Normalerweise sind chemische Reaktionen, die im Körper ablaufen, recht langsam und nehmen oft geraume Zeit in Anspruch. Manchmal geschieht jedoch etwas Magisches und beschleunigt diese Prozesse, sodass sie in Sekundenbruchteilen ablaufen. An dieser Stelle kommen Katalysatoren ins Spiel. Bei der Stickstofffixierung ist es ein Katalysator namens Nitrogenase. Wie ein Dirigent hat er die Aufgabe, die vielen Schritte zu orchestrieren, die nötig sind, um zwölf ATP-Moleküle und N_2 zusammenzubringen und die Dreifachbindung zu knacken. Daher ist Nitrogenase das Schlüsselelement für eine Zweite Grüne Revolution. Aber leider sind unsere Digitalrechner zu primitiv, um ihre Geheimnisse zu entziffern. Ein Quantencomputer wäre hingegen für diese wichtige Aufgabe perfekt geeignet.

Katalysatoren wie Nitrogenase operieren in zwei Stufen. Erstens bringen sie zwei Reaktionspartner oder Reaktanten zusammen. Der Katalysator und die Reaktanten passen zusammen wie die Teilchen eines Puzzles und ermöglichen den beiden Reaktanten, eine Bindung einzugehen. Zweitens ist die Energie, die aufgewandt werden muss, damit die Reaktion stattfinden kann, manchmal zu hoch dafür, dass die Reaktanten miteinander reagieren. Der Katalysator verringert diese sogenannte Aktivierungsenergie jedoch so weit, dass die Reaktion weiterlaufen kann. Dann können die Reaktionspartner eine neue Verbindung eingehen, während der Katalysator unverändert bleibt.

Um zu verstehen, wie ein Katalysator funktioniert, stellen Sie sich einen Heiratsvermittler vor, der versucht, ein potenzielles Paar zusammenzubringen, das vielleicht in verschiedenen Städten lebt. Normalerweise sind die Chancen, dass sich das Paar rein zufällig begegnet, sehr gering, da beide sich viele Kilometer voneinander entfernt in völlig unterschiedlichen Kreisen bewegen. Ein Heiratsvermittler kann jedoch mit beiden Partnern Kontakt aufnehmen und sie zusammenbringen, was die Chancen deutlich erhöht, dass es zwischen ihnen funkt. Fast alle wichtigen chemischen Prozesse im Körper werden von Katalysatoren vermittelt.

Nun lassen Sie uns einen Quanten-Vermittler einführen, der erkennt, dass man einem Paar manchmal einen sanften Stoß geben muss, damit die beiden eine Bindung eingehen. Vielleicht ist einer der Partner schüchtern, zurückhaltend oder nervös. Etwas hält die beiden davon ab, das Eis zu brechen. Mit anderen Worten müssen sie eine Aktivierungsbarriere überwinden, bevor sie eine Beziehung beginnen können. Das tut der Quanten-Vermittler für sie, er bricht das Eis oder hilft ihnen, durch die Barriere zu gelangen, die sie trennt. Das nennt man Tunneln, ein bizarres Merkmal der Quantentheorie, das dazu führt, dass sich scheinbar undurchdringliche Barrieren durchdringen lassen. Der Tunneleffekt ist der Grund dafür, dass radioaktive Elemente wie Uran Strahlung emittieren können, denn die Strahlung durchtunnelt eine nukleare Barriere und gelangt so nach außen. Der Prozess des radioaktiven Zerfalls, der das Zentrum der Erde erhitzt und die Kontinentaldrift in Gang hält, ist eine Folge des Tunneleffekts. Wenn Sie also das nächste Mal sehen, wie ein riesiger Vulkan seinen Deckel absprengt, erleben Sie die Macht des Tunneleffekts hautnah. Ebenso könnten ATP-Moleküle in der Lage sein, diese Energiebarriere magisch zu «durchtunneln» und die chemische Reaktion abzuschließen.

Wir werden zudem sehen, dass fast alle Schlüsselreaktionen, die Leben ermöglichen, Katalysatoren benötigen, und auch die Entstehung des Lebens selbst könnte auf Quantenmechanik zurückgehen.

Leider sind Nitrogenase und Stickstofffixierung so komplex, dass es bei der Aufklärung des Prozesses bislang zwar stetige, aber nur langsame Fortschritte gegeben hat. Zwar verfügen Wissenschaftler inzwischen über eine komplette molekulare Blaupause für den Bau des Nitrogenasemoleküls, doch ist dieser Bau derart komplex, dass niemand genau weiß, wie das Molekül funktioniert. Der ganze Prozess ist so verwickelt, dass ein digitaler Computer mit der Lösung dieser Rätsel völlig überfordert ist. An dieser Stelle könnten Quantencomputer einspringen und die fehlenden Schritte aufklären, die diesen Prozess möglich machen.

Ein Unternehmen, das dieses ambitionierte Projekt verfolgt, ist Microsoft. Kurz nach seinem Erfolg mit kommerziellen Unternehmungen wie der X-Box hat Microsoft begonnen, sich mit Projekten zu beschäftigen, die riskanter sind, aber auch potenziell lukrativer. Bereits seit 2005 interessiert sich Microsoft für Risikoprojekte («Blue Sky»-Projekte) wie Quantencomputer. Damals rief Microsoft ein Unternehmen namens Station Q ins Leben, das sich mit Problemen wie Stickstofffixierung und Quantencomputing beschäftigen sollte.

«Ich denke, wir sind an einem Wendepunkt angelangt, an dem wir bereit sind, von der Forschung zur Entwicklung überzugehen», meint Todd Holmdahl, einer der Vizepräsidenten von Microsofts Quantenprogramm. «Man muss ein gewisses Risiko eingehen, um etwas in der Welt zu bewegen, und ich denke, wir sind nun an dem Punkt, an dem wir Gelegenheit haben, genau das zu tun.»[2]

Holmdahl vergleicht die Situation gern mit der Erfindung des Transistors. Damals kratzten sich die Physiker am Kopf und suchten nach praktischen Anwendungen für ihre Erfindung. Manche dachten, der Transistor lasse sich nur dazu verwenden, Signale mit Schiffen auf hoher See auszutauschen. Ebenso könnte die Schaffung von Microsofts Quantencomputer, den die *New York Times* mit «Science-Fiction» verglich, die Gesellschaft in unerwarteter Weise verändern.

Microsoft ist eines der Unternehmen, das nicht abwarten kann, das Problem der Stickstofffixierung zu lösen. Es setzt bereits Quantencomputer der ersten Generation ein, um herauszufinden, ob sich das Rätsel dieses Prozesses entschlüsseln lässt. Die Konsequenzen wären tiefgreifend, denn sie haben das Potenzial, eine Zweite Grüne Revolution in Gang zu setzen und eine stetig wachsende Menschheit zu sättigen - und das mit geringeren Energiekosten. Sollte dies nicht gelingen, so drohen, wie bereits erwähnt, schlimme Folgen, die zu Aufständen, Hungersnöten und Kriegen führen könnten.

Kürzlich hat Microsoft einen Rückschlag erlitten, denn einige experimentelle Ergebnisse über topologische Qubits enttäuschten die Erwartungen, aber für die wahren Quantencomputer-Gläubigen ist das nur eine vorübergehende Schwierigkeit.

Tatsächlich hat Googles CEO Sundar Pichai kürzlich erklärt, seiner Meinung nach würden Quantencomputer das Haber-Bosch-Verfahren innerhalb der nächsten zehn Jahre verbessern.[3]

Quantencomputer sind in mehrfacher Hinsicht für die Analyse dieses wichtigen chemischen Prozesses unverzichtbar:

- Quantencomputer können dazu beitragen, diesen komplexen Prozess Atom für Atom zu erhellen, indem sie die Wellengleichung für die verschiedenen Abläufe in der Nitrogenase lösen. Das wird dazu beitragen, all die vielen fehlenden Schritte in der Stickstofffixierung besser zu verstehen.
- Sie können virtuell verschiedene Möglichkeiten testen, die N_2-

Bindungen anders als durch brutale Gewalt oder Katalyse zu sprengen.

- Sie können modellieren, was passieren würde, wenn wir verschiedene Atome und Proteine durch andere ersetzen, um herauszufinden, ob man den Vorgang der Stickstofffixierung mit anderen chemischen Verbindungen effizienter, weniger energieintensiv und weniger umweltbelastend gestalten kann.
- Quantencomputer können verschiedene neue Katalysatoren testen, um herauszufinden, ob sich der Prozess beschleunigen lässt.
- Quantencomputer können verschiedene Nitrogenase-Versionen mit unterschiedlich angeordneten Proteinketten testen, um herauszufinden, ob sich die katalytischen Eigenschaften verbessern lassen.

Wenn Microsoft und andere Unternehmen also das Rätsel der Stickstofffixierung lösen können, dann würde das unsere Nahrungsmittelversorgung enorm verbessern. Aber Wissenschaftler haben noch andere Träume für Quantencomputer. Sie wollen nicht nur das Problem einer energieeffizienten Nahrungsproduktion lösen, sondern die Natur der Energie selbst verstehen. Können Quantencomputer die Energiekrise lösen?

Kapitel 9: Die Energieversorgung der Welt

Auf den ersten Blick könnte man vermuten, dass die Titanen der Industrie des 20. Jahrhunderts, Thomas Edison und Henry Ford, erbitterte Rivalen waren. Schließlich war Edison die unermüdlich treibende Kraft hinter der Elektrifizierung von Industrie und Gesellschaft. Mit 1093 Patenten revolutionierte er unser Leben und machte zahlreiche elektrisch betriebene Erfindungen, die wir heute als selbstverständlich ansehen. Ford verdiente seine Millionen hingegen mit dem Modell T, das mit fossilen Brennstoffen betrieben wurde. Er trug zum Aufbau der modernen industriellen Infrastruktur bei, die auf Öl setzte. Für ihn waren Öl und Benzin die Treibstoffe, auf denen die Zukunft aufbauen würde.

Tatsächlich waren Edison und Ford enge Freunde. Als junger Mann sah Ford in Edison sogar ein großes Vorbild. Über Jahre machten sie gemeinsam Urlaub und genossen die Gegenwart des anderen. Vielleicht verband es sie, dass beide durch schiere Willenskraft Unternehmen von Weltruf schufen.

Edison und Ford wetteten gern, und so wetteten sie auch, welcher Energiequelle wohl die Zukunft gehöre. Edison setzte auf die elektrische Batterie, Ford hingegen auf Benzin. Jemandem, der von dieser Wette hörte, würde die Entscheidung nicht schwerfallen. Er käme sicherlich zu dem Schluss, dass Edison die Wette mühelos gewinnen würde. Elektrische Batterien waren leise und sicher. Öl hingegen war laut, schädlich und sogar gefährlich. Die Vorstellung, an jeder zweiten Ecke eine Tankstelle stehen zu haben, erschien absurd.

Aus heutiger Sicht war die Kritik am Öl nur allzu berechtigt. Die vom Verbrennungsmotor freigesetzten Dämpfe können zu Atemwegserkrankungen führen und beschleunigen die Erderwärmung, und außerdem sind Benzinautos laut.

Aber es war Ford, der die Wette gewann.

Warum?

Zum einen macht die Energie, die sich in eine Batterie packen lässt, nur einen winzigen Bruchteil der Energie aus, die sich in eine vergleichbare Menge Benzin packen lässt. Die besten Batterien können rund 200 Wattstunden Energie pro Kilogramm Gewicht speichern, Benzin hingegen 12 000.

Und als im Nahen Osten, in Texas und anderswo riesige Ölfelder entdeckt wurden, sank der Preis für Benzin so drastisch, dass Autos auch für die amerikanische Arbeiterklasse erschwinglich wurden.

Allmählich vergaßen die Menschen Edisons Traum. Die elektrische Batterie, die ebenso ineffizient wie unhandlich und schwach war, konnte nicht mit dem billigen, hochoktanigen Treibstoff für eine energiehungrige Gesellschaft Schritt halten.

Nachdem das Mooresche Gesetz die Weltwirtschaft mit billiger Computerleistung revolutioniert hat, neigen wir dazu anzunehmen, dass alles diesem Gesetz gehorcht. Daher scheint es erstaunlich, dass die Leistungsfähigkeit von Batterien seit so vielen Jahren hinterherhinkt. Wir vergessen dabei, dass sich das Mooresche Gesetz nur auf Computerchips bezieht und dass chemische Reaktionen wie diejenigen, die Batterien speisen, notorisch schwer vorherzusagen sind. Neue chemische Reaktionen zu prognostizieren, die die Leistungsfähigkeit einer Batterie erhöhen würden, ist daher ein schwieriges Unterfangen.

Statt mühsam Hunderte verschiedene chemische Verbindungen im Hinblick auf ihren Einsatz in Batterien zu testen, wird es in Zukunft viel rascher und billiger sein, ihre Leistung per Quantencomputer zu untersuchen. Wie die Simulationen, die dazu beitragen könnten, die Geheimnisse der Fotosynthese oder der natürlichen Stickstofffixierung zu entschlüsseln, könnte die «virtuelle Chemie» eines Tages das mühsame Versuch-und-Irrtum-Verfahren in chemischen Labors ersetzen.

Eine Solarrevolution?

Die Herausforderung, die Leistungsfähigkeit von Batterien zu steigern, hat weitreichende wirtschaftliche Konsequenzen. In den 1950er-Jahren behaupteten Zukunftsforscher, unsere Häuser würden eines Tages vom Sonnenlicht mit Energie versorgt werden. Riesige Solarzellanlagen, unterstützt von leistungsfähigen Windkraftanlagen, würden die Energie von Sonne und Wind einfangen und uns zuverlässige und billige Energie liefern. Kostenlose Energie. Das war der Traum.

Die Realität war jedoch anders. Die Kosten für erneuerbare Energien sind im Lauf der Jahrzehnte gefallen, doch leider nur langsam. Der Anbruch des Solarzeitalters dauerte länger, als viele dachten.

Teilweise liegt es an der mangelnden Leistungsfähigkeit moderner Batterien. Wenn die Sonne nicht scheint und der Wind nicht weht, sinkt die Ausbeute an erneuerbaren Energien auf null. Das schwächste Glied in der Kette der erneuerbaren Energien ist die Speicherung, wie man Energie für einen regnerischen Tag speichert. Während die Computerleistung exponentiell wächst, weil die Siliziumchips systematisch kleiner werden, wächst die Leistungsfähigkeit von Batterien lediglich dann, wenn man Wirkungsgrade deutlich verbessert oder sogar neue chemische Stoffe entdeckt. Gegenwärtig basieren Batterien noch immer auf chemischen Reaktionen, die im letzten Jahrhundert bekannt waren. Wenn man eine Superbatterie mit einem erhöhten Wirkungsgrad und mehr Energie bauen könnte, könnte dies den Übergang zu einer Zukunft ohne fossile Energieträger deutlich beschleunigen und die Erderwärmung dämpfen.

Geschichte der Batterie

In der Rückschau erkennen wir, dass die Entwicklung der Batterie im Lauf der Jahrhunderte nur im Schneckentempo vorangekommen ist. Bereits in der Antike war bekannt, dass man einen elektrischen Schlag bekommen konnte, wenn man über einen Teppich lief und dann einen Türknauf anfasste. Aber das war nur eine Kuriosität, bis Luigi Galvani 1786 Geschichte schrieb, als er mit der Spitze eines metallenen Skalpells den Schenkelnerv eines sezierten Frosches leicht berührte und zu seiner großen Überraschung feststellte, dass das Bein des Frosches heftig zuckte.

Das war eine bahnbrechende Entdeckung, denn nun ließ sich zeigen, dass Elektrizität unsere Muskeln zur Kontraktion bringen kann. Damit war klar, dass man keine mysteriöse Lebenskraft brauchte, um zu erklären, wie unbelebte Objekte belebt werden konnten. Elektrizität war der Schlüssel, um zu erklären, wie sich unser Körper ohne übernatürlichen Einfluss bewegen kann. Diese bahnbrechenden Studien über Elektrizität inspirierten aber auch einen seiner unerschrockenen Kollegen.

Im Jahr 1799 baute Alessandro Volta die erste Batterie und zeigte, dass sich dieser elektrische Effekt mit einer chemischen Reaktion reproduzieren ließ. Elektrizität bei Bedarf im Labor zu erzeugen, war eine sensationelle Entdeckung. Rasch verbreitete sich die Neuigkeit, dass man diese seltsame Kraft nun nach Belieben produzieren könne.

Leider jedoch hat sich die Batterie in den 200 Jahren, die seitdem vergangen sind, kaum verändert. Die einfachste Batterie besteht aus zwei Metallstäben oder Elektroden, die in getrennten Zellen platziert sind. In beiden Zellen befindet sich eine chemische Verbindung, ein sogenannter Elektrolyt, der eine chemische Reaktion ermöglicht. Verbunden werden die beiden Zellen durch eine Röhre, durch die Ionen von der einen Zelle in die andere wandern können.

Aufgrund der chemischen Reaktion im Elektrolyten treten Elektronen aus der einen Elektrode, der Anode, aus und wandern zur anderen Elektrode, der Kathode. Die Bewegung der elektrischen Ladungen muss ausgeglichen sein: Während negativ geladene Elektronen von der Anode zur Kathode wandern, findet gleichzeitig eine Wanderung positiv geladener Ionen von der Kathode durch die mit Elektrolyt gefüllte Röhre zur Anode statt. Der Fluss dieser Ladungen erzeugt einen elektrischen Strom.

Dieser grundsätzliche Aufbau hat sich im Lauf der Jahrhunderte nicht verändert. Verändert hat sich lediglich die chemische Zusammensetzung der verschiedenen Komponenten. Chemiker haben mühsam mit verschiedenen Metallen und Elektrolyten experimentiert, um die elektrische Spannung oder den Energiegehalt zu maximieren.

Da allgemein angenommen wurde, es gebe keinen Markt für Elektroautos, gab es kaum Anreiz, diese Technologie zu verbessern.

Die Lithium-Revolution

In der Nachkriegszeit wurde die Batterietechnologie vernachlässigt, denn es gab relativ wenig Nachfrage für elektrische Fahrzeuge und tragbare elektronische Geräte. Zunehmende Sorge wegen des Klimawandels und der explodierende Elektronikmarkt haben jedoch neues Interesse an der Batterietechnologie geweckt.

Wegen der drohenden Umweltverschmutzung und des Klimawandels verlangt die Öffentlichkeit immer lauter, dass gehandelt wird. Als sich der Druck auf die Automobilindustrie erhöhte, auf Elektroautos umzusteigen, beeilten sich Erfinder, leistungsstärkere Batterien zu entwickeln. Allmählich konnten Batterien in Wettstreit mit Benzin treten.

Eine Erfolgsgeschichte war die Einführung der Lithium-Ionen-Batterie, die den Markt im Sturm erobert hat. Diese Batterien finden sich in fast allen elektronischen Geräten, in Mobiltelefonen, Computern und selbst in großen Jumbojets. Was sie so allgegenwärtig macht, ist, dass sie die höchste Energiekapazität aller verfügbaren Batterien haben und doch transportabel, kompakt, zuverlässig und leistungsstark sind. Diese Batterien sind das Ergebnis jahrzehntelanger Forschung, in deren Verlauf Hunderte verschiedener chemischer Stoffe mühsam auf ihre elektrischen Eigenschaften untersucht wurden.

Es ist die Struktur des Lithiumatoms, die diese Batterien so praktikabel macht. Wenn wir uns das Periodensystem der Elemente anschauen, sehen wir, dass Lithium das leichteste aller Metalle ist – das ist wesentlich, wenn man leichtgewichtige Batterien für Autos und Flugzeuge haben möchte.

Lithium hat drei Elektronen, die den Atomkern umkreisen. Die ersten beiden Elektronen füllen das niedrigste Energieniveau, das 1 s-Orbital, daher ist das dritte (ungepaarte) Elektron in einem höheren Orbital nur lose gebunden, sodass es sich leicht ablöst und die Batterie mit Strom versorgen kann. Das ist *ein* Grund dafür, warum es so einfach ist, mit einer Lithium-Batterie elektrischen Strom zu erzeugen.

Alles zusammengenommen, ist die Lithium-Ionen-Batterie mit einer Anode aus Graphit, einer Kathode aus Lithium-Kobaltoxid und einem Elektrolyten aus Ether ausgestattet. Die Auswirkung der Entwicklung von Lithium-Ionen-Batterien war so groß, dass drei Wissenschaftler – John Goodenough, Stanley Whittingham und Akira Yoshino – für die Entwicklung dieser Batterie den Nobelpreis für Chemie erhielten.

Ein Nachteil von Lithium-Ionen-Batterien ist jedoch, dass sie zwar die höchste Energiedichte aller auf dem Markt befindlichen Batterien haben, aber doch im Speichern von Energie noch rund 100 Mal schlechter sind als Benzin. Wenn wir in ein Zeitalter ohne fossile Brennstoffe eintreten wollen, brauchen wir eine Batterie, die in Sachen Energiedichte mit ihren Rivalen, den fossilen Brennstoffen, mithalten kann.

Jenseits der Lithium-Batterie

Aufgrund des enormen wirtschaftlichen Erfolgs der Lithium-Ionen-Batterie, die überall in der modernen Gesellschaft Verwendung findet, wird fieberhaft an einem Ersatz oder einer Verbesserung für die nächste Batteriegeneration geforscht. Und wiederum leiden Ingenieure darunter, dass sie nach dem Prinzip von Versuch und Irrtum vorgehen müssen.

Ein Kandidat ist die Lithium-Luft-Batterie. Im Gegensatz zu anderen Batterietypen, die vollständig versiegelt sind, erlaubt dieser Typ den Einstrom von Luft. Der Sauerstoff aus der Luft tritt in Wechselwirkung mit dem Lithium und setzt die Elektronen der Batterie frei (wobei Lithiumperoxid entsteht).

Der große Vorteil der Lithium-Luft-Batterie ist, dass ihre Energiedichte zehn Mal so hoch ist wie diejenige der Lithium-Ionen-Batterie, womit sie der Energiedichte von Benzin schon etwas näher kommt. Das gelingt, weil der Sauerstoff kostenlos aus der Luft nachströmt und keinen wertvollen Raum in der Batterie selbst einnimmt.

Trotz des enormen Zugewinns an Energiedichte bei der Lithium-Luft-Batterie hat eine ganze Palette von technischen Problemen bislang verhindert, dass diese bemerkenswerte Batterie in der Praxis funktioniert. Nachteilig ist vor allem ihre kurze Lebensdauer von nur rund zwei Monaten. Wissenschaftler, die an diese Technologie glauben, vertrauen darauf, dass sich viele dieser technischen Probleme durch Experimentieren mit Dutzenden von verschiedenen chemischen Stoffen lösen lassen.

Im Jahr 2022 meldete das Japanische Nationalinstitut für Materialwissenschaften, es sei in Zusammenarbeit mit dem Investmentunternehmen Softbank gelungen, einen neuen, vielversprechenden Typ von Lithium-Luft-Batterie mit einer viel höheren Energiedichte als bei der Standard-Lithium-Ionen-Batterie zu entwickeln. Es gibt jedoch noch keine näheren Informationen darüber, ob die Forschenden all die Probleme gelöst haben, denen diese vielversprechende Technologie gegenübersteht.

Eines der hartnäckigen Probleme für Besitzer von Elektroautos ist die lange Ladezeit – der Ladevorgang kann von mehreren Stunden bis zu einem Tag in Anspruch nehmen. Daher wird an einer Superbatterie geforscht, einem von der Firma Skeleton und dem Karlsruher Institut für Technologie entwickelten Hybridsystem, das verspricht, ein Elektrofahrzeug in nur 15 Sekunden aufzuladen.

Auf der einen Seite nutzt diese Technologie eine gewöhnliche Lithium-Ionen-Batterie. Neu ist jedoch, dass die Superbatterie die Lithium-Ionen-Batterie mit einem Kondensator kombiniert, um die Ladezeit zu verringern. Ein Kondensator speichert statische Elektrizität. In der einfachsten Form besteht er aus zwei parallel angeordneten Platten, von denen die eine positiv, die andere negativ geladen ist. Der große Vorteil von Kondensatoren ist, dass sie elektrische Energie speichern und anschließend sehr schnell wieder freisetzen können.

Da die potenziellen Gewinne sehr hoch sind, arbeitet eine Reihe von geschäftstüchtigen Unternehmern intensiv an einem Nachfolger der Lithium-Ionen-Batterie. Dazu gehören die folgenden experimentellen Technologien:

- NAWA Technologies behauptet, seine Ultra Fast Carbon Electrode, bei der Nanotechnologie eingesetzt wird, könne die Batterieleistung um das Zehnfache und die Lebensdauer der Batterie um das Fünffache erhöhen. Dem Unternehmen zufolge könnte dies die Reichweite eines Elektroautos auf 1000 km vergrößern, wobei es nur 5 Minuten dauert, um auf 80 Prozent Kapazität aufzuladen.
- Wissenschaftler der University of Texas behaupten, sie seien in der Lage, eine der am wenigsten wünschenswerten Komponente aus Batterien zu entfernen, nämlich Kobalt. Kobalt ist

teuer und giftig, und sie behaupten, es durch Mangan und Aluminium ersetzen zu können.

- Der chinesische Batteriezellenhersteller SVOLT hat angekündigt, auch er könne das Kobalt in seinen Batterien ersetzen. Das Unternehmen behauptet, imstande zu sein, die Reichweite elektrischer Fahrzeuge auf 800 Kilometer zu vergrößern und die Lebensdauer der Batterie zu verlängern.
- Forschende der Universität Ostfinnland haben eine Lithium-Ionen-Batterie mit einer Hybrid-Anode entwickelt, wobei Silizium und Kohlenstoff-Nanoröhrchen zum Einsatz kommen, was ihren Aussagen nach die Batterieleistung erhöht.
- Eine andere Gruppe, die sich mit Silizium beschäftigt, sind die Forschenden der University of California, Riverside. Sie verwenden die übliche Lithium-Ionen-Batterie, ersetzen allerdings die Graphit-Anode durch Silizium.
- Forschende an der Monash University in Australien haben die Lithium-Ionen-Batterie durch eine Lithium-Schwefel-Batterie ersetzt. Sie behaupten, ihre Batterie könne ein Smartphone fünf Tage lang oder ein Elektroauto fast 1000 Kilometer weit mit Energie versorgen.
- IBM Research und andere bemühen sich, giftige Elemente wie Kobalt und Nickel und sogar die Lithium-Ionen-Batterie selbst durch Meerwasser zu ersetzen. IBM behauptet, die Meerwasserbatterie würde billiger werden und eine höhere Energiedichte haben.

Auch wenn es kleine Fortschritte bei der Lithium-Ionen-Batterie gibt, benutzen wir im Grunde noch immer die gleiche Strategie wie Volta vor 200 Jahren. Die Hoffnung besteht, dass Quantencomputer die Forschung in die Lage versetzen können, diesen Prozess zu systematisieren und ihn billiger und effizienter zu machen, indem Millionen Experimente virtuell durchgeführt werden.

Das Problem ist, dass die komplexen chemischen Reaktionen im

Inneren einer Batterie keinem einfachen Gesetz wie in der Newtonschen Mechanik folgen. Quantencomputer könnten jedoch in der Lage sein, die Schwerarbeit zu leisten und komplexe chemische Reaktionen zu simulieren, ohne sie tatsächlich durchzuführen.

Nicht überraschend, investiert die Automobilindustrie in Quantencomputer, um herauszufinden, ob sich eine Superbatterie entwerfen lässt, die auf reiner Mathematik beruht. Eine superleistungsfähige Batterie könnte den wichtigsten Engpass beseitigen, der das Solarzeitalter bislang blockiert: die Speicherung von Elektrizität.

Die Automobilindustrie und die Quantencomputer

Ein Unternehmen, das das Potenzial von Quantencomputern zur Revolution ihrer Industrie erkannt hat, ist der Automobilriese Daimler, zu dem Mercedes-Benz gehört. Bereits 2015 schuf Daimler die Quantum Computing Initiative, um auf diesem sich rasch verändernden Gebiet am Ball zu bleiben.

Ben Boesner, der zur Mercedes-Benz-Research-and-Development-North-America-Gruppe des Unternehmens gehört, meint: «Es ist eine sehr forschungsorientierte Aktivität, bei der es um Dinge geht, die erst in 10 bis 15 Jahren aktuell werden, aber wir wollen die Grundlagen verstehen, während ein neues Universum geschaffen wird – und wir als Unternehmen wollen daran teilhaben.»[1] Daimler sieht Quantencomputing nicht nur als eine wissenschaftliche Kuriosität an, sondern als Teil seiner Basis.

Holger Mohn, Herausgeber ihres Magazins *Daimler*, weist auf weitere Vorteile von Quantencomputing neben der Entwicklung neuer Batteriedesigns hin. Er schreibt: «Es könnte sich als der beste Weg erweisen, neue effizientere Technologien, aerodynamische Formen für einen geringeren Treibstoffverbrauch und eine komfortablere Fahrt zu entwickeln oder um Herstellungsprozesse mit unzähligen Variablen zu optimieren.»[2]

2018 knüpfte Daimler ein Netzwerk von Spitzeningenieuren, um in enger Zusammenarbeit mit Google und IBM die nötige Technologie zu entwickeln, einige dieser ärgerlichen Probleme zu lösen. Inzwischen schreiben sie Codes und laden diese in die Cloud hoch, um sich mit Quantencomputing vertraut zu machen.

Die Grundgleichungen der Aerodynamik, beispielsweise, sind wohlbekannt. Aber statt teure Windkanaltests durchzuführen, um den Strömungswiderstand von Fahrzeugen zu reduzieren, ist es viel billiger und bequemer, die Autos in einen «virtuellen Windkanal» zu stellen, d.h. die Effizienz des Autodesigns im Speicher eines Quantencomputers zu testen. Das erlaubt eine rasche Analyse, um den Luftwiderstand zu verringern.

Airbus verwendet einen Quantencomputer, um einen virtuellen Windkanal zu schaffen und den Treibstoffverbrauch bei Start und Landung eines Flugzeugs zu optimieren. Und Volkswagen benutzt diese Technologie ebenfalls, um den optimalen Weg für Busse und Taxen in einer verkehrsreichen Stadt zu ermitteln.

Seit 2018 beschäftigt sich BMW mit Quantencomputern, um eine ganze Palette von Problemen zu lösen. Das Unternehmen benutzt dabei Honeywells neuesten Quantencomputer, und zu den Möglichkeiten, die sie untersuchen, gehört

- Entwicklung einer besseren Autobatterie;
- Bestimmung der besten Standorte für Elektro-Ladestationen;
- Erforschung effizienterer Wege zum Kauf der zahlreichen Komponenten, die in BMWs verbaut werden;
- Erhöhung von aerodynamischer Leistung und Sicherheit.

Insbesondere möchte BMW Quantencomputer im Rahmen von Optimierungsprogrammen einsetzen, d.h. zur Kostensenkung bei gleichzeitiger Leistungssteigerung.

Aber Quantencomputer lassen sich nicht nur dazu verwenden, neue, billigere und leistungsfähigere Batterien und Autos zu entwickeln, die zugleich umweltfreundlich sind. Sie könnten uns schließlich auch von gefürchteten, unheilbaren Krankheiten befreien, die die Menschheit seit grauer Vorzeit plagen. Nun wenden wir uns dem Thema zu, wie Quantencomputer die Medizin revolutionieren können.

So könnte sich der Jungbrunnen, statt ein Mythos des ewigen Lebens zu sein, als Quantencomputer herausstellen.

Teil III: Quantenmedizin

Kapitel 10: Quantengesundheit

Wie lange können wir leben?

Den größten Teil der Menschheitsgeschichte hindurch lag die mittlere Lebenserwartung für Menschen bei 20 bis 30 Jahren. Das Leben war oft kurz und erbärmlich. Die Menschen lebten in ständiger Furcht vor der nächsten Seuche oder Hungersnot.

Geschichten aus der Bibel und anderen alten Texten sind voller Berichte über Seuchen und Krankheiten. Im Mittelalter waren diese Geschichten voller Waisen und böser Stiefmütter, denn Eltern lebten oft nicht lang genug, um ihre eigenen Kinder aufzuziehen.

Leider waren Ärzte in der Vergangenheit meist kaum mehr als Quacksalber und Scharlatane, die wichtigtuerisch «Kuren» verordneten, die dem Patienten nur schadeten. Die Reichen konnten sich Privatärzte leisten, die eifersüchtig ihre nutzlosen Arzneien hüteten, während die Armen oft in schmutzigen, überfüllten Hospitälern starben. (All dies wurde von dem französischen Schauspieler und Dichter Molière in seinem urkomischen Theaterstück *Le Medicine Malgre Lui* oder *Der Arzt wider Willen* parodiert, in dem ein armer Holzfäller irrtümlich für einen berühmten Arzt gehalten wird und jedermann mit wortreichem aufgeblasenem Pseudolatein und völlig unsinnigen medizinischen Ratschlägen täuscht.)

Es kam jedoch zu mehreren historischen Fortschritten, die die Lebenserwartung steigerten. Zum einen wurden die sanitären Bedingungen verbessert. Mittelalterliche Städte waren nicht selten

Jauchegruben, in denen sich vergammelte Nahrung und menschliche Ausscheidungen sammelten. Die Leute warfen ihre Abfälle einfach auf die Straße. Die Straßen mittelalterlicher Städte ähnelten daher oft einem stinkenden Hindernisparcours und waren eine Brutstätte für Krankheitserreger. Im 19. Jahrhundert wehrten sich die Stadtbewohner jedoch zunehmend gegen diese unhygienischen Verhältnisse, was zum Bau eines Abwassersystems und verbesserten sanitären Bedingungen führte; dadurch wurde eine Vielzahl von tödlichen Infektionskrankheiten ausgemerzt, die von verschmutztem Trinkwasser hervorgerufen wurden. Und das ließ die allgemeine Lebenserwartung um vielleicht 15 bis 20 Jahre steigen.

Zur nächsten Revolution kam es aufgrund der blutigen Kriege, die Europa im 19. Jahrhundert erschütterten. So viele Soldaten starben an schweren Kriegsverletzungen, dass Könige und Monarchen hohe Belohnungen für Heilmethoden aussetzten, die diesen Namen wirklich verdienten. Und statt reiche Klienten mit nutzlosen Wässerchen zu beeindrucken, veröffentlichten ehrgeizige Ärzte Artikel über Behandlungsmethoden, die tatsächlich wirkten. Medizinische Zeitschriften florierten und veröffentlichten Fortschritte, die auf experimentellen Beweisen basierten, nicht allein auf dem Ruf des Autors.

Diese Neuorientierung von Ärzten und Wissenschaftlern ebnete den Weg für revolutionäre medizinische Fortschritte wie Antibiotika und Impfstoffe, die schließlich eine ganze Palette tödlicher Krankheiten zum Verschwinden brachten und die durchschnittliche Lebenserwartung um vielleicht weitere 10 bis 15 Jahre erhöhte. Bessere Ernährung, Fortschritte in der Chirurgie, die industrielle Revolution und andere Faktoren trugen ebenfalls zur Erhöhung der Lebenserwartung bei.

In vielen Ländern liegt die durchschnittliche Lebenserwartung daher inzwischen bei 70 bis 80 Jahren.

Leider basierten viele Fortschritte in der modernen Medizin nicht etwa auf sorgfältiger Forschung, sondern auf Zufallstreffern.

Therapien für Krankheiten waren oft nicht das Ergebnis systematischer Untersuchungen, sondern glücklichen Zufällen zu verdanken.

Als Alexander Fleming 1928 beispielsweise zufällig beobachtete, dass Schimmelpilze Bakterien töten konnten, die in einer Petrischale wuchsen, löste er eine Revolution im Gesundheitswesen aus. Statt hilflos zuzusehen, wie ihre Patienten an häufigen bakteriellen Infektionskrankheiten starben, konnten Ärzte ihnen nun Antibiotika wie Penicillin verabreichen und damit zum ersten Mal in der menschlichen Geschichte den Patienten tatsächlich heilen. Schon bald gab es Antibiotika, die gegen Cholera, Tetanus, Typhus, Tuberkulose und eine ganze Reihe anderer Infektionskrankheiten halfen. Die meisten dieser Therapien wurden jedoch durch Versuch und Irrtum entwickelt.

Antibiotikaresistente Keime

Antibiotika waren so erfolgreich und wurden so häufig verschrieben, dass die Erreger inzwischen zurückschlagen. Das ist keine rein akademische Frage, denn antibiotikaresistente Keime sind inzwischen zu einem großen Gesundheitsproblem geworden. Tödliche Krankheiten wie Tuberkulose, die einst im Zaum gehalten werden konnten, kehren inzwischen langsam in virulenter, unbehandelbarer Form zurück. Diese «Supererreger» reagieren häufig nicht einmal mehr auf die neuesten Antibiotika und stellen eine große Gefahr für das öffentliche Gesundheitswesen dar.

Dazu kommt, dass sich die Menschheit immer weiter in zuvor unbewohnte und weitgehend unberührte Gebiete ausbreitet und sich damit neuen Erregern aussetzt, gegen die wir keine natürliche Immunität haben. Daher gibt es ein riesiges Reservoir noch unbekannter Infektionskrankheiten, die nur darauf warten, auf uns überzuspringen.

Manche Experten glauben, dass der umfangreiche Einsatz von Antibiotika in der Veterinärmedizin den Trend zu Resistenzen beschleunigt hat. Beispielsweise werden Kühe zu Brutstätten für antibiotikarestistente Bakterien, da Landwirte Antibiotika einsetzen, um die Milch- und Fleischproduktion zu erhöhen.

Weil die Gefahr droht, dass alte Infektionskrankheiten stärker als zuvor zurückkehren, brauchen wir dringend eine neue Generation an Antibiotika, die preisgünstig sind und ihre Kosten einspielen. Leider sind in den letzten dreißig Jahren kaum neue Antibiotika entwickelt worden. Wir benutzen heute im Grunde die gleichen Antibiotika wie schon unsere Eltern. *Ein* Problem ist, dass man viele Tausend chemische Verbindungen testen muss, um eine Handvoll vielversprechender Substanzen zu isolieren. Eine neue Klasse von Antibiotika auf diese Weise zu entwickeln, kostet rund 2–3 Milliarden Dollar.

Wie Antibiotika funktionieren

Mithilfe moderner Technik haben Forschende nach und nach herausgefunden, wie bestimmte Typen von Antibiotika funktionieren. Penicillin und Vancomycin stören zum Beispiel die Produktion eines Moleküls namens Peptidoglycan, das Bakterien für den Bau einer festen Zellwand benötigen. Diese Medikamente sorgen daher dafür, dass sich die bakterielle Zellwand auflöst.

Eine andere Klasse von Arzneimitteln, die sogenannten Chinolone, greifen die DNA von Bakterien an und stören so deren Vermehrung.

Eine weitere Klasse, zu der die Tetracycline zählen, hemmt die Fähigkeit von Bakterien, ein Schlüsselprotein zu synthetisieren. Und eine noch andere Klasse verhindert, dass Bakterienzellen Folsäure produzieren, was die Bakterien wiederum daran hindert, den Stoffaustausch durch die Zellwand zu kontrollieren.

Wie ist es angesichts dieser Fortschritte möglich, dass die Erreger wiederkehren? Wo liegt der Engpass?

Zum einen dauert die Entwicklung neuer Antibiotika ziemlich lange, oft mehr als zehn Jahre. Diese Arzneimittel müssen sorgfältig getestet werden, um sicherzustellen, dass sie ungefährlich sind, was zeitaufwendig und kostspielig ist. Nach einem Jahrzehnt harter Arbeit kommt es nicht selten vor, dass sich das Endprodukt nicht rentiert. Im Endeffekt ist es für viele Pharmaunternehmen entscheidend, dass die Verkäufe die Kosten von Entwicklung und Herstellung eines Arzneimittels wieder hereinbringen.

Die Rolle der Quantenmedizin

Das Problem ist, dass sich die grundlegende Strategie – wie der Bau von Batterien seit Voltas Zeiten – seit Flemings Entdeckung kaum verändert hat. Im Grunde testen wir noch immer blind verschiedene Kandidaten gegen gefährliche (pathogene) Bakterien in einer Petrischale. Dank Automatisierung, Robotik und Fließbändern können Tausende von Petrischalen mit verschiedenen Typen von pathogenen Erregern gleichzeitig vielversprechenden Arzneimitteln ausgesetzt werden, um Flemings bahnbrechenden Ansatz von vor hundert Jahren zu simulieren.

Seitdem war unsere Strategie folgende:

Man teste eine vielversprechende Substanz; → man stelle fest, ob sie die Bakterien abtötet; → man identifiziere den Mechanismus.

Quantencomputer könnten diesen Prozess auf den Kopf stellen und die Suche nach neuen lebensrettenden Medikamenten beschleunigen. Sie sind so leistungsfähig, dass sie uns eines Tages systematisch neue Weg aufzeigen könnten, Bakterien zu vernichten. Statt ungeheuer viel Zeit damit zu verbringen, jahrzehntelang verschiedene Medikamente zu testen, könnten wir womöglich rasch neue Medikamente im Speicher von Quantencomputern entwickeln.

Das heißt, dass wir die Reihenfolge der Strategie umkehren sollten:

Man identifiziere den Mechanismus; → man stelle fest, ob er die Bakterien abtötet; → man teste eine vielversprechende Substanz.

Wenn man beispielsweise den Grundmechanismus, durch den diese Antibiotika Pathogene abtöten, auf molekularem Niveau entschlüsselt hat, könnte man dieses Wissen einsetzen, um neue Medikamente zu entwickeln. Da heißt, am Anfang steht der Mechanismus, wie die Zerstörung der bakteriellen Zellwand, dann folgt der Einsatz von Quantencomputern, um herauszufinden, wie man dabei am besten vorgeht, indem man nach Schwachstellen in der Bakterienwand sucht. Anschließend testet man verschiedene Substanzen, die an diesen Schwachstellen angreifen können, und konzentriert sich schließlich auf die Handvoll, die sich tatsächlich als wirksam gegen pathogene Bakterien erweisen.

Ein Beispiel: Wenn man versucht, das Penicillinmolekül mit einem konventionellen Computer zu modellieren, steht man vor einer enormen Herausforderung. Dies würde einen Speicher von 10^{86} Bits erfordern und übersteigt damit die Fähigkeiten eines digitalen Computers bei Weitem - nicht aber die eines Quantencomputers. Der Versuch, neue Medikamente zu entdecken, indem man ihr molekulares Verhalten analysiert, liegt außerhalb dessen, was ein klassischer Computer zu leisten vermag, kann jedoch ein Hauptziel für Quantencomputer sein.

Killerviren

In ähnlicher Weise war die moderne Wissenschaft in der Lage, Viren mithilfe von Impfstoffen zu bekämpfen, aber nur bis zu einem gewissen Grad. Impfstoffe (Vakzine) wirken indirekt, indem sie das körpereigene Immunsystem stimulieren, statt das Virus direkt zu attackieren; daher sind bei der Heilung von Viruserkrankungen nur langsam Fortschritte gemacht worden.

Einer der größten Killer in der Geschichte der Menschheit waren die Pocken, auch Blattern oder Variola genannt; allein seit 1910 sind ihnen rund 300 Millionen Menschen zum Opfer gefallen. Die Krankheit war bereits in der Antike bekannt. Und man wusste: Wenn eine Person die Pocken überstanden hatte und man aus ihrem Schorf ein Pulver herstellte und in Hautläsionen einer anderen, gesunden Person rieb, dann war diese Person vor der Krankheit geschützt – sie war immun.

Im Jahr 1796 wurde diese Technik in England verfeinert und erfolgreich angewandt. Der Arzt Edward Jenner nahm Flüssigkeit aus den Pusteln einer Melkerin, die an Kuhpocken erkrankt war (einer Krankheit, die Menschenpocken ähnelt, aber ungefährlich ist). Anschließend injizierte er die Flüssigkeit einem gesunden Jungen, der daraufhin eine Immunität gegen Menschenpocken entwickelte.

Seitdem sind Vakzine gegen eine große Zahl zuvor unheilbarer Erkrankungen entwickelt worden, darunter Polio (Kinderlähmung), Hepatitis A und B, Masern, Meningitis (Hirnhautentzündung), Mumps, Tetanus und Gelbfieber. Es gibt Tausende möglicher Vakzine, die therapeutisch von Wert sein könnten – aber ohne zu verstehen, wie das körpereigene Immunsystem auf molekularem Niveau arbeitet, ist es unmöglich, sie alle zu überprüfen.

Statt jedes Vakzin individuell zu testen, könnte man sie vielleicht in einem Quantencomputer «testen». Das Schöne an dieser Methode ist, dass die Suche nach neuen Impfstoffen rasch, preisgünstig und effizient erfolgen kann, ohne umständliche, zeitaufwendige und kostspielige Versuche.

Im nächsten Kapitel geht es darum, wie Quantencomputer unser Immunsystem modifizieren und stärken und vor Krebs und vielleicht auch vor unheilbaren Krankheiten wie Alzheimer und Parkinson schützen könnten. Aber zunächst wollen wir eine weitere Möglichkeit diskutieren, wie Quantencomputer dazu beitragen können, uns auf die nächste Pandemie vorzubereiten.

Die Covid-Pandemie

Eine Möglichkeit, sich einen Begriff von der Leistungsfähigkeit von Quantencomputern zu machen, besteht darin, sich die Tragödie der Covid-Pandemie vor Augen zu führen, der bislang in den Vereinigten Staaten eine Million Menschen, in Deutschland mehr als 160 000 und weltweit fast 7 Millionen Menschen zum Opfer gefallen sind und die Milliarden Menschen in aller Welt in große wirtschaftliche Schwierigkeiten und Nöte gestürzt hat. Quantencomputer können uns jedoch als Frühwarnsystem für neu auftauchende Viren dienen, bevor sie eine Pandemie auslösen.

Schätzungen zufolge stammen 60 Prozent aller Infektionskrankheiten aus dem Tierreich (sogenannte Zoonosen). Daher existiert ein riesiges Reservoir neuer pathogener Keime, die neue Krankheiten in großer Zahl hervorrufen können. Und da sich die menschliche Zivilisation in bislang noch nicht besiedelte Bereiche ausdehnt, geraten wir immer enger mit Wildtieren und ihren Krankheitserregern in Kontakt.

Mithilfe von Genomanalysen lässt sich beispielsweise zeigen, dass Influenza-Viren hauptsächlich von Vögeln stammen. Viele Influenza-Viren tauchten erstmals in Asien auf, wo Bauern häufig Schweine und Nutzgeflügel auf engem Raum zusammen halten. Die Schweine kommen mit den Ausscheidungen infizierter Vögel in

Kontakt und infizieren sich, bevor sie von Menschen verzehrt werden. Dabei fungieren die Schweine wie eine Art Mischgefäß, in dem es zu einem Austausch von Genen zwischen Vogel- und Schweinegrippeviren kommt und so neue Influenzavirentypen entstehen.

Ebenso gelang es, das Aidsvirus auf das Simiane Immunodefizienz-Virus (SIV) zurückzuführen, das Primaten infiziert. Aufgrund genetischer Analysen vermuten Forschende, dass sich ein Afrikaner zwischen 1884 und 1924 durch den Genuss von Fleisch eines mit SIV infizierten Affen ansteckte. Im Körper dieser Person entstand dann das HI-Virus, eine mutierte Version des SI-Virus, die Menschen infizieren kann.

Die besseren Verkehrsbedingungen und der zunehmende Reiseverkehr rund um den Globus beschleunigten die Ausbreitung von Krankheiten. Historiker haben die Routen verfolgt, die früher Seeleute von Hafen zu Hafen nahmen und so die Pest in ferne Gestade einschleppten. Durch Vergleich des Zeitpunkts, an dem die Schiffe in einem bestimmten Hafen anlegten, mit dem Zeitpunkt, an dem die Krankheit ausbrach, lässt sich nachverfolgen, wie sich die Seuche über den Nahen Osten und Asien ausbreitete und von Stadt zu Stadt sprang. Heute kann sich eine Krankheit durch den Flugverkehr innerhalb von Stunden über ganze Kontinente verbreiten.

Daher ist es nur eine Frage der Zeit, bis wir uns mit einer anderen Pandemie, die durch den internationalen Flugverkehr verbreitet wird, auseinandersetzen müssen.

Dank der bemerkenswerten Fortschritte in der Genomik gelang es Forschenden 2020, das Genom des Coronavirus innerhalb weniger Wochen zu entschlüsseln. Dadurch wurde die Entwicklung von Impfstoffen möglich, die das körpereigene Immunsystem dazu anregen, das Virus zu attackieren. Aber das war nur ein Weckruf an unser Immunsystem, sich selbst zu verteidigen. Was fehlte, war ein systematischer Ansatz, dieses tödliche Virus selbst zu schlagen.

Ein Frühwarnsystem

Es gibt verschiedene Möglichkeiten, wie Quantencomputer dazu beitragen können, die nächste Pandemie zu stoppen. Zumindest brauchen wir ein Frühwarnsystem, um das Auftauchen eines Virus in Echtzeit zu entdecken. Von dem Augenblick an, an dem eine neue Variante des Coronavirus auftritt, dauert es Wochen, bis ein Alarm ausgerufen werden kann. Während dieser Zeitspanne kann sich das Virus unbemerkt ins menschliche Ökosystem einschleichen. Eine Verzögerung von wenigen Wochen kann dazu führen, dass das Virus Millionen Menschen infiziert.

Eine Methode, Epidemien aufzuspüren, besteht darin, Sensoren in Abwassersystemen rund um die Welt anzubringen. Viren lassen sich durch Analyse des Abwassers leicht identifizieren; das gilt vor allem für dicht besiedelte Stadtgebiete. Rasche Antigentests können den Ausbruch einer Virusinfektion innerhalb von rund 15 Minuten nachweisen. Die Daten aus Millionen von Abwassersystemen können einen digitalen Computer jedoch leicht überfordern. Quantencomputer sind hingegen besonders gut dafür geeignet, riesige Datenmengen zu analysieren, um die Nadel im Heuhaufen zu finden. Sensoren in der Kanalisation als Frühwarnsystem sind in manchen Städten bereits im Einsatz.

Ein anderes Frühwarmsystem wurde von dem Unternehmen Kinsa vorgestellt; es stellt Thermometer her, die mit dem Internet verbunden sind. Durch Untersuchung von Fieberanfällen im ganzen Land lassen sich wichtige Auffälligkeiten entdecken. So wurden im März 2020 Krankenhäuser im Süden der USA von Tausenden von Menschen mit seltsamen Symptomen überschwemmt, die offenbar an einem neuen Virus litten. Viele starben. Die Krankenhäuser waren überfordert.

Einer Theorie zufolge waren die Feiern zum Mardi Gras (Karnevalsdienstag) im Februar 2020 in New Orleans ein Superspreader-Ereignis, das Hunderttausende ahnungsloser Menschen dem Coronavirus aussetzte. Wenn man die Thermometerablesungen direkt nach den Mardi-Gras-Feiern analysiert, erkennt man deutlich einen plötzlichen Temperaturanstieg bei den Menschen im Süden. Da die Ärzte keine Erfahrung im Umgang mit dem neuen tödlichen Virus hatten, dauerte es nach dem Mardi Gras leider wochenlang, um die Ärzte vor der neuen Pandemie zu warnen. Viele Patienten starben wegen dieser kritischen Verzögerung bei einem viralen Ausbruch, der das medizinische Establishment völlig überraschte.

Dank eines ausgedehnten Netzwerks an unterstützenden medizinischen Geräten wie Thermometern und Sensoren, die mit dem Internet verbundenen sind, könnte es in Zukunft eine sofortige, von Quantencomputern analysierte Auslesung dessen geben, was im Land passiert. Mit einem einzigen Blick auf die Karte des Landes lassen sich dann Hotspots erkennen, die ein potenzielles neues Superspreader-Ereignis ankündigen.

Eine andere Möglichkeit, ein Frühwarnsystem zu schaffen, besteht darin, die sozialen Medien zu nutzen, die besser als alles andere in Echtzeit wiedergeben, was gerade im Land passiert. So sollten Algorithmen beispielsweise zukünftig darauf vorbereitet sein, nach ungewöhnlichen Beiträgen im Internet Ausschau zu halten, zum Beispiel, wenn dort immer häufiger Sätze wie «Ich kann nicht richtig atmen» oder «Ich kann nicht riechen» auftauchen. Diese ungewöhnlichen Sätze könnten von einem Quantencomputer registriert werden. Anschließend können im Gesundheitssystem Tätige diesen Vorfällen nachgehen, um herauszufinden, ob sie auf eine übertragbare Krankheit zurückgehen.

In ähnlicher Weise könnten Quantencomputer Ausbrüche des Virus dann entdecken, wenn sie gerade stattfinden. Möglicherweise lassen sich Sensoren entwickeln, die Aerosole des Virus in der Luft nachweisen können. Zu Beginn der Covid-Pandemie behaupteten Regierungsvertreter noch, es reiche aus, einen Abstand von knapp 2 Metern von anderen einzuhalten, um eine Ausbreitung des Virus zu verhindern. Eine Ansteckung, behaupteten sie, erfolge hauptsächlich durch große Tröpfchen, wie sie beim Husten und Niesen freigesetzt werden.

Inzwischen gilt diese Aussage als eher falsch. Wie aktuelle Untersuchungen zeigen, können Aerosolteilchen, beispielsweise nach einem Niesen, das Virus rund 6 Meter weit transportieren. Tatsächlich nimmt man mittlerweile an, dass einer der wichtigsten Ausbreitungswege des Virus Aerosole sind, wie sie beim einfachen Sprechen erzeugt werden. Wenn man mehr als 15 Minuten in einem geschlossenen Raum neben infizierten Menschen sitzt, die singen oder laut sprechen, dann besteht die Gefahr, sich anzustecken und das Virus weiterzuverbreiten.

Daher könnte ein Netzwerk von in Innenräumen platzierten Sensoren zukünftig Aerosole in der Luft entdecken und die Ergebnisse an Quantencomputer schicken, die dann diesen riesigen Informationspool analysieren können, um die frühen Warnsignale der nächsten Pandemie zu entdecken.

Das Immunsystem entschlüsseln

Impfstoffe haben gezeigt, dass das körpereigene Immunsystem ein starkes Bollwerk gegen Infektionskrankheiten darstellt. Wissenschaftler wissen jedoch nur recht wenig über seine Funktionsweise. Wir entdecken nach wie vor erstaunliche neue Fakten über das Immunsystem. Beispielsweise wissen wir inzwischen, dass viele Krankheiten den Körper nicht direkt attackieren. Die Spanische Grippe von 1918 tötete mehr Menschen, als im Ersten Weltkrieg starben. Leider wurden keine Virenproben konserviert, daher war es schwierig, das Virus direkt zu analysieren und festzustellen, wie es seine Opfer umbrachte. Vor einigen Jahren gelang es Wissenschaftlern jedoch, in der Arktis Körper von Menschen zu analysieren, die an der Spanischen Grippe gestorben und deren Leichen im Permafrostboden konserviert worden waren.

Was sie fanden, war interessant. Das Virus tötete sein Opfer nicht direkt. Es führte lediglich zu einer Überaktivierung des körpereigenen Immunsystems, das daraufhin begann, den Körper mit gefährlichen Stoffen zu überschwemmen, um das Virus zu bekämpfen. Dieser sogenannte Zytokinsturm war es, der schließlich zum Tod führte. Daher war die eigentliche Todesursache das körpereigene Immunsystem, das Amok lief.

Eine ähnliche Geschichte kristallisierte sich bei Covid-19 heraus. Wenn Infizierte ins Krankenhaus eingeliefert werden, erscheint ihr Zustand unter Umständen zunächst nicht besorgniserregend. In der Spätphase der Infektion, wenn der Zytokinsturm einsetzt, können die gefährlichen Verbindungen, die den Körper dann überschwemmen, jedoch das Versagen ganzer Organe bewirken. Unbehandelt führt ein derartiges Multiorganversagen häufig zum Tode.

In Zukunft könnten Quantencomputer einen bisher noch nie dagewesenen Blick in die molekulare Biologie des Immunsystems ermöglichen. Dieser Einblick könnte zahlreiche Wege aufzeigen, um das Immunsystem abzuschalten oder herunterzuregeln, sodass es seinen Träger im Lauf einer schweren Infektion nicht umbringt. Wir werden das Immunsystem im nächsten Kapitel noch ausführlicher diskutieren.

Das Omikron-Virus

Quantencomputer könnten sich auch als höchst wichtig erweisen, wenn es darum geht, die Eigenschaften eines Virus zu bestimmen, während es mutiert. Beispielsweise tauchte die Omikron-Variante des Coronavirus um den November 2021 auf. Das Genom dieser Variante wurde sequenziert, und sofort begannen die Alarmglocken zu läuten. Die Omikron-Variante wies 50 Mutationen auf, die sie leichter übertragbar machten als die Delta-Variante des Virus. Die Wissenschaftler konnten jedoch nicht genau sagen, wie gefährlich diese Mutationen das Virus machen würden. Würden sie den Spike-Proteinen erlauben, deutlich schneller in menschliche Zellen einzudringen als zuvor und auf diese Weise viel Unheil anzurichten? Den Wissenschaftlern blieb nichts anderes übrig als abzuwarten. Zukünftig könnten Quantencomputer in der Lage sein festzustellen, wie tödlich ein Virus ist, indem sie die Mutationen in dessen Spikeproteinen analysieren, statt dass die Wissenschaftler wochenlang warten und Daumen drücken müssen.

Sobald wir den Bau der Viren kennen, könnten wir vielleicht den Verlauf dieser und anderer Viruserkrankungen vorhersagen. Unsere heutigen digitalen Computer sind zu primitiv, um zu simulieren, auf welche Weise ein Virus wie das Omikron-Virus den menschlichen Körper angreifen kann. Aber sobald wir den Bau des Virus im Detail kennen, könnten Quantencomputer die spezifischen Auswirkungen des Virus auf den Körper simulieren, sodass wir von vornherein wissen, wie gefährlich es ist und wie man es bekämpfen kann.

Zum Glück haben wir zudem die Evolution auf unserer Seite. Viele der alten Krankheiten, die einen beträchtlichen Teil der Menschheit umgebracht haben, wie die Spanische Grippe 1918, sind wohl immer noch unter uns, aber wahrscheinlich in mutierter Form, sodass sie als Epidemie statt als Pandemie auftreten. Der Evolutionstheorie zufolge konkurrieren verschiedene Stämme eines Virus miteinander. Daher stehen sie unter dem Selektionsdruck, infektiöser zu werden und so die Konkurrenz auszubooten. Wenn eine Virusvariante aber zu viele Infizierte tötet, verliert sie ihre Wirte und kann sich nicht weiter ausbreiten. Daher tendiert die Evolution in Richtung weniger tödlicher Varianten.

Mit anderen Worten: Um «im Geschäft» zu bleiben, schwächt sich die Letalität vieler Viren im Lauf ihrer Evolution ab, und sie werden endemisch. Daher müssen wir vielleicht einfach lernen, mit dem Coronavirus in seiner weniger tödlichen Form zu leben.

Die Zukunft

Antibiotika und Impfstoffe sind die Grundlage der modernen Medizin. Aber Antibiotika werden gewöhnlich durch Versuch und Irrtum gefunden, und Vakzine regen das Immunsystem lediglich dazu an, Antikörper zu entwickeln, um ein Virus zu bekämpfen. Daher ist eines der Ziele der modernen Medizin, neue Antibiotika zu entwickeln. Und ein weiteres Ziel ist es, die Immunreaktion des Körpers zu verstehen, denn unser Immunsystem ist unsere erste Verteidigungslinie gegen Viren und auch gegen einen der größten Killer unserer Tage, den Krebs. Wenn das Rätsel, das unser Immunsystem umgibt, mithilfe von Quantencomputern gelöst werden kann, dann hätten wir auch eine Möglichkeit, einige der bedeutendsten unheilbaren Krankheiten in den Griff zu bekommen, darunter gewisse Krebsformen, Alzheimer, Parkinson und Amyotrophe Lateralsklerose (ALS). Diese Krankheiten richten ihren Schaden auf molekularem Niveau an, das nur Quantencomputer entziffern können. Im nächsten Kapitel werden wir untersuchen, wie Quantencomputer uns neue Einblicke in unser Immunsystem verschaffen und es darüber hinaus stärken helfen können.

Kapitel 11: Genom-Editing und die Heilung von Krebs

Im Jahr 1971 rief Präsident Richard Nixon mit großer Geste den War on Cancer («Krieg gegen Krebs») aus. Die moderne Medizin, erklärte er, werde diese schreckliche Geißel der Menschheit endlich ausrotten.

Als Historiker diese Bemühungen jedoch Jahre später kritisch bewerteten, war das Verdikt klar: Der Krebs hatte gewonnen. Ja, es gab kleine Teilerfolge, wenn es darum ging, Krebs chirurgisch oder mit Chemotherapie und Bestrahlung zu bekämpfen, doch die Anzahl der Todesfälle blieb fast unverändert hoch. Krebs ist in Deutschland wie auch in den Vereinigten Staaten noch immer die zweithäufigste Todesursache nach Herz-Kreislauf-Erkrankungen. Weltweit starben 2018 9,5 Millionen Menschen an Krebs.

Das grundlegende Problem beim Krieg gegen Krebs war, dass die Wissenschaftler nicht wussten, was Krebs eigentlich ist. Es wurde heftig darüber debattiert, ob diese gefürchtete Krankheit von einem einzelnen Faktor ausgelöst wurde oder von einer verwirrenden Vielfalt von Faktoren wie Ernährung, Umweltverschmutzung, Genetik, Viren, Strahlung, Rauchen oder einfach Pech.

Mehrere Jahrzehnte später haben Fortschritte in Genetik und Biotechnologie endlich zu einer Antwort geführt. Auf fundamentalem Niveau ist Krebs eine Erkrankung, die auf unsere Gene zurückgeht, aber durch Umweltgifte, Strahlung und andere Faktoren ausgelöst werden kann – oder durch eine Kombination dieser Faktoren. Tatsächlich ist Krebs eigentlich gar keine einzelne

Erkrankung, sondern es handelt sich um ein Zusammenwirken vieler Tausend Mutationen verschiedenen Typs in unseren Genen. Inzwischen gibt es ganze Enzyklopädien zu den verschiedenen Krebstypen, die bewirken, dass sich gesunde Zellen plötzlich maßlos vermehren und ihren Wirt umbringen.

Krebs ist eine unglaublich vielfältige und eine allgegenwärtige Erkrankung. Sie lässt sich bereits in viele Tausend Jahre alten Mumien nachweisen. Die älteste medizinische Erwähnung datiert aus der Zeit um 3000 v. Chr. in Ägypten. Aber Krebs findet man nicht nur beim Menschen, sondern überall im ganzen Tierreich. In gewisser Hinsicht ist Krebs der Preis dafür, dass es auf der Erde komplexe Lebensformen gibt.

Um eine komplexe Lebensform mit Billionen von Zellen zu schaffen, die ständig komplizierte, ineinandergreifende chemische Reaktionen durchführen, müssen einige Zellen sterben, damit neue ihren Platz einnehmen können, sodass der Körper wachsen und sich entwickeln kann. Viele der Zellen eines Neugeborenen müssen schließlich sterben, um den Weg für die Zellen eines Erwachsenen zu ebnen. Das heißt, dass Zellen genetisch darauf programmiert sind, wenn nötig zu sterben und sich zu opfern, sodass neue komplexe Gewebe und Organe entstehen können. Das nennt man «programmierten Zelltod» oder Apoptose.

Zwar gehört dieser programmierte Zelltod zur gesunden Entwicklung eines Körpers, doch durch Fehler können die Gene, die ihn bewirken, manchmal abgestellt werden, sodass die betroffene Zelle sich weiterhin teilt und wild zu wuchern beginnt. Solche Zellen können nicht aufhören, sich zu vermehren, und in diesem Sinne sind Krebszellen unsterblich. Und genau darum können sie uns töten: Sie wachsen unkontrolliert immer weiter und bilden Tumoren, die schließlich lebenswichtige Körperfunktionen zum Erliegen bringen.

Mit anderen Worten: Krebszellen sind gewöhnliche Körperzellen, die vergessen haben, wie man stirbt.

Oft dauert es viele Jahre oder gar Jahrzehnte, bis sich Krebs entwickelt. Wenn Sie beispielsweise als Kind einen schlimmen Sonnenbrand hatten, kann es sein, dass sich an derselben Stelle Jahrzehnte später Hautkrebs entwickelt. Denn es braucht mehr als eine einzige Mutation, damit sich Krebs entwickelt. Häufig dauert es Jahre oder gar Jahrzehnte, bis sich mehrere Mutationen angesammelt haben, die schließlich die Fähigkeit der Zelle, ihre Teilungsaktivität zu kontrollieren, außer Kraft setzen.

Aber wenn Krebs so tödlich ist, warum hat die Evolution diese defekten Gene nicht schon vor Millionen Jahren mittels natürlicher Selektion eliminiert? Die Antwort lautet, dass sich Krebs in der Regel erst ausbreitet, nachdem unsere Fortpflanzungsphase abgeschlossen ist, daher besteht kaum ein Selektionsdruck, Krebsgene zu eliminieren.

Wir vergessen manchmal, dass die Evolution durch natürliche Selektion und Zufall voranschreitet. Und auch wenn die molekularen Mechanismen, die Leben ermöglichen, wirklich wunderbar sind, so sind sie doch das Nebenprodukt von zufälligen Mutationen, die sich im Lauf von Jahrmilliarden nach dem Prinzip von Versuch und Irrtum angesammelt haben. Daher dürfen wir nicht erwarten, dass sich unser Körper perfekt gegen tödliche Krankheiten verteidigen kann. Angesichts der verwirrenden Anzahl von Mutationen, die bei Krebs eine Rolle spielen, brauchen wir vielleicht Quantencomputer, um diese riesige Menge an Information zu durchforsten und die Wurzeln des Übels zu identifizieren. Quantencomputer sind ideal dafür geeignet, eine Krankheit attackieren zu helfen, die sich auf so mannigfaltige Weise manifestiert. Sie könnten uns schließlich eine völlig neue Kampfzone eröffnen, um uns unheilbaren Krankheiten wie Krebs, Alzheimer, Parkinson, ALS und anderen entgegenzustellen.

Flüssigbiopsie

Woher weiß man, dass man Krebs hat? Leider weiß man es oft nicht. Die Anzeichen sind manchmal mehrdeutig oder nur schwer zu entdecken. Bis es beispielsweise zur Bildung eines Tumors kommt, sind bereits Milliarden von Krebszellen im Körper herangewachsen. Wenn ein bösartiger (maligner) Tumor entdeckt wird, kann der Arzt zwar auf der Stelle eine Operation, eine Strahlen- oder eine Chemotherapie empfehlen, doch manchmal ist es bereits zu spät.

Aber was wäre, wenn man die Ausbreitung von Krebs stoppen könnte, indem man anomale Zellen bereits vor der Bildung eines Tumors entdeckt? Bei solchen Bemühungen könnten Quantencomputer eine entscheidende Rolle spielen.

Heutzutage machen wir bei einer Routineuntersuchung beim Arzt einen Bluttest und erhalten hoffentlich die Auskunft, dass alles in bester Ordnung ist. Später können sich jedoch die verräterischen Anzeichen von Krebs zeigen. Daher fragen Sie sich vielleicht: Warum kann ein einfacher Bluttest nicht auch Krebs nachweisen?

Der Grund dafür ist, dass unser Immunsystem Krebszellen in der Regel nicht aufspüren kann. Sie bewegen sich sozusagen unter dem Radar. Krebszellen sind keine fremden Eindringlinge, die vom Immunsystem leicht erkannt werden. Sie sind körpereigene Zellen, die gefährlich geworden sind, und können so der Entdeckung entgehen. Daher sind Bluttests, die eine Immunreaktion analysieren, nicht in der Lage, die Präsenz von Krebszellen nachzuweisen.

Seit mehr als 100 Jahren wissen wir jedoch, dass Krebsgeschwulste Zellen und bestimmte Moleküle in Körperflüssigkeiten abgeben. So lassen sich Krebszellen und Tumormarker im Blut, im Urin, in der Hirn- und Rückenmarksflüssigkeit und sogar im Speichel nachweisen. Leider gelingt dies nur, wenn es im Körper bereits Milliarden von Krebszellen gibt. Wenn es so weit gekommen ist, bedarf es gewöhnlich einer Operation, um den Tumor zu entfernen. Doch seit Kurzem ermöglicht uns die Gentechnik, Krebszellen im Blut oder einer anderen Körperflüssigkeit nachzuweisen. Eines Tages könnte diese Nachweismethode so empfindlich sein, dass sie bereits auf einige Hundert Krebszellen im Blut anspricht, sodass wir Jahre Zeit zum Handeln haben, bevor sich ein Tumor entwickelt.

In den letzten Jahren ist es möglich geworden, ein Frühwarnsystem vor Krebs für die Allgemeinheit zu schaffen. Ein vielversprechender Forschungsansatz wird als Liquid Biopsy («Flüssigbiopsie») bezeichnet; dabei handelt es sich um eine schnelle, bequeme und vielseitig einsetzbare Methode zum Nachweis von Krebs, die zu einer Revolution in der Krebsdiagnostik führen könnte.

«In den letzten Jahren hat die klinische Entwicklung von Flüssigbiopsien für Krebs, ein revolutionäres Screening-Instrument, große Hoffnungen geweckt», schreiben Liz Kwo und Jenna Aronson im *American Journal of Managed Care*.[1]

Gegenwärtig können Flüssigbiopsien bis zu 50 verschiedene Krebstypen entdecken. Möglicherweise lässt sich daher eines Tages bei einer Routineuntersuchung beim Arzt Krebs feststellen, Jahre bevor er gefährlich wird, sodass der Begriff «Tumor» allmählich aus unserem Sprachschatz verschwinden könnte.

Zukünftig könnte selbst die Toilette in Ihrem Badezimmer empfindlich genug sein, um Anzeichen von Krebszellen, Enzymen und Genen zu entdecken, die in Ihren Körperflüssigkeiten zirkulieren, sodass Krebs nicht tödlicher würde als ein Schnupfen. Jedes Mal, wenn Sie auf die Toilette gehen, werden Sie vielleicht, ohne es zu wissen, auf Krebs getestet. Die «Smarte Toilette» könnte unsere erste Verteidigungslinie sein.

Auch wenn es viele Tausend Mutationen gibt, die zu Krebs führen können, können Quantencomputer lernen, diese zu identifizieren, sodass ein einfacher Bluttest ausreicht, eine Vielzahl verschiedener Krebsformen zu identifizieren. Vielleicht wird unser Genom eines Tages täglich oder wöchentlich von fernen Quantencomputern ausgelesen, um Hinweise auf schädliche Mutationen zu finden. Das bedeutet keine Heilung von Krebs, erlaubt aber, seine Ausbreitung rechtzeitig zu stoppen.

Viele Menschen fragen sich ganz einfach: «Warum können wir einen gewöhnlichen Schnupfen nicht kurieren?» Tatsächlich können wir das. Da es aber über 300 Rhinoviren gibt, die Schnupfen hervorrufen können, und da diese ständig mutieren, ist es sinnlos, 300 Impfstoffe zu entwickeln, um dieses bewegliche Ziel zu treffen. Stattdessen leben wir einfach damit.

Das könnte auch die Zukunft der Krebsforschung sein. Statt als Todesurteil wird Krebs irgendwann einmal vielleicht nur noch als bloßes Ärgernis angesehen. Da es so viele Arten von Krebszellen gibt, ist es unter Umständen nicht praktikabel, sie alle zu reparieren. Aber wenn wir sie mithilfe von Quantencomputern entdecken können, bevor sie sich ausbreiten, also wenn es sich nur um eine kleine Kolonie von einigen Hundert Zellen handelt, ist es vielleicht möglich, ihre Progression zu stoppen.

Mit anderen Worten: Es kann sein, dass wir auch in der Zukunft immer noch an Krebs erkranken werden, aber kaum jemand mehr daran stirbt.

Krebs erschnüffeln

Eine weitere Möglichkeit, Krebs im Frühstadium zu entdecken, könnte darin bestehen, die schwachen Geruchsstoffe, die Krebszellen absondern, mithilfe von Sensoren nachzuweisen. Vielleicht könnte Ihr Mobiltelefon, ausgestattet mit Apps, die empfindlich auf Gerüche reagieren und mit einem Quantencomputer in der Cloud verbunden sind, eines Tages nicht nur zur Verteidigung gegen Krebs dienen, sondern auch gegen eine ganze Reihe anderer Krankheiten. Quantencomputer würden die Ergebnisse von Millionen «Roboternasen» im ganzen Land analysieren, um Krebs Einhalt zu gebieten, bevor er gefährlich wird.

Die Analyse von Geruchsstoffen ist eine gut eingeführte diagnostische Technik. Beispielsweise sind Hunde eingesetzt worden, um mit dem Coronavirus infizierte Passagiere an Flughäfen zu entdecken. Während ein typischer PCR-Test auf das Virus auch mal ein paar Tage dauern kann, können speziell trainierte Hunde innerhalb von rund 10 Sekunden mit einer Gewissheit von 95 Prozent Infizierte korrekt erschnüffeln. Dieses Verfahren wird bereits am Flughafen von Helsinki und anderenorts zum Screening von Passagieren eingesetzt.

Hunde sind zuvor schon darauf trainiert worden, Lungen-, Brust-, Ovarial-, Blasen- und Prostatakrebs zu identifizieren. Bei Prostatakrebs liegt die Erfolgsrate der Hunde tatsächlich bei 99 Prozent, wenn sie an einer Urinprobe des Patienten schnüffeln. In einer Studie konnten Hunde Brustkrebs mit einer Genauigkeit von 88 Prozent und Lungenkrebs mit einer Genauigkeit von 99 Prozent erschnüffeln.

Hundenasen verfügen nämlich über 220 Millionen Riechrezeptoren – wir Menschen bringen es nur auf 5 Millionen. Daher ist der Geruchssinn von Hunden deutlich empfindlicher als der von Menschen. Hundenasen sind so empfindlich, dass sie noch Konzentrationen von 1 Teil pro Billion Teile wahrnehmen können; das entspricht einem einzelnen Flüssigkeitstropfen in 20 Olympia-Schwimmbädern. Und das Areal im Hundegehirn, das der Geruchsanalyse gewidmet ist, ist viel größer als sein menschliches Gegenstück.

Ein Nachteil ist jedoch, dass einige Monate Training nötig sind, bis Hunde Coronaviren oder Krebs zuverlässig erschnüffeln, und das Angebot an so speziell trainierten Hunden ist begrenzt. Wäre es möglich, diese Analysen mit menschlicher Technik in einer Größenordnung durchführen, die Millionen Leben retten könnte?

Kurz nach dem 11. September wurde ich von einer Fernsehgesellschaft zu einem besonderen Mittagessen eingeladen, um über die Technologie der Zukunft zu diskutieren. Ich hatte das Glück, dass mein Tischnachbar ein Beamter der DARPA (Defense Advanced Research Projects Agency) war, einem Zweig des Verteidigungsministeriums, der berühmt dafür ist, die Technik der Zukunft zu entwickeln. Die DARPA kann auf eine lange und spektakuläre Geschichte von Erfolgen zurückblicken, darunter die NASA, das Internet, das fahrerlose Auto und der Tarnkappenbomber.

Daher stellte ich ihm eine Frage, die mich schon lange umtrieb: Warum können wir keine Sensoren entwickeln, die Sprengstoffe entdecken? Hunde können problemlos Leistungen erbringen, die unseren besten Geräten unmöglich sind.

Er dachte einen Moment nach und erklärte mir dann sorgsam den Unterschied zwischen Hunden und unseren fortschrittlichsten Sensoren. Die DARPA hatte diese Frage tatsächlich eingehend studiert und dabei festgestellt, dass die Geruchsnerven von Hunden so empfindlich sind, selbst einzelne Moleküle bestimmter Geruchsstoffe wahrnehmen zu können. Künstliche Sensoren, wie sie in unseren besten Labors entwickelt werden, können diese Sensitivität nicht erreichen.

Ein paar Jahre nach dieser Unterhaltung finanzierte die DARPA tatsächlich einen Wettbewerb, um herauszufinden, ob es möglich ist, eine Roboter-Spürnase zu entwickeln, die es mit der Hundenase aufnehmen kann.

Andreas Mershin vom MIT hörte von dieser Herausforderung. Ihn faszinierte die fast wunderbare Fähigkeit von Hunden, eine ganze Reihe von Krankheiten und Leiden zu erschnüffeln. Mershins Interesse an dieser Frage wurde geweckt, als er sich mit dem Nachweis von Blasenkrebs beschäftigte. Ein Hund hatte hartnäckig einen bestimmten Patienten als Krebspatienten identifiziert, obgleich dieser Patient mehrfach getestet worden war und als krebsfrei galt. Irgendetwas stimmte da nicht. Der Hund blieb jedoch bei seiner Haltung. Schließlich stimmte der Patient einem weiteren Test zu, und wie sich herausstellte, litt er tatsächlich an Blasenkrebs in einem so frühen Stadium, dass sich der Krebs mit den üblichen Labortests noch nicht nachweisen ließ.

Mershin wollte diesen erstaunlichen Erfolg wiederholen. Er setzte sich zum Ziel, eine «Nano-Nase» zu konstruieren, ausgestattet mit Mikrosensoren zum Nachweis von Krebs und anderen Krankheiten, die den Betroffenen im Bedarfsfall via Mobiltelefon alarmiert. Inzwischen haben Wissenschaftler an der John's Hopkins University Mikrosensoren entwickelt, die 200 Mal empfindlicher sind als eine Hundenase.

Da diese Technologie aber noch im experimentellen Stadium steckt, kostet es rund 1000 Dollar, eine einzige Urinprobe auf Blasenkrebs zu untersuchen. Aber Mershin sieht den Tag kommen, an dem diese Technologie so verbreitet sein wird wie die Kamera in Ihrem Mobiltelefon. Aufgrund der schieren Masse an anfallenden Daten, die von vielen Hundert Millionen Mobiltelefonen und Sensoren einlaufen, sind nur Quantencomputer in der Lage, diese Schatzkammer an Daten zu verarbeiten. Dann könnte das System künstliche Intelligenz einsetzen, um die Signale zu analysieren, Krebsmarker zu lokalisieren und die Information an den Betroffenen zurückzuschicken, vielleicht Jahre, bevor sich ein Tumor bildet.

In Zukunft könnte es mehrere Möglichkeiten geben, Krebs still und leise zu entdecken, bevor er zu einer ernsten Gefahr wird. Liquid Biopsy und Geruchsdetektoren könnten Daten an einen Quantencomputer senden, der in der Lage ist, viele verschiedene Krebstypen zu identifizieren.

Aber was ist, wenn sich bereits eine größere Krebsgeschwulst gebildet hat? Können Quantencomputer dazu beitragen, Krebs zu heilen, wenn er den Körper schon befallen hat?

Immuntherapie

Gegenwärtig gibt es mindestens drei Möglichkeiten, gegen Krebs vorzugehen, sobald er entdeckt worden ist: ein chirurgischer Eingriff (um den Tumor herauszuschneiden), Bestrahlung (um die

Krebszellen mit Röntgen- und Teilchenstrahlen zu zerstören) und Chemotherapie (um die Krebszellen zu vergiften). Mit dem Aufkommen der Gentechnik gewinnt eine neue Form der Therapie an Bedeutung: die Immuntherapie. Es gibt mehrere Versionen dieser Behandlung, doch im Allgemeinen geht es bei allen darum, sich die Hilfe des körpereigenen Immunsystems zunutze zu machen.

Wie bereits erwähnt, lassen sich Krebszellen leider nicht problemlos vom Immunsystem des Körpers identifizieren. Die T- und die B-Zellen des Körpers beispielsweise sind darauf programmiert, eine große Anzahl von Antigenen zu identifizieren und auszumerzen, doch Krebszellen gehören nicht zu dem Repertoire von Antigenen, die die weißen Blutzellen als gefährlich erkennen. Der Trick besteht darin, das körpereigene Immunsystem künstlich auf Trab zu bringen, sodass es die Krebszellen erkennt und bekämpft.

Bei einer dieser Methoden wird das Genom der Krebszellen sequenziert, sodass die Ärzte genau wissen, um welchen Krebstyp es sich handelt und wie er sich entwickelt. Dann werden weiße Blutzellen aus dem Blut des Patienten extrahiert, während gleichzeitig Gene der Krebszellen aufbereitet werden. Die genetische Information der Krebszellen wird dann mithilfe eines Virus (das zuvor unschädlich gemacht wurde) in die weißen Blutzellen eingefügt. Nun sind die weißen Blutzellen neu programmiert und können die Krebszellen erkennen. Und schließlich werden die rekalibrierten weißen Blutzellen wieder in den Körper des Patienten injiziert.

Bisher wirkt die Methode höchst vielversprechend, wenn es darum geht, unheilbare Krebsformen selbst im fortgeschrittenen Stadium zu attackieren, wenn sich im ganzen Körper schon Metastasen finden. Patienten, denen man bereits mitgeteilt hatte, ihr Fall sei hoffnungslos, erlebten, wie ihr Krebs plötzlich und dramatisch verschwand.

Immuntherapie ist bereits bei Blasen-, Hirn-, Brust, Zervix-, Kolon-, Rektum-, Speiseröhren-, Nieren-, Leber-, Lungen-, Lymphdrüsen-, Eierstock-, Pankreas-, Prostata-, Knochen- und Magenkrebs sowie Leukämie eingesetzt worden, mit unterschiedlichem Erfolg.

Es gibt auch Rückschläge. Diese Methode lässt sich nur bei einigen Krebsformen anwenden, und es existieren viele Tausend verschiedene Typen. Und auch, weil die Gene der weißen Blutzellen künstlich verändert wurden, ist die Modifikation manchmal nicht perfekt. Das kann zu unerwünschten Nebenwirkungen führen, die manchmal sogar tödlich sind.

Quantencomputer könnten dazu beitragen, diese Therapie zu perfektionieren. Sie könnten die Masse an Rohdaten analysieren, um die Genetik einer jeden Krebszelle zu identifizieren. Eine solch monumentale Aufgabe würde einen klassischen Computer überfordern. Das Genom eines jeden Menschen würde per Analyse seiner Körperflüssigkeiten unbemerkt und effizient mehrmals im Monat ausgelesen werden. Dann würde das gesamte Genom sequenziert werden, wobei mehr als 20000 Gene pro Person katalogisiert werden müssten. Anschließend würden diese Daten mit Tausenden möglichen Krebsgenen verglichen werden, die bereits untersucht worden sind. Eine riesige Infrastruktur von Quantencomputern wäre erforderlich, um diese Masse an Rohdaten zu analysieren. Die Vorteile wären jedoch enorm: das Zurückdrängen dieses gefürchteten Killers.

Das Paradoxon des Immunsystems

Seit langer Zeit umgibt das Immunsystem ein Geheimnis. Um eindringende molekulare Strukturen wie Antigene unschädlich zu machen, muss der Körper erst einmal in der Lage sein, sie zu identifizieren. Da es im Grunde eine unbegrenzte Anzahl an möglichen Viren und Bakterien gibt: Wie kann das Immunsystem zwischen gefährlichen und freundlichen Antigenen unterscheiden? Wie erkennt es den Unterschied, wenn es noch nie zuvor mit einem bestimmten Krankheitserreger in Kontakt gekommen ist? Das ist so, als ob die Polizei wüsste, wen sie in einer Menge von Personen, die sie noch nie gesehen hat, verhaften soll.

Auf den ersten Blick erscheint das unmöglich. Die Evolution hat jedoch einen schlauen Trick gefunden, dieses Problem zu lösen. Die B-Lymphozyten, beispielsweise, die zu den weißen Blutzellen gehören, weisen Y-förmige Antigenrezeptoren auf, die aus der Zellwand herausragen. Ziel der weißen Blutzellen ist es, mit den Spitzen des Y-Rezeptors an einem gefährlichen Antigen anzudocken, sodass es zerstört oder für eine spätere Zerstörung markiert wird. So identifiziert die B-Zelle gefährliche Antigene.

Wenn eine B-Zelle geboren wird, sorgt die zufällige Mischung der von den Genen exprimierten Proteine in den Spitzen der Rezeptoren dafür, dass es im Prinzip immer die richtige B-Zelle, also den richtigen Antikörper für jedes potenzielle Antigen gibt.

Das ist der Schlüssel. Daher sind im Prinzip fast *alle* Codes, auf die der Körper jemals treffen könnte, in den verschiedenen zufällig ausgestatteten Y-Rezeptoren enthalten. (Um sich vorzustellen, wie man mit einer kleinen Anzahl von Aminosäuren eine riesige Anzahl von genetischen Variationen schaffen kann, nehmen Sie ein hypothetisches Beispiel. Wir beginnen mit der Tatsache, dass es 20 verschiedene Aminosäuren im menschlichen Körper gibt. Nehmen wir an, wir erzeugen eine Kette von 10 Aminosäuren, wobei uns 20 für jedes Kettenglied zur Verfügung stehen. Dann gibt es $20 \times 20 \times 20 \times \ldots = 20^{10}$ mögliche Anordnungen von Aminosäuren. Vergleichen Sie das mit der tatsächlichen Anzahl möglicher B-Zell-Rezeptoren, die rund 10^{12} verschiedene mögliche Kombinationen hat. Diese astronomisch hohe Zahl enthält fast alle möglichen Antigene, auf die die B-Zelle jemals treffen könnten. Denn die Zahl 20^{10} ist zehnmal größer als 10^{12}.)

Sobald die Y-Rezeptoren alle randomisiert sind, werden die Rezeptoren, die die genetischen Codes der körpereigenen Aminosäuren enthalten, nach und nach entfernt. Zurück bleiben daher diejenigen Y-Rezeptoren, die nur den genetischen Code gefährlicher Antigene enthalten. Auf diese Weise können die Y-Rezeptoren gefährliche Antigene angreifen, selbst wenn sie ihnen zuvor noch nicht begegnet sind.

Es ist daher so, als versuche die Polizei, die Kriminellen in einer riesigen Menschenmenge zu finden, indem sie zunächst alle Leute ausschließt, von denen sie sicher weiß, dass sie unschuldig sind. Dann kann sie sicher sein, dass sich die Kriminellen unter den Übriggebliebenen befinden.

Da wir in einem unsichtbaren Meer von Milliarden Viren und Bakterien leben, funktioniert das System überraschend gut. Manchmal kommt es jedoch zu Fehlschlägen. So kann es passieren, dass der Körper, wenn er die körpereigenen genetischen Codes entfernt, nicht alle erwischt. Dann bleiben einige der «guten» Codes zurück und werden vom Immunsystem attackiert. Mit anderen Worten: Wenn die Polizei nicht alle nachweislich unschuldigen Verdächtigen entfernt, bleiben irrtümlicherweise einige Unschuldige zurück. Wenn es dann an der Zeit ist, die Kriminellen festzunehmen, werden auch unschuldige Verdächtige verhaftet.

Das heißt, dass der Körper sich dann selbst angreift und eine ganze Palette von Autoimmunkrankheiten auslöst. Vielleicht ist das der Grund dafür, dass wir unter rheumatoider Arthritis, Lupus, Diabetes Typ 1, Multipler Sklerose etc. leiden.

Manchmal passiert auch das Umgekehrte. Das Immunsystem entfernt nicht nur die «guten» Codes, sondern irrtümlich auch einige der «schlechten». Dann kann das Immunsystem die gefährlichen Antigene nicht identifizieren, die dann Krankheiten hervorrufen können.

Das geschieht möglicherweise mit einigen Krebstypen, wenn der Körper nicht in der Lage ist, die Antigene zu entdecken, die auf die schädlichen Erreger hinweisen.

Der gesamte Prozess der Identifikation gefährlicher Antigene ist quantenmechanischer Natur. Digitalrechner sind nicht in der Lage, die komplette Folge an Ereignissen zu reproduzieren, die auf molekularer Ebene ablaufen muss, damit das Immunsystem richtig funktioniert. Quantencomputer könnten jedoch ausreichend leistungsstark sein, um Molekül für Molekül zu entschlüsseln, wie das Immunsystem seine Magie bewirkt.

CRISPR

Der Einsatz von Quantencomputern in der Therapie könnte sich verstärken, wenn sie in Kombination mit einer neuen Technologie erfolgt, die auf dem CRISPR-System (CRISPR: Clustered Regularly Interspaced Short Palindromic Repeats) (eigentlich CRISPR/Cas) basiert. Diese Methode erlaubt Wissenschaftlern, Gene herauszuschneiden und andere Gene einzusetzen. Man spricht auch von Gene Editing oder Genomeditierung, populär von der Genschere. Quantencomputer können dazu verwendet werden, komplexe genetische Erkrankungen zu identifizieren und einzugrenzen, und Gemomeditierung könnte eingesetzt werden, um sie zu heilen.

In den 1980er-Jahren war die Begeisterung für Gentherapie, d.h. die Reparatur defekter Gene, groß. Wir kennen mindestens 10000 genetische Erkrankungen, unter denen Menschen leiden. Damals glaubte man, die Wissenschaft würde uns in die Lage versetzen, den Code des Lebens neu zu schreiben und die Fehler von Mutter Natur zu korrigieren. Manche fragten sich sogar, ob die Gentherapie die Menschheit nicht insgesamt weiterentwickeln könne, indem sie unsere Gesundheit und Intelligenz verbessert.

Ein Großteil der anfänglichen Forschung konzentrierte sich auf ein einfaches Ziel: genetische Erkrankungen zu heilen, die durch Schreibfehler bei einigen wenigen Buchstaben in unserem Genom hervorgerufen werden. Beispielsweise werden Sichelzellanämie (betrifft viele Afroamerikaner), Zystische Fibrose (betrifft viele Nordeuropäer) und Tay-Sachs (betrifft vorwiegend jüdische Menschen) durch die Schreibfehler bei einigen Buchstaben im Genom hervorgerufen. Man hoffte, diese Krankheiten ließen sich durch einfaches Neuschreiben des genetischen Codes heilen.

(Aufgrund von Ehen unter nahen Verwandten waren solche Erbkrankheiten in königlichen Familien so häufig, dass sie Historikern zufolge die Weltgeschichte beeinflusst haben. König George III. von England litt unter einer Erbkrankheit, die ihm den Verstand raubte. Historiker haben spekuliert, dies könnte die Amerikanische Revolution begünstigt haben. Und der Sohn von Zar Nikolaus II. von Russland litt an Hämophilie [Bluterkrankheit], von der die Zarenfamilie annahm, sie könne nur von dem Mystiker Rasputin behandelt werden. Das lähmte die Monarchie und verzögerte nötige Reformen, was in gewissem Sinne zur Russischen Revolution von 1917 beigetragen haben könnte.)

Diese gentechnischen Versuche wurden in ähnlicher Weise durchgeführt wie die Versuche zur Immuntherapie. Zunächst wurden die gewünschten Gene in ein harmloses Virus eingesetzt, das so modifiziert worden war, dass es den Wirt nicht schädigen konnte. Dann wurde dieses Virus dem Patienten injiziert, der auf diese Weise das gewünschte gesunde Gen erhielt.

Leider kam es zu Komplikationen. Beispielsweise kam es häufig vor, dass der Körper das Virus erkannte und attackierte, was zu Nebenwirkungen beim Patienten führte. Viele Hoffnungen, die in die Gentherapie gesetzt worden waren, erhielten 1999 einen schweren Schlag, als ein Patient während einer klinischen Versuchsreihe starb. Die finanziellen Mittel begannen auszubleiben, Forschungsprogramme wurden drastisch beschnitten, Versuchsreihen wurden gestoppt oder kamen erneut auf den Prüfstand.

In neuerer Zeit ist den Forschern jedoch ein Durchbruch gelungen, als sie sich genau anschauten, wie Mutter Natur Viren bekämpft. Wir vergessen manchmal, dass Viren nicht nur Menschen attackieren, sondern auch Bakterien. Daher stellten sich die Ärzte eine einfache Frage: Wie verteidigen sich Bakterien gegen virale Angriffe? Zu ihrer großen Überraschung stellten sie fest, dass Bakterien im Lauf von Millionen Jahren Wege entwickelt hatten, die Gene eindringender Viren zu zerschneiden. Wenn ein Virus versucht, ein Bakterium zu attackieren, kann das Bakterium sich wehren, indem es eine Vielzahl chemischer Verbindungen freisetzt, die die Gene des Virus an bestimmten Stellen zerschneiden und die Infektion so zum Erliegen bringen. Dieser wirkungsvolle Mechanismus wurde aufgeklärt und dann dazu verwendet, die DNA von Viren an erwünschten Stellen zu durchtrennen. 2020 erhielten Emmanuelle Charpentier und Jennifer Doudna für ihre Pionierarbeit bei der Entwicklung dieser Technik den Nobelpreis für Chemie.

Dieser Prozess ist mit Textverarbeitung verglichen worden. Früher musste man auf einer Schreibmaschine jeden Buchstaben nacheinander tippen, was ein mühsames und fehlerbehaftetes Unterfangen war. Mit Textverarbeitungssystemen war es jedoch möglich, ein Programm zu schreiben, das es erlaubte, ganze Manuskripte zu bearbeiten, indem man Teile völlig kontrolliert entfernt und neu anordnet. In ähnlicher Weise könnte die CRISPR-Technologie eines Tages zu gentechnischen Zwecken eingesetzt werden, die im Lauf der Jahre wechselnde Erfolge zu verzeichnen hatte.

Ein besonderes Ziel für die Gentherapie könnte das Gen sein, das für das Protein p53 kodiert. Dieses p53-Gen ist, wenn es mutiert ist, an rund der Hälfte aller häufigen Krebsformen wie Brust-, Kolon-, Leber-, Lungen- und Ovarialkrebs beteiligt. Dass es so anfällig für Mutationen ist, die zu Krebs führen können, liegt möglicherweise daran, dass es außerordentlich lang ist und an vielen Stellen mutieren kann. Es handelt sich um ein Tumor-Suppressor-Gen, und das Protein p53, für das es kodiert, ist ein sogenanntes Anti-Onkogen und wird auch als «Wächter des Genoms» bezeichnet.

Wenn dieses Gen jedoch mutiert, wird es zu einem der häufigsten Gene, die Krebs beim Menschen zugrunde liegen. Tatsächlich sind Mutationen an bestimmten Stellen auf dem p53-Gen oft mit bestimmten Krebsformen korreliert. Beispielsweise entwickeln Langzeitraucher oft Krebs aufgrund von Mutationen an drei bestimmten Stellen auf dem Gen, mit deren Hilfe sich nachweisen lässt, dass der Lungenkrebs der betroffenen Person höchstwahrscheinlich von Zigarettenrauch herrührt.

In Zukunft könnten wir dank Fortschritten in der Gentherapie und bei CRISPR in der Lage sein, die Schreibfehler im p53-Gen mittels Immuntherapie und Quantencomputern zu korrigieren und auf diese Weise viele Krebsformen zu heilen.

Wir erinnern uns daran, dass die Immuntherapie Nebenwirkungen hat, in seltenen Fällen auch den Tod des Patienten. Das liegt teilweise daran, dass das Herausschneiden von Krebsgenen und das Einfügen von gesunden Genen ungenau ist. Angesichts der Länge des p53-Gens zum Beispiel kann es beim Zerschneiden des Gens leicht zu Irrtümern kommen. Quantencomputer könnten dazu beitragen, diese tödlichen Nebenwirkungen zu reduzieren. Sie sind möglicherweise in der Lage, die Moleküle in den Genen einer bestimmten Krebszelle zu entziffern und zu kartieren. Anschließend könnte man per CRISPR-Verfahren das Gen an ganz bestimmten Punkten zerschneiden. Daher könnte eine Kombination von Gentherapie, Quantencomputern und CRISPR ermöglichen, Gene mit höchster Präzision zu zerschneiden, was das Problem tödlicher Nebenwirkungen reduzieren würde.

CRISPR-Gentherapie

In *Labortech* schreibt Clara Rodriguez Fernandez: «Theoretisch könnte CRISPR uns ermöglichen, jede genetische Mutation nach Belieben zu editieren, um jede Krankheit mit einem genetischen Ursprung zu heilen.» Genetische Erkrankungen, die auf einer einzelnen Mutation (sog. Punktmutation) beruhen, werden als erste ins Visier genommen. Sie fügt hinzu: «Bei mehr als 10 000 Erkrankungen, die von Mutationen in einem einzigen menschlichen Gen hervorgerufen werden, bietet CRISPR die Hoffnung, sie alle zu heilen, indem man die genetischen Fehler repariert, die sie hervorrufen.» In Zukunft, wenn sich die Technologie weiterentwickelt, rücken vielleicht genetische Erkrankungen ins Visier, die auf multiplen Mutationen in mehreren Genen basieren.

Hier beispielsweise eine Liste einiger der genetischen Erkrankungen, die gegenwärtig mithilfe von CRISPR behandelt werden:

1. Krebs
   An der University of Pennsylvania ist es Wissenschaftlern mithilfe von CRISPR gelungen, drei Gene zu entfernen, die es Krebszellen ermöglichen, dem körpereigenen Immunsystem zu entkommen. Dann führten sie ein anderes Gen ein, das dem Immunsystem helfen kann, Tumoren zu erkennen. Nach Angaben der Wissenschaftler erwies sich die Methode selbst bei Patienten mit Krebs im fortgeschrittenen Stadium als sicher.
   Darüber hinaus führt das Unternehmen CRISPR Therapeutics einen Test mit 130 Patienten durch, die an Blutkrebs leiden. Diese Patienten werden immuntherapeutisch behandelt, wobei CRISPR eingesetzt wird, um ihre DNA zu modifizieren.

2. Sichelzellanämie
   CRISPR Therapeutics sammelt überdies Knochenmark-Stammzellen von Patienten, die an Sichelzellanämie leiden. Anschließend werden diese Zellen mit CRISPR so verändert, dass sie fetales Hämoglobin erzeugen. Die so veränderten Zellen werden anschließend zurück in den Körper gegeben.

3. Aids
   Eine kleine Gruppe von Menschen wird aufgrund einer Mutation im CCR5-Gen mit einer natürlichen Immunität gegen Aids geboren. Normalerweise schafft das Protein, für das dieses Gen kodiert, eine Eintrittspforte für das Eindringen des HI-Virus. Bei diesen seltenen Individuen ist das CCR5-Gen jedoch mutiert, sodass das HI-Virus nicht in die Zelle eindringen kann. Für Menschen, die diese Mutation nicht aufweisen, wandeln Wissenschaftler das CCR5-Gen vorsätzlich mit CRISPR so ab, dass das Virus nicht in ihre Zellen gelangen kann.

4. Zystische Fibrose
   Zystische Fibrose oder Mukoviszidose ist eine relativ häufige Atemwegserkrankung; Menschen, die daran leiden, werden selten älter als 40 Jahre. Sie wird durch eine Mutation im CFTR-Gen hervorgerufen. In den Niederlanden ist es Ärzten gelungen, dieses Gen mithilfe von CRISPR zu reparieren, ohne dass Nebenwirkungen aufgetreten wären. Andere Gruppen, wie Editas Medicine, CRISPR Therapeutics und Beam Therapeutics, planen ebenfalls, Zystische Fibrose mit CRISPR zu behandeln.

5. Chorea Huntington
   Diese erbliche Erkrankung des Gehirns führt praktisch stets zu Demenz und schließlich zum Tod. Man nimmt an, dass einige Frauen, die 1692 in den Hexenprozessen in Salem angeklagt und verurteilt wurden, an dieser Krankheit litten. Ursache ist die stark erhöhte Wiederholungshäufigkeit eines Basentripletts auf dem Huntington-Gen. Wissenschaftler am Children's Hospital in Philadelphia setzten zur Behandlung der Krankheit CRISPR ein.

Während Krankheiten, die durch minimale Mutationen hervorgerufen werden, ein relativ leichtes Ziel für CRISPR-Methoden sind, könnten an Krankheiten wie Schizophrenie eine große Zahl von

Mutationen plus Wechselwirkungen mit der Umwelt beteiligt sein. Das ist ein anderer Grund, warum Quantencomputer erforderlich sein könnten.

Um auf molekularem Niveau zu verstehen, wie diese Mutationen eine Krankheit hervorrufen können, ist vermutlich die volle Leistungsfähigkeit von Quantencomputern nötig. Sobald wir den molekularen Mechanismus kennen, durch den gewisse Gene Erbkrankheiten hervorrufen, können wir diese Gene modifizieren oder wirksamere Behandlungsmöglichkeiten für die Krankheiten finden.

Petos Paradoxon

Allerdings wirft die Vorstellung von der Entstehung von Krebs eine Frage auf. Der Oxforder Biologe Richard Peto stellte bei Elefanten etwas Seltsames fest. Aufgrund ihrer beträchtlichen Größe wäre zu erwarten, dass sie häufiger an Krebs leiden als deutlich kleinere Tiere. Schließlich bedeutet mehr Masse mehr Zellen, die sich ständig teilen, was die Wahrscheinlichkeit für Fehler bei Ablesen der DNA, die zu Krebs führen können, erhöht. Überraschenderweise weisen Elefanten jedoch eine relativ geringe Krebsrate auf. Diese Tatsache ist als Petos Paradoxon bekannt.

Wenn wir uns im Tierreich umschauen, finden wir dieses Phänomen überall. Oft ist die Krebsrate nicht mit dem Körpergewicht korreliert. Später stellte sich heraus, dass Elefanten zwanzig Kopien des p53-Gens aufweisen, während Menschen nur eine einzige Kopie besitzen. Es wird angenommen, dass diese Extrakopien des p53-Gens in Zusammenarbeit mit einem anderen Gen, das für ein Protein namens LIF (Leukämiehemmender Faktor) kodiert, Elefanten einen relativ hohen Schutz vor Krebs verleiht. Vermutlich verringern Proteine wie p53 und LIF bei großen Tieren die Krebsrate.

Aber möglicherweise ist das nicht die ganze Geschichte. So verfügen Wale zum Beispiel nur über eine einzige Kopie des p53-Gens und eine einzige LIF-Version, und dennoch weisen sie eine geringe Krebsrate auf. Das heißt, Wale besitzen wahrscheinlich andere Gene, die sie vor Krebs schützen, die aber bisher noch unbekannt sind. Tatsächlich wird vermutet, es könne zahlreiche Gene geben, die verhindern, dass große Tiere häufig Krebs zum Opfer fallen. Auch einige Hai-Arten verfügen möglicherweise über einen genetischen Vorteil, den sie ihrer Evolution verdanken. Grönlandhaie können bis zu 500 Jahre alt werden, was wahrscheinlich an einem noch unbekannten Gen liegt.

«Wenn wir herausfinden, wie die Evolution einen Weg gefunden hat, Krebs zu verhindern, hoffen wir, dies in eine bessere Vorbeugung gegen Krebs übersetzen zu können. Jeder Organismus mit einer großen Körpermasse hat eine andere Lösung für Petos Paradoxon gefunden. Es gibt eine ganze Reihe von Entdeckungen, die dort draußen in der Natur nur auf uns warten und uns den Weg weisen, Krebs zu verhindern», meint Carlo Maley, der das p53-Gen im Tierreich untersucht hat.[2] Und Quantencomputer könnten sich als entscheidend erweisen, diese mysteriösen Anti-Krebsgene zu finden.

Es gibt viele Möglichkeiten, wie Quantencomputer im Kampf gegen Krebs wertvolle Hilfe leisten könnten. Eines Tages könnten Flüssigbiopsien Krebszellen Jahre oder gar Jahrzehnte vor dem Zeitpunkt aufspüren, an dem sich Tumoren bilden. Tatsächlich könnten Quantencomputer eines Tages ein gigantisches Gesundheitsarchiv von bis auf die Minute aktuellen genomischen Daten aufbauen, indem sie die gesamte Bevölkerung auf Frühzeichen von Krebszellen im Badezimmer scannen.

Wenn sich aber doch Tumoren gebildet haben, könnten Quantencomputer unser Immunsystem möglicherweise so modifizieren, dass es Hunderte verschiedener Krebstypen bekämpfen kann. Eine Kombination von Gentherapie, Immuntherapie, Quantencomputern und CRISPR-Verfahren könnte in der Lage sein, Krebsgene mit großer molekularer Präzision herauszuschneiden und durch gesunde Gene zu ersetzen. Sie könnte so dazu beitragen, die tödlichen Nebenwirkungen der Immuntherapie zu reduzieren. Zudem sind vielleicht eine Handvoll Gene, wie das p53-Gen, an einem Großteil dieser Krebsformen beteiligt; daher könnte Gentherapie in Kombination mit Quantencomputern in der Lage sein, schädliche Mutationen auf diesen Genen zu reparieren.

All diese Durchbrüche bei der Behandlung von Krebs, wie Liquid Biopsy und Immuntherapie, veranlassten Präsident Joseph Biden 2020, einen «Cancer Moonshot» auszurufen, das nationale Ziel, die Zahl der Krebstoten im Lauf der nächsten 25 Jahre um wenigstens 50 Prozent zu senken. Angesichts der raschen Fortschritte in der Biotechnologie ist dieses Ziel erreichbar.

Auch wenn es uns vielleicht möglich ist, eine zunehmende Anzahl von Krebsformen vollständig zu heilen, werden wir wahrscheinlich immer noch an einigen Krebsformen leiden, weil es so viele Wege gibt, wie sich Krebs bilden kann.

Eine andere Kombination neuer leistungsfähiger Technologien, mit der wir uns im nächsten Kapitel beschäftigen wollen, könnte uns jedoch eine weitere Verteidigungslinie gegen Krankheiten verschaffen. Künstliche Intelligenz und Quantencomputer könnten uns die Fähigkeit verleihen, Designer-Proteine zu kreieren, aus denen unsere Körper gemacht werden. Gemeinsam könnten sie uns ermöglichen, unheilbare Krankheiten zu heilen und das Leben selbst neu zu formen.

Kapitel 12: KI und Quantencomputer

Können Maschinen denken?

Diese Frage stand im Zentrum der historischen Dartmouth Conference 1954. Sie war die Geburtsstunde einer völlig neuen Forschungsrichtung, zur sogenannten künstlichen Intelligenz (KI). Alles begann mit einem kühnen Plan, in dem es hieß: «Wir wollen herausfinden, wie man Maschinen dazu bringen kann, zu sprechen, Abstraktionen und Konzepte zu bilden, Probleme zu lösen, die bislang dem Menschen vorbehalten waren, und sich selbst zu verbessern.» Die Wortführer waren überzeugt, man könne «signifikante Fortschritte machen …, wenn eine sorgfältig ausgewählte Gruppe von Wissenschaftlern einen Sommer lang an dem Projekt zusammenarbeitet».

Viele Sommer später arbeiten einige der klügsten Wissenschaftlerinnen und Wissenschaftler noch immer verbissen an diesem Problem.

Einer der Leiter der damaligen Konferenz war MIT-Professor Marvin Minsky, der auch als «Vater der künstlichen Intelligenz» bezeichnet wird.

Als ich ihn nach dieser Anfangsphase fragte, meinte er, es seien aufregende Zeiten gewesen. Es schien, als sei es in wenigen Jahren möglich, eine Maschine zu entwickeln, deren Intelligenz der menschlichen Intelligenz gleichkam. Vielleicht war es nur eine Frage der Zeit, bis Roboter den Turing-Test bestehen würden.

Wie es schien, gab es jedes Jahr neue Durchbrüche auf dem

Gebiet der KI. Zum ersten Mal konnten digitale Computer Schach spielen und Menschen bei einfachen Spielen schlagen. Es gab Computer, die Algebra-Probleme auf Schulniveau lösen konnten. Mechanische Arme wurden entwickelt, die Spielklötze erkannten und dann greifen konnten. Am Stanford Research Institute bauten Wissenschaftler *Shakey*, einen kastenförmigen Minicomputer auf Rollen mit einer oben aufsitzenden Kamera. Er konnte darauf programmiert werden, in einem Raum herumzufahren und Objekte auf seinem Weg zu identifizieren. Er konnte selbstständig navigieren und Hindernisse umgehen. Seinen Namen verdankte er dem Geräusch, das er machte, während er durch den Raum rumpelte.

Die Medien gerieten buchstäblich aus dem Häuschen. Direkt vor unseren Augen werde der mechanische Mensch geboren, verkündeten sie. Schlagzeilen in Wissenschaftsmagazinen verkündeten das Kommen von Haushaltsrobotern, die den Boden saugen, das Geschirr abwaschen und ganz allgemein die Hausarbeit erleichtern würden. Eines Tages würden uns Roboter als Babysitter dienen oder sogar zu echten Familienmitgliedern werden. Selbst das Militär öffnete sein Scheckbuch und finanzierte Roboter für den Einsatz auf dem Schlachtfeld, zum Beispiel Smart Truck, der sich eines Tages allein bewegen, hinter den feindlichen Linien Aufklärungsarbeit leisten, verwundete Soldaten retten und dann zur Berichterstattung zur Basis zurückkehren sollte, alles völlig selbstständig.

Wir stünden kurz davor, uns einen uralten Traum zu erfüllen, begeisterten sich Historiker. Der griechische Gott Hephaistos schuf eine Flotte von Robotern, um diverse Arbeiten in seinem Palast zu erledigen. Einer der von Hephaistos geschaffenen Roboter war Pandora, die eine magische Büchse öffnete, ohne zu wissen, dass aus ihr alle Laster und Untugenden in die Menschenwelt entweichen würden. Und selbst der geniale Leonardo da Vinci baute 1495 einen mechanischen Ritter, der mithilfe verborgener Flaschenzüge und Seile seine Arme bewegen, stehen, sitzen und sein Visier heben konnte.

Aber dann setzte der «KI-Winter» ein. Trotz all der atemberaubenden Presseerklärungen war der Medienrummel um die KI zu groß geworden, und dunkle Wolken des Pessimismus zogen auf. Die Forschenden erkannten, dass ihre KI-Maschinen immer nur eine einzige Fähigkeit besaßen. Und jede Maschine konnte nur eine einfache Aufgabe erfüllen. Roboter waren noch immer unbeholfene Maschinen, die sich kaum in einem Raum zurechtfinden konnten. Die Idee, eine Allzweck-Maschine zu bauen, die es mit der menschlichen Intelligenz aufnehmen konnte, schien wieder unendlich weit entfernt.

Das Militär begann, das Interesse zu verlieren. Die finanzielle Unterstützung blieb mehr und mehr aus, und die Investoren verloren ihr letztes Hemd. Seitdem hat es mehrere KI-Winter gegeben, Boom-Bust-Zyklen mit enormer Begeisterung und schamloser Publicity, die stets in einem Zusammenbruch endeten. Wissenschaftler mussten sich der harten Realität stellen und zugeben, dass die Entwicklung einer KI schwieriger war als angenommen.

Da Marvin Minsky so viele KI-Winter hatte kommen und gehen sehen, fragte ich ihn, ob er vorhersagen könne, wann ein Roboter die Intelligenz eines Menschen erreichen oder sie gar übertreffen werde. Er lächelte und meinte, dass er solche Aussagen über die Zukunft nicht länger mache. Er sei nicht mehr im Wahrsagegeschäft. Zu oft, gab er mir gegenüber zu, geht ihr Enthusiasmus mit den Leuten durch.

Das Problem, so Minsky, sei, dass KI-Forscher unter «Physikneid» leiden, wie er es nannte, dem Wunsch, DAS eine vereinheitlichende, übergreifenden Thema für die KI zu finden. Physiker, meinte er, suchen nach einer einzigen Einheitlichen Feldtheorie, die uns ein zusammenhängendes, elegantes Bild des Universums verspricht. KI ist jedoch anders, ein chaotisches Patchwork mit zu vielen auseinanderstrebenden und sogar widersprüchlichen Wegen, die wir der Evolution verdanken.

Wir müssen neue Ideen und neue Strategien ausprobieren. Ein

vielversprechender Weg könnte sein, KI und Quantencomputer miteinander zu kombinieren, die Kraft dieser beiden Disziplinen zu verschmelzen, um das Problem der künstlichen Intelligenz in Angriff zu nehmen. In der Vergangenheit war KI mit digitalen Computern vermählt, das schränkte die Fähigkeit der KI in frustrierender Weise ein. Aber KI und Quantencomputer ergänzen einander. KI hat die Fähigkeit, neue, komplexe Aufgaben zu erlernen, und Quantencomputer können die dazu nötigen rechnerischen Muskeln liefern.

Ein Quantencomputer mag eine beeindruckende Leistungsfähigkeit haben, doch er lernt nicht unbedingt aus seinen früheren Fehlern. Ein Quantencomputer, der mit neuronalen Netzwerken ausgestattet ist, wäre hingegen in der Lage, seine Berechnungen mit jeder Wiederholung zu verbessern, sodass er Probleme schneller und effektiver lösen kann, indem er neue Wege findet. Ähnlich mögen KI-Systeme darauf programmiert sein, aus ihren Fehlern zu lernen, doch ihre Rechenkapazität dürfte zu klein sein, um hochkomplexe Probleme zu lösen. Daher könnte eine KI, unterstützt von der Rechenleistung eines Quantencomputers, schwierigere Probleme in Angriff nehmen.

Am Ende könnte die Zusammenarbeit von KI und Quantencomputern für die Forschung völlig neue Wege eröffnen. Vielleicht liegt der Schlüssel zur KI in der Quantentheorie. Tatsächlich könnte die Verschmelzung dieser beiden Ansätze sämtliche Zweige der Wissenschaft revolutionieren und auch unsere Lebensweise und die Wirtschaft radikal verändern. KI wird uns in die Lage versetzen, lernende Maschinen zu konstruieren, deren Fähigkeiten sich allmählich denjenigen des Menschen annähern, während Quantencomputer die Rechenleistung liefern könnten, um eine intelligente Maschine zu erschaffen. Wie der CEO von Google, Sundar Pichai, einmal gemeint hat: «Ich denke, die KI kann das Quantencomputing beschleunigen, und das Quantencomputing kann die KI beschleunigen.»

Lernende Maschinen

Ein Wissenschaftler, der lange und intensiv über die Zukunft der KI nachgedacht hat, ist Rodney Brooks, früherer Direktor des Artificial Intelligence Laboratory am MIT, das von Marvin Minsky gegründet wurde. Dr. Brooks ist der Ansicht, man habe den Begriff KI vielleicht zu eng gefasst. Man denke beispielsweise an die erstaunlichen Navigationskünste einer Fliege, erklärte er mir. Sie erbringt Meisterleistungen, die die Fähigkeiten unserer besten Maschinen übersteigen. Ganz allein kann sie gewandt in einem Zimmer herumfliegen, manövrieren, Hindernissen ausweichen, Nahrung aufstöbern, einen Geschlechtspartner finden und sich verstecken – mit einem Gehirn nicht größer als ein Stecknadelkopf. Eine Fliege ist zweifellos ein Wunderwerk der Biologie.

Wie ist das möglich? Wie kann Mutter Natur eine Flugmaschine konstruieren, die unsere besten Fluggeräte in den Schatten stellt?

Allmählich wurde ihm klar, dass das Gebiet der KI möglicherweise damals, 1956, die falschen Fragen gestellt hatte. Damals nahm man an, das Gehirn sei eine Art Turing-Maschine, ein Digitalrechner. Man listet alle Regeln für Schach, Laufen, Algebra etc. in einer gigantischen Software auf, die man dann in einen Digitalrechner eingibt, und der beginnt plötzlich zu denken. «Denken» wurde auf Software reduziert. Damit war auch die grundsätzliche Strategie klar: Man schreibe zunehmend raffiniertere Programme, um die Maschine zu steuern.

Wie bereits erwähnt, besitzt eine Turing-Maschine einen Prozessor, der die eingespeisten Befehle ausführt. Sie ist nur so intelligent wie die Programmierung, die sie umsetzt. Daher muss ein laufender Roboter Newtons Bewegungsgesetzte einprogrammiert haben, sodass er die Bewegung seiner Gliedmaßen steuern kann, und zwar Mikrosekunde für Mikrosekunde. Deshalb erfordert es schon gigantische Computerprogramme mit Millionen Zeilen Computercode, um nur quer durch den Raum zu laufen.

Bis dahin basierten KI-Maschinen darauf, erklärte mir Brooks, ihnen all die Gesetze der Logik und Bewegung von Anfang an einzuprogrammieren, was sich als äußerst mühselig herausstellte. Das wurde als Top-down-Ansatz bezeichnet (von oben nach unten), d.h., Roboter wurden im Voraus darauf programmiert, alles Mögliche zu meistern. Aber die Roboter, die so entworfen worden waren, erschienen armselig: Wenn man *Shakey* oder einen der fortgeschrittenen Militärroboter nimmt und im Wald aussetzt, was tut er dann? Höchstwahrscheinlich verirrt er sich oder kippt um. Hingegen kann das kleinste Insekt mit einem winzigen Gehirn herumsausen und Nahrung, Geschlechtspartner sowie einen Unterschlupf finden, während unser Roboter hilflos auf dem Rücken liegt und mit den Armen rudert.

So hat Mutter Natur ihre Geschöpfe nicht entworfen.

In der Natur, erkannte Brooks, sind Tiere nicht von vornherein darauf programmiert zu laufen. Sie lernen dies auf die harte Tour, indem sie ein Bein vor das andere setzen, hinfallen und wieder aufstehen und es noch mal versuchen. Die Natur arbeitet nach dem Prinzip von Versuch und Irrtum.

Das erinnert an den Rat, den jeder Musiklehrer seiner vielversprechenden Schülerin gibt. Wie kommt man in die Carnegie Hall? Antwort: Üben, üben, üben.

Mit anderen Worten: Mutter Natur entwirft Geschöpfe, die Muster suchende Lernmaschinen sind und nach dem Prinzip von Versuch und Irrtum lernen, sich in der Welt zu orientieren. Sie machen Fehler, aber mit jeder Wiederholung stellen sich Fortschritte ein.

Das ist ein Bottom-up-Ansatz (von unten nach oben), und er beginnt damit, gegen Hindernisse zu rennen. Zum Beispiel lernen Babys, indem sie Erwachsene nachahmen. Wenn man nachts in eine Wiege ein Tonbandgerät legt, hört man Babys ständig brabbeln. Sie üben immer wieder, wie man die Laute hervorbringt, die sie ständig hören, und zwar so lange, bis sie diese Laute perfekt reproduzieren können.

Aufgrund solcher Erkenntnisse schuf Professor Brooks eine ganze Flotte von «Insektoiden» oder «Bugbots» («Insektenroboter»). Laufen lernen sie nach der Methode von Mutter Natur, indem sie gegen Hindernisse rempeln. Schon bald krabbelten kleine insektenähnliche Roboter über die Gänge des MIT und stießen gegen Objekte, doch sie stellten sich geschickter an als die unbeholfenen traditionellen Roboter, die strikten Regeln folgten, aber an der Tapete entlangschrappten, während sie vorbeirumpelten. Warum das Rad neu erfinden?

«Als ich noch ein kleiner Junge war», erzählte mir Brooks, «hatte ich ein Buch, in dem das Gehirn als eine Telefon-Schaltzentrale beschrieben war. Frühere Bücher beschrieben es als hydraulisches System oder als Dampfmaschine. Dann, in den 1960ern, wurde es zu einem digitalen Computer. In den 1980ern wurde es zu einem massiv parallelgeschalteten Digitalrechner. Wahrscheinlich gibt es irgendwo da draußen ein Kinderbuch, das behauptet, das Gehirn sei so etwas wie das World Wide Web.»

Vielleicht ist das Gehirn tatsächlich eine Muster suchende Lernmaschine, die auf sogenannten neuronalen Netzen basiert. In den Computerwissenschaften machen sich neuronale Netzwerke etwas zunutze, das man als Hebbsche Regel bezeichnet. Eine Version dieser Regel besagt: Wenn man eine Aufgabe ständig wiederholt und aus vorangegangenen Fehlern lernt, dann bringt jede Wiederholung einen näher an den richtigen Weg. Mit anderen Worten wird die korrekte Bahn für diese Aufgabe im Gehirn des KI-Systems nach zahlreichen Wiederholungen verstärkt. Wenn eine lernende Maschine zum Beispiel versucht, eine Katze zu identifizieren, wird sie nicht mit der mathematischen Beschreibung der Grundzüge einer Katze gefüttert. Vielmehr zeigt man ihr eine breite Palette von Katzenbildern in Situationen aller Art – schlafend, schleichend, jagend, springend, usw. Dann findet der Computer selbst nach dem Prinzip von Versuch und Irrtum heraus, wie eine Katze in unterschiedlichen Umgebungen aussieht. Das nennt man Deep Learning.

Die Erfolge des Deep-Learning-Ansatzes sind recht bemerkenswert. Googles AlphaGo, eine KI, die dazu entworfen worden ist, das alte Brettspiel Go zu spielen, konnte 2017 den Weltmeister besiegen. Das ist eine bemerkenswerte Leistung, da es auf einem 19x19-Go-Brett 10^{170} mögliche Positionen gibt. Das sind mehr Positionen, als es Atome im bekannten Universum gibt. AlphaGo lernte das Spiel nicht nur durch Beobachtung von Spitzenspielern, sondern auch dadurch, dass der Computer gegen sich selbst spielte, wobei er Spiele mit annähernd Lichtgeschwindigkeit durchlaufen konnte.

Problem des gesunden Menschenverstands

Lernende Maschinen oder neuronale Netzwerke könnten schließlich eines der hartnäckigsten Probleme bei der künstlichen Intelligenz lösen, das «Problem des gesunden Menschenverstands». Dinge, die Menschen für selbstverständlich halten und die selbst ein Kind versteht, liegen jenseits der Fähigkeiten der fortschrittlichsten Computer. Solange Roboter das Problem des gesunden Menschenverstands nicht lösen, werden sie sich nicht in die menschliche Gesellschaft integrieren können.

Zum Beispiel kann ein Digitalrechner unter Umständen aus einem simplen Satz an Beobachtungen keine Schlüsse ziehen, wie:

- Wasser ist nass, nicht trocken
- Mütter sind älter als ihre Töchter
- Stricke können ziehen, aber nicht drücken
- Stöcke können drücken, aber nicht ziehen

An einem einzigen Nachmittag kann man problemlos ganze Listen «offensichtlicher» Tatsachen über unsere Welt niederschreiben, die über das Verständnis von digitalen Computern hinausgehen. Das liegt daran, dass Computer die Welt nicht so erfahren wie wir.

Kinder lernen diese Tatsachen des gesunden Menschenverstands, indem sie in diese Dinge hineinstolpern. Sie lernen, indem sie etwas tun. Sie wissen, dass Mütter älter sind als ihre Töchter, weil sie diese Tatsache gesehen und erlebt haben. Ein Roboter ist jedoch wie eine leere Tafel, die keinerlei Vorverständnis für seine Umgebung mitbringt.

Wie beim Top-down-Ansatz diskutiert, haben Wissenschaftler versucht, gesunden Menschenverstand in die Software eines Computers einzuprogrammieren. Dann würde dieser sofort wissen, wie er sich in der menschlichen Gesellschaft bewegen und benehmen sollte. All diese Versuche schlugen jedoch fehl. In gesundem Menschenverstand steckt einfach enorm viel Wissen, das zwar selbst ein vierjähriges Kind begreift, einen Digitalrechner aber überfordert.

Daher könnte eine Verschmelzung des Top-down- und des Bottom-up-Ansatzes und eine Verschmelzung von KI mit Quantencomputern den Traum der ersten KI-Forscher erfüllen und den Weg in die Zukunft ebnen.

Während das Mooresche Gesetz allmählich an Gültigkeit verliert, da sich Transistoren der Größe von Atomen nähern, müssen auf Mikrochips basierende Computer zwangsläufig irgendwann von weiter fortgeschrittenen Computern, wie Quantencomputern, ersetzt werden.

Was die KI angeht, so ist ihre Weiterentwicklung aufgrund mangelnder Computerleistung ins Stocken geraten. Alle ihre Fähigkeiten, was Maschinenlernen, Mustererkennung, Suchmaschinen und Robotik angeht, werden durch fehlende Rechenleistung eingeschränkt. Quantencomputer können den Fortschritt auf all diesen Gebieten stark beschleunigen, da sie riesige Datenmengen simultan verarbeiten können. Während Digitalrechner eine Aufgabe Bit für Bit berechnen, rechnen Quantencomputer gleichzeitig mit einer riesigen Anordnung von Qubits und steigern ihre Leistungsfähigkeit dadurch exponentiell.

Daher können wir uns vorstellen, wie die KI und Quantencomputer sich gegenseitig befruchten. Quantencomputer können davon profitieren, neue Aufgaben zu erlernen, wie es neuronale Netzwerke tun, und die KI kann von der riesigen Rechenleistung der Quantencomputer profitieren.

Faltung von Proteinen

Deep-Learning-Systeme der KI sind inzwischen dabei, eines der größten Probleme in Biologie und Medizin in Angriff zu nehmen: die Entschlüsselung des Geheimnisses der Proteinmoleküle. Zwar enthält die DNA die Instruktionen für Leben, doch es sind die Proteine, die tatsächlich die Schwerstarbeit verrichten, den Körper in Gang zu halten. Wenn wir unseren Körper mit einer Baustelle vergleichen, enthält die DNA die Konstruktionszeichnung, die Blaupause, doch die Proteine übernehmen das schwere Heben und Lastentragen der Vorarbeiter und Bauarbeiter. Eine Blaupause ist wertlos, wenn es nicht ein Heer von Arbeitern gibt, die sie ausführen.

Proteine sind die Arbeitstiere der Biologie. Sie bilden nicht nur die Muskulatur, die unserem Körper seine Beweglichkeit verleiht, sie verdauen auch unsere Nahrung, greifen Keime an, regulieren unsere Körperfunktionen und erledigen viele andere wichtige Aufgaben. Darum haben sich Biologen gefragt: Wie gelingt es diesen Proteinmolekülen, all diese wundersamen Funktionen zu erfüllen?

In den 1950er- und 1960er-Jahren benutzten Wissenschaftler Röntgenkristallografie, um die räumliche Gestalt einer Reihe von Proteinmolekülen zu kartieren. Diese Proteine bestehen aus Bausteinen, den Aminosäuren, von denen es in der Natur 20 verschiedene Typen gibt, die in langen Strängen angeordnet sind und komplexe Knäuel bilden. Zu ihrer großen Überraschung stellten die Wissenschaftler fest, dass es die Form des Proteinmoleküls ist, die seine Magie möglich macht. Wissenschaftler sagen in diesem Fall «Die Funktion folgt der Form», d.h., es ist die Form eines Proteinmoleküls mit all ihren komplizierten Knoten und Wirbeln, die die charakteristischen Eigenschaften eines Proteins hervorbringt.

Denken Sie zum Beispiel an das Coronavirus, das mit seinen vielen Spikeproteinen, die auf seiner Oberfläche sitzen, im Aussehen an die Sonnencorona erinnert. Diese Oberflächenproteine oder Spikes sind wie Schlüssel, die die speziellen «Schlösser» auf der Oberfläche von Lungenzellen öffnen, sodass das Virus die Zellen mit seinem genetischen Material infizieren kann; anschließend fertigen die Zellen zahlreiche Kopien des Virus an. Wenn die

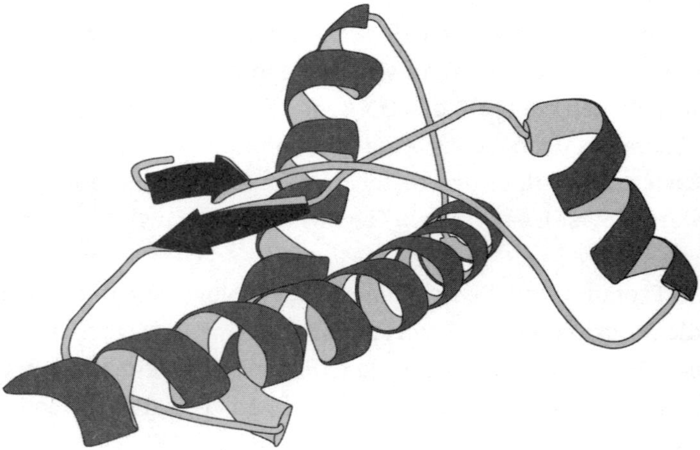

Abb. 10: Proteinfaltung
Proteine bestehen aus einer langen Kette von Bausteinen, den Aminosäuren, von denen es in der Natur 20 verschiedene Typen gibt, und diese Ketten können sich auf komplizierte Weise falten. Die dreidimensionale Struktur der gefalteten Proteinmoleküle bestimmt ihre Funktion. Quantencomputer könnten Wissenschaftlern erlauben, diese zu analysieren und dann völlig neue Proteine mit seltsamen, aber nützlichen Eigenschaften zu erzeugen und damit einen neuen Zweig der Biologie ins Leben zu rufen.

Zelle abstirbt, werden die Viruskopien frei und infizieren weitere gesunde Lungenzellen. Die Spikeproteine, die das Eindringen in Zellen ermöglichen, sind der Grund dafür, dass die Weltwirtschaft 2020–2022 fast einen Zusammenbruch erlitt.

Daher bestimmt die Form des Proteins mehr als alles andere, wie sich das Molekül verhält. Wenn wir die Form eines jeden Proteinmoleküls kennten, wären wir einen großen Schritt weiter, seine Arbeitsweise zu verstehen.

Das ist das sogenannte «Proteinfaltungs-Problem», die Aufgabe, die dreidimensionale Struktur aller wichtigen Proteine aufzuklären. Denn dies könnte das Geheimnis vieler unheilbarer Krankheiten lüften.

Die Röntgenkristallografie war entscheidend wichtig, um die Form eines Proteinmoleküls aufzuklären, doch das ist ein langer und mühsamer Prozess. Zunächst muss das Protein, das man analysieren will, isoliert, gereinigt und in Kristallform überführt werden. Das Proteinkristall kommt dann in ein Röntgendiffraktometer, das die Probe mit Röntgenstrahlen beschießt, sodass sich auf einem lichtempfindlichen Film ein Interferenzmuster bildet. Auf den ersten Blick sieht die Röntgenaufnahme wie ein chaotischer Wirrwarr von Punkten und Linien aus. Aber mit Intuition, Glück und Physik kann es Wissenschaftlern gelingen, die dreidimensionale Struktur des Proteins mithilfe der Aufnahme zu entschlüsseln.

Die Geburt der Bioinformatik

Eines der Ziele eines sich gerade entwickelnden Gebiets, der sogenannten Bioinformatik (englisch *computational biology*), ist daher, die dreidimensionale Struktur eines Proteins mithilfe von Computern aufzuklären, indem man sich lediglich die chemischen Bausteine des Proteins anschaut. Vielleicht ließe sich die jahrelange Arbeit, die nötig ist, um die Struktur eines Proteinmoleküls zu verstehen, durch das Drücken eines Knopfes an einem Computer ersetzen, auf dem ein KI-Programm läuft.

Um die Forschung auf diesem schwierigen, aber so wichtigen Gebiet voranzubringen, bedienten sich Wissenschaftler einer neuen Strategie. Sie riefen einen Wettbewerb namens CASP (Critical Assessment of Structure Prediction) aus, um herauszufinden, wer das beste Computerprogramm besaß, um das Problem der Proteinfaltung zu lösen.

Das war ein Wendepunkt, denn dieser Wettbewerb gab jungen Wissenschaftlern und Wissenschaftlerinnen ein aufregendes konkretes Ziel. Sie konnten Ruhm und Anerkennung unter ihresgleichen ernten, indem sie KI einsetzten, um das Problem der Proteinfaltung zu lösen – und das konnte wiederum zu Therapien führen, die Tausenden das Leben retten würden.

Die Regeln des Wettbewerbs waren einfach. Die Teilnehmenden erhielten einige wenige Hinweise auf die Natur eines bestimmten Proteins, beispielsweise dessen Aminosäuresequenz. Eine Möglichkeit, das Problem anzugehen, bestand darin, das Prinzip der kleinsten Wirkung anzuwenden, das Richard Feynman so erfolgreich auf die Quantenmechanik angewandt hatte. Sie erinnern sich, dass Feynman als Highschool-Student ermitteln konnte, welchen Weg ein Ball nahm, indem er seine Wirkung (kinetische Energie minus potenzieller Energie) minimierte.

Dieselbe Methode lässt sich auch auf Proteinmoleküle anwenden. Ziel ist es, diejenige Anordnung der Aminosäuren zu finden, die den niedrigsten Energiezustand einnimmt. Man vergleicht diesen Prozess gern mit dem Herabsteigen von einem Berg, um den tiefsten Punkt in einem Tal zu finden. Zuerst macht man kleine vorsichtige Schritte in alle Richtungen. Dann bewegt man sich nur noch in die Richtung, die die eigene Höhe ein wenig verringert. Dann beginnt man wieder von vorn, macht den nächsten Schritt und schaut, ob man weiter abwärts steigen kann, bis man schließlich den Talboden erreicht.

Auf dieselbe Weise kann man die Anordnung von Aminosäuren finden, die die niedrigste Energie aufweist.

Hier ist eine Möglichkeit, wie man dabei vorgehen kann: Zunächst macht man eine Reihe von Näherungen. Da ein Molekül viele Wellenfunktionen hat, die Elektronen und Atomkerne beschreiben, welche alle miteinander in komplexer Weise wechselwirken, übersteigt die Berechnung rasch das Leistungsvermögen eines konventionellen Computers. Daher lässt man einfach eine Reihe komplexer Terme fallen (z.B. die Wechselbeziehungen von Elektronen mit schweren Atomkernen und gewisse Wechselwirkungen zwischen Elektronen) und hofft, dass daraus nicht allzu viele Fehler resultieren.

Nun, da man das Programm eingerichtet hat, verknüpft man als Erstes die verschiedenen Aminosäuren miteinander zu einer langen Kette. Das bildet ein Skelett oder «Spielzeugmodell» vom möglichen Aussehen des Proteinmoleküls. Da man die Bindungswinkel kennt, die sich ergeben, wenn sich gewisse Atome miteinander verbinden, erhält man auf diese Weise eine grobe Vorstellung vom möglichen Aussehen des Proteins.

Zweitens berechnet man die Energie dieser Konfiguration von Aminosäuren, denn die Energie der verschiedenen Ladungen und die Bewegungsmöglichkeiten der Bindungen sind bekannt.

Drittens dreht und wendet man diese Bindungen, um herauszufinden, ob andere Konfigurationen die Energie des Proteins erhöhen oder senken. Das ist den vorsichtigen Schritten am Berg vergleichbar, die die eigene Höhe verringern.

Viertens verwirft man alle Konfigurationen, die die Energie erhöhen, und behält nur diejenigen bei, die sie senken. Der Computer «lernt» durch Versuch und Irrtum, wie die Bewegung der Atome die Energie des Moleküls verringern kann.

Und zuletzt beginnt man wieder von vorne, indem man die chemischen Bindungen verdreht oder die Aminosäuren neu anordnet. Bei jeder Wiederholung senkt man die Energie ein wenig, indem man die Lage und Position der Aminosäuren leicht verändert, bis man schließlich zu der Konfiguration mit der niedrigsten Energie gelangt.

Normalerweise würde dieser ständige Anpassungsprozess der Position der Atome die Fähigkeiten eines Digitalrechners übersteigen. Da man jedoch mit einer Reihe von Näherungen startet und nur auf relativ kleine Beiträge zur Energie verzichtet, kann ein Computer die vereinfachte Version innerhalb von Stunden oder Tagen lösen.

Zunächst waren die Ergebnisse lachhaft schlecht. Wenn man die Form des Moleküls, die von einem Computer vorhergesagt wurde, mit der aktuellen Form verglich, die sich per Röntgenkristallografie ergeben hatte, lagen die Computermodelle ziemlich weit daneben. Im Lauf der Jahre wurden Lernprogramme für Computer jedoch immer besser, und die Modelle wurden präziser.

Um 2021 waren die Ergebnisse spektakulär. Selbst bei all diesen Näherungen meldete das Computerunternehmen DeepMind, das an Google angegliedert ist, sein KI-Programm namens AlphaFold habe die Grobstruktur einer erstaunlichen Anzahl von Proteinen entschlüsselt: 350 000. Zudem identifizierte es 250 000 Formen, die zuvor unbekannt waren. Und es klärte die dreidimensionale Struktur aller 20 Proteine auf, die im Humangenomprojet aufgelistet sind. Es entzifferte sogar die Struktur von Proteinen, die in der Maus, der Taufliege und dem *E. coli*-Bakterium gefunden wurden. Später meldeten die Gründer von DeepMind, das Unternehmen würde in Kürze eine Datenbank mit mehr als 100 Millionen Proteinen veröffentlichen, die sämtliche der Wissenschaft bekannten Proteine umfasst.

Ebenfalls bemerkenswert ist, dass DeepMinds Ergebnisse trotz all der Näherungen den Ergebnissen der Röntgenkristallografie einigermaßen entsprechen. Obwohl verschiedene Terme in der Schrödingergleichung vernachlässigt wurden, erhielten die Forscher erstaunlich gute Resultate.

«Fast 50 Jahre lang sind wir bei diesem einen Problem – der Proteinfaltung – nicht weitergekommen. Wahrzunehmen, dass DeepMind eine Lösung für dieses Problem parat hat, an dem ich selbst so lange Jahre gearbeitet habe und nach so vielen Anläufen, bei denen wir uns gefragt haben, ob wir unser Ziel jemals erreichen werden, ist ein ganz spezieller Moment», meint John Moult, Mitbegründer von CASP.[1]

Diese Goldmine an Information hat auf der Stelle Konsequenzen gehabt. Beispielsweise ist sie verwendet worden, um 26 verschiedene Proteine des Coronavirus zu identifizieren, in der Hoffnung, dessen Schwachstellen zu finden und neue Impfstoffe zu entwickeln. In Zukunft sollte es möglich sein, die Struktur von Tausenden wichtiger Proteine aufzuklären. «Es ist uns gelungen, innerhalb weniger Monate Coronaviren-neutralisierende Proteine zu entwerfen. Unser Ziel ist jedoch, so etwas innerhalb weniger Wochen zu schaffen», meint David Baker vom Protein Design an der University of Washington.

Aber das ist nur der Anfang. Wie bereits betont, folgt die Funktion der Form. Das heißt, die Art und Weise, wie Proteine funktionieren, wird von ihrer Struktur bestimmt. Ebenso, wie ein Schlüssel in ein Schlüsselloch passt, bewirkt ein Protein seine Magie, indem es sich irgendwie an ein anderes Molekül anhängt.

Aber herauszufinden, wie sich Proteine falten, ist der einfache Teil. Nun beginnt der schwierige Teil, bei dem Quantencomputer eingesetzt werden, um die komplette Struktur eines Proteins zu entschlüsseln, ohne all die Näherungen. Es geht darum herauszufinden, wie ein bestimmtes Protein mit anderen Molekülen zusammenpasst, sodass es seine Funktion ausüben kann: beispielsweise Energie liefern, als Katalysator arbeiten, mit anderen Proteinen verschmelzen oder zusammenarbeiten, sich von anderen Molekülen abspalten und vieles mehr. Daher ist die Proteinfaltung nur der erste Schritt auf einer langen Reise, auf der wir dem Rätsel des Lebens selbst näher kommen.

Daher wird das zukünftige Programm zum Verständnis der Proteinfaltung in mehreren Schritten ablaufen:

Stadium 1: Strukturaufklärung

Wir befinden uns gegenwärtig in diesem Stadium und legen gerade ein riesiges Wörterbuch mit vielen Hunderttausend Einträgen an, in denen es um die Faltung verschiedener Proteine geht. Jeder Eintrag in dieses Wörterbuch liefert ein Bild der individuellen Atome, die gemeinsam ein komplexes Protein bilden. Diese Diagramme stammen ihrerseits aus dem Studium von Röntgenaufnahmen. Dieses riesige Buch enthält die korrekte Schreibweise eines jeden Proteins, doch noch ist es insofern bislang weitgehend leer, als es noch auf einer Reihe von Näherungen basiert, die Digitalrechnern erlauben, diese Berechnungen anzustellen. Wirklich erstaunlich ist dennoch, dass Wissenschaftler trotz so vieler Näherungen derart präzise Resultate erzielen.

Stadium 2: Entschlüsselung der Proteinfunktion

Im nächsten Stadium, in das wir nun eintreten, geht es darum herauszufinden, wie die dreidimensionale Struktur des Proteins seine Funktion bestimmt. Mithilfe von KI und Quantencomputern wollen wir klären, wie gewisse atomare Anordnungen in einem gefalteten Protein ihm ermöglichen, bestimmte Aufgaben im Körper zu erfüllen. Ziel ist eine vollständige Beschreibung körperlicher Funktionen und ihre Kontrolle durch Proteine.

Stadium 3: Schaffung neuer Proteine und Arzneimittel

Der letzte Schritt besteht darin, mithilfe dieses Wörterbuchs der Proteine neue, verbesserte Protein-Versionen zu entwickeln, die uns die Entwicklung neuer Arzneimittel und Therapien ermöglichen. Dazu müssen wir die Näherungen hinter uns lassen und die ursprünglichen quantenmechanischen Gleichungen der Moleküle lösen. Das können nur Quantencomputer leisten.

Die Evolution hat durch rein zufällige Wechselwirkungen eine Schatztruhe von Proteinen geschaffen, die verschiedene Aufgaben erfüllen können. Dafür hat sie jedoch Milliarden Jahre gebraucht. Wenn man den Speicher eines Quantencomputers als «virtuelles Labor» verwendet, sollte es möglich sein, die Evolution zu übertreffen und neue Proteine zu entwerfen, die besser im Körper funktionieren als die alten.

Bei diesem Vorgehen ergibt sich eine breite Palette von Anwendungsmöglichkeiten, zum Beispiel die Entwicklung völlig neuer Medikamente. Als Einstieg haben einige Menschen darüber nachgedacht, wie man damit die Umweltverschmutzung reduzieren könnte. So suchen Wissenschaftlerinnen und Wissenschaftler gegenwärtig nach Wegen, die 150 Millionen Tonnen Plastik abzubauen, die in Form von Getränkeflaschen auf Müllkippen landen oder als Mikroplastik in den Weltmeeren treiben. Die Idee lautet, mithilfe dieser Proteindatenbank die dreidimensionale Struktur bestimmter Proteine, sogenannter Enzyme, zu untersuchen, welche Kunststoffmoleküle abbauen und damit unschädlich machen können. Daran wird im Center for Enzymes in Portmouth, Großbritannien, bereits gearbeitet.

Dieser Prozess könnte auch sofortige medizinische Anwendungen zeitigen, denn eine Reihe von unheilbaren Krankheiten steht offenbar mit falsch gefalteten Proteinen in Zusammenhang. Ein vielversprechender Weg besteht darin, die Natur von Prionen zu verstehen; diese Proteine werden potenziell mit einer ganzen Palette unheilbarer Krankheiten in Verbindung gebracht, die besonders ältere Menschen betreffen, wie Alzheimer, Parkinson und ALS. Daher könnten Quantencomputer entscheidend dazu beitragen, Therapien für diese unheilbaren Krankheiten zu finden.

Die größten Herausforderungen der Medizin, bislang unheilbare Krankheiten, könnten das neue Schlachtfeld für Quantencomputer sein.

Prionen und unheilbare Krankheiten

Traditionell steht in jedem medizinischen Lehrbuch, dass Krankheiten von Bakterien und Viren verbreitet werden.

Aber das ist wahrscheinlich nicht die ganze Geschichte. Seit Jahrhunderten ist bekannt, dass Tiere an merkwürdigen Krankheiten leiden, die anders sind als diejenigen, die Menschen heimsuchen. Schafe mit Scrapie verhalten sich seltsam, scheuern sich an Zaunpfosten die Wolle ab (to scrape = kratzen) und verweigern das Futter. Diese unheilbare Krankheit endet immer tödlich. Rinderwahnsinn (Bovine spongiforme Enzephalopathie, BSE) ist eine ähnliche Erkrankung, die Rinder befällt, sodass sie Gangstörungen entwickeln, leicht erschrecken und aggressiv werden.

Beim Menschen gibt es eine seltene und ausgefallene Krankheit namens Kuru, die früher unter einigen Stämmen in Papua-Neuguinea kursierte. Dort verzehrten Stammesmitglieder im Rahmen ihrer Begräbniszeremonien das Gehirn ihres verstorbenen Verwandten. Einige der Beteiligten entwickelten einige Zeit später Symptome wie Demenz, starke Stimmungsschwankungen und Bewegungsstörungen; Ursache war die neue, erst in der zweiten Hälfte des 20. Jahrhunderts entdeckte Krankheit, die im Gehirn ihrer Verwandten nachgewiesen wurde.

Stanley B. Prusiner von der University of California in San Francisco wandte sich gegen das konventionelle medizinische Denken und kam zu dem Schluss, alles weise auf einen neuartigen Krankheitstyp hin. Im Jahr 1982 verkündete er, er habe das Protein gereinigt und isoliert, das die Ursache für diese Krankheit sei. Für seine Entdeckung der «Prionen» erhielt er im Jahr 1997 den Nobelpreis für Physiologie oder Medizin.

Prione sind Proteine, die im Körper in normal gefalteter, physiologischer Form und in einer schädlichen (pathogenen), anomal gefalteten Form vorliegen können. Pathogene Prionen verbreiten sich nicht in der für Infektionen üblichen Weise, sondern durch

Kontakt mit anderen Prionen. Wenn ein pathogenes Prion in Kontakt mit einem anderen, normal gefalteten Prion kommt, zwingt das anomal gefaltete Prion das normale Prion auf irgendeine Weise, sich ebenfalls falsch zu falten. So kann sich die Prionenkrankheit rasch im ganzen Körper verbreiten.

Inzwischen nehmen Wissenschaftler an, dass viele der tödlichen Krankheiten, die ältere Menschen befallen, ebenfalls von Prionen verursacht werden, wenn diese Meinung auch nicht unumstritten ist. Dazu gehört die Alzheimer-Krankheit, die von manchen als «Krankheit des Jahrhunderts» bezeichnet wird. Heute leiden rund sechs Millionen Amerikaner an Alzheimer, viele von ihnen 65 Jahre und älter; in Deutschland sind rund 700 000 Menschen betroffen. Rund eine Person von drei Senioren und Seniorinnen stirbt an Alzheimer oder Demenz. Gegenwärtig ist Alzheimer die sechsthäufigste Todesurdache in den Vereinigten Staaten, und die Fallzahlen steigen ständig. Schätzungen zufolge wird rund die Hälfte der Menschen über 80 Jahren schließlich an Alzheimer erkranken.

Alzheimer ist eine besonders tragische Krankheit, weil sie unseren privatesten und wichtigsten Besitz angreift, unsere Erinnerungen und unser Gefühl dafür, wer wir sind. Sie attackiert zunächst Bereiche tief im Gehirn, wie den Hippocampus, der Kurzzeiterinnerungen verarbeitet. Daher gehören zu den ersten Symptomen einer Alzheimer-Erkrankung Lücken im Kurzzeitgedächtnis. Vielleicht erinnern sich die Betroffenen glasklar an Ereignisse, die vor 60 Jahren stattgefunden haben, vergessen jedoch Dinge, die vor 6 Minuten passiert sind. Aber schließlich greift die Krankheit auf das gesamte Gehirn über, und selbst Langzeiterinnerungen verschwinden im Meer der Zeit. Die Krankheit endet immer tödlich.

Meine Mutter starb an Alzheimer. Es war herzzerreißend zu beobachten, wie ihre Erinnerungen langsam schwanden, bis sie nicht mehr wusste, wer ich war. Später wusste sie nicht einmal mehr, wer sie selbst war.

Es ist bekannt, dass Alzheimer eine genetische Komponente

aufweist. Menschen mit einer Mutation auf dem ApoE4-Gen sind besonders anfällig für die Krankheit. In einer BBC-Reihe, die ich früher einmal moderiert habe, konzentrierte sich die Kamera auf mein Gesicht, als ich gefragt wurde, ob ich den ApoE4-Test machen würde, um herauszufinden, ob ich genetisch für diese Krankheit disponiert sei. Was würde ich sagen, wenn sich herausstellen sollte, dass mir tatsächlich das Schicksal drohte, an Alzheimer zu erkranken? Ich dachte darüber nach und meinte schließlich, dass ich den Test dennoch machen würde, denn es ist stets besser, für die Zukunft gerüstet zu sein, ganz gleich, was sie bringt. (Zum Glück war mein Test negativ.)

Leider ist die Ursache von Alzheimer bislang unbekannt. Die einzige Möglichkeit, zu einer eindeutigen Alzheimer-Diagnose zu gelangen, ist eine Autopsie. Dabei finden Pathologen im Gehirn der Verstorbenen häufig zwei Typen von klebrigen Proteinen, die als Tau-Protein und als Beta-Amyloid bezeichnet werden. Seit Jahrzehnten diskutieren Ärzte darüber, ob diese klebrigen Proteine die Ursache für Alzheimer sind oder ein unwichtiges Nebenprodukt der Krankheit. Das Problem ist, dass bei Autopsien im Gehirn einiger Obduzierter starke Amyloid-Ablagerungen gefunden wurden, die Betroffenen aber keinerlei Alzheimer-Symptome aufwiesen. Daher gibt es in vielen Fällen keine direkte Ursache-Wirkungs-Beziehung zwischen Alzheimer und Amyloid-Ablagerungen (Plaques).

Ein Hinweis, der zur Lösung des Rätsels beitragen könnte, wurde vor Kurzem entdeckt. Wissenschaftler in Deutschland fanden eine direkte statistische Korrelation zwischen Menschen mit missgestalteten Proteinen und Menschen mit Alzheimer. Im Jahr 2019 veröffentlichten sie die erstaunliche Mitteilung, dass symptomfreie Menschen mit einem falsch gefalteten Amyloidprotein im Blut ein um das Dreiundzwanzigfache erhöhtes Risiko trugen, an Alzheimer zu erkranken. Diese Verbindung ließ sich bis zu 14 Jahre vor dem Zeitpunkt feststellen, an dem sie durch eine klinische Alzheimer-Diagnose bestätigt wurde.

Das heißt, dass uns ein einfacher Bluttest vielleicht Jahre vor der Entwicklung von Alzheimer-Symptomen über das Erkrankungsrisiko aufklären kann, indem er nach den missgestalteten Amyloid-Proteinen sucht.

Prusiner meinte dazu: «Meiner Meinung nach zeigt dies ohne jeden Zweifel, dass Beta-Amyloid und Tau beides Prionen sind und dass Alzheimer eine Doppelprionen-Krankheit ist, bei der diese Schurkenproteine gemeinsam das Gehirn zerstören. ... Wir brauchen ein rigoroses Umdenken in der Alzheimer-Forschung.»[2]

Einer der Autoren des Artikels, Klaus Gerwert von der Universität Bochum, betonte, dieser Durchbruch könne zu neuen Therapien für Alzheimer führen – momentan gibt es keine. Er meinte: «Der Nachweis falsch gefalteter Beta-Amyloide im Blut könnte daher einen entscheidenden Beitrag dazu liefern, ein Medikament gegen die Alzheimer-Krankheit zu entwickeln.»[3] Der deutsche Krebsforscher Hermann Brenner aus Heidelberg, ein weiterer Autor der Studie, meinte: «Alle setzen nun ihre Hoffnungen auf neue Behandlungsansätze während des symptomfreien Frühstadiums der Krankheit, um vorbeugende Schritte zu unternehmen.»[4]

«Gute» und «schlechte» Amyloidprotein-Versionen

Eine weitere Entdeckung 2021 könnte uns ganz genau sagen, wie dieser Krankheitsprozess abläuft. Wissenschaftler an der University of California fanden heraus, dass sich gute und schlechte Versionen des Amyloidproteins auf einen Blick anhand ihrer Struktur unterscheiden lassen. Sie stellten fest, dass Proteinmoleküle, da sie aus langen Aminosäureketten bestehen, die sich zusammengerollt haben, oft Cluster von Atomen aufweisen, die sich in die eine oder die andere Richtung schrauben, entweder im Uhrzeigersinn oder gegen den Uhrzeigersinn.

Im normalen Amyloidprotein ist die Struktur «linkshändig», d.h., die Spiralen und Wirbel des Moleküls weisen diese eine Orientierung auf. Das andere, mit Alzheimer assoziierte Amyloidprotein ist hingegen rechtshändig. Wenn die Theorie stimmt, dass *ein* Typ von missgestaltetem Amyloidprotein für die Alzheimer-Krankheit verantwortlich ist, könnte dies einen völlig neuen Ansatz für die Forschung bedeuten.

Zunächst müssen wir detaillierte 3-D-Bilder dieser beiden Amyloidprotein-Typen anfertigen. Möglicherweise ließe sich mithilfe von Quantencomputern auf atomarem Niveau genau erkennen, wie das missgestaltete Alzheimer-Molekül sich vermehren kann, indem es mit gesunden Amyloid-Proteinen zusammenstößt, und warum es im Gehirn so großen Schaden anrichten kann.

Durch eine genaue Untersuchung der Struktur des Proteins ließe sich dann vielleicht aufklären, wie es die Nervenzellen in unserem Nervensystem schädigt. Sobald der Mechanismus bekannt ist, gibt es mehrere Möglichkeiten. Eine davon wäre, die Defekte in diesem Protein zu identifizieren und mittels Gentherapie eine korrekte Version des Gens zu schaffen, das für das fehlerhafte Protein kodiert. Vielleicht werden auch eines Tages Medikamente entwickelt, die das Wachstum des rechtshändigen Proteins blockieren oder dafür sorgen können, dass es rascher aus dem Körper eliminiert wird.

Beispielsweise ist bekannt, dass diese missgestalteten Moleküle nur rund 48 Stunden im Gehirn existieren, bevor sie auf natürliche Weise ausgespült werden. Sobald wir die molekulare Struktur des rechtshändigen Amyloidproteins verstehen, können wir ein anderes Protein entwerfen, das an dieses abweichende Molekül andockt und es entweder abbaut und neutralisiert, sodass es nicht länger gefährlich ist, oder sich an das Protein bindet, sodass es rascher aus dem Körper gespült wird. Quantencomputer könnten dazu beitragen, die Schwachstellen des Moleküls herauszufinden.

Alles in allem könnten Quantencomputer zahlreiche Ansätze

auf molekularem Niveau aufzeigen, mit deren Hilfe sich die schlechten Prionen neutralisieren oder eliminieren ließen – etwas, das uns mittels Versuch und Irrtum und digitalen Computern nicht gelungen ist.

Amyotrophe Lateralsklerose

Ein weiteres Ziel für Quantencomputer ist die Amyotrophe Lateralsklerose (ALS), auch Lou-Gehrig-Syndrom genannt, eine tödliche Erkrankung des Nervensystems, die zu Muskelschwund und zur Lähmung der Muskulatur führt. In den USA sind mindestens 16000 Menschen betroffen, in Deutschland sind es 6000–8000. Die Betroffenen sind bei klarem Verstand, doch ihr Körper gehorcht ihnen immer weniger. Diese Krankheit greift das Nervensystem an und trennt in gewissem Sinne die motorischen Nervenzellen (Motoneuronen) von den Muskeln, die sie steuern. ALS führt auf die Dauer stets zum Tod.

Das berühmteste Opfer dieser Krankheit ist der verstorbene Kosmologe Stephen Hawking. Sein Fall war insofern ungewöhnlich, als er 76 Jahre alt wurde; die meisten ALS-Patienten sterben deutlich früher. Die Opfer leben nach dem Auftreten der ersten Symptome und der Diagnose dieser schrecklichen Krankheit in der Regel nur noch 2 bis 5 Jahre.

Hawking lud mich einmal zu einem Vortrag über Stringtheorie nach Cambridge ein. Ich war erstaunt, als ich zu ihm nach Hause kam. Das Haus war vollgestopft mit Geräten, die ihm trotz seiner lähmenden Krankheit zu «funktionieren» erlaubten. So gab es zum Beispiel eine mechanische Vorrichtung, in die man eine Physik-Zeitschrift legen konnte. Man musste nur einen Knopf drücken, dann ergriff der Apparat eine Seite und blätterte sie automatisch um.

Während der Zeitspanne, die ich mit ihm verbringen durfte,

war ich tief beeindruckt von seiner Willenskraft und seinem Wunsch, produktiv zu sein und am wissenschaftlichen Austausch in der Physik teilzunehmen. Obwohl er fast vollständig gelähmt war, war er fest entschlossen, seine Forschungen weiterzuführen und mit der Öffentlichkeit in Kontakt zu bleiben. Seine Entschlossenheit angesichts schier unüberwindbarer Hindernisse war ein Zeugnis seines Mutes und seines Tatendrangs.

Fachlich drehte sich seine Arbeit um die Anwendung der Quantentheorie auf Einsteins Gravitationstheorie. Die Hoffnung ist, dass sich die Quantentheorie eines Tages revanchiert und einen Weg für Quantencomputer findet, diese schreckliche Krankheit zu heilen. Gegenwärtig wissen wir nur wenig über ALS, denn die Krankheit ist relativ selten. Wenn man sich jedoch die Familiengeschichte der Betroffenen anschaut, wird deutlich, dass eine Reihe von Genen bei ALS eine Rolle spielt.

Bislang sind rund 20 Gene gefunden worden, die mit ALS in Verbindung gebracht werden, doch vier von ihnen sind für die meisten Fällen verantwortlich: C9orf72, SOD1, FUS und TARDBP. Eine Fehlfunktion dieser Gene wird mit dem Tod von Motoneuronen im Hirnstamm und im Rückenmark in Zusammenhang gebracht.

Von besonderem Interesse ist das SOD1-Gen. Man nimmt an, dass eine fehlerhafte Proteinfaltung, die vom SOD1-Gen verursacht wird, an der Entstehung von ALS beteiligt ist. Das SOD1-Gen kodiert für ein Enzym namens Superoxiddismutase (SOD), das geladene Sauerstoffmoleküle, potenziell gefährliche sogenannte Superoxid-Radikale, abbaut. Wenn es SOD jedoch nicht gelingt, diese Superoxidradikale zu eliminieren, kann das zu Schädigungen von Motoneuronen führen. Daher könnte die fehlerhafte Faltung des vom SOD1-Gen kodierten Proteins einer der Mechanismen sein, die den Tod von Neuronen bewirken.

Die Kenntnis des molekularen Weges, der von diesen defekten Genen eingeschlagen wird, könnte der Schlüssel dafür sein, diese Krankheit zu heilen, und Quantencomputer könnten dabei eine entscheidende Rolle spielen. Wenn man die Gene als Schablone einsetzt, kann man eine 3-D-Version des defekten Proteins schaffen, für das dieses Gen kodiert. Wenn man dann die Struktur des Proteins untersucht, ließe sich aufklären, wie es die Neuronen in unserem Nervensystem schädigt. Wenn wir feststellen können, wie das defekte Protein auf molekularer Ebene funktioniert, könnten wir vielleicht eine Therapie finden.

Parkinson-Krankheit

Eine weitere tödliche Krankheit, für die mutierte Proteine im Gehirn eine entscheidende Rolle spielen, ist die Parkinson-Krankheit, an der in den Vereinigten Staaten rund eine Million Menschen leiden; in Deutschland sind es rund 400 000 Menschen. Der bekannteste von dieser Krankheit Betroffene ist Michael J. Fox, der seine Berühmtheit dazu genutzt hat, Spendengelder in Höhe von einer Milliarde Dollar einzuwerben, um Parkinson zu bekämpfen. Ein typisches Anzeichen der Krankheit ist ein unkontrollierbares Zittern der Gliedmaßen («Schüttellähmung»), doch es gibt noch zahlreiche weitere Symptome, wie Gehstörungen, Verlust des Riechvermögens, Schlafstörungen usw.

Bei der Bekämpfung der Krankheit hat es einige Fortschritte gegeben. So haben Wissenschaftler zum Beispiel herausgefunden, dass man mithilfe von Hirnscans genau lokalisieren kann, wo Neurone stärker als normal feuern, was möglicherweise das Zittern (Tremor) der Hände hervorruft. Diese Form von Parkinson lässt sich dann manchmal dadurch behandeln, dass man dort, wo Zellen hyperaktiv sind, eine Elektrode ins Gehirn einpflanzt. Durch Neutralisieren der erratisch feuernden Neurone lässt sich dann ein Teil des Zitterns unterdrücken und das Beschwerdebild lindern.

Leider ist die Krankheit bislang nicht heilbar. Einige der Gene, die mit Parkinson in Zusammenhang gebracht werden, sind inzwischen jedoch isoliert worden. Es ist möglich, die mit diesen Genen assoziierten Proteine zu synthetisieren, deren dreidimensionale Struktur sich mithilfe von Quantencomputern entschlüsseln ließe. Auf diese Weise könnten wir herausfinden, wie Mutationen in solch einem Gen Parkinson hervorrufen können. Wir könnten dann die korrekte Version klonen und wieder in den Körper injizieren.

Daher könnten Quantencomputer einen völlig neuen Weg zur Bekämpfung dieser unheilbaren Krankheit, die vorwiegend ältere Menschen betrifft, aufzeigen. Vielleicht können sie eines der größten medizinischen Probleme aller Zeiten in Angriff nehmen: den Alterungsprozess. Wenn man den Alterungsprozess aufhalten kann, dann kuriert man automatisch eine ganze Palette von Krankheiten, die mit dem Altern einhergehen.

Wenn Quantencomputer eines Tages Heilungsmöglichkeiten für ältere Menschen finden können, heißt das dann auch, dass wir überhaupt nicht mehr sterben müssen?

Kapitel 13: Unsterblichkeit

Die älteste Suche aller Suchen, die bis in graue Vorzeit zurückreicht, ist die Suche nach Unsterblichkeit. Ganz gleich, wie mächtig ein König oder Herrscher auch sein mochte, er konnte die Falten nicht wegwischen, die sein Spiegelbild zeigte und die ihn an sein unausweichliches Ende erinnerten.

Eine der ältesten Geschichten überhaupt, die der Bibel vorausgeht, ist das Gilgamesch-Epos. Es beschreibt die Heldentaten des antiken mesopotamischen Kriegers Gilgamesch bei seinen Streifzügen durch die antike Welt. Während er fruchtbare Ebenen und Wüsten durchquerte, bestand Gilgamesch viele ruhmreiche Abenteuer und traf sogar einen weisen Mann, der Zeuge der Sintflut war. Grund für Gilgameschs Reise war eine große Mission: Er wollte das Geheimnis des ewigen Lebens finden. Nach langer Suche stieß er auf die Pflanze, deren Verzehr ewige Jugend versprach. Aber kurz bevor er sie essen konnte, tauchte eine Schlange auf, die ihm die Pflanze aus den Händen schnappte und verschlang. Die Moral dieser traurigen Geschichte ist, dass Menschen nicht dazu bestimmt waren, unsterblich zu werden.

In der Bibel verbannte Gott Adam und Eva aus dem Paradies, weil sie sein Verbot übertraten und den verbotenen Apfel aßen. Aber was war so gefährlich an einem unschuldigen Apfel? Nun, der Apfel war die verbotene Frucht der Erkenntnis von Gut und Böse.

Gott fürchtete, dass Adam und Eva auch vom Baum des Lebens nehmen und dadurch gottgleich und unsterblich werden würden. «Seht, der Mensch ist geworden wie wir; … Dass er jetzt nicht die

Hand ausstreckt, auch vom Baum des Lebens nimmt, davon isst und ewig lebt.»

Kaiser Qin Shihuangdi, dem es gelang, ganz China um 200 v. Chr. zu vereinigen, war von der Idee der Unsterblichkeit geradezu besessen. Einer berühmten Legende zufolge, schickte er seine riesige Schiffflotte aus, um den sagenhaften Brunnen der ewigen Jugend zu suchen. Er gab seiner Flotte nur einen einzigen Befehl: Wenn ihr den Brunnen nicht findet, kehrt nicht zurück. Offenbar fanden sie den Brunnen nicht, aber da sie nicht nach China zurückkehren konnten, entdeckten sie stattdessen Korea und Japan.

Der griechischen Mythologie zufolge verliebte sich Eos, die Göttin der Morgenröte, einst in einen Sterblichen namens Tithonos. Da Sterbliche irgendwann sterben, bat Eos den Göttervater Zeus, ihrem Liebhaber Unsterblichkeit zu verleihen. Zeus erfüllte ihren Wunsch. Aber Eos hatte einen entscheidenden Fehler gemacht. Sie hatte vergessen, den Göttervater auch um ewige Jugend für ihren Liebhaber zu bitten. So wurde Tithonos Jahr für Jahr älter und gebrechlicher, ohne dass er hätte sterben können. Wenn man die Götter um Unsterblichkeit bittet, sollte man also nicht vergessen, sie auch um ewige Jugend zu bitten.

Dank der Fortschritte der modernen Medizin ist es heute vielleicht an der Zeit, diese alte Suche von einer neuen Warte aus zu betrachten. Mithilfe von Quantencomputern könnte man den Berg an genetischen Daten über das Altern durchforsten und die molekulare Basis des Lebens selbst entschlüsseln; so ließe sich das Problem des Alterns vielleicht lösen. Tatsächlich sind Quantencomputer möglicherweise in der Lage, zweierlei Formen von Unsterblichkeit zu schaffen, biologische Unsterblichkeit und digitale Unsterblichkeit. Daher ist der Jungbrunnen vielleicht gar kein Brunnen, sondern ein Quantencomputerprogramm.

Der zweite Hauptsatz der Thermodynamik

Ausgerüstet mit moderner Physik, kann man einen frischen Blick auf diese alte Suche werfen. Die Physik des Alterns lässt sich mithilfe der Gesetze der Thermodynamik erklären, das heißt, mit den Gesetzen der Wärmelehre. Es gibt in der Thermodynamik drei Hauptsätze. Der erste Hauptsatz besagt einfach, dass die Gesamtmenge an Materie und Energie konstant ist. Es gibt nichts umsonst. Der zweite Hauptsatz besagt, dass Unordnung und Zerfall in einem geschlossenen System stets zunehmen. Der dritte Hauptsatz besagt, dass man den absoluten Nullpunkt der Temperatur niemals erreichen kann.

Der zweite Hauptsatz beeinflusst unser Leben maßgeblich. Dass Dinge am Ende verrosten, zerfallen und Lebewesen sterben, ist ein physikalisches Gesetz. Es besagt, dass die Entropie, ein Maß für molekulare Unordnung, ständig zunimmt. Offenbar verbietet dieses eherne Gesetz Unsterblichkeit, denn am Ende zerfällt alles. Wie es scheint, fällt die Physik ein Todesurteil über alles Leben auf der Erde.

Der zweite Hauptsatz hat jedoch ein Schlupfloch. Die Tatsache, dass alles zugrunde gehen muss, gilt nur für ein geschlossenes System. In einem offenen System, in dem Energie von außen einströmen kann, lassen sich die Unordnung und damit der Zerfall rückgängig machen.

Zum Beispiel nimmt die Entropie jedes Mal ab, wenn ein neues Lebewesen wie ein Baby geboren wird. Ein neues Leben verkörpert eine riesige Datenmenge bis herab auf das molekulare Niveau. Daher scheint Leben dem zweiten Hauptsatz zu widersprechen. Doch Energie gelangt in Form von Sonnenlicht von außen ins System. Daher ist die Energie der Sonne für die Schaffung der großen Vielfalt von Leben auf der Erde und der Umkehr der lokalen Entropiezunahme verantwortlich.

Deshalb verletzt Unsterblichkeit die Gesetze der Physik nicht.

Nichts im zweiten Hauptsatz verbietet ewiges Leben, solange Energie von außen ins System einströmt. In unserem Fall ist diese Energie das Sonnenlicht.

Was ist Altern?

Was also ist Altern?

Dem zweiten Hauptsatz zufolge wird Altern durch die Anhäufung von Fehlern auf molekularer, genetischer und zellulärer Ebene hervorgerufen. Irgendwann holt uns der zweite Hauptsatz ein. In unseren Zellen und unserer DNA häufen sich Fehler an. Hautzellen verlieren ihre Elastizität, und es bilden sich Falten. Organe funktionieren nicht mehr ordentlich und versagen. Nervenzellen feuern nicht mehr richtig, sodass wir Dinge vergessen. Manchmal entwickelt sich Krebs. Kurz gesagt, wir altern, und schließlich sterben wir.

Wir können manches im Tierreich beobachten, was uns Hinweise aufs Altern gibt. Schmetterlinge leben vielleicht ein paar Tage. Mäuse leben vielleicht ein paar Jahre. Elefanten können hingegen 60 bis 70 Jahre alt werden. Und Grönlandhaie bringen es unter Umständen sogar auf 500 Jahre.

Was ist hier der gemeinsame Nenner? Kleine Tiere verlieren Wärme schneller als große Tiere. Daher ist die Stoffwechselrate einer rasch umherflitzenden Maus, die Fressfeinden zu entkommen sucht, recht hoch im Vergleich zu derjenigen eines schweren Elefanten, der behäbig nach Nahrung sucht. Ein höherer Metabolismus geht jedoch mit einer höheren Oxidationsrate einher, durch die sich Fehler in unseren Organen anhäufen.

Unser Auto ist dafür ein gutes Beispiel. Wo altert ein Auto? Zuerst im Motor, wo es aufgrund der Kraftstoffverbrennung zu Oxidation kommt und wo auch der Verschleiß beweglicher Teile stattfindet. Aber wo befindet sich der Motor der Zellen?

Die Energie der Zellen wird in den Mitochondrien produziert, die man auch als «Kraftwerke der Zelle» bezeichnet. Daher wird vermutet, dass sich ein Großteil der Schäden des Alterungsprozesses in den Mitochondrien ansammelt. Wahrscheinlich kann man den Alterungsprozess umkehren, wenn wir den zweiten Hauptsatz unterlaufen, indem wir Energie von außen zuführen, einen besseren, gesünderen Lebensstil wählen und Biotechnologie einsetzen, um defekte Gene zu reparieren.

Denken Sie an ein Auto, das mit einem hochoktanigen Kraftstoff betankt ist. Das Auto läuft wunderbar. Selbst ein alterndes Auto läuft mit Super-Plus-Benzin besser. Das wiederum ähnelt dem, was Hormone wie Östrogen und Testosteron im menschlichen Körper bewirken. In gewissem Sinne agieren sie wie das Elixier des Lebens und schenken uns Energie und Vitalität jenseits unserer Jahre. Manche Wissenschaftler glauben, dass Östrogen eine der Ursachen ist, warum Frauen im Durchschnitt länger leben als Männer. Aber für dieses Extra an Lebenszeit müssen wir einen Preis bezahlen. Und das ist Krebs. Zusätzlicher Verschleiß bedeutet zudem, dass sich mehr Fehler ansammeln, darunter Mutationen auf Genen, die zu Krebs führen können. Daher repräsentiert Krebs in gewisser Weise den zweiten Hauptsatz der Thermodynamik, der uns einholt.

Solche Fehler in unserer DNA ereignen sich ständig. Beispielsweise kommt es in jeder Zelle unseres Körpers 25 bis 115 Mal pro Minute oder rund 36000 bis 160000 Mal pro Zelle und Tag zu DNA-Schäden auf molekularem Niveau. Unser Körper verfügt zwar auch über einen DNA-Reparaturmechanismus, aber wenn dieser Mechanismus von der schieren Anzahl von Fehlern in unserer DNA überfordert wird, beschleunigt sich der Alterungsprozess. Wir altern also, wenn die Anhäufung von Fehlern unsere Fähigkeit übersteigt, sie zu reparieren.

Wie lange können wir leben?

Wenn Altern also mit Fehlern in unserer DNA und unseren Zellen in Zusammenhang steht, dann sollte es möglich sein, ein grobes numerischen Prinzip zu finden, das vorhersagt, wie lange wir leben können.

Eine interessante Studie wurde am Wellcome Sanger Institute in Cambridge durchgeführt. Wenn Altern mit genetischen Schäden zusammenhängt, dann lässt sich vorhersagen, dass die Lebensspanne eines Tieres desto kürzer ist, je mehr solcher Schäden es aufweist. Und tatsächlich fanden die Cambridger Wissenschaftler nach Analyse von 16 Tierarten eine inverse Beziehung: je mehr genetische Schäden, desto kürzer die durchschnittliche Lebensspanne.

Sie stellten bemerkenswerte Korrelationen zwischen ganz unterschiedlichen Tierarten fest. Der relativ kleine Nacktmull sammelt im Schnitt 93 Mutationen pro Jahr an und kann 25–30 Jahre alt werden. Die riesige Giraffe sammelt innerhalb einer Lebensspanne von 24 Jahren 99 Mutationen pro Jahr an. Wenn wir diese beiden Zahlen multiplizieren, ergeben sich für den Nacktmull ungefähr 2325 Mutationen insgesamt und 2376 für die Giraffe, also bemerkenswert ähnliche Ergebnisse. Obgleich sich diese beiden Säugetiere in Größe und Lebensweise stark unterscheiden, sammeln sie also im Lauf ihres Lebens ungefähr die gleiche Anzahl an Mutationen an.

Wenn wir die Daten von vielen Tierarten in dieser Weise analysieren, erhalten wir eine Formel, mit der sich die Lebensspanne von Menschen vorhersagen lässt. Bei der Analyse von Mäusen stellten die Wissenschaftler eine Rate von 793 Mutationen pro Jahr fest, die sich auf eine Lebensspanne von durchschnittlich 3,7 Jahren verteilten; insgesamt waren es 2934,1 Mutationen.

Die entsprechenden Zahlen für Menschen sind etwas schwieriger zu ermitteln, da sie zwischen verschiedenen Kulturen und

Örtlichkeiten variieren. Menschen, so nimmt man an, haben eine Mutationsrate von 47 pro Jahr. Bei den meisten Säugern liegt die Gesamtzahl bei durchschnittlich 3200 Mutationen pro Lebensspanne. Das würde auf den ersten Blick bedeuten, dass Menschen eine Lebenserwartung von rund 70 Jahren haben. (Mit etwas anderen Annahmen kommt man auf eine Zahl von rund 80 Jahren.)

Die Ergebnisse dieser einfachen Berechnung sind recht bemerkenswert. Sie sprechen dafür, dass die Anhäufung genetischer Fehler in unserer DNA und in unseren Zellen eine der wichtigsten Antriebskräfte für Altern und Tod ist.

Bislang wurden viele dieser Ergebnisse an Tieren in freier Wildbahn, in ihrem natürlichen Zustand, gewonnen. Aber was passiert, wenn wir Tiere veränderten äußeren Bedingungen aussetzen? Lässt sich ihre Lebenserwartung künstlich verändern?

Wie es scheint, lautet die Antwort «Ja».

Die biologische Uhr zurücksetzen

Durch medizinische Eingriffe (z.B. Biotechnologie, Veränderungen des Lebensstils) könnte es möglich sein, die menschliche Lebenserwartung zu vergrößern, indem man die Schäden korrigiert, die durch den zweiten Hauptsatz hervorgerufen werden.

Es gibt mehrere Möglichkeiten. Eine davon ist, die «biologische Uhr» zurückzusetzen. Wenn sich eine Zelle teilt, werden ihre Chromosomen ein wenig kürzer. Hauptzellen beginnen offenbar nach rund 60 Teilungen zu altern, was als Seneszenz bezeichnet wird, und sterben schließlich ab. Diese Zahl ist als Hayflick-Grenze bekannt. Sie ist ein Grund dafür, dass Zellen sterben: Sie besitzen eine eingebaute Uhr, die ihnen sagt, wann dieser Zeitpunkt gekommen ist.

Ich habe einmal ein Interview mit Dr. Leonard Hayflick geführt und ihn nach seiner berühmten Grenze gefragt. Er äußerte sich jedoch vorsichtig und meinte, manche Menschen würden vielleicht vorschnelle Rückschlüsse ziehen, was diese biologische Uhr angehe. Wir seien gerade erst dabei, erklärte er mir, den Alterungsprozess zu verstehen. Er beklagte, dass die Biogerontologie, die Wissenschaft des Alterns, so häufig mit Fehlinformationen zu kämpfen habe, die in der Öffentlichkeit gestreut würden; das gelte vor allem für die neuesten Ernährungsmarotten.

Die Hayflick-Grenze tritt auf, weil Schutzkappen an den Enden von Chromosomen, die sogenannten Telomere, bei jeder Zellteilung kürzer werden. So wie die Spitze unseres Schnürsenkels nach langem Gebrauch verschleißt und der Schnürsenkel auszufransen beginnt, beginnen auch die Schutzkappen zu verschleißen, die Zelle altert und stirbt schließlich.

Aber es ist auch möglich, «die Uhr anzuhalten». Das Enzym Telomerase kann verhindern, dass die Telomere immer kürzer werden. Auf den ersten Blick könnte man meinen, damit ließe sich Altern «heilen». Tatsächlich ist es Wissenschaftlern gelungen, menschliche Hautzellen mit Telomerase zu behandeln, sodass sich diese Zellen statt nur 60 Mal viele Hundert Male teilten. Dank dieser Forschung können wir zumindest *einen* Zelltyp «unsterblich» machen.

Aber die ganze Sache ist nicht ohne Risiko. Wie sich herausgestellt hat, verwenden auch Krebszellen Telomerase, um unsterblich zu werden. Tatsächlich wurde in 90 Prozent aller menschlichen Tumoren Telomerase nachgewiesen. Man muss also vorsichtig sein, wenn man Telomere im Körper manipuliert, um nicht aus Versehen gesunde Zellen in Krebszellen zu verwandeln.

Wenn wir daher jemals den Jungbrunnen finden, könnte Telomerase ein Teil der Lösung sein, aber nur, wenn sich die Nebenwirkungen beseitigen lassen. Quantencomputer könnten das Geheimnis lüften, wie Telomerase eine Zelle unsterblich machen kann, ohne sie in eine Krebszelle zu verwandeln. Sobald dieser molekulare Mechanismus aufgeklärt worden ist, ist es vielleicht möglich, eine Zelle so zu modifizieren, dass ihre Lebensspanne steigt.

Kalorienbeschränkung

Ungeachtet aller Quacksalberkuren und -therapien, die es im Lauf der Jahrhunderte gegeben hat, um unsere Lebensdauer zu verlängern, gibt es eine Methode, die den Test der Zeit bestanden hat und in jedem Fall zu funktionieren scheint. Die einzig nachweislich wirksame Methode, die Lebenserwartung eines Tieres zu verlängern, ist eine Kalorienbeschränkung. Mit anderen Worten: Wenn man rund 30 Prozent Kalorien weniger zu sich nimmt, kann man sein Leben um rund 30 Prozent je nach untersuchtem Tier verlängern. Diese allgemeine Regel ist an einem breiten Spektrum von Tierarten überprüft worden, von Insektenarten über Mäuse, Katzen und Hunde bis zu Menschenaffen. Diejenigen Tiere, die weniger Kalorien zu sich nahmen, lebten länger als ihre Artgenossen, die sich satt aßen. Sie waren seltener krank und litten weniger unter Altersproblemen wie Krebs und Arterienverkalkung.

Eine Art ist jedoch bislang nicht systematisch analysiert worden: *Homo sapiens*. (Das ist vielleicht so, weil wir zu lang leben und uns zu laut über eine spartanische Kost beschweren würden, die so knapp ist, dass selbst ein Einsiedler hungrig bliebe.) Niemand weiß genau, warum Kalorienrestriktion funktioniert, doch einer Theorie zufolge reduziert ein geringerer Kalorienverbrauch die Oxidationsrate und verlangsamt dadurch den Alterungsprozess.

Ein Ergebnis, das diese Theorie stützt, stammt von Experimenten mit dem Fadenwurm *C. elegans*. Wenn man diesen Fadenwurm genetisch so verändert, dass seine Oxidationsrate sinkt, lässt sich seine Lebensspanne vervielfachen. Wissenschaftler haben einigen dieser manipulierten Gene Namen wie Age-1 und Age-2 gegeben. Offenbar erleichtert die Verkleinerung der Oxidationsrate den Zellen, Schäden zu reparieren. Daher klingt die Annahme plausibel, dass Kalorienrestriktion funktioniert, weil sie die Oxidationsrate im Körper senkt, was wiederum die Anhäufung von Fehlern verringert.

Aber das lässt eine Frage offen: Warum schränken einige Tiere überhaupt ihre Kalorienaufnahme ein? Fressen Tiere bewusst weniger, um länger zu leben? (Einer Theorie zufolge können Tiere in ihrer natürlichen Umgebung zwei Strategien verfolgen. Einerseits können sie sich fortpflanzen und Nachwuchs haben. Aber das erfordert einen ständigen, reichlichen Nachschub an Nahrung, was selten ist. Häufiger sind die meisten Tiere kurz vorm Verhungern und müssen ständig jagen und nach Nahrung suchen. In Zeiten der Nahrungsknappheit, was öfter der Fall ist als das Gegenteil, fressen Tiere instinktiv weniger, um Energie zu sparen und länger zu leben, bis die Zeit kommt, wenn es wieder mehr Nahrung gibt und sie sich fortpflanzen können.)

Wissenschaftler, die sich eingehend mit Kalorienbeschränkung beschäftigt haben, nehmen an, diese könne mithilfe der Verbindung Resveratrol funktionieren, was wiederum das Enzym Sirtuin-1 aktiviert. Resveratrol findet sich in Rotwein. (Das hat zu einem kleinen Hype rund um Resveratrol und Rotwein geführt, doch es ist bislang ungeklärt, ob Resveratrol die menschliche Lebenserwartung wirklich steigern kann.)

Möglicherweise haben Studien, die 2022 an der Yale University durchgeführt wurden, einen Teil des Rätsels gelöst, warum Kalorienrestriktion tatsächlich funktioniert. Die Forschenden konzentrierten sich dabei auf die Thymusdrüse, die zwischen den Lungenflügeln liegt; sie produziert T-Zellen, einen wichtigen Vertreter unserer weißen Blutzellen, die zur Abwehr von Infektionen dienen. Sie stellten fest, dass die T-Zellen aus der Thymusdrüse rascher altern als normale T-Zellen. So sind in einem Alter von 40 Jahren rund 70 Prozent unseres Thymus verfettet und nicht mehr funktionsfähig. Vishwa Deep Dixit, einer der führenden Autoren dieser Studie, meint: «Wenn wir älter werden, spüren wir allmählich den Mangel an neuen T-Zellen, denn diejenigen, die wir noch haben, sind nicht mehr besonders gut dazu geeignet, neue Pathogene zu bekämpfen. Das ist einer der Gründe dafür, dass ältere Menschen ein höheres Risiko haben zu erkranken.»[1]

Angesichts dieses Resultats führten die Forscher ein weiteres Experiment durch, bei dem eine Gruppe der Teilnehmer zwei Jahre lang auf eine kalorienreduzierte Diät gesetzt wurde. Zu ihrer Überraschung stellten die Forschenden fest, dass die Probanden dieser Gruppe weniger Fett und mehr funktionierende Zellen in ihren Thymusdrüsen aufwiesen als die normal ernährte Vergleichsgruppe. Das war ein bemerkenswertes Ergebnis.

Dixit meint dazu: «Die Tatsache, dass dieses Organ verjüngt werden kann, ist meiner Meinung nach verblüffend, da es nur sehr wenig Hinweise gibt, dass so etwas beim Menschen geschieht. Dass so etwas tatsächlich möglich ist, ist höchst aufregend.»

Der Yale-Gruppe wurde allmählich klar, dass sie etwas Wichtigem auf der Spur war. Als Nächstes wollten sie die eigentliche Ursache untersuchen: Auf welche Weise regt eine Kalorienbeschränkung auf molekularer Ebene das Immunsystem an?

Die Forschenden konzentrierten sich schließlich auf ein Protein namens PLA2G7, das bei Entzündungen eine Rolle spielt, ein anderes Phänomen, das mit dem Alterungsprozess in Zusammenhang gebracht wird. «Diese Ergebnisse zeigen, dass PLA2G7 einer der Einflussfaktoren ist, die für die Auswirkungen der Kalorienrestriktion verantwortlich sind. Die Identifizierung dieser Einflussfaktoren hilft uns zu verstehen, wie Stoffwechselsystem und Immunsystem miteinander kommunizieren. Das kann uns potenzielle Ziele aufzeigen, um die Immunabwehr zu verbessern, Entzündungsreaktionen zu verringern und potenziell sogar die gesunde Lebensspanne zu vergrößern», meint Dixit.

Der nächste Schritt wäre, Quantencomputer einzusetzen, um herauszufinden, wie dieses Protein auf molekularem Niveau Entzündungen hemmen und den Alterungsprozess verlangsamen kann. Wenn dieser Prozess verstanden ist, könnte es möglich werden, PLA2G7 zu manipulieren und die Vorteile einer Kalorienreduktion zu genießen, ohne sich auf eine Hungerdiät zu setzen.

Dixit zieht den Schluss, seine Studie zu den relevanten Proteinen und Genen könne die Richtung der Forschung über den Alterungsprozess verändern. «Ich denke, sie gibt Hoffnung!», meint er.

Der Schlüssel zum Älterwerden: Reparatur der DNA

Das wirft jedoch eine weitere Frage auf: Wie repariert eine Kalorienbeschränkung die molekularen Schäden durch Oxidation? Kalorienreduktion könnte dadurch funktionieren, dass sie den Oxidationsprozess verlangsamt und dem Körper mehr Zeit gibt, die hervorgerufenen Schäden auf natürliche Weise zu reparieren. Aber wie repariert der Körper DNA-Schäden überhaupt?

Mit dieser Frage beschäftigen sich Forscher an der Rochester University. Sie untersuchen DNA-Reparaturmechanismen im Tierreich. Genauer gesagt, fragen sie sich, ob DNA-Reparaturmechanismen erklären können, warum manche Tierarten länger leben als andere. Gibt es einen genetischen Jungbrunnen?

Die Forschenden analysierten die Lebensspanne von 18 Nagerarten und wandten sich dem interessanten Umstand zu, dass Mäuse im Durchschnitt 2–3 Jahre, Biber und Nacktmulle jedoch 25–30 Jahre alt werden können. Sie nahmen an, dass die langlebigen Nager einen leistungsfähigeren DNA-Reparaturmechanismus haben als die kurzlebigen.

Um ihre Theorie zu testen, konzentrierten sie sich auf das Sirtuin-6-Gen, das eine Rolle für die DNA-Reparatur spielt und manchmal als «Langlebigkeitsgen» bezeichnet wird. Sie entdeckten, dass nicht alle Sirtuin-6-Proteine identisch sind. Das Sirtuin-6-Gen kodiert für fünf unterschiedliche Proteintypen, und jeder Typ hat ein anderes Aktivitätsniveau. Darüber hinaus stellten sie fest, dass Biber Sirtuin-6-Proteine aufwiesen, die potenter waren als die entsprechenden Proteine von Ratten, aber nicht als diejenigen von Nacktmullen. Das könnte der Grund sein, vermuten sie, warum Biber so lange leben.

Um ihre Theorie zu belegen, injizierten sie die verschiedenen Sirtuin-6-Proteine in verschiedene Tiere, um herauszufinden, ob sie deren Leben verlängerten. Taufliegen, denen das Biber-Sirtuin-6-Protein injiziert wurde, lebten tatsächlich länger als Taufliegen, denen das Ratten-Situin-6-Protein injiziert wurde.

Bei menschlichen Zellen zeigte sich das gleiche Bild: Zellen, die das Biber-Sirtuin-6-Protein erhielten, wiesen weniger DNA-Schäden auf als Zellen, die das Rattenprotein erhielten. Vera Gorbunova, eine der beteiligten Forscherinnen, meint: «Wenn es aufgrund von DNA, die mit zunehmendem Alter Auflösungserscheinungen zeigt, zu Krankheiten kommt, können wir Forschung wie die unsrige verwenden, um zielgerichtete Eingriffe vorzunehmen, die die Entwicklung von Krebs und anderen degenerativen Krankheiten verzögern.»[2]

Das ist wichtig, weil die Reparatur von DNA-Schäden, die von Genen wie dem Sirtuin-6-Gen gesteuert werden könnte, der Schlüssel für eine Umkehrung des Alterungsprozesses sein könnte. Dann ließen sich Quantencomputer einsetzen, um genau herauszufinden, wie Sirtuin-6 es schafft, Mechanismen zur DNA-Reparatur auf molekularer Ebene zu unterstützen.

Sobald diese Prozesse geklärt sind, lassen sich möglicherweise Wege finden, die DNA-Reparaturmechanismen zu beschleunigen, oder neue molekulare Wege suchen, sie zu verbessern. Wenn die Schädigung der DNA daher eine der Triebkräfte des Alterungsprozesses ist, dann ist es entscheidend wichtig zu verstehen, wie sich dieser Prozess auf molekularer Ebene rückgängig machen lässt. Und dazu braucht man Quantencomputer.

Zellen auf Jugend reprogrammieren

Wenn es darum geht, länger zu leben, ist die Gefahr der Quacksalberei jedoch groß. Jeden Monat gibt es eine neue Modeerscheinung: das neueste Vitamin, die neueste Heilpflanze oder eben eine «Wunderkur». Es gibt jedoch *eine* seriöse Organisation, die im Zusammenhang mit dem Alterungsprozess viel öffentliche Aufmerksamkeit erhalten hat.

Der russische Milliardär Juri Milner, der sein Vermögen mit Facebook und Mail.ru gemacht hat, hat eine Gruppe hochkarätiger Wissenschaftlerinnen und Wissenschaftler versammelt, die sich mit der Frage beschäftigen soll, wie sich der Alterungsprozess rückgängig machen lässt. Er ist eine bekannte Figur in Silicon Valley und gehört zu den Stiftern der Breakthrough Prizes, die für herausragende Leistungen in Grundlagenphysik, Biowissenschaften und Medizin sowie Mathematik vergeben werden.

Nun konzentriert sich Milner auf eine neue Gruppe namens Altos Labs, die die Wissenschaft der «Reprogrammierung» einsetzen möchte, um alternde Zellen zu verjüngen. Selbst Jeff Bezos gehört zu den Inverstoren, die tief in die Tasche greifen wollen, um Altos zu unterstützen. Bislang (Stand 2022) hat Altos bereits 3 Milliarden Dollar an Finanzmitteln eingeworben.

Nach Berichten der *Technology Review* des MIT will das neue Unternehmen die DNA alternder Zellen reprogrammieren, sodass sie sich in eine frühere Form zurückverwandeln. Dieses Verfahren wurde experimentell von dem japanischen Nobelpreisträger Shinya Yamanaka getestet, der Altos' wissenschaftliches Beratergremium leiten wird. Dr. Yamanako ist eine weltweit anerkannte Autorität auf dem Gebiet der Stammzellenforschung, und Stammzellen sind die Mütter aller Zellen. Embryonale Stammzellen besitzen die bemerkenswerte Fähigkeit, sich in jeden beliebigen Zelltyp des menschlichen Körpers umzuwandeln. Yamanako fand nun einen Weg, erwachsene, ausgereifte Zellen so zu reprogrammieren, dass sie in ihren embryonalen Zustand zurückkehren und wieder zu Stammzellen werden, sodass sie prinzipiell von Grund auf neue, frische Organe hervorbringen können.

Die Schlüsselfrage ist: Kann man eine alternde Zelle so reprogrammieren, sodass sie wieder zu einer jungen Zelle wird? Was das Interesse an Altos so groß macht, ist die Antwort, die offenbar «ja» lautet – unter bestimmten Umständen. Es gibt vier Gene (die inzwischen als Yamanako-Faktoren bezeichnet werden), die den Reprogrammierungsprozess durchführen können.

In gewissem Sinne ist die Reprogrammierung alternder Zellen ein ganz alltäglicher Vorgang. Denken Sie nur daran, wie Mutter Natur die Zellen eines Erwachsenen nehmen und sie so reprogrammieren kann, dass sie die Stammzellen eines Embryos werden. Daher ist Reprogrammierung keine Science-Fiction, sondern eine Tatsache des Lebens. Dieser Verjüngungsprozess geschieht in jeder Generation bei der Empfängnis.

Nicht überraschend ist eine Reihe von Start-ups, immer auf der Suche nach der nächsten großen Sache, auf den fahrenden Zug aufgesprungen, darunter Life Bioscience, Turn Biotechnologies, Age X Therapeutics und Shift Bioscience. «Wenn man in der Ferne etwas sieht, was wie ein riesiger Haufen Gold ausschaut, dann sollte man die Beine in die Hand nehmen», meint Martin Borch von Gordon Technology. Tatsächlich hat er 20 Millionen Dollar bereitgestellt, um die Forschung zu beschleunigen.

Der Harvard-Professor David Sinclair hat gesagt: «Von Investoren werden viele Hundert Millionen Dollar aufgebracht, um in Reprogrammierung investiert zu werden, die speziell auf die Verjüngung von Teilen des menschlichen Körpers abzielt.» Sinclair benutzte diese Technik zur Reprogrammierung von Zellen, um das Sehvermögen von Mäusen wiederherzustellen. Er fügt hinzu: «In meinem Labor haken wir die wichtigsten Organe und Gewebe ab, beispielsweise Haut, Muskulatur und Gehirn, um zu sehen, ob wir sie verjüngen können.»

Alejandro Ocampo von der Universität Lausanne in der Schweiz meint: «Man kann die Zelle eines 80-Jährigen nehmen und ihr Alter in vitro um 40 Jahre zurückdrehen. Es gibt keine andere Technik, die dazu in der Lage ist.»[3]

Eine unabhängige Gruppe an der University of Wiscosin-Madison nahm Proben von Synovialflüssigkeit (die zähe Flüssigkeit in den Hohlräumen von beweglichen Gelenken), die bestimmte Stammzellen enthält, sogenannte mesenchymale Stammzellen (MSCs, auch mesenchymale Stromazellen genannt). Es war bereits bekannt, dass sich MSCs reprogrammieren und dadurch verjüngen lassen. Wie das geschieht, ist jedoch bislang unbekannt.

Den Forschern gelang es, viele der fehlenden Schritte aufzuklären. Die MSCs wurden in induzierte pluripotente Stammzellen (iPSCs) umgewandelt und anschließend wieder in MSCs zurückverwandelt. Nach dieser Rundreise stellten sie fest, dass die wiederaufbereiteten mesenchymalen Stammzellen verjüngt waren. Besonders wichtig war, dass es den Forschenden gelang, die spezifischen chemischen Stoffwechselwege zu identifizieren, die die mesenchymalen Stammzellen auf ihrer Rundreise einschlugen. An diesem Prozess ist eine Reihe von Genen und Proteinen beteiligt, die als GATA6, SHH und FOXP bezeichnet werden.

Das sind bemerkenswerte Durchbrüche, die man lange für unmöglich gehalten hatte. Inzwischen glauben Wissenschaftler zu verstehen, wie alternde Zellen wieder verjüngt werden können.

Aber Vorsicht ist geboten. Wie bereits erwähnt, können Methoden zur Verlangsamung oder die Umkehr des Alterungsprozesses Nebenwirkungen wie die Entwicklung von Krebs haben. Östrogen kann Frauen viele Jahre lang bis zur Menopause fruchtbar halten, aber Krebs ist ein möglicher Nebeneffekt dieses Hormons. Ebenso kann Telomerase die Uhr der Zellalterung stoppen, aber auch das Krebsrisiko erhöhen.

Ähnlich ist Krebs eine der Gefahren bei der Reprogrammierung von Zellen. Die Forschenden müssen vorsichtig vorgehen, sodass gefährliche Nebenwirkungen den Erfolg nicht beeinträchtigen. Quantencomputer könnten dieses Bemühen unterstützen. Erstens könnten sie den Verjüngungsprozess auf molekularer Ebene aufklären und die Geheimnisse der embryonalen Stammzellen entschlüsseln. Zweitens könnte es möglich sein, einige der Nebenwirkungen dieses Prozesses, wie Krebs, zu kontrollieren.

Die menschliche Zellwerkstatt

Noch ein weiteres Experiment hat Interesse an Zellverjüngung geweckt.

Bei dem ursprünglichen Yamanaka-Ansatz wurden Hautzellen 50 Tage lang den vier Yanamaka-Faktoren ausgesetzt, damit sie sich in einen embryonalen Zustand zurückverwandelten. Forschende am Babraham Institute in Cambridge exponierten diese Zellen jedoch nur 13 Tage lang und ließen sie dann normal weiterwachsen.

Die ursprünglichen Hautzellen stammten von einer 53-jährigen Frau. Die Forschenden stellten zu ihrer Verblüffung fest, dass die verjüngten Hautzellen so aussahen und sich so verhielten, als gehörten sie einer 23-Jährigen.

«Ich erinnere mich an den Tag, als ich die Ergebnisse erhielt, ich konnte nicht so recht glauben, dass einige der Zellen 30 Jahre jünger waren, als sie es eigentlich sein sollten ... es war ein höchst aufregender Tag», meinte Diljeet Gill, einer der an der Studie beteiligten Forscher.[4]

Das Ergebnis war eine Sensation. Wenn dieses Ergebnis verifiziert wird, dann ist es das erste Mal in der medizinischen Geschichte, dass Wissenschaftler erfolgreich alternde Zellen verjüngt haben, sodass sie sich wie Jahrzehnte jüngere Zellen verhalten.

Die an der Studie beteiligten Wissenschaftlerinnen und Wissenschaftler wiesen jedoch auf mögliche Nebenwirkungen hin. Aufgrund der enormen genetischen Veränderungen im Zusammenhang mit der Verjüngung bleibt Krebs – wie bei so vielen vielversprechenden Behandlungen – ein möglicher Nebeneffekt. Daher muss der gesamte Ansatz vorsichtig fortgeführt werden.

Es gibt jedoch eine zweite Möglichkeit, verjüngte Organe ohne die Gefahr zu schaffen, dass Krebs auftritt: Gewebezüchtung (Tissue-Engineering), eine Technik, bei der menschliche Körperteile von Grund auf neu aufgebaut werden.

Tissue Engineering

Wenn eine erwachsene, ausgereifte Zelle in einen embryonalen Zustand zurückkehrt, verjüngt sie sich, aber nur auf zellulärem Niveau. Das bedeutet, man kann nicht den ganzen Körper verjüngen und ewig leben. Es heißt nur, dass bestimmte Zelllinien unsterblich werden, sodass man vielleicht gewisse Organe regenerieren kann, aber nicht den ganzen Körper.

Ein Grund dafür ist, dass Stammzellen, wenn man sie sich selbst überlässt, manchmal eine formlose Masse an Gewebe erzeugen. Stammzellen benötigen häufig Hinweise von benachbarten Zellen, um sich Schritt für Schritt korrekt zu einem Organ zu entwickeln.

Die Lösung für dieses Problem könnte Gewebezüchtung sein, was bedeutet, dass man Stammzellen in eine irgendwie präparierte Form gibt, die dafür sorgt, dass die Zellen in geordneter Weise heranwachsen.

Bei diesem Ansatz haben Dr. Anthony Atala an der Wake Forest University und andere Pionierarbeit geleistet. Ich hatte das Vergnügen, Dr. Atala für das BBC-Fernsehen zu interviewen. Als ich mich in seinem Labor umschaute, war ich erstaunt über große Gefäße mit menschlichen Organen wie Lebern, Nieren und Herzen. Ich hatte fast das Gefühl, in einen Science-Fiction-Film graten zu sein.

Ich fragte ihn, wie er bei seiner Forschung vorgehe. Er erklärte mir, dass er zuerst eine spezielle Form aus winzigen Kunststofffasern in Gestalt des Organs herstelle, das er züchten wolle. Dann bestückt er die Form mit Zellen aus dem Organ des Patienten. Anschließend gibt er einen Cocktail von Wachstumsfaktoren zu, um das Zellwachstum anzuregen. Die Zellen beginnen, in die Fasern der Form einzuwachsen. Schließlich verschwindet die Form, die biologisch abbaubar ist, und zurück bleibt eine nahezu perfekte Kopie des Organs. Dann wird das künstliche Organ in den Körper des Patienten eingesetzt, wo es zu arbeiten beginnt. Da die Zellen aus dem körpereigenen Gewebe des Patienten stammen, kommt es nicht zu einer Abstoßungsreaktion, einem der Hauptprobleme bei Organtransplantationen. Zudem gibt es kein Krebsrisiko, da Atala die empfindliche Genetik innerhalb der Zelle nicht verändert.

Wie er mir erläuterte, bestehen die meisten Organe, die bislang erfolgreich hergestellt wurden, aus nur wenigen Zelltypen. Dazu gehören Haut, Knochen, Knorpel, Blutgefäße, Harnblasen, Herzklappen und Luftröhren. Die Leber sei schwieriger, da sie aus vielen verschiedenen Zelltypen besteht. Und die Niere ist noch immer ein laufendes Projekt, da sie Hunderte kleiner Röhren- und Filtersystemen enthält.

Sein Ansatz könnte auch mit Stammzellen kombiniert werden, sodass es möglich würde, ganze Körperorgane zu regenerieren, wenn sie zu verschleißen drohen. Da Herz-Kreislauf-Erkrankungen in den USA die Haupttodesursache sind, wäre es ein großer Fortschritt, wenn es gelänge, ein ganzes Herz im Labor heranwachsen zu lassen. Es wäre, als schaffe man eine «Körperwerkstatt».

So wie auch Atala experimentieren andere Gruppen von Forschenden inzwischen mit 3-D-Druckern, um menschliche Organe zu schaffen. In derselben Weise wie ein Tintenstrahldrucker winzige Tintentropfen verspritzt, um ein Bild zu formen, kann er so modifiziert werden, dass er individuelle menschliche Herzzellen verspritzt, um Zelle für Zelle Herzgewebe aufzubauen. Wenn es per Zellverjüngung gelingt, jugendliche Zelllinien zu schaffen, dann könnte Tissue Engineering uns ermöglichen, mithilfe von Stammzellen jedes beliebige Organ im Körper zu erzeugen, beispielsweise ein Herz.

Auf diese Weise vermeiden wir das Problem, dem sich Tithonos gegenübersah.

Die Rolle der Quantencomputer

Quantencomputer könnten einen direkten Einfluss auf diese Projekte haben. In naher Zukunft werden die Genome eines Großteils der menschlichen Bevölkerung sequenziert worden und Teil einer gigantischen weltweiten Genbank sein. Dieser riesige Fundus an genetischer Information würde einen konventionellen digitalen Computer höchstwahrscheinlich überfordern, doch die Analyse unglaublich großer Datenmengen ist gerade die Stärke von Quantencomputern. Das könnte Wissenschaftlerinnen und Wissenschaftlern erlauben, diejenigen Gene zu isolieren, die vom Alterungsprozess besonders betroffen sind.

Beispielsweise können sie schon heute die Gene von jungen und älteren Menschen analysieren und miteinander vergleichen. Auf diese Weise sind bereits rund hundert Gene isoliert worden, die für den Alterungsprozess offenbar besonders wichtig sind. Wie sich herausgestellt hat, spielen viele dieser Gene eine Rolle für den Oxidationsprozess. In Zukunft werden Quantencomputer eine noch größere Menge an genetischen Daten analysieren. Dadurch werden wir herausfinden, wo sich die meisten genetischen und zellulären Fehler ansammeln, aber auch, welche Gene tatsächlich Aspekte des Alterungsprozesses kontrollieren.

Quantencomputer könnten nicht nur die Gene isolieren, bei denen der größte Teil des Alterungsprozesses stattfindet, sondern auch das Umgekehrte tun: die Gene isolieren, die man in sehr alten, aber gesunden Menschen findet. Demografen ist wohlbekannt, dass es superalte Personen gibt, die das scheinbar Unmögliche geschafft haben und viel länger, als statistisch zu erwarten, ein gesundes, robustes Leben führen. Durch Analyse dieser riesigen Menge an Rohdaten könnten Quantencomputer die Gene herauspicken, die ein außergewöhnlich gesundes Immunsystem anzeigen und älteren Menschen ermöglichen, ein hohes Alter zu erreichen und die Krankheiten zu vermeiden, denen wir vorzeitig zum Opfer fallen.

Im Gegensatz dazu gibt es auch Menschen, die so rasch altern, dass sie bereits im Kindesalter sterben. Krankheiten wie das Werner-Syndrom und Progerie, bei denen Kinder vor unseren Augen buchstäblich im Zeitraffer altern, sind ein Albtraum. Nur selten erreichen die Betroffenen ein Alter jenseits von 20 oder 30 Jahren. Studien zufolge haben sie neben anderen Problemen kurze Telomere, die für ihren außergewöhnlich raschen Alterungsprozess mitverantwortlich sein könnten. (Auf der anderen Seite haben Studien an aschkenasischen Juden erbracht, dass langlebige Personen eine hyperaktive Version der Telomerase besaßen, was ihre Langlebigkeit erklären könnte.)

Zudem zeigen Untersuchungen an über Hundertjährigen, dass diese Menschen signifikant höhere Konzentrationen eines DNA-Reparaturproteins namens Poly(ADP-Ribose)Polymerase, kurz (PARP), aufweisen als jüngere Menschen im Alter zwischen 20 und 70 Jahren. Dies spricht dafür, dass langlebige Individuen leistungsfähigere DNA-Reparaturmechanismen haben, um genetische Schäden rückgängig zu machen, und daher länger leben. Die Zellen dieser Hundertjährigen ähneln zudem Zellen viel jüngerer Menschen, was anzeigt, dass sich der Alterungsprozess verlangsamt hat. Dies wiederum könnte die seltsame Tatsache erklären, dass diejenigen, die ihre Achtziger erreichen, eine überdurchschnittlich hohe Chance haben, 90 Jahre und älter zu werden. Der Grund dafür könnte sein, dass Menschen mit einem schwachen Immunsystem sterben, bevor sie ihr 80. Lebensjahr erreichen. Diejenigen, die überleben, haben also bessere DNA-Reparaturmechanismen, die ihre Lebensspanne bis in die Neunziger und darüber hinaus verlängern können.

Quantencomputer könnten mithin in der Lage sein, Schlüsselgene in mehreren Bevölkerungsgruppen zu isolieren:

- bei den Älteren, die außergewöhnlich gesund für ihr Alter sind,
- bei Personen mit einem Immunsystem, das gewöhnliche Krankheiten erfolgreich bekämpft und dadurch lebensverlängernd wirkt,
- bei Personen, die Fehler in ihren Genen angehäuft haben, welche den Alterungsprozess beschleunigen,
- bei Individuen, die stark von der Norm abweichen, beispielsweise Personen, die aufgrund einer Erkrankung wie Progerie außerordentlich rasch altern.

Sobald die Gene, die im Zusammenhang mit dem Alterungsprozess stehen, isoliert worden sind, könnte die CRISPR-Technik vielleicht helfen, viele von ihnen zu reparieren. Ziel ist es, diejenigen Gene zu reparieren, die die stärksten altersbedingten Schäden zeigen, wobei Quantencomputer dazu eingesetzt werden können, die präzisen molekularen Mechanismen dieses Prozesses aufzuklären.

In Zukunft wird vielleicht ein Cocktail aus verschiedenen Medikamenten und Therapien entwickelt werden, der den Alterungsprozess verlangsamen oder sogar umkehren kann. Die kombinierte Wirkung verschiedener medizinischer Interventionen, die Hand in Hand arbeiten, könnte die Zeiger der Lebensuhr möglicherweise zurückdrehen.

Entscheidend dafür ist, dass Quantencomputer in der Lage sein werden, den Alterungsprozess dort anzugreifen, wo er stattfindet: auf molekularer Ebene.

Digitale Unsterblichkeit

Zusätzlich zur biologischen Unsterblichkeit existiert eine reale Möglichkeit, dass wir mithilfe von Quantencomputern eine digitale Unsterblichkeit erlangen können.

Die meisten unserer Vorfahren lebten und starben, ohne eine Spur ihrer Existenz zu hinterlassen. Vielleicht findet sich eine Zeile in Kirchenbüchern oder Tempelunterlagen, die dokumentiert, wann unsere Vorfahren geboren wurden, und eine zweite Zeile, die dokumentiert, wann sie starben. Oder es gibt vielleicht einen zerbrochenen Grabstein auf einem verlassenen Friedhof, auf dem der Name unseres Vorfahren steht.

Mehr nicht.

Ein ganzes Leben voller geschätzter Erinnerungen und Erfahrungen wurden auf zwei Zeilen in einem Buch und auf einem gravierten Stein reduziert. Menschen, die ihre DNA zur Ahnenforschung benutzen, stellen fest, dass sich ihre Spur sehr rasch innerhalb eines Jahrhunderts verläuft. Ihre gesamte Familiengeschichte zerfällt nach einer bis zwei Generationen in Staub.

Heutzutage hinterlassen wir jedoch einen formidablen digitalen Fußabdruck. Allein unsere Kreditkartentransaktionen vermitteln einen gewissen Einblick in unsere Geschichte und Persönlichkeit, unsere Vorlieben und Abneigungen. Jeder Einkauf, jeder Urlaub, jedes Sportereignis oder Geschenk ist in irgendeinem Computer aufgezeichnet. Ohne es überhaupt zu merken, schafft unser digitaler Fußabdruck ein Spiegelbild der Person, die wir sind. In Zukunft kann uns diese ungeheure Informationsmenge eine digitale Wiederherstellung unserer Persönlichkeit erlauben.

Bereits heute wird darüber gesprochen, historische Persönlichkeiten und prominente Individuen durch einen Digitalisierungsprozess wiederauferstehen zu lassen, um sie der Öffentlichkeit zugänglich zu machen. Heute gehen Sie vielleicht in die Bibliothek, um in einer Biografie von Winston Churchill zu blättern. In

Zukunft können Sie möglicherweise direkt mit ihm sprechen. All seine Briefe, Lebenserinnerungen, Biografien, Interviews werden digitalisiert und allgemein zugänglich gemacht worden sein. Möglicherweise können Sie sogar mit einem Hologramm des früheren britischen Premierministers sprechen und einen angenehmen Nachmittag damit verbringen, eine aufschlussreiche Unterhaltung mit diesem bedeutenden Mann zu führen.

Ich persönlich würde viel dafür geben, mich mit Albert Einstein zu unterhalten, um ihn nach seinen Zielen, seinen Leistungen und seiner wissenschaftlichen Philosophie zu fragen. Was würde er sagen, wenn ihm klar würde, dass aus seinen Theorien große wissenschaftliche Forschungsthemen hervorgegangen sind wie der Urknall, Schwarze Löcher, Gravitationswellen, die Vereinheitlichte Feldtheorie? Was würde er davon halten, wie sich die Quantentheorie im Lauf der Zeit entwickelt hat? Er hinterließ eine außerordentlich große Sammlung an Briefen und persönlicher Korrespondenz, die seinen Charakter und seine Gedanken offenbaren.

Schließlich könnte auch ein Durchschnittsmensch digitale Unsterblichkeit erreichen. Im Jahr 2021 erlangte William Shatner, Star der Fernsehserie *Star Trek*, eine Art digitale Unsterblichkeit. Vor einer Kamera sitzend, beantwortete er vier Tage lang Hunderte von persönlichen Fragen über sein Leben, seine Ziele und seine Philosophie. Dann analysierte ein Computerprogramm diese Menge an Material und ordnete die Informationen in Hinblick auf Thematik, Ort und mehr chronologisch an. In Zukunft können Sie vielleicht direkt persönliche Fragen an diesen digitalen Shatner richten, und er wird Ihnen in zusammenhängender, logischer Weise antworten, als unterhalte er sich in Ihrem Wohnzimmer mit Ihnen.

In Zukunft werden Sie nicht vor einer Fernsehkamera sitzen müssen, um digitalisiert zu werden. Unbewusst und ohne darüber nachzudenken, benutzen wir die Kamera unseres Mobiltelefons, um unsere täglichen Aktivitäten und unser Leben aufzuzeichnen. Tatsächlich hinterlassen viele Teenager bereits heute einen riesigen digitalen Fußabdruck, wenn sie ihre Streiche, Scherze und Possen dokumentieren (einige davon könnten vielleicht für alle Zeiten im Internet überdauern).

Normalerweise denken wir an unser Leben als an eine Reihe von Missgeschicken, Fügungen und zufälligen Erfahrungen. Mit einer verbesserten KI werden wir jedoch eines Tages in der Lage sein, diesen Erinnerungsschatz zu ordnen und in Form zu bringen. Und Quantencomputer werden uns dabei helfen, dieses Material durchzusehen, mittels Suchmaschinen fehlendes Hintergrundmaterial zu finden und die Erzählung unseres Ichs aufzubereiten.

In gewissem Sinne wird unser digitales Ich niemals sterben.

Daher muss sich unser Vermächtnis an wertvollen persönlichen Erinnerungen und Leistungen nach unserem Tod nicht zwangsläufig auflösen und in alle Winde zerstreuen. Vielleicht werden uns Quantencomputer eine Art von Unsterblichkeit verleihen.

Zusammenfassend kann man sagen: Möglicherweise dechiffrieren Wissenschaftler mit der Zeit einige der Stoffwechselwege, die für eine Verlängerung der menschlichen Lebensspanne eine Rolle spielen. Es ist jedoch noch immer ein Rätsel, wie diese Vorgänge auf molekularem Niveau tatsächlich ablaufen. Zum Beispiel: Wie können bestimmte Proteine die molekulare Reparatur der DNA beschleunigen? Quantencomputer könnten eine entscheidende Rolle spielen, denn nur ein Quantensystem kann ein anderes Quantensystem, beispielsweise molekulare Wechselwirkungen, völlig erklären. Sobald die präzisen Mechanismen von Prozessen wie der DNA-Reparatur bekannt sind, könnten wir sie verbessern, um den Alterungsprozess zu verzögern oder gar zu stoppen.

Quantencomputer könnten uns auch die Fähigkeit verleihen, digital ewig zu leben. In Kombination mit künstlicher Intelligenz sollten wir in der Lage sein, eine digitale Kopie von uns selbst herzustellen, die präzise widerspiegelt, wer wir sind. An der Perfektionierung dieses Prozesses wird bereits gearbeitet.

Die nächste Herausforderung für Quantencomputer ist jedoch

nicht die Anwendung der Quantenmechanik auf das Innere unseres Körpers, sondern die Anwendung auf die äußere Welt, um drängende Probleme wie den Klimawandel, die Nutzung der Sonnenenergie und die Entschlüsselung der Rätsel der Welt rund um uns herum zu lösen. Das nächste Ziel ist es, Quantencomputer dazu einzusetzen, das Universum zu verstehen.

Teil IV:
Die Welt und das Universum

Kapitel 14: Klimawandel

Ich habe einmal eine Vorlesung an der Universität in Reykjavik, der Hauptstadt Islands, gehalten.

Als sich das Flugzeug dem Flughafen näherte, blickte ich auf die karge Vulkanlandschaft, die fast keine Vegetation aufwies. Es schien wie eine Zeitreise in die Vergangenheit zu sein. Das Gebiet in der Nähe des Flughafens war so trostlos, dass es mir als der perfekte Ort erschien, um Millionen von Jahren zurück in die Vergangenheit zu blicken.

Später erhielt ich eine Führung über den Campus und interessierte mich für die Forschung an Eisbohrkernen, die das Wetter über Tausende von Jahren einfrieren können.

Das Labor befand sich in einem großen Raum, der einer riesigen Gefriertruhe ähnelte, insbesondere was seine Temperatur anging. Auf einem Tisch bemerkte ich mehrere lange Metallstäbe. Sie hatten einen Durchmesser von etwa 4 Zentimeter, waren mehrere Meter lang, und jeder enthielt eine Kernprobe, die tief im Eis entnommen worden war.

Einige der Stäbe lagen geöffnet da, und man konnte sehen, dass sie lange Zylinder aus weißem Eis enthielten. Ich schauderte, als mir klar wurde, dass ich auf Eis blickte, das sich vor Tausenden von Jahren in der Arktis gebildet hatte. Ich starrte in eine Zeitkapsel, die aus einer Ära lange vor jeder geschriebenen Geschichte stammte.

Bei genauer Betrachtung dieser Eiskerne konnte ich eine Reihe von dünnen, braunen horizontalen Bändern im Eis erkennen. Die Wissenschaftler erklärten mir, dass jedes Band von Ruß und Asche stammte, die bei früheren Vulkanausbrüchen freigesetzt worden waren.

Durch die Messung der Abstände zwischen den verschiedenen Banden kann man dann ihr Alter bestimmen, indem man sie mit den Zeitpunkten bekannter Vulkanausbrüche vergleicht.

Man sagte mir auch, dass sich in den Eisbohrkernen mikroskopisch kleine Luftblasen befinden, die wie eine Momentaufnahme der Atmosphäre vor Tausenden von Jahren sind. Durch die Bestimmung ihrer chemischen Zusammensetzung kann man leicht die Menge an CO_2 bestimmen, die damals vorhanden war.

(Die Berechnung der Temperatur, bei der sich die Eiskerne bildeten, ist schwieriger und wird indirekt vorgenommen. Wasser besteht aus Wasserstoff und Sauerstoff: H_2O. Es gibt jedoch auch eine schwerere Version von Wasser, bei der die Atome ^{16}O und ^{1}H durch Isotope mit zusätzlichen Neutronen ersetzt werden, also ^{18}O und ^{2}H. Die schwerere Version von H_2O verdunstet schneller, wenn es relativ warm ist. Durch Messung des Verhältnisses zwischen den schweren Wassermolekülen und den normalen Molekülen kann man also die Temperatur berechnen, bei der sich das Eis gebildet hat. Je mehr schweres Wasser vorhanden ist, desto kälter war es, als der Schnee fiel.)

Schließlich sah ich die Ergebnisse ihrer mühsamen, aber aufschlussreichen Arbeit. In einem Diagramm waren die Temperatur und der CO_2-Gehalt im Laufe der Jahrhunderte abgebildet. Sie verliefen wie zwei Achterbahnen, die im Gleichschritt auf und ab fuhren. Es bestand eindeutig ein enger und wichtiger Zusammenhang zwischen der Temperatur des Planeten und dem CO_2-Gehalt in der Luft. (Heute können diese Eisbohrkerne sogar noch frühere Zeiträume erfassen. Im Jahr 2017 entnahmen Wissenschaftler in der Antarktis Eisbohrkerne, die 2,7 Millionen Jahre alt waren und ihnen eine bisher unbekannte Geschichte des Planeten enthüllten.)

Bei der Analyse dieses Diagramms haben mich mehrere Dinge beeindruckt. Erstens fallen die wilden Temperaturschwankungen auf. Wir stellen uns die Erde als etwas sehr Stabiles vor. Doch durch solche Kurven werden wir daran erinnert, dass sie ein dynamisches Objekt ist, mit großen Schwankungen in Temperatur und Klima.

Zweitens stellt man fest, dass die letzte Eiszeit vor etwa 10000 Jahren endete, als ein Großteil Nordamerikas unter einer fast einen Kilometer hohen Eisdecke begraben war. Ähnlich war es in Norddeutschland und Nordeuropa einschließlich Großbritannien, die ebenfalls von mächtigen Eismassen bedeckt waren. Doch seitdem hat sich die Atmosphäre allmählich erwärmt, was den Aufstieg der menschlichen Zivilisation ermöglichte. Da wir wahrscheinlich in etwa 10000 Jahren oder später eine weitere Eiszeit erleben werden, bedeutet dies, dass die Entstehung der heutigen menschlichen Zivilisation zufällig stattfand, weil wir zwischen zwei Eiszeiten gerieten. Ohne dieses Tauwetter würden wir immer noch in kleinen, nomadischen Gruppen von Jägern, die von Wild und Aas leben, im Eis umherziehen und verzweifelt nach Essbarem suchen.

Was mir jedoch auffiel, war die Tatsache, dass die Temperatur seit dem Ende der letzten Eiszeit vor rund 10000 Jahren langsam anstieg, in den letzten 100 Jahren jedoch einen plötzlichen Temperaturanstieg verzeichnete, der mit dem Beginn der industriellen Revolution und der Verbrennung fossiler Brennstoffe zusammenfiel.

Bei der Analyse der Temperaturen überall auf dem Planeten kam die Wissenschaft zu dem Schluss, dass die Jahre 2016 und 2020 bislang die wärmsten Jahre seit Beginn der Aufzeichnungen sind. Tatsächlich war der Zeitraum von 1983 bis 2012 der wärmste 30-Jahre-Zeitraum der letzten 1400 Jahre. Die jüngste Erderwärmung ist also kein Nebenprodukt des natürlichen Temperaturanstiegs in der Zwischeneiszeit, sondern etwas höchst Unnatürliches. Der wichtigste Kandidat für eine Erklärung dieses Phänomens ist der Aufstieg der menschlichen Zivilisation.

Unsere Zukunft könnte von unserer Fähigkeit abhängen, Wettermuster vorherzusagen und realistische Handlungsoptionen zu entwerfen. Wir stoßen jetzt an die Grenzen dessen, was herkömmliche Computer leisten können. Deshalb werden wir uns Quantencomputern zuwenden müssen, um eine genaue Einschätzung der globalen Erwärmung und «virtuelle Wetterberichte» über mögliche zukünftige Entwicklungen zu erhalten. Dies geschieht, indem wir bestimmte Parameter variieren, um zu sehen, wie sie sich auf das Klima auswirken.

Einer dieser virtuellen Wetterberichte könnte der Schlüssel zur Zukunft der menschlichen Zivilisation sein.

Wie Ali El Kaafarani in der Zeitschrift *Forbes* schreibt, bergen «Quantencomputer auch aus ökologischer Sicht ein immenses Potenzial, und Experten sagen voraus, dass sie durch Quantensimulationen den Ländern helfen werden, die Ziele der Vereinten Nationen für nachhaltige Entwicklung zu erreichen».[1]

CO_2 und Erderwärmung

Wir brauchen eine detaillierte Einschätzung des Treibhauseffekts und des Beitrags, den der Mensch zu diesem Effekt leistet.

Das Licht der Sonne kann die Erdatmosphäre leicht durchdringen. Wenn es jedoch von der Erdoberfläche reflektiert wird, verliert es an Energie und wird zu Infrarotstrahlung. Da die Infrarotstrahlung jedoch die CO_2-Hülle der Erde nicht sehr gut passiert, bleibt die Wärme auf der Erde gefangen und heizt sie auf. 83 Prozent des weltweiten Energieverbrauchs im Jahr 2022 stammten aus der Verbrennung fossiler Brennstoffe, bei der CO_2 als Nebenprodukt entsteht. Der plötzliche Temperaturanstieg im vergangenen Jahrhundert ist also wahrscheinlich auf die vermehrte Freisetzung von CO_2 als Folge der industriellen Revolution zurückzuführen.

Die rasche Erwärmung der Erde in den letzten 100 Jahren

wurde auch aus einer ganz anderen Quelle als durch die Eisbohrkerne bestätigt, nämlich durch Messungen aus dem Weltraum. Aus diesem Blickwinkel sind die Auswirkungen der globalen Erwärmung recht dramatisch zu sehen.

Die Wettersatelliten der NASA können zum Beispiel die Gesamtenergiemenge berechnen, die die Erde von der Sonne empfängt, und sie können auch die Gesamtenergiemenge bestimmen, die die Erde in den Weltraum zurücksendet. Wenn sich die Erde im Gleichgewicht befände, würden wir feststellen, dass die Energiezufuhr und die Energieabgabe ungefähr gleich groß sind. Berücksichtigt man jedoch alle Faktoren, so stellt man fest, dass die Erde mehr Energie aufnimmt, als sie in den Weltraum zurückstrahlt, wodurch sich die Erde aufheizt. Vergleicht man die von der Erde aufgenommene Nettoenergiemenge, so entspricht sie in etwa der Energiemenge, die durch menschliche Aktivitäten erzeugt wird. Der Hauptverantwortliche für den jüngsten Anstieg der Erwärmung des Planeten ist also der Mensch.

Satellitenfotos zeigen die Folgen dieser Erwärmung. Diese Fotos von heute können mit Fotos von vor Jahrzehnten verglichen werden und zeigen die starken Veränderungen in der Geologie der Erde. Wir sehen, dass sich alle großen Gletscher im Laufe der Jahrzehnte zurückgebildet haben.

U-Boote haben den Nordpol seit den 1950er-Jahren besucht. Sie haben festgestellt, dass das Eis in den Wintermonaten in den letzten 50 Jahren um 50 Prozent dünner geworden ist, wobei die Dicke um etwa 1 Prozent pro Jahr abnimmt. Nach Angaben von NASA-Wissenschaftlern wird der Arktische Ozean bis zur Mitte des Jahrhunderts im Sommer völlig eisfrei sein.

Auch die Aktivität von Hurrikanen kann sich ändern. Sie beginnen als milder tropischer Wind vor der Küste Afrikas und wandern dann über den Atlantik. Sobald sie die Karibik erreichen, sind sie wie Bowlingkugeln. Wenn sie genau im richtigen Winkel auftreffen, können sie in die warmen Gewässer des Golfs eindringen und sich dann zu Monsterstürmen entwickeln. Intensität, Häufigkeit und Dauer der Hurrikane, die die Ostküste treffen, haben seit den 1980er-Jahren zugenommen, was wahrscheinlich auf den Anstieg der Wassertemperatur zurückzuführen ist. Daher werden wir in Zukunft wahrscheinlich Hurrikane von zunehmender Stärke und Zerstörungskraft erleben.

Zukunftsprognosen

Die Computerprognosen für die Zukunft des Erdklimas sind ziemlich düster. Der globale Meeresspiegel ist seit 1880 um 22 Zentimeter gestiegen. Das liegt daran, dass die Temperatur der Ozeane steigt, wodurch das Gesamtvolumen des Ozeanwassers zunimmt, weil es sich ausdehnt. Höchstwahrscheinlich wird er bis 2100 um mindestens 30, vielleicht sogar um 240 Zentimeter ansteigen. Weltkarten für die Jahre 2050 bis 2100 zeigen auffällige Veränderungen der Küstengebiete.

«Der durch den globalen Klimawandel verursachte Anstieg des Meeresspiegels stellt für die Vereinigten Staaten heute und in den kommenden Jahrzehnten und Jahrhunderten eine eindeutige und aktuelle Gefahr dar», heißt es in einem Bericht der NASA und der NOAA (National Oceanic and Atmospheric Administration). Das gilt natürlich auch für viele andere Gebiete der Welt.

Für jeden Zentimeter, den man vertikal verliert, können den Küstengebieten horizontal 100 Zentimeter an nutzbarer Küstenlinie verloren gehen. Die Landkarte der Erde verändert sich also allmählich. Darüber hinaus wird der Meeresspiegel aufgrund der enormen Wärmemenge, die bereits in der Atmosphäre zirkuliert, bis weit ins 22. Jahrhundert hinein weiter ansteigen. Zumindest bedeutet dies, dass die Küstengebiete in großem Umfang überflutet werden, wenn die Meereswellen beginnen, Dämme und Barrieren zu überwinden.

Bill Nelson, NASA-Administrator, kommentiert den jüngsten NASA/NOAA-Bericht über das Wetter: «Dieser Bericht stützt frühere Studien und bestätigt, was wir seit Langem wissen: Der Meeresspiegel steigt weiterhin in alarmierendem Tempo und gefährdet Siedlungsgebiete auf der ganzen Welt ... Es besteht dringender Handlungsbedarf, um eine Klimakrise zu entschärfen, die bereits im Gange ist.»

Küstenstädte in aller Welt werden mit dem steigenden Wasserspiegel zu kämpfen haben. Venedig steht zu bestimmten Zeiten im Jahr bereits unter Wasser. Teile von New Orleans liegen bereits unter dem Meeresspiegel. Alle Küstenstädte müssen Pläne entwickeln, um den Anstieg des Meeresspiegels in den kommenden Jahrzehnten zu bewältigen, z.B. durch die Einrichtung von Schleusen, Deichen, Evakuierungszonen, Hurrikanwarnsystemen.

Methan als Treibhausgas

Methan ist als Treibhausgas mehr als 25 Mal so stark wie Kohlendioxid. Die Gefahr besteht darin, dass die arktischen Regionen in der Nähe Kanadas und Russlands, die weite Teile der Tundra umfassen, auftauen und Methangas freisetzen könnten.

Ich habe einmal einen Vortrag in Krasnojarsk in Sibirien gehalten. Die Einwohner dort sagten mir, dass sie sich nicht an der globalen Erwärmung stören, denn sie bedeute, dass ihre Häuser nicht ständig eingefroren sind. Sie erzählten mir auch von der kuriosen Tatsache, dass die riesigen Kadaver von Mammuts, die vor Zehntausenden von Jahren starben, bei steigenden Temperaturen aus dem Eis auftauchen.

Den Einheimischen in Sibirien mag das mildere Wetter zwar nichts ausmachen, die eigentliche Gefahr besteht jedoch für den Rest der Welt, wo die Freisetzung von Methangas einen unkontrollierten Aufschaukelungseffekt auslösen kann. Je mehr sich die Erde erwärmt, desto schneller schmilzt die Tundra und setzt Methangas frei. Dieses Methangas wiederum heizt die Erde noch mehr auf, und der Kreislauf beginnt von vorn. Je mehr die Tundra also schmilzt, desto mehr erwärmt sich unser Planet. Da Methan ein starkes Treibhausgas ist, bedeutet dies, dass viele der Computerprognosen für die Zukunft das wahre Ausmaß der globalen Erwärmung möglicherweise unterschätzen.

Militärische Implikationen

Wir sehen die Auswirkungen der globalen Erwärmung überall. Landwirte zum Beispiel sind mit den Wetterzyklen vertraut und wissen, dass die Sommer im Durchschnitt eine Woche länger dauern als früher. Dies wirkt sich darauf aus, wann sie die Aussaat vornehmen und welche Pflanzen sie im jeweiligen Jahr anbauen.

Auch Insekten wie Stechmücken wandern weiter nach Norden und bringen möglicherweise tropische Krankheitserreger wie das West-Nil-Virus mit.

Dass die Energie zunimmt, die in der Atmosphäre zirkuliert, bewirkt nicht nur einen stetigen Temperaturanstieg, sondern auch heftigere Wetterschwankungen. Es ist daher zu erwarten, dass Waldbrände, Dürren und Überschwemmungen immer häufiger auftreten werden. Früher bezeichnete man mit «Jahrhundert-Stürmen» sehr seltene, aber heftige Ereignisse, doch jetzt scheinen sie immer häufiger aufzutreten. Im Jahr 2022 wurden Europa und die USA von besonders hohen Temperaturen heimgesucht, die in weiten Teilen des Planeten Rekorde brachen und u.a. zu massiven Waldbränden, dem Verschwinden von Seen und zu Todesfällen durch Dehydrierung führten.

Bedenklich ist, dass sich die Polregionen, die einen enormen Einfluss auf das Wetter haben, schneller erwärmt haben als andere Regionen des Planeten. Allein durch die Schmelze in Grönland ist in den letzten 20 Jahren genug flüssiges Wasser entstanden, um eine Fläche von der Größe der USA mit einer 45 Zentimeter hohen Wasserschicht zu bedecken.

Unterdessen haben sich in den antarktischen Eisschilden unterirdische Flüsse aus frisch geschmolzenem Schnee gebildet. Es scheint nun klar zu sein, dass die Pole nicht so stabil sind wie bisher angenommen.

Der kürzlich veröffentlichte NASA / NOAA-Bericht befasst sich mit dem möglichen Zusammenbruch des Thwaites-Gletschers in der Antarktis, der den Spitznamen «Gletscher des Jüngsten Gerichts» erhalten hat. «Das östliche Schelfeis wird wahrscheinlich in Hunderte von Eisbergen zersplittern. Plötzlich würde das ganze Ding auseinanderbrechen», sagt Erin Pettit, Glaziologe an der Oregon State University.

Dies hat auch geopolitische und militärische Auswirkungen. Das Pentagon entwarf einmal ein Worst-Case-Szenario für den Fall, dass die globale Erwärmung außer Kontrolle gerät. Als einer der tödlichsten Krisenherde wurde dabei die Grenze zwischen Bangladesch und Indien ausgemacht. Aufgrund des Anstiegs des Meeresspiegels und starker Überschwemmungen könnte die globale Erwärmung eines Tages Millionen von Menschen aus Bangladesch zur Flucht zwingen und an die Grenze zu Indien drängen. Diese Masse verzweifelter Menschen könnten die Grenzsoldaten leicht überwältigen. Dann würde der Druck auf das indische Militär steigen, eine Welle von Flüchtlingen zurückzuschlagen, die versuchen, den Fluten zu entkommen. Als letztes Mittel könnte das indische Militär aufgefordert werden, seine Grenzen durch den Einsatz von Atomwaffen zu schützen.

Dies war zwar ein Worst-Case-Szenario, aber es illustriert anschaulich, was passieren kann, wenn die Dinge außer Kontrolle geraten.

Der Polarwirbel

Einige Leute verweisen auf die jüngsten Monsterschneestürme, die große Teile der USA heimgesucht haben, und behaupten, dass die Gefahr der globalen Erwärmung stark übertrieben sei.

Aber man muss sich den Grund für diese Instabilität des Winterwetters ansehen. Jedes Mal, wenn es einen großen Wintersturm gibt, wird im Wetterbericht die Bewegung des Jetstreams beschrieben, der sich von Alaska und Kanada herabschlängelt und eisiges Wetter mit sich bringt.

Der Jetstream wiederum folgt den Drehungen des Polarwirbels, eines schmalen Zylinders aus superkalter Luft, der sich um den Nordpol dreht. Kürzlich haben Satellitenaufnahmen des Polarwirbels gezeigt, dass er instabiler wird, sodass er wandert, den Jetstream weiter nach Süden drückt und diese kalten Winterwetteranomalien verursacht.

Einige Meteorologen haben darauf hingewiesen, dass die Instabilität des Wirbels durch die globale Erwärmung erklärt werden könnte. Normalerweise ist der Polarwirbel relativ stabil und wandert nicht viel. Das liegt daran, dass der Temperaturunterschied zwischen dem Polarwirbel und den unteren Breitengraden relativ groß ist, was die Stärke des Polarwirbels erhöht und ihn stabiler macht. Wenn jedoch die Temperatur in den Polarregionen schneller ansteigt als in den gemäßigten Klimazonen, verringert sich der Temperaturunterschied, wodurch die Stärke des Wirbels abnimmt. Dies wiederum drückt den Jetstream weiter nach Süden, was zu anormalen Wetterlagen bis hinunter nach Texas und Mexiko führt.

Die globale Erwärmung könnte also paradoxerweise für einen Teil des eisigen Wetters im Süden verantwortlich sein.

Was tun?

Was können wir also tun?

Man kann hoffen, dass erneuerbare Energien und Umweltschutzmaßnahmen die Zivilisation allmählich von ihrer Abhängigkeit von fossilen Brennstoffen befreien. Vielleicht würde eine Superbatterie dazu beitragen, ein Solarzeitalter mit kraftstoffsparenden Elektroautos einzuläuten. Vielleicht werden sich die Nationen ernsthaft mit diesem Problem auseinandersetzen. Und vielleicht wird Mitte des Jahrhunderts der Fusionsenergiereaktor in Betrieb gehen.

Aber wenn alles andere fehlschlägt, kann man versuchen, das Problem durch Geo-Engineering zu lösen. Dies sind Lösungen, die im schlimmsten Fall zum Einsatz kommen.

1. Kohlenstoffsequestrierung

   Der konservativste Ansatz ist die Kohlenstoffsequestrierung, d.h. die Abscheidung von CO_2 in der Ölraffinerie und seine anschließende Endlagerung im Boden. In kleinem Maßstab ist dies bereits versucht worden. Eine andere Idee besteht darin, das CO_2 abzutrennen und es mit Basalt aus Vulkangestein zu mischen, um es zu entsorgen. Die Idee ist ernst zu nehmen, aber unter dem Strich geht es um die Wirtschaftlichkeit. Die Kohlenstoffsequestrierung kostet Geld, und ein Unternehmen muss ein solches Unterfangen rechtfertigen. Daher warten viele Unternehmen mit der Kohlenstoffsequestrierung noch ab. Es ist noch nicht klar, ob dies funktionieren wird und ob es jemals wirtschaftlich rentabel sein wird.

2. Wettermanipulation

   Als der Mt. St. Helens 1980 ausbrach, konnten Wissenschaftler berechnen, wie viel Vulkanasche in die Umwelt geschleudert wurde und welche Auswirkungen dies auf die Temperatur

hatte. Die Verdunkelung der Atmosphäre durch den Ausbruch reflektierte offenbar mehr Sonnenlicht in den Weltraum zurück, was eine Abkühlung bewirkte.
Man könnte berechnen, wie viel Feinstaub für eine globale Temperatursenkung erforderlich wäre.
Dies birgt jedoch auch Gefahren in sich. Angesichts des Ausmaßes einer solchen Operation wäre es sehr schwierig, diese Idee zu testen. Und selbst wenn ein Vulkanausbruch die Temperatur vorübergehend um ein paar Grad senkt, ist dies zu wenig, um eine vollständige Klimakatastrophe abzuwenden.

3. Algenblüten
Eine andere Möglichkeit besteht darin, die Ozeane mit Mikronährstoffen zu düngen, die CO_2 aufnehmen können. Algen zum Beispiel können mit eisenhaltigen Nährstoffen gedeihen. Und Algen wiederum absorbieren CO_2. Wenn man also die Ozeane mit Eisen anreichert, könnte man die Algen nutzen, um das CO_2 einzudämmen. Das Problem dabei ist, dass wir mit Lebensformen spielen, die wir nicht kontrollieren können. Algen sind nicht statisch, sondern können sich auf unvorhersehbare Weise vermehren. Und man kann eine Lebensform nicht wie ein defektes Auto zurückrufen.

4. Regenwolken
Andere haben vorgeschlagen, das Wetter mit einer alten Technik zu beeinflussen: Silberjodidkristalle. Während Naturvölker versucht haben mögen, Regen durch Tänze und Beschwörungen herbeizuführen, haben Militärs verschiedener Nationen zum selben Zweck versucht, Chemikalien in die Atmosphäre zu schießen. Silberjodidkristalle zum Beispiel können die Kondensation von Wasserdampf beschleunigen und so möglicherweise Regenwolken hervorrufen, die Gewitter erzeugen. Es wird vermutet, dass diese Methode von der CIA während des Vietnam-

kriegs erforscht wurde, um feindliche Truppen während der Monsunzeit zu behindern, indem man sie durch Regenfluten aus ihren Zufluchtsorten vertrieb.
Eine andere Variante ist die Wolkenaufhellung, d.h. das Ansäen von Wolken, damit sie mehr Sonnenenergie ins All zurückwerfen.
Leider ist die Wetterbeeinflussung sehr lokal und beeinflusst nur ein winziges Gebiet, während die Erdoberfläche sehr groß ist. Und die Erfolgsbilanz der Wolkensaat ist schlecht, weil unvorhersagbar.

5. Bäume pflanzen
Es könnte möglich sein, Pflanzen genetisch so zu verändern, dass sie mehr CO_2 als normal aufnehmen. Dies ist vielleicht der sicherste und vernünftigste Ansatz, aber es ist zweifelhaft, dass genug CO_2 entfernt werden kann, um die globale Erwärmung für den gesamten Planeten umzukehren. Und da ein Großteil der Waldflächen auf dem Planeten von einem Flickenteppich von Nationen kontrolliert wird, von denen jede ihre eigene Agenda verfolgt, wäre der politische Wille vieler Nationen erforderlich, um einen derart ehrgeizigen Plan in Angriff zu nehmen.

6. Wettersimulationen
Angesichts der großen Tragweite und des hohen Risikos solcher Maßnahmen hofft man, dass Quantencomputer in der Lage sein werden, die beste Option zu berechnen. Die wichtigste Aufgabe besteht darin, alle Daten zusammenzutragen, um möglichst genaue Vorhersagen zu treffen.

Quantencomputer und Wettersimulation

Alle Computermodelle für Klima und Wetter beginnen mit der Unterteilung der Erdoberfläche in Gitter aus kleinen Quadraten. In den 1990er-Jahren begannen die Computermodelle mit Gittergrößen von etwa 500 Kilometer Kantenlänge. Mit zunehmender Computerleistung konnte man diese Länge immer weiter verkleinern. (Im Vierten Sachstandsbericht des IPCC (Intergovernmental Panel on Climate Change) von 2007 betrug die Gittergröße etwas über 100 Kilometer.[2])

Anschließend werden diese quadratischen Gitter in die dritte Dimension erweitert, sodass sie zu kubischen Zellen werden, die verschiedene Schichten der Atmosphäre beschreiben. In der Regel wird die Atmosphäre in 10 vertikale Zellen unterteilt.

Sobald die gesamte Erdoberfläche und die Atmosphäre in diese diskreten Zellen unterteilt sind, analysiert der Computer die Parameter innerhalb jeder Zelle (z. B. Luftfeuchtigkeit, Sonneneinstrahlung, Temperatur, Luftdruck usw.). Unter Verwendung bekannter Gleichungen für die Atmosphäre und Energie wird dann berechnet, wie Temperatur und Luftfeuchtigkeit zwischen benachbarten Zellen variieren, bis die gesamte Erde abgedeckt ist.

Auf diese Weise können die Wissenschaftler eine grobe Schätzung des künftigen Wetters abgeben. Um diese Ergebnisse zu überprüfen, kann man sie durch eine sogenannte Nachhersage (Hind-Casting) testen. Das Computerprogramm kann in der Zeit rückwärts laufen, sodass wir, ausgehend vom aktuellen Klimaverhalten, feststellen können, ob es das Wetter in der Vergangenheit «nachhersagen» kann, als die Bedingungen genau bekannt waren.

Nachhersagen haben gezeigt, dass diese Computermodelle, obwohl sie nicht perfekt sind, das gesamte klimatische Geschehen der letzten 50 Jahre korrekt wiedergegeben haben. Die Daten sind jedoch sehr umfangreich und stoßen an die Grenzen dessen, was normale Computer leisten können. Da Digitalrechner mit der zunehmenden Komplexität dieser Aufgabe irgendwann überfordert sein werden, ist ein Übergang zu Quantencomputern erforderlich.

Unsicherheiten

Ganz gleich, wie leistungsfähig ein Computerprogramm ist, es gibt immer das Problem unbekannter, unerwarteter Faktoren, die schwer zu modellieren sind. Die vielleicht schwerwiegendste Ungewissheit ist das Vorhandensein von Wolken, die das Sonnenlicht zurück ins Weltall reflektieren und damit den Treibhauseffekt etwas abschwächen können. Da im Durchschnitt bis zu 70 Prozent der Erdoberfläche von Wolken bedeckt sind, ist dies ein wichtiger Faktor.

Dass sich die Wolkenbildung von Minute zu Minute ändert, ist ein Problem, welches langfristige Vorhersagen sehr unsicher macht. Wolken werden unmittelbar durch rasche Veränderungen von Temperatur, Luftfeuchtigkeit, Luftdruck, Windströmungen und andere Faktoren beeinflusst. Meteorologen kompensieren dies, indem sie anhand von Daten aus der Vergangenheit grob abschätzen, wie die Wolkenaktivität aussehen wird.

Eine weitere Quelle der Unsicherheit ist der bereits erwähnte Jetstream. Wenn Sie den Wetterbericht verfolgen, sehen Sie auf Satellitenbildern in der Nähe der Arktis eine Masse kalter Luft, die um den Globus wandert und sich normalerweise auf den Norden beschränkt, manchmal aber auch bis nach Mexiko vordringt. Da sich der genaue Weg des Jetstreams nur schwer vorhersagen lässt, nehmen die Meteorologen eine durchschnittliche Schätzung der durch ihn verursachten Temperaturverschiebungen vor.

Der Punkt ist, dass die Möglichkeiten digitaler Computer angesichts der Ungewissheiten begrenzt sind. Quantencomputer könnten jedoch in der Lage sein, die größten Unsicherheitsfaktoren zu beseitigen. Erstens können Quantencomputer berechnen, was passiert, wenn wir die Zellengröße verringern, um unsere Vorhersagen genauer zu machen. Das Wetter kann sich über eine Entfernung von wenigen Kilometern schnell ändern, aber diese Zellen haben einen Durchmesser von vielen Kilometern, sodass dies zu Fehlern führt. Ein Quantencomputer ist jedoch in der Lage, mit viel kleineren Zellen zu rechnen.

Zweitens berücksichtigen diese Modelle Faktoren wie den Jetstream und die Wolken auf der Basis fester Schätzwerte. Quantencomputer werden in der Lage sein, variable Größen für diese Parameter zu berücksichtigen, sodass man einfach an einem Knopf drehen und sie ändern kann. Auf diese Weise werden Quantencomputer virtuelle Wetterberichte mit variablen wichtigen Parametern erstellen können.

Die Grenzen dessen, was mit herkömmlichen Computern möglich ist, erkennen wir, wenn wir uns im Fernsehen den vorhergesagten Verlauf eines Hurrikans ansehen. Die Schätzungen verschiedener Computermodelle werden auf dem Bildschirm eingeblendet, und man kann sehen, wie stark sie voneinander abweichen. Wichtige Vorhersagen verschiedener Computerprogramme, z.B. wann und wo der Hurrikan landen wird und wie weit er ins Landesinnere vordringen wird, weichen oft um Hunderte von Kilometern voneinander ab.

Aber diese Unsicherheiten, die oft Millionen von Dollar und viele Menschenleben kosten, werden sich mit dem Übergang zu Quantencomputern erheblich verringern.

Genauere Wetterberichte, die von Quantencomputern generiert werden, werden uns bessere Prognosen liefern, die uns helfen, uns auf mögliche Szenarien vorzubereiten.

Einer der Hauptfaktoren für die globale Erwärmung ist die Verbrennung fossiler Brennstoffe. Grund genug, immer neue alternative Energiequellen zu erforschen. Eine wichtige Quelle für billige Energie in der Zukunft könnte die Fusionsenergie sein, d.h. die Nutzung der Kraft der Sonne auf der Erde. Und der Schlüssel zur Fusionsenergie könnten Quantencomputer sein.

Kapitel 15: Die Sonne in der Flasche

Seit dem Altertum verehrten die Menschen die Sonne als Vorbotin des Lebens, der Hoffnung und des Wohlstandes. Die alten Griechen glaubten, dass der Sonnengott Helios stolz in seinem glühenden Wagen über den Himmel fahre, um die Welt zu erleuchten und den Sterblichen Wärme und Trost zu spenden.

In jüngerer Zeit versuchen Wissenschaftler, das Geheimnis der Sonne einzufangen und ihre grenzenlose Energie auf die Erde zu bringen. Der führende Kandidat dafür ist die sogenannte Kernfusion, von der manche sagen, sie sei wie eine Sonne in der Flasche. Auf dem Papier scheint es die ideale Lösung für alle unsere Energieprobleme zu sein. Sie würde unbegrenzte Energie für immer erzeugen, ohne viele der Probleme, die mit fossilen Brennstoffen und Kernenergie verbunden sind. Und da sie kohlenstoffneutral ist, könnte sie uns vor der globalen Erwärmung bewahren.

Es scheint, als würde ein Traum mit ihr wahr.

Leider haben die Physiker diese Technologie überbewertet. Denn alle 20 Jahre behaupten sie, die Fusionsenergie stünde in 20 Jahren zur Verfügung. Aber jetzt verkünden die führenden Industrienationen, dass diese Technologie endlich in greifbare Nähe gerückt sei und sie ihr Versprechen, unbegrenzte Energie quasi zum Nulltarif zu liefern, einlösen würde.

Heute sind Fusionsreaktoren noch so teuer und komplex, dass die Kommerzialisierung dieser Technologie wahrscheinlich noch einige Jahrzehnte in der Zukunft liegt. Mit dem Aufkommen von Quantencomputern jedoch, so hoffen viele Wissenschaftlerinnen und Wissenschaftler, werden einige der hartnäckigen Probleme, die der Erzeugung von Fusionsenergie im Wege stehen, gelöst werden können und damit den Weg ebnen, Fusionsreaktoren zu einer praktikablen und wirtschaftlichen Realität zu machen. Quantencomputer könnten sich als eine Schlüsseltechnologie erweisen, die dazu beiträgt, unsere Städte und Häuser mit Fusionsenergie zu versorgen.

Die Hoffnung ist, dass die Fusionsenergie kommerziell genutzt werden kann, bevor die globale Erwärmung den Planeten unumkehrbar aufheizt.

Warum scheint die Sonne?

Die Menschen haben sich schon immer gefragt, was die Sonne antreibt. Ihre Energie scheint unendlich und sogar göttlich zu sein. In der Antike spekulierte man, dass die Sonne ein gigantischer Ofen am Himmel sein müsse. Doch eine einfache Rechnung zeigt, dass ein brennendes Feuer nur einige Jahrhunderte oder Jahrtausende überdauern und es im Vakuum des Weltraums sofort erlöschen würde.

Warum also scheint die Sonne?

Das Geheimnis der Sonne wurde schließlich durch Einsteins berühmte Gleichung $E = mc^2$ enträtselt. Die Physik erkannte, dass die Sonne, die hauptsächlich aus Wasserstoff besteht, ihre enorme Energie aus der Verschmelzung von Wasserstoffkernen zu Helium bezieht. Vergleicht man das Gewicht des ursprünglichen Wasserstoffs mit dem Gewicht des Heliums, so stellt man fest, dass ein winziger Teil der Masse fehlt. Er ging bei dem Fusionsprozess verloren. Dieses Massedefizit wird in Einsteins Formel zu der gewaltigen Energie, die das Sonnensystem erhellt.

Die Öffentlichkeit wurde sich der enormen Kraft bewusst, die im Wasserstoffatom steckt, als diese durch die Detonation der Wasserstoffbombe freigesetzt wurde. Ein Stück Sonne wurde gewissermaßen auf die Erde geholt, mit folgenschweren Auswirkungen.

Vorteile der Fusion

Es gibt eigentlich zwei Möglichkeiten, ein nukleares Feuer zu entfachen. Man kann Wasserstoff durch Fusion zu Helium verschmelzen, oder man kann Uran- oder Plutoniumatome spalten und so Kernenergie durch Kernspaltung freisetzen. Vergleicht man die Masse der Ausgangsstoffe mit der des Endprodukts, so ist bei beiden Verfahren eine winzige Menge an Masse verschwunden, die in Form von Kernenergie vorliegt.

Obwohl alle kommerziellen Kernkraftwerke ihre Energie durch Uranspaltung gewinnen, hat die Kernfusion einige bemerkenswerte Vorteile. Erstens entstehen bei der Kernfusion im Gegensatz zur Kernspaltung keine großen Mengen an tödlichem Atommüll. In einem Spaltreaktor wird der Urankern gespalten und setzt Energie frei, aber es kann auch eine Kaskade von vielen Hundert radioaktiven Spaltprodukten entstehen, wie Strontium-90, Jod-131, Cäsium-137 und anderen. Einige dieser Nebenprodukte werden für Millionen Jahre radioaktiv sein und erfordern gigantische Atommülldeponien, die bis weit in die Zukunft hinein bewacht werden müssen. Ein einziges kommerzielles Kernkraftwerk kann beispielsweise in nur einem Jahr 30 Tonnen hochradioaktiven Atommüll erzeugen. Atommülldeponien sind wie gigantische Mausoleen. Weltweit gibt es 370 000 Tonnen tödlicher Spaltprodukte, die sorgfältig überwacht werden müssen.

Bei Fusionskraftwerken hingegen fällt Heliumgas als Abfallprodukt an, das sich sogar kommerziell verwerten lässt. Ein Teil des bestrahlten Stahls einer Fusionsanlage könnte nach jahrzehntelangem Betrieb ebenfalls radioaktiv werden, aber dieser lässt sich leicht unterirdisch entsorgen.

Zweitens kann es bei Fusionskraftwerken im Gegensatz zu Kernspaltungsanlagen nicht zu Kernschmelzen kommen. In einem Kernkraftwerk erzeugen die Abfallprodukte außerdem große Mengen Wärme, selbst dann noch, wenn der Reaktor abgeschaltet wird. Wenn bei einem Unfall in einem Kernkraftwerk das Kühlwasser ausfällt, kann die Temperatur so weit ansteigen, dass der Reaktor 5000 Grad Celsius erreicht und zu schmelzen beginnt, was zu katastrophalen Explosionen führt. In Tschernobyl beispielsweise sprengten 1986 Dampf- und Wasserstoffgasexplosionen das Dach des Reaktors weg und setzten etwa 25 Prozent des radioaktiven Materials im Kern frei und verteilten es in der Atmosphäre über Europa. Es war der schlimmste kommerzielle Atomunfall der Geschichte.

Im Gegensatz dazu wird bei einem Unfall in einem Fusionsreaktor der Fusionsprozess einfach gestoppt. Es wird keine Wärme mehr erzeugt, und der Unfall ist vorbei.

Drittens ist Brennstoff (Wasserstoff) für einen Fusionsreaktor unbegrenzt verfügbar. Uran hingegen ist nur in begrenztem Umfang vorhanden und erfordert einen kompletten Brennstoffkreislauf mit Abbau, Mahlen und Anreicherung, um brauchbaren Uranbrennstoff herzustellen. Wasserstoff hingegen kann aus gewöhnlichem Meerwasser gewonnen werden.

Viertens ist die Kernfusion eine sehr effiziente Form der Energiegewinnung. Aus einem Gramm schwerem Wasserstoff können etwa 100 000 Kilowattstunden elektrische Energie erzeugt werden, was der Energiemenge bei der Verbrennung von etwa 12 Tonnen Steinkohle entspricht.

Und schließlich erzeugen Fusions- und Kernkraftwerke kein Kohlendioxid und verschärfen daher nicht die Problematik der Erderwärmung.

Bau eines Fusionsreaktors

Es gibt zwei grundlegende Zutaten für eine Fusionsmaschine. Erstens braucht man eine Wasserstoffquelle, die auf viele Millionen Grad erhitzt wird, sogar heißer als die Sonne, wodurch sie sich in ein Plasma verwandelt, den vierten Aggregatzustand (neben fest, flüssig und gasförmig). Ein Plasma ist ein Gas, das so heiß ist, dass den Atomen ihre Elektronen entrissen worden sind. Von den bekannten Aggregatzuständen der Materie ist es der häufigste im Universum. Daraus bestehen Sterne, interstellares Gas und sogar Blitze.

Zweitens braucht man eine Möglichkeit, das Plasma während der Erhitzung einzuschließen. Für ein derart heißes Gebilde existiert verständlicherweise kein materieller Behälter. In Sternen komprimiert die Schwerkraft das Gas. Aber die Schwerkraft der Erde ist zu schwach, um dies zu erreichen, also nutzt man elektrische und magnetische Felder.

Der beliebteste Entwurf für einen Fusionsreaktor geht auf einen deutschen und einige sowjetische Wissenschaftler zurück, der sogenannte Tokamak. Man denke sich einen Zylinder, der vollständig mit Drahtspulen umwickelt ist. Dann führe man die beiden Enden des Zylinders zusammen, sodass eine Art Donut entsteht (in der Geometrie spricht man von Torus). In den Donut wird Wasserstoffgas eingespritzt, und dann schießt ein elektrischer Strom durch den Zylinder, der das Gas auf enorme Temperaturen erhitzt. Um dieses heiße Plasma einzudämmen, werden gewaltige Mengen an elektrischer Energie in die Spulen eingespeist, die den Donut umgeben. So entsteht ein starkes Magnetfeld, das verhindert, dass das Plasma auf die Wände des Reaktors trifft.

Sobald die Fusion einsetzt, verbinden sich Wasserstoffkerne zu Helium und setzen dabei große Mengen Energie frei. In einem anderen Entwurf werden zwei Wasserstoffisotope, Deuterium und Tritium, miteinander verschmolzen, wobei Energie, Helium und

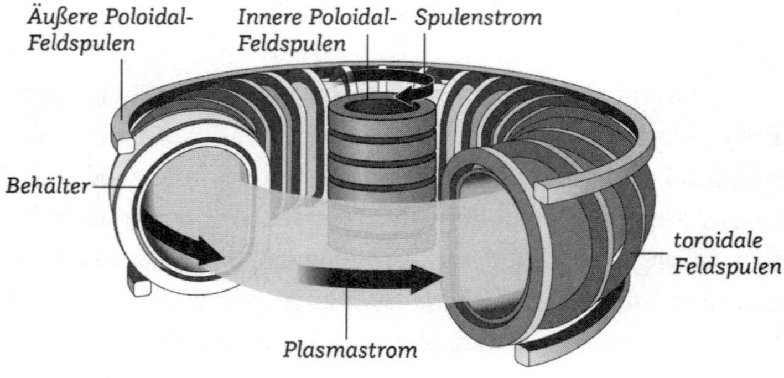

Abb. 11: Tokamak
In einem Fusionsreaktor werden Drahtspulen um eine donutförmige Kammer gewickelt, wodurch ein starkes Magnetfeld entsteht, das ein superheißes Plasma einschließt. Der Schlüssel zum Tokamak ist die Erhitzung des Gases, sodass bei der Fusion große Mengen an Energie freigesetzt werden. In Zukunft könnten Quantencomputer eingesetzt werden, um die genaue Konfiguration des Magnetfelds zu verändern und sogar zu verbessern, wodurch sich Leistung und Effizienz des Tokamak erhöhen und die Kosten erheblich senken ließen.

ein Neutron entstehen. Dieses Neutron wiederum trägt die Fusionsenergie aus dem Reaktor hinaus, wo es auf eine Materialhülle trifft, das sogenannte Blanket (Decke), das den Tokamak umgibt.

Diese Hülle, die in der Regel aus Beryllium, Kupfer und Stahl besteht, erhitzt sich, sodass das Wasser in den Rohren im Blanket zu kochen beginnt. Der auf diese Weise erzeugte Dampf kann gegen die Schaufeln einer Turbine drücken, wodurch riesige Magnete in Bewegung geraten. Dieses Magnetfeld wiederum erzeugt in einer umgebenden Spule elektrischen Strom, der letztlich in Ihrem Wohnzimmer landet.

Warum die Verzögerungen?

Warum verzögert sich die Nutzung der Fusionsenergie angesichts all dieser Vorteile so sehr? Seit dem Bau der ersten Fusionskraftwerke sind etwa 70 Jahre vergangen, warum dauert es also so lange? Das Problem liegt nicht an der Physik, sondern in der Technik.

Wasserstoffgas muss auf viele Millionen Grad erhitzt werden, heißer als die Sonne, damit sich die Wasserstoffkerne zu Helium verbinden und Energie freisetzen. Doch das Erhitzen von Gas auf diese enorme Temperatur ist schwierig. Das Gas ist oft instabil, und die Fusionsreaktion kommt zum Erliegen. Physikerinnen und Physiker haben jahrzehntelang versucht, Wasserstoff so einzuschließen, dass man ihn auf Sterntemperaturen erhitzen kann.

Im Nachhinein können sie verstehen, wie relativ einfach es für die Natur ist, im Herzen eines Sterns Fusionsenergie freizusetzen. Wasserstoffgas im Innern eines Sterns wird durch die Schwerkraft gleichmäßig komprimiert. Während dieser Einschluss immer kleiner wird, steigt die Temperatur an, bis sie viele Millionen Grad erreicht, der Wasserstoff zu fusionieren beginnt und der Stern sich entzündet.

Beachten Sie, dass dieser Prozess auf natürliche Weise von selbst abläuft, weil die Schwerkraft nur einen «Pol» (nicht zwei) hat, sodass der ursprüngliche Gasball ganz von selbst unter seiner eigenen Schwerkraft kollabiert. Infolgedessen ist es relativ einfach, Sterne zu bilden, und deshalb können wir mit Teleskopen Milliarden Sterne sehen.

Elektrizität und Magnetismus unterscheiden sich jedoch in dieser Hinsicht von der Schwerkraft. Sie haben zwei Pole, Plus- und Minuspol bei der Elektrizität, Nord- und Südpol im Fall eines Stabmagneten. Mit einem Hammer kann man nicht einen einzelnen Nordpol isolieren. Wenn man einen Magneten in zwei Hälften bricht, erhält man zwei kleinere Stabmagnete, die jeweils einen eigenen Nord- und Südpol haben.

Hier also liegt das Problem. Es ist äußerst schwierig, ein starkes Magnetfeld zu erzeugen, um superheißes Wasserstoffgas lange genug in die Form eines Donuts zu pressen, damit es zu einer Fusion kommt. Um zu verstehen, warum dies so schwierig ist, stellen Sie sich einen langen Luftballon vor, wie er für das Basteln von Luftballontieren verwendet wird. Verbinden Sie nun die Enden des Ballons so, dass er einen Donut bildet. Versuchen Sie dann, ihn gleichmäßig zusammenzudrücken. Egal, wo man den Ballon zusammendrückt, die Luft wird den Ballon an einer anderen Stelle wieder ausbeulen. Es ist äußerst schwierig, ihn so zusammenzudrücken, dass die Luft im Inneren gleichmäßig komprimiert bleibt.

ITER

Mit dem Ende des Kalten Krieges und der Erkenntnis, dass der Bau eines Fusionsreaktors unerschwinglich teuer sein würde, begannen die Nationen der Welt, ihr Wissen und ihre Ressourcen für die friedliche Nutzung der Fusionsenergie zu bündeln. Im Jahr 1979 baute sich in den Entscheidungszentralen der Großmächte eine Dynamik für den Bau eines internationalen Fusionsreaktors auf. Die Präsidenten Ronald Reagan und Michail Gorbatschow trafen sich und trugen dazu bei, die Vereinbarung zu besiegeln.

Der ITER (International Thermonuclear Experimental Reactor) ist ein Beispiel für diese internationale Zusammenarbeit. An der Finanzierung dieses ehrgeizigen Projekts, das in Cadarache in Südfrankreich gebaut wird, sind 35 Länder beteiligt, darunter die Europäische Union, die USA, Japan und Korea.

Um die Effizienz eines Fusionsreaktors zu messen, haben Physiker den Leistungsfaktor Q eingeführt, der die vom Reaktor erzeugte Energie, geteilt durch die von ihm verbrauchte Energie, angibt. Wenn Q = 1 ist, ist die Gewinnschwelle erreicht, d.h., es wird so viel Energie erzeugt, wie verbraucht wird. Gegenwärtig liegt der Weltrekord für eine Fusionsanlage bei Q = 0,7. Der ITER wird voraussichtlich bis 2025 die Gewinnschwelle erreichen. Er ist jedoch so konzipiert, dass er schließlich Q = 10 erreicht, d.h. viel mehr Energie erzeugt als verbraucht wird.

Der ITER ist eine monströse Anlage mit einem Gewicht von insgesamt über 28000 Tonnen und gehört damit neben der Internationalen Raumstation und dem Large Hadron Collider zu den anspruchsvollsten wissenschaftlichen Instrumenten aller Zeiten. Im Vergleich zu früheren Anlagen ist der ITER-Torus doppelt so groß und 16 Mal so schwer. Um das Plasma einzuschließen, erzeugen 18 Ringfeldmagnete ein Magnetfeld, das 280000 Mal so stark ist wie das der Erde.

Der ITER ist das ehrgeizigste Fusionsprojekt der Welt. Der Versuchsreaktor soll eine Nettoenergie von etwa 500 Millionen Watt erzeugen, wird aber nicht an das Stromnetz angeschlossen sein. Er soll 2025 zu Testzwecken in Betrieb genommen werden und könnte bis 2035 seine volle Leistung erreichen. Im Erfolgsfall wird er den Weg für den Fusionsreaktor der nächsten Generation, DEMO, ebnen, der bis zum Jahr 2050 fertiggestellt werden soll. DEMO soll Q = 25 erreichen und bis zu 2 Gigawatt Energie erzeugen.

Das Ziel lautet also, die kommerzielle Nutzung der Fusionsenergie noch vor Mitte des Jahrhunderts zu ermöglichen. Kritiker betonen jedoch, dass die Fusionsenergie in absehbarer Zeit keine Lösung für die Klimakrise sein wird. «Die Kernfusion ist keine Lösung, die uns bis 2050 auf null bringt. Sie ist eine Lösung, um die Gesellschaft in der zweiten Hälfte dieses Jahrhunderts mit Energie zu versorgen», sagt Jon Amos, Wissenschaftskorrespondent von *BBC News*.

Der Schlüssel zum ITER sind die riesigen Magnetfelder, die durch die sogenannte Supraleitung ermöglicht werden, d.h. das Phänomen, dass jeglicher elektrischer Widerstand bei extrem niedrigen Temperaturen verschwindet, wodurch extrem hohe Magnetfelder möglich werden. Die Absenkung der Temperatur auf nahezu den absoluten Nullpunkt verringert den elektrischen Widerstand, beseitigt die Abwärme und erhöht die Effizienz des Magnetfelds.

Supraleitung wurde 1911 entdeckt, als Quecksilber auf 4,2 K, das ist nahe dem absoluten Nullpunkt, abgekühlt wurde. Damals glaubte man, dass die zufälligen Bewegungen der Atome am absoluten Nullpunkt nahezu zum Stillstand kommen würden, sodass sich die Elektronen schließlich frei und ohne Widerstand bewegen können. Daher fand man es merkwürdig, dass einige Stoffe schon bei höheren Temperaturen supraleitend werden konnten. Dies war lange ein Rätsel.

Erst 1957 stellten John Bardeen, Leon Cooper und John Schrieffer eine Quantentheorie der Supraleitung auf. Sie fanden heraus, dass Elektronen unter bestimmten Bedingungen sogenannte Cooper-Paare bilden und dann ohne Widerstand auf der Oberfläche eines Supraleiters gleiten können. Die Theorie sagte voraus, dass die Höchsttemperatur für einen Supraleiter 40 K beträgt.

Noch bevor die Magneten des ITER eingeschaltet werden, haben ähnliche, aber kleinere Versionen des ITER bewiesen, dass das grundlegende Tokamak-Design korrekt ist. Der ITER-Entwurf erhielt 2022 einen enormen Auftrieb, als bekannt wurde, dass zwei kleinere Versionen des ITER, von denen eine außerhalb von Oxford (UK) und eine andere in China steht, einen neuen Rekord aufstellen konnten.

Der Oxforder Fusionsreaktor mit der Bezeichnung JET (Joint European Torus) hat es geschafft, Q = 0,33 für volle 5 Sekunden aufrechtzuerhalten und damit einen Rekord zu brechen, den er selbst vor 24 Jahren aufgestellt hatte. Das entspricht ungefähr einer Leistung von 11 Megawatt.

«Mit den JET-Experimenten sind wir der Fusionsenergie einen Schritt näher gekommen», sagt Joe Milnes, einer der Direktoren des Labors. «Wir haben gezeigt, dass wir einen Mini-Stern in unserer Maschine erzeugen und ihn dort fünf Sekunden lang halten können und dabei eine hohe Leistung erzielen, was uns wirklich in eine neue Sphäre bringt.»[1]

Dr. Arthur Turrell, eine Koryphäe auf dem Gebiet der Fusionsenergie, sagt: «Es ist ein Meilenstein, weil sie die größte Energieausbeute aus Fusionsreaktionen aller Geräte in der Geschichte demonstrieren konnten.»[2]

Einige Monate später gaben chinesische Forscher jedoch bekannt, dass sie in der Lage waren, die Fusion für volle 17 Minuten aufrechtzuerhalten, indem sie das Plasma auf 158 Millionen Kelvin erhitzten. Ihr Fusionsreaktor, der wie sein britisches Gegenstück EAST (Experimental Advanced Superconducting Tokamak) heißt, basiert auf dem ursprünglichen Tokamak-Design, was darauf hindeutet, dass der ITER wahrscheinlich auf dem richtigen Weg ist.

Konkurrierende Ansätze

Da so viel auf dem Spiel steht und große Magnetfelder bekanntermaßen schwer zu handhaben sind, wurden viele neue Ideen zur Eindämmung des Plasmas vorgeschlagen. Tatsächlich gibt es etwa 25 Neugründungen, die ihre eigene Version eines Fusionsreaktors entwickeln.

Im Allgemeinen werden bei allen Tokamak-Fusionskonzepten Supraleiter verwendet, die durch Abkühlung der Spulen auf Temperaturen nahe am absoluten Nullpunkt entstehen, sodass der elektrische Widerstand nahezu verschwindet. Doch 1986 wurde durch Herumprobieren eine neue Klasse von Supraleitern gefunden, die eine sensationelle Entdeckung darstellte. Mit ihnen konnte man die supraleitende Phase schon bei komfortablen 77 K erreichen. (Diese neue Klasse von Supraleitern, die sogenannten Hochtemperatursupraleiter, basierten auf der Abkühlung von Keramiken wie Yttrium-Barium-Kupferoxid.) Dies war eine verblüffende Ankündigung, denn sie bedeutete, dass eine neue Quantentheorie der Supraleiter geschrieben werden musste und dass man Keramiken schon durch Abkühlung mit gewöhnlichem flüssigem Stickstoff supraleitend machen konnte. Dies war wichtig, da flüssiger Stickstoff etwa so teuer wie Milch ist und dies daher die Kosten für Supermagnete erheblich senken würde. (Trockeneis, also verfestigtes Kohlendioxid, kostet etwa 3 Euro pro Kilogramm. Flüssiger Stickstoff ist etwa vier Mal teurer. Flüssiges Helium, das in den meisten Supraleitern als Kühlmittel verwendet wird, kostet dagegen 100 Mal so viel wie Trockeneis.)

Für den Durchschnittsbürger mag dies keine große Verbesserung darstellen, aber für die Physik eröffnen sich geradezu fantastische Möglichkeiten. Da die komplexesten Komponente eines Fusionsreaktors die Magnete sind, verändert dies die gesamte Wirtschaftlichkeit und die Aussichten dieser Technologie.

Auch wenn die Entdeckung der keramischen Hochtemperatursupraleiter zu spät kam, um in den ITER eingebaut zu werden, eröffnete sie die Möglichkeit, diese Technologie für die nächste Generation von Fusionsreaktoren zu nutzen.

Ein vielversprechendes Projekt, bei dem diese neue Methode zum Einsatz kommt, ist der SPARC-Reaktor, der 2018 angekündigt wurde und schnell die Aufmerksamkeit (und das Geld) prominenter Milliardäre wie Bill Gates und Richard Branson auf sich gezogen hat, sodass SPARC in kurzer Zeit mehr als 250 Millionen Dollar einsammeln konnte. (Im Vergleich zu den 21 Milliarden Dollar, die bisher für den ITER ausgegeben wurden, ist das allerdings Kleingeld.)

Ein großer Meilenstein wurde 2021 erreicht, als die Hochtemperatur-Supraleitungsmagnete erfolgreich getestet wurden. Sie können einstweilen ein Magnetfeld erzeugen, das 40000 Mal so stark ist wie das Magnetfeld der Erde.

«Dieser Magnet wird sowohl die Fusionswissenschaft als auch die Energiewirtschaft und, wie wir glauben, letztlich die weltweite Energielandschaft verändern», sagt Dennis Whyte vom MIT.[3] «Das ist eine große Sache. Das ist kein Hype, das ist Realität», meint Andrew Holland, Geschäftsführer der Fusion Industry Association.[4] SPARC könnte die Gewinnschwelle Q = 1 im Jahr 2025 erreichen, etwa zur gleichen Zeit wie der ITER, aber zu einem Bruchteil der Kosten und der Zeit.

SPARC allein wird keine kommerzielle elektrische Energie erzeugen. Aber sein Nachfolger, der ARC-Reaktor, könnte es. Wenn er erfolgreich ist, dürfte er den Schwerpunkt der Fusionsforschung verlagern und die nächste Generation von Fusionsreaktoren dazu zwingen, die allerneuesten Technologien einzusetzen. Dazu könnten Hochtemperatur-Supraleiter und vielleicht auch Quantencomputer gehören, die erforderlich wären, um die Stabilität des Magnetfelds entscheidend zu verbessern, damit es das Plasma einschließen kann.

Die Wissenschaft der Supraleiter kam jedoch durch die jüngste Entwicklung, dass endlich ein Supraleiter bei Raumtemperatur gefunden wurde, ziemlich durcheinander. Normalerweise würde ein Raumtemperatur-Supraleiter als der Heilige Gral der Niedertemperaturphysik gefeiert werden, als Endprodukt jahrzehntelanger harter Arbeit. Diese Entdeckung hatte jedoch ein großes Problem. Die Physikerinnen und Physiker schafften die Supraleitung bei Raumtemperatur nur dann, wenn man das Material auf das 2,6-Millionenfache des Atmosphärendrucks komprimierte. Um auch nur das einfachste Experiment mit diesen astronomischen Drücken durchzuführen, sind hoch spezialisierte Maschinen erforderlich, über die nicht jede Forschungseinrichtung verfügt. Daher warten die Forschenden ab, ob sich der Druck noch senken lässt, damit Raumtemperatursupraleiter zu einer nützlichen Alternative werden können.

Laser-Fusion

Einen völlig anderen Ansatz für die Kernfusion verfolgt das US-Energieministerium, das statt starker Magneten gigantische Laserstrahlen zur Erhitzung von Wasserstoff einsetzt. Für eine Fernsehsendung, die ich einmal für BBC-TV moderierte, besuchte ich die NIF (National Ignition Facility), eine riesige Anlage im Livermore National Laboratory in Kalifornien, die 3,5 Milliarden Dollar kostete.

Da es sich um eine militärische Einrichtung handelt, in der nukleare Sprengköpfe entwickelt werden, musste ich mehrere Sicherheitskontrollen durchlaufen, um die Anlage zu besichtigen. Schließlich ging ich an den bewaffneten Wachen vorbei und wurde in den NIF-Kontrollraum geführt. Selbst wenn man die Baupläne der NIF auf dem Papier gesehen hat, ist man immer noch überwältigt, wenn man die schiere Größe dieser Maschine in natura sieht. Sie ist wirklich gigantisch, so groß wie drei Fußballfelder und 10 Stockwerke hoch, sodass sich jeder Mensch dagegen winzig vorkommt.

Aus der Ferne konnte ich den Weg sehen, den 192 Hochleistungslaserstrahlen nehmen, die zu den stärksten der Welt gehören. Wenn diese Laserstrahlen eine Milliardstelsekunde lang abgefeuert werden, treffen sie auf 192 Spiegel. Jeder ist sorgfältig positioniert, um den Strahl auf das Ziel zu lenken, ein erbsengroßes Kügelchen mit wasserstoffreichem Lithiumdeuterid.

Dadurch verdampft die Oberfläche des Ziels und die Temperatur in dem Kügelchen steigt auf mehrere zehn Millionen Grad. Wenn es so stark erhitzt und komprimiert wird, kommt es zur Fusion, und die davon zeugenden Neutronen werden freigesetzt.

Das Ziel ist, kommerzielle Energie durch Laserfusion zu erzeugen. Bei der Verdampfung des Targets werden Neutronen freigesetzt, die dann durch ein Blanket geschickt werden. Wie beim Tokamak hofft man, dass diese hochenergetischen Neutronen ihre

Energie auf das umhüllende Blanket übertragen, das sich dann erhitzt und Wasserdampf erzeugt, der eine Turbine und diese einen Generator treibt, um kommerzielle Energie zu erzeugen.

Im Jahr 2021 erreichte die NIF einen Meilenstein. Es war in der Lage, 10 Billiarden Watt Leistung in 100 Billionstel Sekunden bei 100 Millionen Kelvin zu erzeugen und brach damit seinen bisherigen Rekord. Dabei wurde das Brennstoffpellet auf das 350-Milliardenfache des Atmosphärendrucks komprimiert. Es bleibt jedoch abzuwarten, ob die NIF-Technik kommerziell genutzt werden kann, um praktische Mengen an Energie zu erzeugen. Derzeit ist das Tokamak-Design immer noch am weitesten fortgeschritten und verbreitet.

Probleme mit der Fusion

Obwohl die Kernfusion in der Lage ist, die Art und Weise, wie wir auf der Erde Energie verbrauchen, zu verändern, haben hartnäckige Probleme falsche Hoffnungen zerschlagen und Träume platzen lassen.

Viele bisherige Versuche, die Fusionsenergie nutzbar zu machen, sind enttäuschend verlaufen. Seit den 1950er-Jahren gab es über 100 Fusionsreaktoren, aber keiner von ihnen erzeugte mehr Energie, als er verbrauchte. Viele wurden später wieder aufgegeben. Ein grundlegendes Problem ist die toroidale (donutartige) Konfiguration des Tokamak-Designs. Sie löste ein Problem (die Fähigkeit, das Plasma bei hohen Temperaturen zu halten), führte aber zu einem anderen (Instabilität).

Aufgrund des toroidalen Charakters des Magnetfelds ist es schwierig, einen stabilen Fusionsprozess lange genug aufrechtzuerhalten, um das Lawson-Kriterium zu erfüllen, das eine bestimmte Temperatur, Dichte und Dauer erfordert, um die Fusionsreaktion zu erzeugen.

Wenn es winzige Unregelmäßigkeiten im Magnetfeld des Tokamaks gibt, kann das Plasma instabil werden.

Das Problem wird durch die Wechselwirkung zwischen dem Plasma und dem Magnetfeld noch verschärft. Auch wenn das äußere Magnetfeld das Plasma zunächst eindämmen kann, hat das Plasma selbst ein eigenes Magnetfeld, das mit dem größeren Magnetfeld des Reaktors wechselwirken und instabil werden kann.

Die Tatsache, dass die Gleichungen für das Plasma und das Magnetfeld eng miteinander gekoppelt sind, führt zu Aufschaukeleffekten. Wenn es eine leichte Unregelmäßigkeit in den Magnetfeldlinien innerhalb des Donuts gibt, kann dies wiederum Störungen im Plasma innerhalb des Donuts verursachen. Da das Plasma jedoch sein eigenes Magnetfeld hat, kann es die ursprüngliche Störung verstärken. So kann es zu einem Run-away-Effekt kommen, bei dem die Unregelmäßigkeit jedes Mal größer wird, wenn sich die beiden Magnetfelder gegenseitig verstärken. Diese Unregelmäßigkeiten werden manchmal so groß, dass sie die Wände des Reaktors tangieren und sogar ein Loch in ihn brennen können. Dies ist also der Hauptgrund, warum es so schwierig war, das Lawson-Kriterium zu erfüllen und den Fusionsprozess lange genug stabil zu halten, um einen sich selbst erhaltenden Reaktor zu schaffen.

Quantenfusion

Hier kommen die Quantencomputer ins Spiel. Die Gleichungen für das Magnetfeld und auch für das Plasma sind beide bekannt. Das Problem ist wie beschrieben, dass diese beiden Gleichungen miteinander gekoppelt sind, sodass sie sich auf komplexe Weise gegenseitig beeinflussen. Unvorhersehbare kleine Schwingungen können plötzlich größer werden. Doch während digitale Computer in dieser Situation nur schwer rechnen können, könnten Quantencomputer mit dieser komplexen Anordnung vielleicht zurechtkommen.

Wenn heute ein Fusionsreaktor falsch ausgelegt ist, ist es unerschwinglich teuer, noch einmal von vorne anzufangen und den Reaktor von Grund auf neu auszulegen. Wenn sich jedoch alle Gleichungen in einem Quantencomputer befinden, ist es ein Leichtes, mit dem Quantencomputer zu berechnen, ob das Design optimal ist oder ob es möglicherweise stabilere oder effizientere Entwürfe gibt.

Die Änderung von Parametern in einem Quantencomputerprogramm ist wesentlich billiger als die Neukonstruktion eines völlig neuen, milliardenschweren Fusionsreaktor-Magneten.

Da ein Reaktor zwischen 10 und 20 Milliarden Dollar kosten kann, könnte dies zu einer astronomischen Einsparung führen. Neue Entwürfe können virtuell erstellt und getestet werden, da der Quantencomputer ihre Eigenschaften berechnen kann. Darüber hinaus könnte ein Quantencomputer leicht mit einer Reihe neuer virtueller Entwürfe spielen, um zu sehen, ob sie die Leistung des Reaktors verbessern.

Die Leistung von Quantencomputern lässt sich wie gesehen noch steigern, wenn sie mit künstlicher Intelligenz gekoppelt werden. KI-Systeme können die Stärke der verschiedenen Magnete eines Fusionsreaktors variieren. Quantencomputer können dann die Datenflut aus diesem Vorgang analysieren, um den Leistungsfaktor Q zu erhöhen. So wurde beispielsweise das KI-Programm DeepMind bereits eingesetzt, um den Fusionsreaktor der Eidgenössischen Technischen Hochschule in Lausanne (ETHL) zu modifizieren.

«Ich glaube, dass KI in Zukunft eine sehr wichtige Rolle bei der Kontrolle von Tokamaks und in der Fusionsforschung im Allgemeinen spielen wird», sagt Federico Felici vom Schweizer Institut.[5] «Es gibt ein riesiges Potenzial, KI zu nutzen, um eine bessere Kontrolle zu erreichen und herauszufinden, wie man solche Geräte effektiver betreiben kann», fügt er hinzu.

KI und Quantencomputer können also Hand in Hand arbeiten, um die Effizienz von Fusionsreaktoren zu steigern, was wiederum die Energieversorgung der Zukunft sichern und zur Verringerung der globalen Erwärmung beitragen könnte.

Eine weitere Anwendung von Quantencomputern ist die Entschlüsselung der Funktionsweise von keramischen Hochtemperatur-Supraleitern. Wie bereits erwähnt, weiß derzeit niemand, wie sie diese magische Eigenschaft erlangen. Diese Hochtemperaturkeramiken gibt es schon seit über vierzig Jahren, aber es gibt keinen Konsens, was die Erklärung des Phänomens angeht. Alle theoretischen Modelle dazu sind eben genau das: theoretisch.

Ein Quantencomputer könnte dies jedoch ändern. Da der Quantencomputer selbst quantenmechanisch ist, könnte er die Verteilung der Elektronen in den zweidimensionalen Schichten im Inneren des keramischen Supraleiters berechnen und so feststellen, welche Theorie richtig ist.

Außerdem haben wir gesehen, dass die Herstellung von Supraleitern immer noch durch Versuch und Irrtum erfolgt. Durch Zufall können neue Supraleiter entdeckt werden. Dies bedeutet jedoch, dass jedes Mal, wenn ein neues Material getestet wird, völlig neue Experimente durchgeführt werden müssen. Es gibt keine systematische Methode, um neue Supraleiter zu finden. Ein Quantencomputer kann jedoch ein virtuelles Labor schaffen, in dem neue Vorschläge für einen Supraleiter getestet werden können. So könnte man an einem einzigen Nachmittag schnell eine Vielzahl interessanter Stoffe testen, anstatt Jahre und Millionen Euro für die Untersuchung jedes einzelnen Stoffes zu verschwenden.

Quantencomputer könnten also der Schlüssel zu einer umweltfreundlichen, billigen und zuverlässigen Energiezukunft sein.

Aber wenn wir die Fusionsgleichungen in einem Quantencomputer lösen können, können wir vielleicht auch die Fusionsgleichung lösen, die das Herzstück der Sterne ist, sodass wir das Geheimnis der nuklearen Öfen entschlüsseln, die über den

Nachthimmel verstreut sind; wir können vielleicht herausfinden, wie diese Sterne als Supernova explodieren und wie sie schließlich zum geheimnisvollsten Objekt im Universum werden, einem Schwarzen Loch.

Kapitel 16: Das Universum simulieren

Im Jahr 1609 blickte Galileo Galilei durch sein selbst gebautes Fernrohr und sah Wunder, die niemand zuvor gesehen hatte. Zum ersten Mal in der Geschichte war die wahre Herrlichkeit und Majestät des Universums sichtbar geworden.

Galilei faszinierte das, was er sah. Er war von einem neuen, überwältigenden Bild des Universums geblendet, das sich ihm jede Nacht bot. Als Erster bemerkte er, dass der Mond tiefe Krater hatte, dass die Sonne winzige schwarze Flecken aufwies, dass der Saturn eine Art «Ohren» hatte (die heute als Ringe bekannt sind), dass der Jupiter vier eigene Monde besaß und dass die Venus Phasen wie der Mond aufwies, was ihm bewies, dass sich die Erde um die Sonne drehte und nicht umgekehrt.

Galilei organisierte sogar Treffen mit Vertretern der Führungselite Venedigs, um ihnen die wahre Pracht des Universums vor Augen zu führen. Doch dieses herrliche Bild entsprach nicht den Vorstellungen des religiösen Establishments, und so hatte diese kosmische Offenbarung einen hohen Preis. Die Kirche lehrte, dass der Himmel aus ewigen, perfekt geformten Sphären bestand, ein Zeugnis der Herrlichkeit Gottes. Die Erde dagegen galt als Hort fleischlicher Sünden und Versuchungen. Doch Galilei konnte mit eigenen Augen sehen, dass das Universum reich, vielfältig, dynamisch und in ständiger Veränderung begriffen war.

Einige Historiker sind sogar der Meinung, dass das Teleskop als das vielleicht aufrührerischste Instrument in der Geschichte der Wissenschaft zu gelten habe, weil es die herrschenden Mächte herausforderte und unser Verhältnis zur Welt für immer veränderte.

Gegen Ende seines Lebens wurde Galilei verhaftet, vor Gericht gestellt und mit Nachdruck daran erinnert, dass der ehemalige Mönch Giordano Bruno nur 33 Jahre zuvor in den Straßen Roms bei lebendigem Leib verbrannt worden war, weil er behauptet hatte, dass es im Weltraum andere Sonnensysteme geben könnte, in denen vielleicht Leben existiert.

Die Revolution, die durch Galileis Teleskop ausgelöst wurde, hat die Art und Weise, wie wir die Herrlichkeit des Universums sehen, für immer verändert. Astronomen werden heute nicht mehr auf dem Scheiterhaufen verbrannt. Stattdessen starten sie riesige Satelliten wie das Hubble- und das Webb-Weltraumteleskop, um die Geheimnisse des Universums zu enträtseln. (Und es gibt sogar eine Bruno-Statue auf dem Campo de' Fiori in Rom, genau an der Stelle, an der er lebendig verbrannt wurde. Jeden Tag werden neue Planeten gefunden, die ferne Sterne am Himmel umkreisen – Brunos späte Genugtuung.)

Heute bieten Satelliten in Erdumlaufbahnen einen unvergleichlichen Blick in den Himmel. Diese Instrumente, wie das Webb-Weltraumteleskop, das bis zu einer Million Meilen von der Erde entfernt ist, haben der Astronomie von ihrem kosmischen Aussichtspunkt aus neue Horizonte eröffnet.

Die Wissenschaft war so erfolgreich, dass die Forschenden jetzt in einem Ozean von Daten ertrinken, und Quantencomputer könnten notwendig sein, um diese Flut von Informationen zu organisieren und zu analysieren. Astronominnen und Astronomen müssen nicht mehr in einsamen Nächten frierend in ihre kalten Teleskope starren, um mühsam die Bewegungen der einzelnen Planeten zu dokumentieren. Jetzt programmieren sie riesige Roboterteleskope, die automatisch über den Nachthimmel schwenken.

Kinder stellen oft die einfach klingende Frage: Wie viele Sterne gibt es? Diese Frage ist schwer zu beantworten, aber unsere eigene

Galaxie, die Milchstraße, hat etwa 100 Milliarden Sterne. Das Hubble-Teleskop kann im Prinzip 100 Milliarden Galaxien aufspüren. Man kann also abschätzen, dass es im bekannten Universum etwa 100 Milliarden mal 100 Milliarden = 10^{22} Sterne gibt.

Das wiederum bedeutet, dass eine Enzyklopädie aller Planeten, die ihre Lage, Größe, Temperatur usw. katalogisiert, den Speicher eines Supercomputers erschöpfen würde. Es könnten also Quantencomputer erforderlich sein, um das wahre Ausmaß des Universums zu erfassen.

Quantencomputer könnten in der Lage sein, diesen astronomischen Datenberg zu durchforsten, um entscheidende Merkmale der Himmelsobjekte zu ermitteln. Sie werden in der Lage sein, auf Knopfdruck wichtige Daten herauszufiltern und wichtige Schlussfolgerungen aus dieser chaotischen Datenmenge zu ziehen.

Durch die Berechnung der Kernfusionsprozesse im Inneren eines Sterns könnten Quantencomputer auch vorhersagen, wann die nächste gigantische Sonneneruption das Stromnetz lahmlegen könnte. Quantencomputer könnten auch die Gleichungen lösen, die verirrte Asteroiden, explodierende Sterne, das expandierende Universum und das Innere eines Schwarzen Lochs beschreiben.

Killer-Asteroiden

Es gibt einen praktischen Grund für die Analyse dieser Himmelskörper, der uns sehr direkt angeht. Einige dieser Objekte am Himmel könnten tatsächlich gefährlich sein und die Erde, wie wir sie kennen, zerstören. Vor 66 Millionen Jahren schlug ein Objekt von etwa 14 Kilometer Durchmesser in Yucatán, Mexiko, ein. Bei der Explosion wurde so viel Energie freigesetzt, dass ein Krater mit einem Durchmesser von 180 Kilometer entstand, der eine Flutwelle auslöste, welche ihrerseits über 1000 Meter hoch war und den Golf von Mexiko überflutete. Außerdem löste sie einen Sturm glühender Meteore aus, die dann in der gesamten Region wütende Infernos entfachten. Als dicke Staubwolken das Sonnenlicht verdunkelten, sanken die Temperaturen so stark, dass die Dinosaurier nicht mehr jagen und fressen konnten. Vielleicht 75 Prozent aller Lebensformen starben bei diesem Asteroideneinschlag aus.

Die Dinosaurier hatten leider kein Raumfahrtprogramm, sie sind also nicht hier, um sich zu dieser Frage zu äußern. Aber wir haben eine solche Möglichkeit, und eines Tages könnten wir ein solches Programm brauchen, wenn ein außerirdisches Objekt auf Kollisionskurs mit der Erde gerät.

Bisher wurden etwa 27000 Asteroiden von der Regierung und dem Militär sorgfältig kartiert. Dabei handelt es sich um erdnahe Objekte (Near Earth Objects, NEOs), die die Bahn der Erde kreuzen und somit eine langfristige Bedrohung für den Planeten darstellen. Die meisten haben eine Größe von einem Fußballfeld bis zu mehreren Kilometern Durchmesser. Noch besorgniserregender sind jedoch die zig Millionen Asteroiden, die kleiner als ein Fußballfeld sind und überhaupt nicht erfasst werden. Sie könnten völlig unentdeckt unter unserem Radar fliegen und dennoch erheblichen Schaden anrichten, wenn sie die Erde treffen. Eine weitere Gefahr sind sogenannte langperiodische Kometen, deren Position jenseits des Pluto völlig unbekannt ist, sodass sie sich eines Tages unangekündigt und unbemerkt der Erde nähern könnten. Leider wird also nur ein Bruchteil der potenziell gefährlichen Objekte von den Forschern tatsächlich aufgespürt.

Ich habe einmal den Astronomen Carl Sagan interviewt, der für seine Fernsehsendungen zur Popularisierung der Wissenschaft bekannt gewesen ist. Ich fragte ihn nach der Zukunft der Menschheit. Er antwortete, die Erde befinde sich inmitten einer «kosmischen Schießbude», sodass es nur eine Frage der Zeit sei, bis wir eines Tages mit einem riesigen Asteroiden konfrontiert würden, der die Erde zerstören könnte. Deshalb, sagte er mir, müssen wir eine «Zwei-Planeten-Spezies» werden. Das sei unsere Bestimmung. Wir sollten den Weltraum erforschen, sagte er, nicht nur um neue Welten zu entdecken, sondern um einen weiteren sicheren Hafen am Himmel zu finden.

Ein Asteroid, der sorgfältig untersucht wird, ist Apophis. Er hat einen Durchmesser von etwa 350 Meter und wird im April 2029 die Erdatmosphäre streifen. Er wird bis auf ein Zehntel der Entfernung zwischen Erde und Mond herankommen.

Er wird der Erde sogar so nahe kommen, dass er mit bloßem Auge sichtbar sein wird und knapp unter einigen unserer Satelliten vorbeizieht.

Da Apophis unsere Atmosphäre streift, wird er auf unvorhersehbare atmosphärische Bedingungen treffen, sodass es unmöglich ist, mit Sicherheit zu sagen, wie seine Flugbahn im Jahr 2036 aussehen wird, wenn er das nächste Mal an der Erde vorbeifliegt. Mit anderen Worten: Er wird die Erde im Jahr 2036 höchstwahrscheinlich verfehlen, aber das ist nur eine Vermutung.

Es geht darum, dass Quantencomputer notwendig sein könnten, um die Flugbahn potenziell gefährlicher Asteroiden zu verfolgen und besser abzuschätzen. Eines Tages wird ein Asteroid an der Erde vorbeiziehen und eine Massenpanik auslösen, während die Wissenschaft versucht festzustellen, ob er die Erde treffen oder harmlos vorbeifliegen wird. An dieser Stelle können Quantencomputer ihre Wirksamkeit entfalten.

Im schlimmsten Fall könnte ein weit entfernter Komet aus den Tiefen des Weltraums eine lange Reise zu unserem inneren Sonnensystem antreten. Ohne Schweif wird er für unsere Teleskope völlig unsichtbar sein. Während er hinter der Sonne vorbeizieht, erhitzt das Sonnenlicht schließlich das Eis des Kometen, und es bildet sich ein Schweif. Wenn er plötzlich hinter der Sonne auftaucht, werden unsere Teleskope den Kometenschweif endlich entdecken und uns vor einem katastrophalen Einschlag warnen. Aber wie lange im Voraus können uns unsere Teleskope warnen? Vielleicht ein paar Wochen.

Leider können wir nicht erwarten, dass Bruce Willis uns im Space Shuttle zu Hilfe kommt. Zunächst einmal wurde das alte Space-Shuttle-Programm eingestellt, und der Ersatz für das Shuttle kann nicht in die Tiefen des Weltraums vordringen. Aber selbst wenn das möglich wäre, wären wir immer noch nicht in der Lage, einen Asteroiden abzufangen und ihn rechtzeitig abzulenken oder zu zerstören.

Im November 2021 schickte die NASA eine Ramm-Sonde ins Weltall, um einen Asteroiden abzufangen: die DART-Sonde (Double Asteroid Redirection Test). Sie richtete sich gegen den Doppelasteroiden (65803) Didymos und schlug am 26. September 2022 auf dem von der Erde 11 Millionen Kilometer entfernten Didimos-Begleiter Dimorphos (= Didymos B) ein. Zum ersten Mal in der Geschichte hat damit ein von Menschen geschaffenes Objekt versucht, die Flugbahn eines Asteroiden physisch zu verändern. Der Aufprall des 570 kg schweren DART-Raumfahrzeugs veränderte die Bahn des Gespanns in der Tat. Der mitgeführte italienische Satellit LICIACube fotografierte den ganzen Vorgang. Eine Nachfolge-Mission der ESA, Hera genannt, soll zwischen 2024 und 2027 die Folgen des Einschlags genau vermessen. Da Didymos nicht auf Erdkurs läuft, bestand auch keine Gefahr. Wenn die Mission als erfolgreich eingestuft ist, werden weitere DART-ähnliche Missionen auf entfernten Asteroiden einschlagen, als Generalprobe für das, was eines Tages passieren könnte.

Letztlich werden wahrscheinlich Quantencomputer gefährliche, planetenvernichtende Asteroiden aufspüren und ihre genaue Flugbahn berechnen müssen, denn es gibt potenziell Zehntausende bislang unentdeckte Asteroiden, die der Erde großen Schaden zufügen können.

Wir brauchen auch Quantencomputer, um den Einschlag selbst zu modellieren, damit wir abschätzen können, wie gefährlich diese Objekte sein könnten, wenn sie tatsächlich die Erde treffen. Es ist zu erwarten, dass ein Asteroid die Erde mit einer Geschwindigkeit von annähernd 300 000 Kilometer pro Stunde trifft, und es ist nur sehr wenig darüber bekannt, wie die Verwüstungen berechnet werden können, die er bei diesen Hyperschallgeschwindigkeiten anrichten kann. Quantencomputer könnten dazu beitragen, diese Lücke zu schließen, damit wir wissen, was zu erwarten ist, wenn die Erde in das Fadenkreuz eines Killer-Asteroiden gerät, den wir nicht ablenken oder zerstören können.

Exoplaneten

Ein weiterer Grund für den Nutzen von Quantencomputern liegt außerhalb unseres Sonnensystems, nämlich die Katalogisierung aller Planeten, die andere Sterne umkreisen. Das Weltraumteleskop Kepler und andere Satelliten wie auch bodengestützte Teleskope haben bereits etwa 5000 Exoplaneten in unserer Nachbarschaft in der Milchstraße entdeckt. Das bedeutet, dass im Durchschnitt jeder Stern, den wir nachts sehen, von einem Planeten umkreist wird. Vielleicht sind etwa 20 Prozent aller Exoplaneten sogar erdähnlich, sodass unsere eigene Galaxie über die bereits entdeckten hinaus noch Milliarden erdähnlicher Planeten enthalten könnte.

Eines der ersten wissenschaftlichen Bücher, an die ich mich aus Grundschulzeiten lebhaft erinnere, handelte von unserem Sonnensystem. Nach einer wunderbaren Reise rund um Mars, Saturn, Pluto und darüber hinaus hieß es in dem Buch, dass es wahrscheinlich noch andere Sonnensysteme in der Galaxie gibt und dass unseres wahrscheinlich ein recht durchschnittliches ist. Wahrscheinlich hätten alle Sonnensysteme Gesteinsplaneten in der Nähe der Sonne und Gasriesen wie Jupiter weiter draußen, die alle ihre Sonne auf einer Kreisbahn umlaufen.

Heute wissen wir, wie falsch all diese Annahmen waren. Wir wissen jetzt, dass es Sonnensysteme in allen Größen und Formen gibt. Unser Sonnensystem ist in der Tat ein Sonderling. Wir finden Sonnensysteme mit Planeten auf stark elliptischen Bahnen. Wir finden Gasriesen, die größer als Jupiter sind und extrem nah um die Sonne kreisen. Wir finden Sonnensysteme mit mehreren Sonnen.

Wenn wir also eines Tages eine Enzyklopädie der Planeten in der Galaxie haben, werden wir über ihre reiche Vielfalt erstaunt sein. Wenn Sie sich einen wirklich seltsamen Planeten vorstellen können, dann gibt es ihn vermutlich auch dort draußen.

Wir werden Quantencomputer brauchen, um den Überblick über alle möglichen Wege zu behalten, die die Entwicklung der Planeten beschreiben. Wenn wir mehr Teleskope ins All schießen, wird diese Enzyklopädie der Planeten explosionsartig an Umfang zunehmen und immense Rechenleistung erfordern, um ihre Atmosphären, chemische Zusammensetzung, Temperatur, Geologie, Windmuster und andere Merkmale zu analysieren, die Berge von Daten erzeugen werden.

ET im Weltraum?

Ein weiteres Ziel, auf das sich Quantencomputer konzentrieren werden, ist die Suche nach anderen intelligenten Lebensformen. Es stellt sich eine unangenehme Frage: Wie werden wir eine Intelligenz erkennen, die der unseren völlig fremd sein könnte? Werden wir eine fremde Lebensform erkennen, wenn sie direkt vor uns steht? Vielleicht brauchen wir Quantencomputer, um Muster zu erkennen, die herkömmlichen Computern völlig verborgen bleiben.

Der Astronom Frank Drake stellte in den 1950er-Jahren eine Gleichung auf, mit der er abzuschätzen versuchte, wie viele hoch entwickelte Zivilisationen es in der Galaxie geben könnte. Man geht von den 100 Milliarden Sternen in der Galaxie aus und reduziert diese Zahl durch eine Reihe vernünftiger Annahmen. Man nimmt nur den Anteil, der Planeten hat, den Anteil, der Planeten mit Atmosphären hat, den Anteil, der Planeten mit Atmosphären und Ozeanen hat, den Anteil, der Planeten mit mikrobiellem Leben hat, usw. Ganz gleich, wie viele vernünftige Annahmen man über diese Planeten macht, die endgültige Zahl geht in der Regel in die Tausende.

Das SETI-Projekt (Search for Extraterrestrial Intelligence) hat jedoch keinen Beweis für ein intelligentes Radiosignal aus dem Weltraum gefunden. Nichts dergleichen. Seine leistungsstarken Radioteleskope in Hat Creek bei San Francisco zeichnen nur Totenstille oder Rauschen auf. Wir stehen also vor dem Fermi-Paradoxon: Wenn die Wahrscheinlichkeit von intelligentem Leben im Universum so hoch ist, wo sind dann all die Außerirdischen?

Quantencomputer könnten bei der Beantwortung dieser Frage helfen. Da sie sich darin auszeichnen, riesige Datenmengen zu durchforsten, um verborgene Hinweise zu finden, und künstliche Intelligenz sich darin auszeichnet, neue Dinge zu erkennen, indem sie Muster aufgreift, könnten sie gemeinsam lernen, riesige Datenmengen zu durchforsten, um das zu finden, was sich darin verbirgt, selbst wenn es bizarr oder völlig unerwartet ist.

Einen Vorgeschmack darauf bekam ich, als ich für den *Science Channel* eine Sendung über die Intelligenz von Außerirdischen moderierte, in der wir die Intelligenz von nicht menschlichen Säugern, zum Beispiel Delfinen, untersuchten. Ich wurde mit mehreren verspielten Delfinen in ein Schwimmbecken gesetzt. Es ging darum, sie miteinander kommunizieren zu lassen, um zu sehen, ob wir ihre Intelligenz messen können. Im Wasser befanden sich Sensoren, die all ihr Zwitschern und Quietschen aufzeichnen konnten.

Wie kann ein Computer in dieser Masse von scheinbarem Rauschen und Kauderwelsch Zeichen von Intelligenz finden? Tonbandaufnahmen wie diese können von einem Programm nach bestimmten Mustern durchsucht werden. Ein Beispiel: Der Buchstabe des

Alphabets, der im Englischen und im Deutschen am häufigsten verwendet wird, ist «e». Wenn man die Texte einer Person untersucht, kann man die Häufigkeit der einzelnen Buchstaben ermitteln. Diese Rangfolge der Buchstaben des Alphabets, die sich danach richtet, wie oft Sie sie verwenden, ist spezifisch für Sie. Zwei verschiedene Personen werden eine etwas andere Rangfolge der Buchstaben aufweisen. Auf diese Weise kann man Fälschungen aufspüren. Wenn man zum Beispiel die Werke von Shakespeare durch dieses Programm laufen lässt, kann man feststellen, ob eines seiner Stücke von jemand anderem geschrieben wurde.

Als die Aufnahmen der Delfine vom Computer analysiert wurden, hörte man zunächst nur ein zufälliges Durcheinander von Geräuschen. Aber dieser Computer wurde speziell entwickelt, um herauszufinden, wie oft bestimmte Geräusche zu hören waren. Er kam schließlich zu dem Ergebnis, dass hinter all dem Gezwitscher und Gequietsche ein Sinn und Zweck steckt.

Andere Tiere wurden auf die gleiche Weise getestet, und die Intelligenz nimmt ab, wenn wir zu primitiveren Organismen übergehen. Wenn man Insekten analysiert, gehen diese Anzeichen von individueller Intelligenz sogar gegen null.

Quantencomputer können diese riesige Datensammlung durchforsten, um interessante Signale zu finden, und KI-Systeme können darauf trainiert werden, nach unerwarteten Mustern zu suchen. Mit anderen Worten: Wenn KI und Quantencomputer zusammenarbeiten, können sie vielleicht sogar in einem Durcheinander chaotischer Signale aus dem Weltraum Hinweise auf Intelligenz finden.

Sternentwicklung

Eine weitere unmittelbare Anwendung von Quantencomputern besteht darin, die Lücken zu schließen, die unser Verständnis der Sternentwicklung und des Lebenszyklus von Sternen, von ihrer Geburt bis zu ihrem endgültigen Erlöschen, noch aufweist.

Als ich an der University of California in Berkeley in theoretischer Physik promovierte, promovierte mein Zimmergenosse in Astronomie. Jeden Tag verabschiedete er sich mit der Floskel, er ginge einen Stern im Ofen backen. Ich dachte, er mache Witze. Sterne kann man nicht backen. Viele sind größer als unsere Sonne. Eines Tages fragte ich ihn schließlich, was er damit meinte.

Er dachte einen Moment nach und erklärte mir dann, dass die Gleichungen, die die Sternentwicklung beschreiben, nicht vollständig sind, aber gut genug, um den Lebenszyklus eines Sterns von der Geburt bis zum Tod zu simulieren. Morgens gab er die Parameter einer Staubwolke aus Wasserstoffgas in den Computer ein (z.B. ihre Größe, den Gasgehalt, die Temperatur des Gases). Dann würde der Computer berechnen, wie sich die Gaswolke entwickelt. Bis zum Mittagessen würde die Wolke unter der Schwerkraft kollabieren, sich aufheizen und sich in einen Stern verwandeln. Am Nachmittag würde sie Milliarden Jahre lang lodern und wie ein kosmischer Ofen wirken, der Wasserstoff fusioniert und so immer schwerere Elemente wie Helium, Lithium, Bor usw. «backt».

Aus Simulationen wie diesen haben wir viel gelernt. Im Falle unserer Sonne wird nach 5 Milliarden Jahren der größte Teil ihres Wasserstoffs verbraucht sein, und sie wird Helium verbrennen. Zu diesem Zeitpunkt wird sie sich enorm ausdehnen und zu einem Roten Riesen werden, der so groß ist, dass er den Himmel ausfüllt und sich über den gesamten Horizont erstreckt. Er wird Planeten bis hin zum Mars verschlingen. Der Himmel wird in Flammen stehen. Die Ozeane werden kochen, die Berge werden schmelzen, und alles wird in die Sonne zurückkehren. Aus Sternenstaub sind wir entstanden, und zu Sternenstaub werden wir wieder werden.

Wie der Dichter Robert Frost einmal schrieb (in der Übersetzung von Eric Boerner):

> Manche sagen, dass im Feuer die Welt vergehen wird,
> Andere – im Eis.
> Von dem, was ich an Sehnsucht spür,
> Wünscht ich, dass Feuer uns zerstört.
> Doch wenn es zweimal untergehen heißt,
> Da weiß ich wohl genug vom Hass
> Zu sagen, die Zerstörung durch das Eis
> Wär auch ein großer Spass,
> Der völlig reicht.

Irgendwann wird die Sonne dann auch ihr Helium verbraucht haben und zu einem weißen Zwergstern schrumpfen, der nur noch so groß wie die Erde ist, aber fast so viel wiegt wie die ursprüngliche Sonne. Wenn sie abkühlt, wird sie zu einem toten schwarzen Zwergstern. Das ist also die Zukunft unserer Sonne: Sie wird im Eis sterben, nicht im Feuer.

Bei wirklich massereichen Sternen, die sich in der Phase des Roten Riesen befinden, werden jedoch immer mehr Elemente durch die Fusion erzeugt, bis man das Element Eisen erreicht, das zu viele Protonen hat, die sich gegenseitig abstoßen, und die Fusion schließlich aufhört. Ohne Fusion kollabiert der Stern dann unter der Schwerkraft, und die Temperaturen können auf Billionen von Grad ansteigen. An diesem Punkt explodiert der Stern in einer Supernova, einer der größten Katastrophen der Natur.

Ein Riesenstern kann also auch im Feuer sterben und nicht im Eis.

Leider gibt es immer noch viele Lücken bei der Berechnung des Lebenszyklus von Sternen, von Gaswolken bis hin zu einer Supernova. Aber mit Quantencomputern, die den Fusionsprozess modellieren, können vielleicht so manche dieser Lücken geschlossen werden.

Dies könnte einen entscheidenden Beweis liefern, denn wir stehen vor einer weiteren unheilvollen Bedrohung: einer Monster-Sonneneruption, die die Zivilisation in einen Zustand zurückwerfen kann, wie er Hunderte von Jahren zuvor herrschte. Um das Auftreten einer tödlichen Sonneneruption vorherzusagen, muss man die Dynamik im Inneren eines Sterns kennen, was die Möglichkeiten eines herkömmlichen Computers bei Weitem übersteigt.

Das Carrington-Ereignis

Wir wissen nur sehr wenig über das Innere unserer Sonne, und wir sind anfällig für katastrophale Ausbrüche von Sonnenenergie, die riesige Mengen überhitzten Plasmas in den Weltraum ausstoßen. Wie wenig wir über die Sonne wissen, wurde uns im Februar 2022 vor Augen geführt, als ein gigantischer Ausbruch von Sonnenstrahlung die Erdatmosphäre traf und 40 von 49 Kommunikationssatelliten ausschaltete, die von Elon Musks SpaceX in die Umlaufbahn geschickt worden waren. Dies war die größte Sonnenkatastrophe der neueren Geschichte, und soweit wir über diese massiven Entladungen in der Korona überhaupt Bescheid wissen, wird sich Ähnliches wahrscheinlich wiederholen.

Die größte Sonneneruption der Geschichte seit Beginn der Aufzeichnungen, das sogenannte Carrington-Ereignis (nach dem Sonnenforscher Richard Christopher Carrington benannt), fand 1859 statt. Damals setzte eine gigantische Sonneneruption Telegrafendrähte in weiten Teilen Europas und Nordamerikas in Brand. Sie verursachte atmosphärische Störungen auf dem ganzen Planeten, und die Polarlichter bedeckten den Nachthimmel über Kuba, Mexiko, Hawaii, Japan und China. In der Karibik konnte man nachts im Licht des Polarlichts die Zeitung lesen. In Baltimore war das Polarlicht heller als der Vollmond. Ein Goldgräber, C.F. Herbert, schrieb diesen anschaulichen Augenzeugenbericht über dieses historische Ereignis:

«... ein Anblick von fast unaussprechlicher Schönheit bot sich ... Lichter in allen erdenklichen Farben stiegen vom südlichen Himmel auf, eine Farbe verblasste, nur um einer anderen Platz zu machen, die noch schöner war als die letzte ... Es war ein Anblick, den man nie vergessen wird, und man hielt es damals für das größte je verzeichnete Polarlicht ... Rationalisten wie Pantheisten sahen die Natur in ihrem schönsten Gewand ... Die Abergläubischen und Fanatiker hatten schlimme Vorahnungen und sahen darin Vorboten des Weltuntergangs und der endgültigen Zerstörung.»[1]

Das Carrington-Ereignis fand statt, als das elektrische Zeitalter noch in den Kinderschuhen steckte. Seitdem hat man versucht, die Daten zu rekonstruieren und abzuschätzen, was passieren könnte, wenn sich ein weiteres Carrington-Ereignis in der heutigen Zeit ereignen würde. Im Jahr 2013 kamen Forscher von Lloyd's of London und Atmospheric and Environmental Research (AER) in den USA zu dem Schluss, dass ein weiteres Carrington-Ereignis Schäden in Höhe von bis zu 2,6 Billionen Dollar verursachen könnte.

Die moderne Zivilisation könnte zum Stillstand kommen. Ein solcher Ausbruch würde unsere Satelliten und das Internet lahmlegen, Kurzschlüsse in Stromleitungen verursachen, die gesamte Finanzkommunikation zum Erliegen bringen und weltweite Stromausfälle verursachen. Wir würden vielleicht 150 Jahre in die Vergangenheit zurückgeworfen werden. Rettungs- und Reparaturteams wären nicht einsatzfähig, weil auch sie von dem weltweiten Stromausfall betroffen wären. Da Lebensmittel ohne Kühlung verderben, könnte dies schließlich zu massiven Versorgungsunruhen und einem Zusammenbruch der sozialen Ordnung und sogar der Regierungen führen, da die Menschen verzweifelt nach Essbarem suchen.

Wird es wieder passieren? Ja. Aber wann könnte es passieren? Das weiß niemand. Einen Anhaltspunkt könnte die Analyse früherer Carrington-Ereignisse liefern. Es wurden Studien über die Konzentration von Kohlenstoff-14 und Beryllium-10 in Eisbohrkernen durchgeführt, in der Hoffnung, Beweise für prähistorische Sonneneruptionen zu finden. Solche Untersuchungen haben gezeigt, dass es möglicherweise Ausbrüche in den Jahren 774/5 und 993/4 gab. Tatsächlich deuten die Eisbohrkerndaten des Ereignisses im Jahr 774/5 darauf hin, dass es vielleicht zehnmal energiereicher war als das Carrington-Ereignis. (Und die Sonneneruption im Jahr 993/4 war so intensiv, dass sie ihre Spuren in altem Holz hinterließ, das Historiker zur Datierung der frühen Wikingersiedlungen in Amerika verwendet haben.) Aber damals, vor dem Anbruch des elektrischen Zeitalters, nahm die Zivilisation kaum Notiz davon.

Die größte Sonneneruption der jüngeren Geschichte ereignete sich im Jahr 2001. Ein riesiger koronaler Massenauswurf wurde mit einer Geschwindigkeit von 7,2 Millionen Kilometer pro Stunde ins All geschleudert. Glücklicherweise verfehlte die Eruption die Erde. Andernfalls hätte sie weitreichende Schäden angerichtet, die mit dem Carrington-Ereignis vergleichbar gewesen wären.

Wissenschaftler haben darauf hingewiesen, dass man sich auf das nächste Carrington-Ereignis vorbereiten könnte, wenn man Mittel für die Verstärkung der Satelliten, die Abschirmung empfindlicher Elektronik und den Bau redundanter Kraftwerke bereitstellen würde. Dies wäre eine winzige Vorleistung, um einen katastrophalen Ausfall der Stromnetze zu verhindern. Aber normalerweise werden derartige Warnungen ignoriert.

Physiker wissen, dass koronale Massenausbrüche auftreten, wenn sich die magnetischen Kraftlinien auf der Sonnenoberfläche kreuzen und enorme Energiemengen in den Weltraum schleudern. Aber was im Inneren der Sonne geschieht, um diese Bedingungen zu schaffen, ist nicht bekannt. Die grundlegenden Gleichungen für Plasmen, Thermodynamik, Fusion, Konvektion, Magnetismus usw. sind bekannt, aber sie unter Bedingungen zu lösen, wie sie im Inneren der Sonne herrschen, übersteigt die Fähigkeiten moderner Computer.

Eines Tages könnten also Quantencomputer in der Lage sein, die komplexen Gleichungen im Inneren der Sonne zu lösen und vorherzusagen, wann die nächste riesige Sonneneruption die Zivilisation bedrohen könnte. Wir wissen, dass es tief im Inneren der Sonne riesige Konvektionsströme aus superheißem Plasma geben muss, aber wir haben keine Ahnung, wann die nächste Eruption stattfinden könnte oder ob sie die Erde treffen wird. Wenn also ein Quantencomputer Sterne in seinem Speicher «backen» kann, dann können wir uns vielleicht auf das nächste Carrington-Ereignis vorbereiten.

Aber Quantencomputer können noch weiter gehen und letztlich die größte Katastrophe des Universums vorausberechnen. Das Carrington-Ereignis könnte einen Kontinent lahmlegen, aber ein Gammastrahlenausbruch könnte weitaus Schlimmeres anrichten und ein ganzes Sonnensystem einäschern.

Gammastrahlenblitze

Im Jahr 1967 zeigte sich ein rätselhaftes Phänomen im Weltraum. Der Vela-Satellit, der speziell von den USA gestartet wurde, um nicht genehmigte Atombombenexplosionen aufzuspüren, fing eine seltsame Strahlung auf, die von einem riesigen Gammastrahlenausbruch herrührte. Diese gigantische Explosion stammte aus einer unbekannten Quelle und löste ein ernsthaftes Rätselraten aus. Testeten die Russen eine unbekannte Waffe unvergleichlicher Stärke? Testete eine aufstrebende Nation eine neue bahnbrechende Waffe? Hatten die US-Geheimdienste etwa massiv versagt?

Im Pentagon schrillten die Alarmglocken. Sofort wurden hochrangige Wissenschaftler gebeten, diese Anomalie zu identifizieren und festzustellen, woher sie kam. Bald darauf wurden weitere Ausbrüche von Gammastrahlen entdeckt. Die Planer im Pentagon atmeten erleichtert auf, als ihre Herkunft endlich geklärt war. Sie stammten nicht aus der Sowjetunion, sondern aus fernen Galaxien. Die Wissenschaftler waren verblüfft, als sie feststellten, dass diese Ausbrüche nur wenige Sekunden dauerten, aber mehr Strahlung freisetzten als eine ganze Galaxie. Sie setzten sogar mehr Energie frei, als die Sonne in ihrer gesamten 10 Milliarden Jahre langen Geschichte erzeugt haben wird. Es handelte sich um die größten Explosionen im gesamten Universum, gleich nach dem Urknall selbst.

Da diese Gammastrahlenblitze in der Regel nur wenige Sekunden dauern, bevor sie wieder verschwinden, war es schwierig, ein Frühwarnsystem einzurichten. Schließlich wurde jedoch ein Netzwerk von Satelliten entwickelt, das diese Ereignisse sofort nach ihrem Auftreten erkennt und Detektoren auf der Erde alarmiert, die sie in Echtzeit aufspüren können.

Es gibt viele Lücken in unserem Verständnis von Gammastrahlenausbrüchen, aber die führende Theorie besagt, dass es sich entweder um Kollisionen zwischen Neutronensternen und Schwarzen Löchern oder um Sterne handelt, die zu Schwarzen Löchern kollabieren. Solche Ausbrüche könnten die letzten Stadien im Leben von Sternen markieren. Quantencomputer könnten notwendig und hilfreich sein, um zu erklären, warum Sterne so viel Energie freisetzen, wenn sie den Endpunkt ihres Lebenszyklus erreichen.

Einige der potenziellen Gefahren, die von explodierenden Sternen ausgehen, sind nicht weit von der Erde entfernt. In der Tat könnten einige der Atome in Ihrem Körper von einer Supernova vor Milliarden von Jahren «gebacken» worden sein. Wie bereits erwähnt, verfügen Sterne wie unsere Sonne nicht über genügend Wärme, um schwerere Elemente als Eisen zu erzeugen, z.B. Zink, Kupfer, Gold, Quecksilber und Kobalt. Diese Elemente entstanden in der Hitze einer Supernova-Explosion, die Milliarden Jahre vor der Entstehung unserer Sonne stattfand. Allein das Vorhandensein dieser Elemente in unserem Körper ist also ein Beweis dafür, dass in unserer Nachbarschaft eine Supernova stattgefunden hat. Tatsächlich haben einige Wissenschaftler spekuliert, dass das ordovizische Artensterben vor 500 Millionen Jahren, das 85 Prozent aller Wasserlebewesen auf der Erde auslöschte, durch einen nahe gelegenen Gammastrahlenausbruch ausgelöst wurde.

Der Rote Riesenstern Beteigeuze, der 500-600 Lichtjahre von der Erde entfernt ist, ist instabil und wird irgendwann in einer Supernova-Explosion vergehen. Er ist der zweithellste Stern im Sternbild Orion. Wenn er schließlich explodiert, ist er so nah, dass er wahrscheinlich den Mond bei Nacht überstrahlen und sogar einen Schatten werfen wird. In jüngster Zeit hat er seine Helligkeit und Form merklich verändert, was zu Spekulationen geführt hat, dass er vor der Explosion steht, aber das wird immer noch heftig diskutiert.

Der Punkt ist jedoch, dass es vieles gibt, was wir über Supernovae nicht verstehen, und die Wissenslücken können mithilfe von Quantencomputern gefüllt werden. Eines Tages werden Quantencomputer in der Lage sein, die gesamte Lebensgeschichte von Sternen, einschließlich der Sonne, und auch potenziell gefährlicher instabiler Sterne in unserer Nähe zu erklären.

Aber es ist das Endprodukt einer Supernova, das auf großes Interesse stößt: Schwarze Löcher.

Schwarze Löcher

Die Simulation von Schwarzen Löchern kann die Rechenleistung eines gewöhnlichen Supercomputers schnell erschöpfen. Bei einem großen Stern, der vielleicht 10 bis 50 Mal massereicher ist als unsere Sonne, besteht die Möglichkeit, dass er als Supernova explodiert, sich in einen Neutronenstern verwandelt und vielleicht zu einem Schwarzen Loch kollabiert. Niemand weiß wirklich, was passiert, wenn ein massereicher Stern aufgrund der Schwerkraft kollabiert, denn Einsteins Relativitätstheorie und die Quantentheorie versagen davor, und es ist sicherlich eine neue Physik erforderlich.

Folgt man zum Beispiel der Mathematik Einsteins, so kollabiert das Schwarze Loch hinter einer mysteriösen dunklen Kugel, dem sogenannten Ereignishorizont. Ein solcher wurde im Jahr 2021 fotografiert, indem das Licht einer Reihe von Radioteleskopen rund um die Erde zu einem Radioteleskop von der Größe des Planeten selbst zusammengefügt wurde. Dabei zeigte sich, dass der Ereignishorizont im Herzen der Galaxie M87, die etwa 53 Millionen Lichtjahre von der Erde entfernt ist, eine dunkle Kugel ist, die von superheißen, leuchtenden Gasen umgeben ist.

Was liegt innerhalb des Ereignishorizonts? Das weiß niemand. Früher dachte man, dass ein Schwarzes Loch zu einer Singularität kollabieren könnte, die einem superkompakten Punkt von unvorstellbarer Dichte gleicht. Doch dieses Bild hat sich geändert, seit wir sehen, dass Schwarze Löcher mit enormen Geschwindigkeiten rotieren. Anstelle eines Punktes glauben die Physiker nun, dass Schwarze Löcher zu einem rotierenden Ring aus Neutronen kollabieren können, in dem die üblichen Konzepte von Raum und Zeit auf den Kopf gestellt werden. Die Mathematik besagt, dass man, wenn man durch den Ring fällt, vielleicht gar nicht stirbt, sondern in ein Paralleluniversum gelangt. So wird der rotierende Ring zu einem Wurmloch oder einem Tor zu einem anderen Universum jenseits des Schwarzen Lochs.

Der sich drehende Ring funktioniert ähnlich wie Alice' Spiegel. Auf der einen Seite sieht man die sanfte Landschaft von Oxford. Aber wenn Sie durch den Spiegel gehen, betreten Sie das Paralleluniversum von Wunderland.

Leider kann man sich auf die Mathematik der Schwarzen Löcher nicht verlassen, da auch Quanteneffekte einbezogen werden müs-

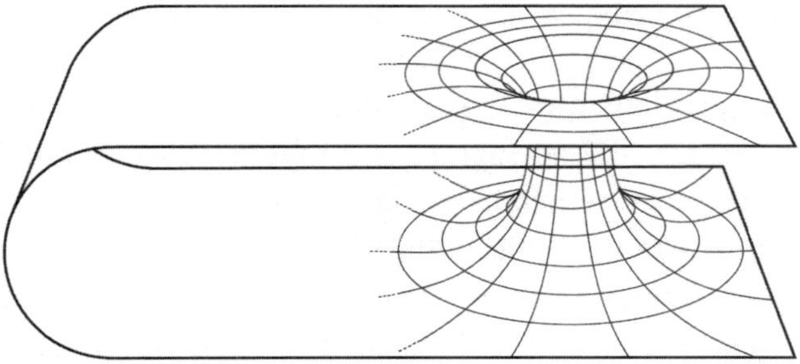

Abb. 12: Quantencomputer und Schwarze Löcher.
Nach der Relativitätstheorie könnte ein sich drehendes Schwarzes Loch zu einem Ring aus Neutronen kollabieren, der zwei verschiedene Regionen der Raumzeit miteinander verbinden kann. Es könnte ein Wurmloch oder ein Tor zwischen zwei Universen entstehen. Allerdings könnte ein Quantencomputer erforderlich sein, um festzustellen, wie stabil es unter Quantenkorrekturen ist.

sen. Quantencomputer können uns vielleicht Simulationen der Einsteinschen Theorie und der Quantentheorie liefern, wenn Raum und Zeit im Zentrum eines Schwarzen Lochs stark verbogen sind. Unter diesen Bedingungen sind die Gleichungen stark gekoppelt. Zunächst haben wir die Energie aufgrund der Schwerkraft und der Krümmung der Raumzeit. Dann haben wir die Energie, die auf die verschiedenen subatomaren Teilchen zurückzuführen ist. Aber diese Teilchen haben ihrerseits ein eigenes Gravitationsfeld, das sich auf komplexe Weise mit dem ursprünglichen Feld vermischt. Wir haben es also mit einem Gewirr von Gleichungen zu tun, von denen sich jede auf die anderen auswirkt, und zwar in einer hochkomplexen Mischung, die die Möglichkeiten herkömmlicher Computer übersteigt, aber vielleicht nicht die eines Quantencomputers.

Quantencomputer könnten uns aber auch helfen, eine missliche, uralte Frage zu beantworten. Woraus besteht das Universum?

Dunkle Materie

Nach 2000 Jahren Spekulation und unzähligen Experimenten können wir die vermeintlich einfache Frage der Griechen immer noch nicht beantworten: Woraus besteht die Welt?

In den meisten Grundschulbüchern wird behauptet, dass das Universum hauptsächlich aus Atomen bestehe. Diese Behauptung ist jedoch nachweislich falsch. Tatsächlich besteht das Universum hauptsächlich aus geheimnisvoller, unsichtbarer dunkler Materie und Energie. Der größte Teil des Universums ist dunkel, außerhalb der Möglichkeiten unserer Teleskope, es zu untersuchen, und unserer Sinne, es zu erkennen.

Die dunkle Materie wurde erstmals 1884 von Lord Kelvin theoretisiert. Er stellte fest, dass die Masse, die für die Drehung der Galaxie erforderlich war, viel größer war als die tatsächliche Masse der Sterne. Er schloss daraus, dass die meisten Sterne tatsächlich dunkel sind, also nicht leuchten. In jüngerer Zeit bestätigten Astronomen wie Fritz Zwicky und Vera Rubin diese seltsame Beobachtung und stellten fest, dass sich die Galaxie und die Sternhaufen zu schnell drehen und daher nach unseren Gleichungen auseinanderfliegen müssten. Tatsächlich dreht sich unsere Galaxie etwa 10 Mal schneller als erwartet. Aber wegen des großen Vertrauens der Astronomen in die Newtonsche Gravitationstheorie wurde dieses Ergebnis weitgehend ignoriert.

Im Laufe der Jahrzehnte stellte man fest, dass nicht nur die Milchstraße, sondern alle Galaxien dasselbe merkwürdige Phänomen aufwiesen. Die Astronomie kam allmählich zu der Auffassung, dass die Galaxien unsichtbare dunkle Materie enthielten, die sie zusammenhält. Dieser Halo war um ein Vielfaches massereicher als die Galaxie selbst. Der größte Teil des Universums, so schien es, bestand aus dieser mysteriösen dunklen Materie.

(Noch mysteriöser ist die dunkle Energie, eine seltsame Form von Energie, die das Vakuum des Raums ausfüllt und sogar die

Ausdehnung des Universums bewirkt. Obwohl die dunkle Energie 68 Prozent des bekannten Materie-/Energiegehalts des Universums ausmacht, ist fast nichts über sie bekannt.)

Diese Tabelle fasst die neuesten Daten darüber zusammen, woraus die Welt nach Ansicht der Wissenschaft besteht.

Dunkle Energie	68 Prozent
Dunkle Materie	27 Prozent
H und He	knapp 5 Prozent
Höhere Elemente	0,1 Prozent

Wir wissen jetzt, dass viele der Elemente, aus denen unser Körper besteht, insgesamt nur etwa 0,1 Prozent des Universums entsprechen. Wir sind wirklich Anomalien. Aber der Stoff, aus dem der größte Teil des Universums besteht, besitzt seltsame Eigenschaften. Da dunkle Materie nicht mit gewöhnlicher Materie wechselwirkt, würde sie, wenn Sie sie in der Hand hielten, durch Ihre Finger gleiten und zu Boden fallen. Doch dabei würde sie nicht stehen bleiben, sondern weiter durch den Schmutz und den Beton fallen, als ob die Erde nicht da wäre. Sie würde weiter durch die Erdkruste fallen und von Deutschland aus zum Pazifik südöstlich von Neuseeland segeln. Dort würde der Brocken dunkle Materie durch die Anziehungskraft der Erde allmählich seine Richtung ändern und denselben Weg zurückfallen, den er gekommen ist, bis er schließlich wieder Ihre Hand erreicht. So würde er ununterbrochen durch den Planeten hin und her schwingen.

Heute haben wir Karten von dieser unsichtbaren Materie. Die Art und Weise, wie wir das Vorhandensein unsichtbarer dunkler Materie feststellen, ist dieselbe, mit der Sie wissen, dass sich Glas in Ihrer Brille befindet. Glas verzerrt das Licht, sodass man seine Auswirkungen beobachten kann. Dunkle Materie verzerrt das Licht in ähnlicher Weise. Wenn wir also die Brechung des Lichts durch die dunkle Materie korrigieren, können wir 3-D-Karten von ihr erstellen und finden dann tatsächlich heraus, dass sich die dunkle Materie um Galaxien herum konzentriert und sie zusammenhält.

Aber peinlicherweise wissen wir nicht, woraus die dunkle Materie besteht. Sie besteht offenbar aus einer Substanz, die noch nie zuvor gesehen wurde und die außerhalb des Standardmodells der subatomaren Teilchen liegt.

Der Schlüssel zur Lösung des Rätsels der dunklen Materie könnte also darin liegen zu verstehen, was jenseits des Standardmodells der Teilchen liegt.

Standardmodell der Teilchen

Quantencomputer nutzen, wie wir gesehen haben, die kontraintuitiven Gesetze der Quantenmechanik für ihre Berechnungen aus. Aber auch die Quantenmechanik selbst wurde weiterentwickelt, als größere Teilchenbeschleuniger Protonen aufeinanderprallen ließen, um die Grundbausteine der Materie zu ergründen. Der derzeit leistungsstärkste Beschleuniger der Welt ist der Large Hadron Collider bei Genf in der Schweiz, die größte jemals gebaute wissenschaftliche Maschine. Es handelt sich dabei um eine Röhre mit einem Umfang von rund 27 Kilometern, deren Magnete so stark sind, dass sie Protonen mit 14 Billionen Elektronenvolt aufeinander schleudern können.

Für eine BBC-Serie, die ich einmal moderierte, besuchte ich den LHC und berührte sogar die Röhre im Herzen des Beschleunigers, als dieser noch gebaut wurde. Es war eine atemberaubende Erfahrung zu wissen, dass in ein paar Jahren Protonen mit gigantischer Energie durch diese Röhre rasen würden.

Nach jahrzehntelanger harter Arbeit mit dem LHC haben sich die Physikerinnen und Physiker endlich auf das sogenannte Standardmodell oder die Theorie von Fast Allem geeinigt. Wir haben gesehen, dass die alte Schrödingergleichung die Wechselwirkung von Elektronen mit der elektromagnetischen Kraft erklären konnte. Das Standardmodell konnte jedoch auch die elektromagnetische Kraft mit der starken und schwachen Kernkraft vereinigen.

Das Standardmodell der Teilchen stellt also die am weitesten fortgeschrittene Version der Quantentheorie dar. Es ist der Höhepunkt der Arbeit zahlreicher Nobelpreisträger und das Endprodukt von Milliarden von Dollar, die für gigantische Atomzerstörer ausgegeben wurden. Eigentlich sollte das Standardmodell ein leuchtendes Wahrzeichen für die edelste Errungenschaft des menschlichen Geistes sein.

Leider ist es ein Chaos.

Anstelle des feinsten Produkts göttlicher Inspiration ist es ein ziemlich grobes Sammelsurium von Teilchen. Es besteht aus einer verwirrenden Ansammlung subatomarer Teilchen, ohne viel Sinn und Verstand. Es umfasst 36 Quarks und Anti-Quarks, über 19 freie Parameter, die nach Belieben eingestellt werden können, drei Generationen identischer Teilchen und einen Haufen exotischer Teilchen, die unter anderem Gluonen, W- und Z-Bosonen, Higgs-Bosonen und Yang-Mills-Teilchen heißen.

Es ist eine Theorie, die nur eine Mutter lieben kann. Das ist so, als würde man ein Erdferkel, ein Schnabeltier und einen Wal mit Tesafilm zusammenkleben und es als die beste Schöpfung der Natur bezeichnen, das Endprodukt von Millionen Jahren Evolution.

Schlimmer noch: Die Theorie erwähnt weder die Schwerkraft, noch kann sie dunkle Materie und dunkle Energie erklären, die den größten Teil des bekannten Universums ausmachen.

Es gibt nur einen Grund, warum sich Physikerinnen und Physiker mit dieser heiklen Theorie beschäftigen: Sie funktioniert. Sie beschreibt unbestreitbar die Welt der subatomaren Teilchen bei niedriger Energie, wie Mesonen, Neutrinos, W-Bosonen und so weiter. Das Standardmodell ist so unbeholfen und hässlich, dass die meisten damit Forschenden glauben, es sei nur die Annäherung an eine schönere Theorie, die bei höheren Energien existiert. (Um

Einstein zu paraphrasieren: Wenn man den Schwanz eines Löwen sieht, ahnt man, dass früher oder später ein Löwe auftauchen wird.)

Doch in den letzten 50 Jahren hat die Physik keine Abweichung vom Standardmodell festgestellt.

Bis jetzt.

Jenseits des Standardmodells

Die erste Andeutung eines Risses im Standardmodell wurde 2021 vom Fermi National Laboratory bei Chicago entdeckt. Der riesige Teilchendetektor dort nahm eine leichte Abweichung bei den magnetischen Eigenschaften von Mu-Mesonen wahr (die häufig in der kosmischen Strahlung vorkommen). Um diese winzige Abweichung zu finden, musste eine riesige Datenmenge analysiert werden, aber wenn sie Bestand hat, könnte sie auf das Vorhandensein neuer Kräfte und Wechselwirkungen jenseits des Standardmodells hindeuten.

Es könnte bedeuten, dass wir einen Blick auf die Welt jenseits des Standardmodells werfen, wo eine neue Physik entstehen könnte, vielleicht die Stringtheorie.

Quantencomputer eignen sich hervorragend als Suchmaschinen, um die schwer fassbare Nadel im Heuhaufen zu finden. Viele Physiker glauben, dass unsere Teilchenbeschleuniger irgendwann schlüssige Beweise für Teilchen jenseits des Standardmodells finden werden, die die wahre Einfachheit und Schönheit des Universums offenbaren werden.

Schon jetzt werden Quantencomputer von Physikern eingesetzt, um die geheimnisvolle Dynamik von Teilchenwechselwirkungen zu verstehen. Im Genfer LHC werden zwei Strahlen hochenergetischer Protonen mit einer Energie von 14 Billionen Elektronenvolt aufeinander geschleudert, wodurch Energien erzeugt werden, die es seit Beginn des Universums nicht mehr gab. Diese gewaltige Kollision erzeugt einen gigantischen Schauer aus subatomaren Trümmern. Bei dieser kolossalen Kollision entstehen pro Sekunde Billionen von Daten, die anschließend von einem Quantencomputer analysiert werden.

Darüber hinaus wird bereits an Plänen für einen Ersatz für den Large Hadron Collider gearbeitet, den sogenannten Future Circular Collider, der am CERN in der Schweiz gebaut werden soll. Mit einem Umfang von knapp 100 Kilometern wird er den 27 Kilometer langen LHC in den Schatten stellen. Er wird 23 Milliarden Dollar kosten und die astronomische Energie von 100 Billionen Elektronenvolt erreichen. Er wird abermals die bei Weitem größte wissenschaftliche Maschine auf dem Planeten sein.

Nach ihrer Fertigstellung wird sie die Bedingungen nachahmen können, unter denen das Universum entstanden ist. Sie sollte uns so nahe wie möglich an die ultimative Theorie, die Theorie von Allem, heranführen, nach der Einstein in den letzten 30 Jahren seines Lebens suchte. Die Datenflut, die diese Maschine hervorbringen wird, wird jeden herkömmlichen Computer überwältigen. Mit anderen Worten: Vielleicht wird das Geheimnis der Schöpfung von einem Quantencomputer entschlüsselt.

Stringtheorie

Bislang ist die Stringtheorie der führende (und einzige) Kandidat für eine Quantentheorie jenseits des Standardmodells.[2] Alle konkurrierenden Theorien haben sich als divergent, anomal oder inkonsistent erwiesen oder lassen entscheidende Aspekte der Natur außer Acht. Jeder dieser Mängel ist für eine physikalische Theorie fatal.

(Ich bekomme viele E-Mails von Leuten, die behaupten, sie hätten endlich die Theorie von Allem gefunden. Ich versuche, ihnen zu erklären, dass es drei Kriterien gibt, denen ihre Theorie genügen muss:

1. Sie muss Einsteins Theorie der Schwerkraft enthalten.
2. Sie muss das gesamte Standardmodell der Teilchen enthalten, mit allen Quarks, Gluonen, Neutrinos usw.
3. Sie darf keine Unendlichkeiten liefern und keine Anomalien aufweisen.

Die einzige Theorie, die diese drei einfachen Kriterien erfüllen kann, ist bisher die Stringtheorie.)

Die Stringtheorie besagt, dass alle Elementarteilchen nichts anderes als Töne auf winzigen schwingenden Saiten sind. Wie ein Gummiband, das in verschiedenen Frequenzen schwingen kann, entspricht nach der Stringtheorie jede Schwingung dieses winzigen Gummibandes einem Teilchen, sodass das Elektron, das Quark, das Neutrino und alle anderen Akteure des Standardmodells nichts anderes sind als verschiedene Töne. Die Physik entspricht dann den Harmonien, die man auf diesen Saiten spielen kann. Die Chemie entspricht den Melodien, die von schwingenden Saiten erzeugt werden. Das Universum kann mit einer Sinfonie aus Saiten verglichen werden. Und schließlich würde der «Geist Gottes», von dem Einstein schrieb, der kosmischen Musik entsprechen, die durch das Universum klingt.

Bemerkenswerterweise stößt man bei der Berechnung der Natur dieser Schwingungen auch auf die Schwerkraft, die im Standardmodell auffallend fehlt. Die Stringtheorie liefert uns also einen glaubwürdigen Grund für die Annahme, dass sie die Theorie von Allem sein könnte. (Wäre Einstein nie geboren worden, wäre die Allgemeine Relativitätstheorie als Nebenprodukt der Stringtheorie entdeckt worden, als einer der tiefsten Töne der schwingenden Saite.)

Aber wenn diese Theorie sowohl die Theorie der Schwerkraft

als auch die der subatomaren Kräfte vereinen kann, warum sind dann die Nobelpreisträger über diese Theorie geteilter Meinung, wobei einige sagen, dass sie eine Sackgasse sei, während andere sagen, dass dies die Theorie sein könnte, die Einstein entgangen ist? Ein Problem ist ihre Vorhersagekraft. Sie enthält nicht nur das Standardmodell der Teilchen, sondern noch viel mehr. Sie könnte sogar eine unendliche Anzahl von Lösungen haben, eine wahre Fundgrube an Möglichkeiten. Wenn dem so ist, welche Lösung beschreibt dann unser Universum?

Einerseits wissen wir, dass alle großen Gleichungen eine unendliche Anzahl von Lösungen haben. Die Stringtheorie ist da keine Ausnahme. Auch die Newtonsche Theorie kann unendlich viele Dinge erklären, z.B. Basebälle, Raketen, Wolkenkratzer, Flugzeuge usw. Man muss im Voraus festlegen, was man untersuchen will, d.h., man muss die Anfangsbedingungen festlegen.

Die Stringtheorie ist jedoch eine Theorie des gesamten Universums. Man muss also die Anfangsbedingungen des Urknalls angeben. Aber niemand kennt die Bedingungen, die die ursprüngliche kosmische Explosion auslösten, aus der das Universum entstand.

Dies wird als «Landschaftsproblem» bezeichnet: Es scheint eine unendliche Anzahl von Lösungen für die Stringtheorie zu geben, wodurch eine riesige Landschaft von Möglichkeiten entsteht. Jeder Punkt in dieser Landschaft entspricht einem ganzen Universum. Einer dieser Punkte kann die Eigenschaften unseres Universums erklären.

Aber welche Lösung ist die unsere? Ist die Stringtheorie eine Theorie von Allem oder eine Theorie von allem Möglichen?

Gegenwärtig gibt es keinen Konsens zur Lösung dieses Problems. Eine Lösung könnte darin bestehen, eine neue Generation von Teilchenbeschleunigern zu entwickeln, wie den bereits erwähnten Future Circular Collider, den von China vorgeschlagenen Circular Electron Positron Collider oder den International Linear Collider aus Japan. Es gibt jedoch keine Garantie dafür, dass selbst diese ehrgeizigen Projekte diese wichtige Frage aufklären werden.

Quantencomputer könnten der Schlüssel sein

Ich bin der Meinung, dass Quantencomputer vielleicht die ultimative Antwort auf diese Frage geben können. Wie anfangs ausgeführt, setzt die Natur bei der Fotosynthese die Quantentheorie ein, um eine riesige Sammlung von Möglichkeiten nach dem Prinzip der geringsten Wirkung zu durchforsten. Eines Tages könnte es möglich sein, die Stringtheorie auf einem Quantencomputer laufen zu lassen, um den richtigen Weg auszuwählen. Vielleicht sind viele der in der Landschaft gefundenen Möglichkeiten instabil und zerfallen schnell, sodass nur die richtige Lösung übrig bleibt. Vielleicht entpuppt sich unser Universum als die einzige stabile Lösung.

Quantencomputer könnten also der letzte Schritt auf dem Weg zu einer Theorie von Allem sein.

Hierfür gibt es einen Präzedenzfall. Die Theorie, die die Theorie der starken Kernkraft am besten beschreibt, heißt Quantenchromodynamik (QCD). Es ist eine Theorie der subatomaren Teilchen, die die Bindung der Quarks beschreibt, damit Neutron und Proton entstehen. Ursprünglich dachte man, Physikerinnen und Physiker wären klug genug, die QCD mit reiner Mathematik vollständig zu lösen. Dies erwies sich jedoch als Illusion.

Heute hat die Physik den Versuch, die QCD von Hand zu lösen, so gut wie aufgegeben und verlässt sich stattdessen auf gigantische Supercomputer, um diese Gleichungen zu lösen. Das Verfahren wird als Gitter-QCD bezeichnet, bei der Raum und Zeit in Milliarden winzige Würfel unterteilt werden, die ein Gitter bilden. Man löst die Gleichungen für einen winzigen Würfel, verwendet diese, um die Gleichungen für den nächsten benachbarten

Würfel zu lösen, und wiederholt denselben Prozess für alle weiteren Würfel. Auf diese Weise löst der Computer schließlich alle benachbarten Würfel, einen nach dem anderen.

In ähnlicher Weise könnte man auf Quantencomputer zurückgreifen müssen, um schließlich alle Gleichungen der Stringtheorie zu lösen. Es gibt die Hoffnung, dass sich aus diesem Prozess die wahre Theorie des Universums ergibt. Quantencomputer könnten also der Schlüssel zur Schöpfung selbst sein.

Kapitel 17: Ein Tag im Jahr 2050

JANUAR 2050
6:00 Uhr

Ihr Wecker klingelt, und Sie wachen mit rasenden Kopfschmerzen auf.

Molly, Ihre persönliche virtuelle Assistentin, erscheint plötzlich auf Ihrem Wandbildschirm. Sie verkündet fröhlich: «Es ist jetzt sechs Uhr. Du hast mir doch gesagt, ich soll dich wecken.»

Schläfrig antworten Sie: «Oh, mein Kopf ... Was habe ich bloß gestern Abend gemacht?»

Molly sagt: «Erinnerst du dich nicht? Du warst auf der Party zur Eröffnung des neuen Fusionsreaktors. Du musst zu viel getrunken haben.»

Langsam kommt Ihnen alles wieder in den Sinn. Sie erinnern sich, dass Sie Ingenieur bei Quantum Technologies sind, einer der größten Quantencomputerfirmen des Landes. Quantencomputer scheinen heutzutage allgegenwärtig zu sein, und auf der Party gestern Abend wurde die Eröffnung des neuesten Fusionsreaktors gefeiert, ein bahnbrechendes Ereignis, das durch Quantencomputer ermöglicht wurde.

Sie erinnern sich, dass ein Reporter Sie auf dieser Party fragte: «Was soll die ganze Aufregung? Warum dieser Wirbel um heißes Gas?»

Sie antworten: «Quantencomputer haben endlich herausgefunden, wie man das Plasma im Inneren eines Fusionsreaktors stabilisieren kann, sodass aus der Verschmelzung von Wasserstoff zu Helium eine nahezu unbegrenzte Energiemenge gewonnen werden kann. Dies könnte der Schlüssel zur Lösung der Energiekrise sein.»

Das bedeutet, dass auf der ganzen Welt zahlreiche Fusionsreaktoren in Betrieb genommen werden und dass es noch mehr Partys geben wird, auf denen man sich betrinken kann. Dank Quantencomputern bricht eine neue Ära billiger Energie an, die man als erneuerbar ansehen kann.

Aber jetzt ist es an der Zeit, sich über die Nachrichten zu informieren. Sie fordern Molly auf: «Schalte bitte die Morgennachrichten über neue Entwicklungen in der Wissenschaft ein.»

Der Wandbildschirm schaltet um. Immer, wenn Sie die neuesten Nachrichten hören, machen Sie ein Spielchen für sich. Nach jeder Wissenschaftsmeldung versuchen Sie herauszufinden, ob sie, wenn überhaupt, *nicht* von Quantencomputern möglich gemacht wurde.

Der Videomoderator erklärt: «Die Regierung hat eine neue Flotte von Überschallflugzeugen genehmigt, die die Reisezeiten über Pazifik und Atlantik erheblich verkürzen werden.»

Sie wissen, dass es Quantencomputer waren, die durch den Einsatz virtueller Windkanäle das richtige aerodynamische Design gefunden haben, das den Lärm von Schallwellen eliminiert, was dazu beigetragen hat, diese neuen Überschallflugzeuge allgemein akzeptabel zu machen.

Dann verkündet der Moderator: «Unsere Astronauten auf dem Mars haben erfolgreich ein großes Solarpanel und eine Anlage mit Superbatterien errichtet, um Energie für die Kolonie auf dem Roten Planeten zu speichern.»

Sie wissen, dass all dies durch Quantencomputer möglich wurde, die die Superbatterie für den Mars-Außenposten entwickelt haben. Diese Entwicklung hat auch unsere Abhängigkeit von Kohle- und Ölkraftwerken auf der Erde verringert.

Dann verkündet der Moderator: «Mediziner auf der ganzen

Welt informieren über ein neues Alzheimer-Medikament, das die Ablagerung des Amyloid-Proteins verhindern kann, welches diese tödliche Krankheit verursacht. Dieses Ergebnis könnte das Leben von Millionen von Menschen verändern.»

Sie sind stolz darauf, dass Ihr Unternehmen bei der Verwendung von Quantencomputern zur Isolierung der spezifischen Art von Amyloid-Protein, die für die Alzheimer-Krankheit verantwortlich ist, eine Vorreiterrolle gespielt hat.

Nach den Wissenschaftsnachrichten lächeln Sie zufrieden, denn wieder einmal wurden alle Meldungen aus der Wissenschaft direkt oder indirekt durch Quantencomputer ermöglicht.

Nachdem Sie die Nachrichten gehört haben, schleppen Sie sich ins Bad, dann duschen Sie und putzen sich die Zähne. Während Sie zusehen, wie das Wasser in den Abfluss fließt, müssen Sie daran denken, dass Ihr Toiletten-Abwasser unbemerkt in ein Biolabor geleitet wird, wo es auf Krebszellen untersucht wird. Millionen von Menschen sind sich der Tatsache nicht bewusst, dass sie mehrmals am Tag gründlich von einem Quantencomputer untersucht werden, der unauffällig mit ihrem Badezimmer verbunden ist.

Da Quantencomputer heute Krebszellen bereits Jahrzehnte vor der Entstehung eines Tumors erkennen können, ist Krebs zu einer Art Erkältung geworden. Wenn Krebs in der Familie vorkommt, denkt man sich: «Gott sei Dank ist Krebs nicht mehr der Killer, der er einmal war.»

Als Sie sich schließlich anziehen, leuchtet der Wandbildschirm erneut auf. Diesmal erscheint das Bild Ihres KI-Arztes auf dem Wandbildschirm.

«Also, worum geht es dieses Mal, Doc? Gute Nachrichten, hoffe ich?»

Robo-doc, Ihr persönlicher virtueller Arzt, sagt: «Ich habe eine gute und eine schlechte Nachricht. Zuerst die schlechte Nachricht. Bei der Analyse der Zellen in Ihrem Abwasser der letzten Woche haben wir festgestellt, dass Sie Krebs haben.»

«Wow, das ist also die schlechte Nachricht, was ist dann die gute?», fragen Sie besorgt.

«Die gute Nachricht ist, dass wir die Quelle gefunden haben und dass nur ein paar Hundert Krebszellen in Ihrer Lunge wachsen. Kein Grund zur Sorge. Wir haben die Genetik der Krebszellen analysiert und werden Ihnen eine Spritze geben, um Ihr Immunsystem zu stärken und den Krebs zu besiegen. Wir haben soeben die neueste Lieferung genetisch veränderter Immunzellen erhalten, die von Quantencomputern Ihres Unternehmens speziell für die Bekämpfung dieses Krebses entwickelt wurden.»

Sie sind erleichtert. Dann stellen Sie ihm eine weitere Frage. «Seien Sie ehrlich zu mir. Wenn Ihre Quantencomputer keine Krebszellen in meinen Körperflüssigkeiten entdeckt hätten, was wäre dann wohl vor, sagen wir, 10 Jahren passiert?»

Robo-doc antwortet: «Vor ein paar Jahrzehnten, als Quantencomputer noch nicht so weit verbreitet waren, hätte niemand die wenigen Zellen entdeckt, und bis heute wären bereits mehrere Milliarden Krebszellen zu einem Tumor in Ihrem Körper herangewachsen, und in etwa fünf Jahren wären Sie tot.»

Sie schlucken. Und sind stolz darauf, für Quantum Technologies zu arbeiten.

Molly unterbricht Robo-doc plötzlich: «Diese Nachricht kam gerade herein. Es gibt eine dringende Besprechung in der Zentrale. Deine Anwesenheit ist erforderlich, und zwar sofort und persönlich.»

«Oh-oh», denken Sie. Normalerweise werden die meisten alltäglichen Aufgaben online erledigt. Aber dieses Mal ist offenbar persönliche Anwesenheit notwendig. Sie vermuten, dass es sich um eine wichtige Besprechung handelt.

Sie weisen Molly an, «Sag alle meine Termine ab und lass meinen Wagen holen.»

Einige Minuten später kommt Ihr fahrerloses Auto, das Sie zu Ihrem Büro bringt. Der Verkehr ist gar nicht so schlimm, denn

Millionen von Sensoren, die in die Straße eingelassen sind, sind mit Quantencomputern verbunden, die jede Ampel Sekunde für Sekunde so steuern, dass Staus vermieden werden.

Angekommen, steigen Sie aus dem Wagen und sagen: «Parke selbst. Und halte dich bereit, mich danach sofort abzuholen.» Ihr Wagen verbindet sich mit dem Quantencomputer, der den gesamten Verkehr in der Stadt überwacht, und findet den nächstgelegenen freien Parkplatz.

Sie betreten den Konferenzraum und sehen in Ihrer Kontaktlinse die Biografien derer, die um Sie herum sitzen. Alle hohen Tiere des Unternehmens sind da. Es muss eine wichtige Sitzung sein.

Der Präsident des Unternehmens wendet sich an diese ausgewählte Riege von Führungskräften.

«Ich bin erschüttert, verkünden zu müssen, dass unsere Quantencomputer in dieser Woche ein völlig unbekanntes Virus entdeckt haben. Unser internationales Netzwerk von Sensoren in Abwassersystemen ist unsere erste Verteidigungslinie gegen tödliche Viren, und es hat ein neues Virus an der thailändischen Grenze ausgemacht. Dieses Virus hat uns unvorbereitet erwischt. Es ist hochgradig tödlich und hochgradig ansteckend und stammt wahrscheinlich von irgendeinem Vogel. Ich muss Sie wohl nicht daran erinnern, dass die letzte Pandemie weltweit fast 7 Millionen Menschen das Leben gekostet hat und die Weltwirtschaft fast zum Erliegen gekommen ist. Ich habe eine Gruppe unserer besten Leute zusammengestellt, die sofort nach Asien fliegen, um die Bedrohung zu analysieren. Unser Überschalltransporter steht zum Abflug bereit. Noch Fragen?»

Hände schießen in die Höhe. Viele Fragen werden in einer Fremdsprache gestellt, aber Ihre Kontaktlinse übersetzt sie ins Deutsche.

Sie hatten sich auf ein schönes, ruhiges Wochenende gefreut. Jetzt sind alle Ihre Pläne über den Haufen geworfen. Diesmal bringt

Sie eine Drohne zum Flughafen, wo ein Überschalltransporter auf Sie wartet. Sie frühstücken in New York, essen zu Mittag über Alaska und zu Abend in Tokio, gefolgt von einem abendlichen Meeting. «Überschallflugzeuge sind eine große Verbesserung gegenüber herkömmlichen Jets, die öde 13 Stunden lang von New York nach Tokio unterwegs sind», denken Sie.

Dann erinnern Sie sich daran, dass man in Geschichtsbüchern für die Grundschule Geschichten über den Albtraum der Pandemie von 2020 lesen kann, auf deren Virus die Welt völlig unvorbereitet war. Einige Ihrer Verwandten starben sogar daran. Aber dieses Mal ist alles vorbereitet.

Am nächsten Tag erhalten Sie ein Briefing. Ihr Mitarbeiter sagt: «Glücklicherweise waren Quantencomputer in der Lage, die Genetik dieses Virus zu ermitteln, seine molekularen Schwachstellen zu identifizieren und Pläne für Impfstoffe zu erstellen, die gegen diese Krankheit wirksam sind. All dies wurde dank der Quantencomputer in Rekordzeit erledigt, die auch alle Flugzeug- und Zugaufzeichnungen analysieren konnten, um festzustellen, wie sich das Virus international verbreitet haben könnte. Die Sensoren an allen großen Flughäfen und Bahnhöfen sind jetzt so kalibriert, dass sie den einzigartigen Geruch dieses neuen Virus wahrnehmen können.»

Nach einer Woche, in der Sie die Labors des Unternehmens besucht haben, fliegen Sie zurück nach New York, zuversichtlich, dass Ihr Team das neue Virus unter Kontrolle hat. Sie sind stolz darauf, dass Ihre Bemühungen vielleicht ein paar Millionen Menschenleben gerettet und den Zusammenbruch der Wirtschaft verhindert haben.

Zu Hause fragen Sie Molly nach Ihren neuesten Terminen. «Nun, dieses Mal haben wir eine Anfrage für ein Interview mit dir von einem der größten Magazine des Planeten. Sie machen eine Reportage über Quantencomputer. Soll ich es arrangieren?»

Sie sind angenehm überrascht, als die Journalistin in Ihrem

Büro ankommt. Sarah ist vorbereitet, kennt sich aus und ist sehr professionell.

Sarah sagt: «Ich habe gehört, dass es heutzutage überall Quantencomputer zu geben scheint. Alte Digitalrechner werden als Dinosaurier auf dem Schrottplatz entsorgt. Überall, wo ich hinkomme, scheint es, dass Quantencomputer die ältere Generation von Siliziumcomputern ersetzen. Jedes Mal, wenn ich mit meinem Handy telefoniere, sagt man mir, dass ich eigentlich mit einem Quantencomputer irgendwo in der Cloud spreche. Aber sagen Sie mir, werden all diese Fortschritte dazu beitragen, unsere dringenden sozialen Probleme zu lösen? Ich meine, seien wir realistisch. Wird dies zum Beispiel helfen, den Hunger in der Welt zu beseitigen?»

Sie schießen sofort zurück. «Nun, die Antwort lautet: Ja. Quantencomputer haben das Geheimnis gelüftet, wie man den Stickstoff in der Luft, den wir jeden Tag einatmen, in die Bestandteile von Düngemitteln umwandelt. Dies führt zu einer Zweiten Grünen Revolution. Die Pessimisten haben immer behauptet, dass die Bevölkerungsexplosion zu Hungersnöten, Kriegen, Massenmigrationen, Lebensmittelunruhen usw. führen wird. Nichts von alledem ist eingetreten, dank der Quantencomputer.»

«Aber Moment mal», unterbricht Sarah. «Was ist mit all den Problemen durch die globale Erwärmung? Man braucht nur zu blinzeln, und schon zeigt die Kontaktlinse Bilder aus dem Internet von riesigen Waldbränden, Dürren, Wirbelstürmen, Überschwemmungen ... Das Wetter scheint verrückt zu spielen.»

«Ja», geben Sie zu, «die Industrie hat im letzten Jahrhundert gewaltige Mengen CO_2 in die Atmosphäre geblasen, und wir zahlen jetzt den Preis dafür. Alle Vorhersagen sind eingetreten. Aber wir wehren uns mit allen Mitteln. Quantum Technologies war führend bei der Entwicklung einer Superbatterie, die riesige Mengen elektrischer Energie speichern kann, was die Energiekosten erheblich senkt und dazu beiträgt, das lang erwartete Solarzeitalter einzuläuten. Wir haben jetzt auch dann Strom, wenn die Sonne nicht scheint und der Wind nicht weht. Die Energie aus erneuerbaren Technologien, einschließlich der Fusionskraftwerke, die jetzt auf der ganzen Welt in Betrieb genommen werden, ist zum ersten Mal in der Geschichte billiger als Energie aus fossilen Brennstoffen. Wir sind dabei, die globale Erwärmung in den Griff zu bekommen. Man kann nur hoffen, dass wir es rechtzeitig schaffen.»

«Lassen Sie mich Ihnen noch eine persönliche Frage stellen. Wie haben sich Quantencomputer auf Ihre Familie und Ihre Angehörigen ausgewirkt?», fragt Sarah.

Sie antworten bedrückt: «Meine Familie hat sehr unter der Alzheimer-Krankheit gelitten. Ich habe es bei meiner Mutter unmittelbar erlebt. Zuerst vergaß sie Dinge, die erst vor ein paar Minuten passiert waren. Dann bekam sie allmählich Wahnvorstellungen und erzählte von Dingen, die nie passiert waren. Dann vergaß sie die Namen all ihrer Lieben. Schließlich vergaß sie sogar, wer sie selbst war. Aber ich bin stolz darauf, sagen zu können, dass Quantencomputer das Problem jetzt lösen. Auf molekularer Ebene haben Quantencomputer genau das fehlgeformte Amyloid-Protein isoliert, das das Gehirn verklebt. Ein Heilmittel für Alzheimer ist so gut wie verfügbar.»

Als Nächstes fragt sie: «Noch eine hypothetische Frage. Es wird viel darüber geredet, dass Quantencomputer kurz davorstehen, den Alterungsprozess zu verlangsamen oder zu stoppen. Sagen Sie mir, ob die Gerüchte wahr sind? Stehen wir kurz davor, den Jungbrunnen zu finden?»

Sie antworten: «Nun, wir kennen noch nicht alle Details, aber es ist wahr: Unsere Labors waren in der Lage, Gentherapie, CRISPR und Quantencomputer einzusetzen, um die durch die Alterung verursachten Fehler zu beheben. Wir wissen, dass die Alterung eine Anhäufung von Fehlern in unseren Genen und Zellen ist. Und jetzt finden wir eine Methode, um diese Fehler zu korrigieren und damit den Alterungsprozess zu verlangsamen und vielleicht sogar umzukehren.»

«Das führt mich zu der letzten Frage. Wenn Sie noch einmal leben könnten, was würden Sie dann gerne machen? Als Journalistin würde ich zum Beispiel gerne ein weiteres Leben als Romanautorin verbringen. Was ist mit Ihnen?»

«Nun», antworten Sie, «mehrere Leben zu leben, ist keine so abwegige Möglichkeit mehr. Aber wenn ich noch einmal leben könnte, würde ich gerne Quantencomputer einsetzen, um die letzten Rätsel des Universums zu lösen. Ich meine, Fragen wie: Woher ist es gekommen? Warum gab es den Urknall? Was geschah davor? Wir Menschen sind zu primitiv, um diese fantastischen Fragen zu beantworten, aber ich wette, dass Quantencomputer eines Tages die Antwort finden werden.»

«Den Sinn des Universums finden? Wow, das ist eine große Aufgabe. Aber haben Sie keine Angst davor, was der Quantencomputer finden könnte?», fragt sie.

«Erinnern Sie sich, was am Ende von *Per Anhalter durch die Galaxis»* passiert? Nach viel Vorfreude und Aufregung errechnet ein riesiger Supercomputer endlich die tiefere Bedeutung des Universums. Aber die Antwort ist eine schnöde Zahl, 42. Nun, das war ein Roman. Aber jetzt, denke ich, sind wir vielleicht in der Lage, Quantencomputer zu benutzen, um dieses Problem ernsthaft zu lösen. Wirklich», antworten Sie.

Nach dem Gespräch schütteln Sie ihr die Hand und danken Sarah für das gute Gespräch. Und dann bitten Sie sie unverfänglich, mit Ihnen zu Abend zu essen. Der Artikel ist ein großer Erfolg und informiert Millionen von Menschen darüber, wie Quantencomputer die Wirtschaft, die Medizin und unsere Lebensweise verändert haben. Ein weiterer Erfolg ist, dass Sie Sarah näher kennengelernt haben.

Zu Ihrer Freude stellen Sie fest, dass Sie viel mit ihr gemeinsam haben. Sie sind beide hoch motiviert und gut informiert. Später laden Sie sie ein, den neuen Quantencomputer-Videospielsalon zu besuchen, in dem die leistungsfähigsten Quantencomputer die realistischsten virtuellen Spiele erzeugen. Sie beide haben Spaß an albernen Spielen, die mithilfe der leistungsstarken Simulationen von Quantencomputern fantastische und exotische Szenen erzeugen. In einem erforschen Sie den Weltraum. In einem anderen erkunden Sie ein Strandresort am Meer. Und dann die Spitze des höchsten Berges. Sie sind erstaunt, wie realistisch diese Szenen sind, bis hin zu den kleinsten Details. Am liebsten aber beobachten Sie den Vollmond, wie er über den fernen Bergen aufgeht. Wenn Sie zusehen, wie der helle Mond den Wald beleuchtet, fühlen Sie sich der Natur ganz nah.

Sie sagen zu Sarah: «Wissen Sie, als ich das Programm über den Mond gesehen habe, in dem gezeigt wird, wie die Astronauten anfingen, das Universum zu erforschen, da habe ich angefangen, mich für Wissenschaft zu interessieren.»

Sarah antwortet: «Ich auch, aber ich fand es aufregend, eines Tages Frauen auf dem Mond zu sehen.»

Mit der Zeit kommen Sie ihr immer näher und trauen sich schließlich, ihr einen Heiratsantrag zu machen. Und Sie sind hocherfreut, als sie Ja sagt.

Aber wohin soll es in den Flitterwochen gehen?

Angesichts der Nachrichten über die sinkenden Kosten für Raumflüge und über Kunden, die in den Weltraum fliegen, bittet Sarah ihre Zeitschrift um die Genehmigung für eine weitere Story.

«Ich kenne genau den richtigen Ort für die Flitterwochen», sagt sie. «Ich möchte Flitterwochen auf dem Mond machen.»

Epilog: Quantenrätsel

Der Kosmologe Stephen Hawking sagte einmal, dass Physiker die einzigen Wissenschaftler seien, die das Wort «Gott» aussprechen können, ohne rot zu werden.

Wenn Sie jedoch Physiker wirklich zum Erröten bringen wollen, können Sie ihnen tiefe philosophische Fragen stellen, auf die es keine letztgültigen Antworten gibt.

Hier ist eine kurze Liste von Fragen, die die meisten Physikerinnen und Physiker verblüffen werden, weil sie an der Grenze zwischen Philosophie und Physik liegen. Alle diese Fragen betreffen die Existenz von Quantencomputern, und wir werden jede von ihnen der Reihe nach betrachten.

1. *Hatte Gott bei der Erschaffung des Universums eine Wahl?*
   Einstein hielt dies für eine der tiefgründigsten und aufschlussreichsten Fragen, die man stellen kann. Hätte Gott eine andere Art Universum erschaffen können?
2. *Ist das Universum eine Simulation?*
   Sind wir nur Automaten, die in einem Videospiel leben? Ist alles, was wir sehen und tun, das Produkt einer Computersimulation?
3. *Rechnen Quantencomputer in Paralleluniversen?*
   Können wir das Messproblem der Quantenmechanik für Quantencomputer durch die Einführung eines Multiversums von Universen lösen?
4. *Ist das Universum ein Quantencomputer?*
   Kann alles, was wir um uns herum sehen, von subatomaren

Teilchen bis zu galaktischen Haufen, ein Beweis dafür sein, dass das Universum selbst ein Quantencomputer ist?

Hatte Gott eine Wahl?

Einstein verbrachte einen Großteil seines Lebens mit der Frage, ob die Gesetze des Universums einzigartig sind oder ob sie nur eine von mehreren Möglichkeiten darstellen. Wenn man zum ersten Mal etwas über Quantencomputer erfährt, erscheint ihr Innenleben verrückt und bizarr. Es scheint unglaublich, dass Elektronen auf einer fundamentalen Ebene ein so unbestimmbares Verhalten an den Tag legen können, z. B. an zwei Orten gleichzeitig zu sein, durch feste Barrieren zu tunneln, Informationen schneller als das Licht zu teilen und sofort eine unendliche Anzahl von Wegen zwischen zwei beliebigen Punkten zu analysieren. Man fragt sich, ob das Universum so seltsam sein muss? Wenn wir die Wahl hätten, könnten wir dann nicht die physikalischen Gesetze logischer und vernünftiger gestalten?

Wenn Einstein an einem Problem festhielt, sagte er oft: «Gott ist subtil, aber nicht bösartig.» Aber wenn er sich mit den Paradoxien der Quantenmechanik auseinandersetzen musste, dachte Einstein manchmal: «Vielleicht ist Gott doch bösartig.»

Im Laufe der Geschichte haben Physiker immer wieder über imaginäre Universen nachgedacht, die anderen Grundgesetzen gehorchen, um herauszufinden, ob die Naturgesetze einzigartig sind und ob es möglich ist, ein besseres Universum von Grund auf zu schaffen.

Selbst Philosophen haben sich mit dieser kosmischen Frage auseinandergesetzt. Alfons der Weise sagte einmal: «Wäre ich bei der Schöpfung zugegen gewesen, so hätte ich zur besseren Ordnung des Universums guten Rat erteilen können.»

Der schottische Richter und Kritiker Lord Francis Jeffrey

beklagte sich über all die Unzulänglichkeiten in unserem Universum. Er pflegte zu sagen: «Zum Teufel mit dem Sonnensystem: Schlechtes Licht, zu weit entfernte Planeten, mit Kometen verseucht; eine schwache Konstruktion; hätte selbst ein besseres bauen können.»

Doch sosehr sich die Wissenschaft auch bemüht, es ist ihr nicht gelungen, die Gesetze der Quantenphysik zu verbessern. In der Regel stellen die Physikerinnen und Physiker fest, dass Alternativen zur Quantenmechanik zu Universen führen, die instabil sind oder unter versteckten fatalen Fehlern leiden.

Um die philosophische Frage zu beantworten, die Einstein faszinierte, beginnen Physiker oft mit einer Auflistung der Eigenschaften, die ein Universum haben sollte.

Zuallererst muss man fordern, dass das Universum stabil ist. Wir wollen nicht, dass es in unseren Händen zerbricht und wir mit nichts zurückbleiben.

Überraschenderweise ist dieses Kriterium äußerst schwer zu erfüllen. Am einfachsten ist es, wenn wir davon ausgehen, dass wir in einer Welt des gesunden Menschenverstandes und des Newtonschen Systems leben. Das ist die Welt, mit der wir vertraut sind. Nehmen wir an, dass diese Welt aus winzigen Atomen besteht, die Miniatur-Sonnensystemen gleichen, mit Elektronen, die um einen Kern kreisen und den Newtonschen Gesetzen gehorchen. Dieses Sonnensystem wäre stabil, wenn sich die Elektronen in perfekten Kreisen bewegen würden.

Wenn man jedoch eine dieser Elektronen nur leicht stört, kann es zu unerwünschten Bahnabweichungen kommen. Das bedeutet, dass solche Elektronen irgendwann kollidieren oder in den Kern fallen werden. Sehr schnell bricht die Atomstruktur zusammen und die Elektronen fliegen überallhin. Mit anderen Worten: Das Newtonsche Modell des Atoms ist von Natur aus instabil.

Stellen Sie sich vor, was mit Molekülen passieren würde. In einer Welt, in der nur die klassische Mechanik gilt, ist eine Bahn, die um zwei Kerne herumführt, höchst instabil und zerfällt schnell, sobald man sie stört. Moleküle können also in einer Newtonschen Welt nicht existieren, es gäbe damit keine komplexen chemischen Verbindungen. Dieses Universum ohne stabile Atome und Moleküle wird schließlich zu einem formlosen Nebel aus zufälligen subatomaren Teilchen.

Die Quantentheorie löst dieses Problem jedoch, denn das Elektron wird durch eine Welle beschrieben, und nur diskrete Resonanzen dieser Welle können um den Kern schwingen. Wellen, bei denen die Elektronen zusammenstoßen und auseinanderfliegen, sind nach der Schrödingergleichung nicht zulässig, und deshalb ist das Atom stabil. In einer Quantenwelt sind auch Moleküle stabil, weil sie entstehen, wenn Elektronenwellen zwischen zwei verschiedenen Atomen geteilt werden und sich eine stabile Resonanz bildet, die zwei Atome aneinanderbindet. Dies ist der Klebstoff, der das Molekül zusammenhalten kann.

In gewissem Sinne gibt es also einen «Zweck» oder «Grund» für die Quantenmechanik und ihre seltsamen Eigenschaften. Warum ist die Quantenwelt so bizarr? Offenbar, um die Materie fest und haltbar zu machen. Andernfalls würde unser Universum zerfallen.

Dies wiederum hat eine wichtige Konsequenz für Quantencomputer. Wenn man versucht, die Schrödingergleichung, die die Grundlage des Quantencomputers ist, zu modifizieren, erwarten wir, dass der modifizierte Quantencomputer unsinnige Ergebnisse, wie instabile Materie, hervorbringen wird. Mit anderen Worten: Die einzige Möglichkeit für Quantencomputer, stabile Universen zu erzeugen, besteht darin, mit der Schrödingergleichung zu beginnen. Ein Quantencomputer ist einzigartig. Es mag viele Möglichkeiten geben, wie Materie zusammengesetzt werden kann, um einen Quantencomputer zu schaffen (z. B. mit verschiedenen Arten von Atomen), aber es gibt nur eine einzige Möglichkeit, wie der Quantencomputer seine Berechnungen durchführen und dennoch stabile Materie beschreiben kann.

Wenn wir also einen Quantencomputer wollen, der Elektronen, Licht und Atome manipuliert, dann bleibt uns wahrscheinlich nur eine einzige Architektur für einen solchen Quantencomputer.

Das Universum als Simulation

Jeder, der den Film *Matrix* gesehen hat, weiß, dass Neo der Auserwählte ist. Er hat Superkräfte. Er kann sich in den Himmel erheben. Er kann rasenden Kugeln ausweichen oder sie mitten im Kampf zum Stehen bringen. Er kann mit einem Knopfdruck Kung-Fu lernen. Und er kann durch Spiegel gehen.

All das ist möglich, weil Neo tatsächlich in einer fiktiven, computergenerierten Simulation lebt. Wie in einem Videospiel ist die «Realität» in Wahrheit eine imaginäre Welt.

Aber das wirft die Frage auf: Ist es angesichts der exponentiell wachsenden Computerleistung vorstellbar, dass unsere Welt in Wirklichkeit eine Simulation ist und dass die «Realität», die wir kennen, in Wahrheit ein Videospiel ist, das von jemand anderem gespielt wird? Sind wir nur Codezeilen, bis schließlich jemand die «Löschtaste» drückt und die Scharade beendet? Und wenn ein klassischer Computer nicht leistungsfähig genug ist, um die Realität zu simulieren, kann dies dann ein Quantencomputer tun?

Stellen wir uns zunächst eine einfachere Frage: Kann ein klassisches Universum wie das oben beschriebene eine Newtonsche Simulation sein?

Betrachten Sie einen Moment lang eine leere Glasflasche. Die Luft in dieser Flasche kann mehr als 10^{23} Atome enthalten. Um dieses Gefäß mit einem klassischen Computer exakt zu modellieren, müssten Sie 10^{23} Bits an Informationen verarbeiten, was weit über das hinausgeht, was ein klassischer Computer leisten kann. Um eine perfekte Simulation der Atome in dieser Flasche zu erstellen, müsste man auch die Position und die Geschwindigkeit all dieser

Atome kennen. Stellen Sie sich nun vor, Sie wollten das Wetter auf der Erde simulieren. Sie müssen die Luftfeuchtigkeit, den Luftdruck, die Temperatur und die Windgeschwindigkeit der Luft in der Atmosphäre kennen. Sehr schnell ist die Speicherkapazität eines jeden bekannten klassischen Computers erschöpft.

Mit anderen Worten: Das kleinste Objekt, das das Wetter simulieren kann, ist das Wetter selbst.

Eine andere Möglichkeit, dieses Problem zu betrachten, ist der sogenannte «Schmetterlingseffekt». Wenn ein Schmetterling mit den Flügeln schlägt, kann er eine Luftwelle erzeugen, die sich unter günstigen Bedingungen zu einem starken Wind entwickeln kann. Dieser wiederum könnte schließlich auf den Kipppunkt einer Wolke treffen und einen Regensturm auslösen. Dies ist ein Ergebnis der Chaostheorie, die besagt, dass Luftmoleküle zwar den Newtonschen Gesetzen gehorchen, die kombinierte Wirkung von Billionen von Luftmolekülen jedoch chaotisch und unvorhersehbar ist. Daher ist es nahezu unmöglich, die genaue Wahrscheinlichkeit für die Entstehung eines Regensturms vorherzusagen. Zwar lässt sich der Weg eines einzelnen Moleküls bestimmen, doch die kollektive Bewegung von Billionen von Luftmolekülen ist für jeden Digitalcomputer unerreichbar. Eine Simulation ist ebenfalls unmöglich.

Aber wie sähe das mit Quantencomputern aus?

Die Situation wird noch viel schlimmer, wenn wir versuchen, das Wetter mit einem Quantencomputer zu modellieren. Wenn wir einen Quantencomputer mit 300 Qubits haben, dann haben wir 2^{300} Zustände im Quantencomputer, also mehr als das Universum Zustände hat. Sicherlich hat ein Quantencomputer damit genug Speicher, um die gesamte «Realität», wie wir sie kennen, zu kodieren?

Nicht unbedingt. Denken Sie an ein komplexes Eiweißmolekül, das aus Tausenden von Atomen bestehen kann. Damit ein Quantencomputer nur ein einziges Eiweißmolekül ohne jegliche Näherung simulieren kann, müssten wir viel mehr Zustände haben, als es im Universum gibt. Unser Körper kann aber Milliarden dieser Eiweißmoleküle enthalten. Um also wirklich alle Eiweißmoleküle in unserem Körper zu simulieren, bräuchten wir im Prinzip Milliarden von Quantencomputern. Und wiederum: Das kleinste Objekt, das das Universum simulieren kann, ist das Universum selbst. Es ist einfach unpraktisch, Milliarden und Abermilliarden von Quantencomputern zusammenzustellen, um ein komplexes Quantenphänomen zu simulieren.

Die einzige «Realität», die tatsächlich simuliert werden könnte, ist eine, die nicht perfekt ist, sondern viele Lücken und Unvollkommenheiten aufweist. Nur so könnte man die Zahl der zu simulierenden Zustände verringern. Wenn die Simulation nicht perfekt ist, dann könnte sie tatsächlich existieren. So kann die Simulation beispielsweise Bereiche aufweisen, die unvollständig sind. Der «Himmel», den Sie über sich sehen, kann Risse und Brüche aufweisen, wie eine alte Filmkulisse. Oder wenn Sie ein Tiefseetaucher sind, denken Sie vielleicht, dass Ihre Welt der gesamte Ozean ist, bis Sie gegen eine Glaswand stoßen und Ihnen dann klar wird, dass Ihre Welt nur eine kleine Simulation des Ozeans ist. Ein Universum mit Unvollkommenheiten wie diesen ist also durchaus möglich.

Paralleluniversen

Früher konnten Hollywood und die Comics aufregende, imaginäre Universen erschaffen, indem sie ihre Figuren ins Weltall entsandten. Aber nachdem wir seit über 50 Jahren Raketen in den Weltraum schicken, ist das ein wenig passé. Science-Fiction-Autoren brauchen also eine neue, innovative Spielwiese für ihre fantastischen Handlungen, und das ist nun das Multiversum. Viele aktuelle Blockbuster spielen in Paralleluniversen, in denen der Superheld oder Bösewicht in mehreren Realitäten existiert.

Wenn ich früher einen Science-Fiction-Film sah, habe ich mitgezählt, wie viele physikalischen Gesetze verletzt wurden. Ich habe damit aufgehört, als ich mich an Arthur C. Clarkes Worte erinnerte: «Jede hinreichend fortgeschrittene Technologie ist von Magie nicht zu unterscheiden.» Wenn also ein Film offensichtlich gegen ein bekanntes physikalisches Gesetz verstieß, würde sich dieses physikalische Gesetz vielleicht eines Tages als falsch oder unvollständig erweisen.

Aber jetzt, wo die Filme in das Multiversum der Paralleluniversen eintauchen, muss ich noch einmal darüber nachdenken, ob irgendwelche physikalischen Gesetze verletzt werden. Denn in diesem Fall folgen die Filme tatsächlich dem Beispiel der theoretischen Physik, die die Idee des Multiversums ernst nimmt.

Der Grund dafür ist, dass die Everettsche Viele-Welten-Theorie ein Comeback erlebt. Wie wir bereits erwähnt haben, ist Everetts Viele-Welten-Theorie vielleicht die einfachste und eleganteste Art, das Messproblem der Quantenmechanik zu umschiffen. Dadurch, dass man das letzte Postulat der Quantenmechanik fallen lässt, dem zufolge die Wellenfunktion, die das Quantenverhalten beschreibt, bei der Beobachtung kollabiert, wird die Viele-Welten-Theorie zum schnellsten Weg, das mit ihr selbst verbundene Paradoxon zu lösen.

Doch die ungehemmte Ausbreitung der Elektronenwelle hat ihren Preis. Wird der Schrödinger-Welle erlaubt, sich ohne zu kollabieren frei zu bewegen kann, dann wird sie sich auch unendlich oft teilen und eine unendliche Kaskade möglicher Universen schaffen. Anstatt sie also auf ein einziges Universum zusammenfallen zu lassen, lassen wir sie sich unentwegt in eine unendliche Anzahl von Paralleluniversen aufteilen.

Unter Physikerinnen und Physikern gibt es keinen allgemeinen Konsens über dieses Konzept der Paralleluniversen. David Deutsch beispielsweise glaubt, dass dies der wesentliche Grund für die Leistungsfähigkeit von Quantencomputern ist: weil sie gleichzeitig in verschiedenen Paralleluniversen rechneten. Dies führt uns zurück zu Schrödingers Paradoxon, bei dem eine Katze in einer Schachtel gleichzeitig tot und lebendig sein kann.

Stephen Hawking sagte auf die Frage nach diesem frustrierenden Problem: «Immer wenn ich ‹Schrödingers Katze› höre, greife ich zur Waffe.»

Es gibt aber auch eine alternative Theorie, die sogenannte «Dekohärenztheorie». Sie besagt, dass die Welle durch die Wechselwirkung mit der äußeren Umgebung kollabiert, d.h., die Welle kollabiert von selbst, sobald sie mit der Umgebung in Berührung kommt, weil die Umgebung bereits dekohärent geworden ist.

Dies bedeutet zum Beispiel, dass das Schrödinger-Paradoxon einfach gelöst werden kann. Das ursprüngliche Problem bestand darin, dass man vor dem Öffnen der Schachtel nicht sagen konnte, ob die Katze tot oder lebendig ist. Die traditionelle Antwort lautet, dass die Katze weder tot noch lebendig ist, bis man die Schachtel öffnet. Die neue Theorie besagt, dass die Atome der Katze bereits in Kontakt mit nicht kohärenten Atomen in der Schachtel sind, sodass die Wellenfunktion der Katze bereits kollabiert ist, bevor man die Schachtel öffnet. Die Katze ist also bereits tot oder sie ist lebendig, aber nicht beides.

Mit anderen Worten: Nach der traditionellen Kopenhagener Deutung dekohäriert die Katze erst, wenn man die Schachtel öffnet und eine Messung vornimmt. Beim Dekohärenzansatz hingegen ist die Katze bereits vorher dekohärent geworden, weil die zufällig umherfliegenden Luftmoleküle mit der Welle der Katze wechselwirken und sie zusammenbrechen lassen. Beim Dekohärenzansatz tritt also an die Stelle des Experimentators als Ursache für den Kollaps der Wellenfunktion die Luft in der Schachtel.

Normalerweise werden Debatten in der Physik einfach durch ein Experiment gelöst. Die Physik beruht letztlich nicht auf Spekulationen und Vermutungen. Der entscheidende Faktor sind harte Beweise. Aber ich kann mir vorstellen, dass die Physiker auch in Jahrzehnten noch über diese Frage diskutieren werden, weil es kein entscheidendes Experiment gibt, das eine dieser Interpretationen ausschließen kann, zumindest noch nicht.

Ich persönlich bin jedoch der Meinung, dass der Dekohärenzansatz einen Fehler aufweist. Bei diesem Ansatz muss zwischen der Umgebung, d.h. der Luft (die dekohärent ist), und dem untersuchten Objekt (der Katze) unterschieden werden. Beim Kopenhagener Ansatz wird die Dekohärenz durch den Experimentator eingeführt. Beim Dekohärenzansatz wird sie durch Wechselwirkungen mit der Umgebung hervorgerufen.

Sobald wir jedoch eine Quantentheorie der Schwerkraft einführen, ist die kleinste Einheit, die wir quantisieren, das Universum selbst. Es gibt keine Unterscheidung zwischen dem Experimentator, der Umgebung und der Katze. Sie alle sind Teil einer gigantischen Wellenfunktion, der Wellenfunktion des Universums, die nicht in verschiedene Teile zerlegt werden kann.

Bei diesem Ansatz der Quantengravitation gibt es also keinen wirklichen Unterschied zwischen Wellen, die kohärent sind, und solchen (in der Luft), die es nicht sind. Der Unterschied ist nur eine Frage des Grades. (Beim Urknall zum Beispiel war das gesamte Universum vor der Explosion kohärent. Selbst heute, 13,8 Milliarden Jahre später, können wir also immer noch einen gewissen Grad an Kohärenz zwischen der Katze und der Luft feststellen.)

Dieser Ansatz verbannt also die Dekohärenz und kehrt zur Everett-Interpretation zurück. Leider gibt es auch dafür kein Experiment, mit dem man den Unterschied zwischen den verschiedenen Ansätzen feststellen könnte. Alle Ansätze liefern das gleiche quantenmechanische Ergebnis. Sie unterscheiden sich in der Interpretation des Ergebnisses, die philosophischer Natur ist.

Dies bedeutet, dass wir unabhängig davon, ob wir die Kopenhagener Deutung, den Dekohärenzansatz oder die Viele-Welten-Theorie verwenden, die gleichen experimentellen Ergebnisse erhalten, sodass alle drei Ansätze experimentell gleichwertig sind.

Ein möglicher Unterschied zwischen diesen drei Ansätzen

besteht darin, dass es bei der Viele-Welten-Interpretation möglich sein könnte, zwischen verschiedenen Paralleluniversen zu wechseln. Aber wenn man eine Berechnung der Wahrscheinlichkeit dafür anstellt, erweist diese sich als so klein, dass wir es experimentell nicht überprüfen können. In der Regel müssen wir länger als die Lebensdauer des Universums warten, um in ein Paralleluniversum zu gelangen.

Ist das Universum ein Quantencomputer?

Nun wollen wir untersuchen, ob das Universum selbst ein Quantencomputer ist.

Wir erinnern uns, dass Babbage sich eine klar definierte Frage stellte: Wie leistungsfähig kann man einen analogen Computer machen? Wo liegen die Grenzen dessen, was man mit mechanischen Zahnrädern und Hebeln berechnen kann?

Turing erweiterte diese Frage: Wie leistungsfähig kann man einen digitalen Computer machen? Wo liegen die Grenzen für Berechnungen mit elektronischen Bauteilen?

Daher ist es naheliegend zu fragen: Wie leistungsfähig kann man einen Quantencomputer bauen? Wo liegen die Grenzen der Rechenleistung, wenn wir einzelne Atome manipulieren können? Und da das Universum aus Atomen besteht: Ist das Universum selbst ein Quantencomputer?

Der Physiker, der diese Idee vorgeschlagen hat, ist Professor Seth Lloyd vom MIT. Er ist einer der wenigen Physiker, die von Anfang an dabei waren, als die ersten Quantencomputer entwickelt wurden.

Ich fragte Professor Lloyd, wie er zu seiner Faszination für Quantencomputer kam. Er erzählte mir, dass er als Jugendlicher von Zahlen fasziniert war. Ihn interessierte vor allem die Tatsache, dass man mit nur wenigen Zahlen eine große Anzahl von Objekten in der realen Welt mit den Regeln der Mathematik beschreiben kann.

Doch als er sich nach einem Doktorandenthema umsah, sah er sich mit einem Problem konfrontiert. Auf der einen Seite gab es kluge Physikstudierende, die sich mit Stringtheorie und Elementarteilchenphysik beschäftigten. Auf der anderen Seite gab es Studierende, die sich mit Informatik beschäftigten. Er saß zwischen den Stühlen, denn er wollte sich mit Quanteninformation beschäftigen, die genau zwischen Teilchenphysik und Informatik angesiedelt war.

In der Elementarteilchenphysik ist die letzte Einheit der Materie das Teilchen, z.B. das Elektron. In der Informationstheorie hingegen ist die letzte Einheit der Information das Bit. Daher beschäftigte er sich mit der Beziehung zwischen Teilchen und Bits, was uns zu Quantenbits führt.

Seine umstrittene Idee ist, dass das Universum ein Quantencomputer ist. Das mag zunächst abwegig klingen. Wenn wir an das Universum denken, denken wir an Sterne, Galaxien, Planeten, Tiere, Menschen und DNA. Wenn wir aber an einen Quantencomputer denken, denken wir an eine Maschine. Wie könnte dies dasselbe sein?

In der Tat gibt es eine tiefgreifende Beziehung zwischen beiden. Es ist möglich, eine Turing-Maschine zu schaffen, die alle Newtonschen Gesetze des Universums enthält.

Stellen Sie sich zum Beispiel einen Spielzeugeisenbahnzug vor, der auf einer Miniatureisenbahnstrecke steht. Das Gleis ist in eine lange Reihe von Quadraten unterteilt, in denen wir jeweils eine 0 oder eine 1 platzieren können. 0 bedeutet, dass sich kein Zug auf diesem Teil der Strecke befindet, und 1 bedeutet, dass der Spielzeugzug daraufsteht. Nun bewegen wir den Zug, Feld für Feld. Jedes Mal, wenn wir den Zug um ein Feld verschieben, ersetzen wir eine 0 durch eine 1. Auf diese Weise kann sich der Zug gleichmäßig auf dem Gleis bewegen. Die Zahl 1 gibt die Position des Spielzeugzuges an.

Ersetzen wir nun die Eisenbahnstrecke durch ein digitales Band mit Nullen und Einsen und den Zug durch einen Prozessor. Immer wenn sich der Prozessor um ein Feld bewegt, ersetzen wir die 0 durch eine 1.

Auf diese Weise können wir eine Spielzeugeisenbahn in eine Turing-Maschine verwandeln. Mit anderen Worten: Eine Turing-Maschine kann die Newtonschen Bewegungsgesetze simulieren, die die Grundlage der klassischen Physik sind.

Wir können den Spielzeugzug auch modifizieren, um Beschleunigungen und komplexere Bewegungen zu beschreiben. Jedes Mal, wenn wir den Zug bewegen, können wir den Abstand zwischen den Einsen vergrößern, sodass der Zug schneller wird. Wir können den Spielzeugzug auch verallgemeinern, indem wir ihn auf einer 3-D-Schiene oder einem Gitter fahren lassen. Auf diese Weise können wir alle Gesetze der Newtonschen Mechanik kodieren.

Jetzt können wir also die Verbindung zwischen einer Turing-Maschine und den Newtonschen Gesetzen präzisieren. Ein klassisches Universum kann durch eine Turing-Maschine kodiert werden.

Als Nächstes können wir dies auf Quantencomputer verallgemeinern. An die Stelle einer Spielzeugeisenbahn, die Nullen und Einsen enthält, setzen wir eine Spielzeugeisenbahn mit einem Kompass. Seine Nadel kann nach Norden zeigen, wo wir sie mit 1 kennzeichnen, oder nach Süden, wo wir sie mit 0 kennzeichnen, oder in eine beliebige Richtung dazwischen, wo die Nadel dann die Überlagerung von Nord und Süd darstellt. Während sich der Spielzeugzug auf der Strecke bewegt, bewegt sich die Nadel in verschiedene Richtungen, entsprechend der Schrödingergleichung.

(Wenn man die Verschränkung mit einbeziehen will, fügt man dem Spielzeugzug mehrere Kompasse hinzu. Alle diese Kompassnadeln können sich auf unterschiedliche Weise bewegen, wenn der Zug die Strecke abfährt, entsprechend den Regeln des Prozessors.)

Während sich der Spielzeugzug bewegt, beginnt sich die Nadel des Kompasses zu drehen. Die Bewegung der Nadel zeichnet die in Schrödingers Wellengleichung enthaltenen Informationen nach. Auf diese Weise können wir die Wellengleichung aus der Bewegung dieser Spielzeugeisenbahn ableiten.

Der Punkt ist, dass eine Quanten-Turing-Maschine die Gesetze der Quantenmechanik kodieren kann, die wiederum das Universum regieren. In diesem Sinne kann ein Quantencomputer also das Universum kodieren. Die Beziehung zwischen einem Quantencomputer und dem Universum besteht also darin, dass Ersterer das Letztere kodieren kann. Streng genommen, ist das Universum also kein Quantencomputer, aber alle Phänomene im Universum können von einem Quantencomputer kodiert werden.

Da aber alle Wechselwirkungen auf mikroskopischer Ebene der Quantenmechanik unterliegen, bedeutet dies, dass Quantencomputer jedes Phänomen der physikalischen Welt simulieren können, von subatomaren Teilchen über DNA und Schwarze Löcher bis hin zum Urknall.

Die Spielwiese für Quantencomputer ist das Universum selbst. Wenn wir also eine Quanten-Turing-Maschine wirklich verstehen können, dann können wir vielleicht auch das Universum wirklich verstehen.

Ob dem so ist – es wird sich zeigen.

Danksagung

Auch bei diesem Buch bin ich meinem Agenten Stuart Krichevsky zu großem Dank verpflichtet, der mir seit Jahrzehnten treu zur Seite steht und mich und meine Bücher von der Idee bis zum Verkauf betreut. Ich vertraue seinem unfehlbaren Urteilsvermögen und seinem guten Rat in jeder Hinsicht. Er hat dazu beigetragen, meine Bücher zu einem Erfolg zu machen.

Ich möchte auch meinem Herausgeber, Edward Kastenmeier, danken, der mir stets ein zuverlässiger Ratgeber war. Auf jedem Schritt des Weges hat er dazu beigetragen, den Fokus des Buches zu schärfen und es für den Durchschnittsleser besser verständlich zu machen.

Darüber hinaus möchte ich auch den vielen Nobelpreisträgern danken, mit denen ich gesprochen oder die ich interviewt habe und die mir wertvollen Rat gegeben haben:

Richard Feynman
Steven Weinberg
Yoichiro Nambu
Walter Gilbert
Henry Kendall
Leon Lederman
Murray Gell-Mann
David Gross
Frank Wilczek
Joseph Rotblat
Henry Pollack
Peter Doherty
Eric Chivian
Gerald Edelman
Anton Zeilinger
Svante Pääbo

Auch den folgenden herausragenden Wissenschaftlern möchte ich danken, die Pioniere der Forschung auf ihrem Gebiet oder Leiter bedeutender wissenschaftlicher Labore waren und die ihr Wissen großzügig mit mir geteilt haben:

Marvin Minsky
Francis Collins
Rodney Brooks
Anthony Atala
Leonard Hayflick
Carl Zimmer
Stephen Hawking
Edward Witten
Michael Lemonick
Michael Shermer
Seth Shostak
Ken Croswell
Brian Greene
Neil deGrasse Tyson
Lisa Randall
Leonard Susskind

Und nicht zuletzt möchte ich den mehr als 400 Wissenschaftlerinnen und Wissenschaftlern danken, die ich im Lauf der Jahre interviewt habe und deren Erkenntnisse mir beim Verfassen des Buches eine unschätzbare Hilfe waren.

Anmerkungen

Teil I: Aufstieg der Quantencomputer

Kapitel 1: Das Ende des Siliziumzeitalters

1 Gordon Lichfield, «Inside the race to build the best quantum computer on Earth», *MIT Technology Review*, 26. Februar 2020, 1–23.

2 Yuval Boger, Interview mit Dr. Dr. Robert Sutor, *The Qubit Guy's Podcast*, 27. Oktober 2021. www.classiq.io/insights/podcast-with-dr-robert-sutor.

3 Matt Swayne, «Zapata Chief Says Quantum Machine Learning Is a When, Not an If», *The Quantum Insider*, 16. Juli 2020; www.thequantuminsider.com/2020/07/16/zapata-chief-says-quantum-machine-learning-is-a-when-not-an-if/.

4 Daphne Leprince-Ringuet, «Quantum Computers Are Coming, Get Ready for Them to Change Everything», *ZD Net*, 2. November 2020; www.zdnet.com/article/quantum-computers-are-coming-get-ready-for-them-to-change-everything/.

5 Dashveenjit Kaur, «BMW embraces quantum computing to enhance supply chain», *Techwire / Asia*, 1. Februar 2021; www.techwireasia.com/2021/02/bmw-embraces-quantum-computing-to-enhance-supply-chain/.

6 Cade Metz, «Making New Drugs With a Dose of Artificial Intelligence», *The New York Times*, 5. Februar 2019; www.nytimes.com/2019/02/05/technology/artificial-intelligencedrug-research-deepmind.html.

7 Ali El Kaafarani, «Four ways that quantum computers can change the world», *Forbes*, 30. Juli 2021; www.forbes.com/sites/forbestechcouncil/2021/07/30/four-ways-quantum-computing-could-change-the-world/?sh=7054e3664602.

8 «How quantum computers will transform these 9 industries», *CB Insights*, 23. Februar 2021; www.cbinsights.com/research/quantum-computing-industries-disrupted/.

9 Matthew Hutson, «The future of computing», *ScienceNews*; www.sciencenews.org/century/computer-ai-algorithm-moore-law-ethics.

10 James Dargan, «Neven's Law: Paradigm shift in quantum computers», *Hackernoon*, 1. Juli 2019; www.hackernoon.com/nevens-law-paradigm-shift-in-quantum-computers-e6c429ccd1fc.

11 Nicole Hemsoth, «With $3.1 billion valuation, what's ahead for PsiQuantum?», 27. Juli 2021; www.nextplatform.com/2021/07/27/with-3-1b-valuationwhats-ahead-for-psiquantum/.

Kapitel 2: Das Ende des digitalen Zeitalters

1 «Our Founding Figures: Ada Lovelace», *Tetra Defense*, 17. April 2020; www.tetradefense.com/cyber-risk-management/our-founding-figures-ada-lovelace/.
2 «Ada Lovelace», Computer History Museum; www.computerhistory.org/babbage/adalovelace/.
3 Colin Drury, «Alan Turing: The father of modern computing credited with saving millions of lives», *The Independent*, 15. Juli 2019; www.independent.co.uk/news/uk/home-news/alan-turingps50-note computers-maths-enigma-codebreaker-ai-test-a9005266.html.
4 Alan Turing, «Computing machinery and intelligence», *Mind*, 59: 433–60, 1950; https://courses.edx.org/asset-v1:MITx+24.09x+3T2015+type@asset+block/5_turing_computing_machinery_and_intelligence.pdf.

Kapitel 3: Siegeszug der Quantenphysik

1 Peter Coy, «Science advances one funeral at a time, the latest Nobel proves it», *Bloomberg*, 10. Oktober 2017; www.bloomberg.com/news/articles/2017-10-10/science-advances-one-funeral-at-a-time-the-latest-nobel-proves-it.
2 BrainyQuote, https://www.brainyquote.com/quotes/paul_dirac_279318.
3 Jim Martorano, «The Greatest Heavyweight Fight of All Time», *Tap Into Yorktown*, 24. August 2022; https://www.tapinto.net/towns/yorktown/articles/the-greatest-heavyweight-fight-of-all-time.
4 Zitiert in Denis Brian, *Einstein* (New York, Wiley 1996), 516.

Kapitel 4: Die Anfänge der Quantencomputer

1 Siehe Michio Kaku, *Parallel Worlds: The Science of Alternative Universes and Our Future in the Cosmos* (New York: Anchor, 2006).
2 Stefano Osnaghi, Fabio Freitas, Olival Freire Jr., «The Origin of the Everettian Heresy», *Studies in History and Philosophy of Modern Physics* 40, Nr. 2 (2009), 17.

Kapitel 5: Das Rennen ist eröffnet

1 Matthew Gooding, «IBMs 127-Qubit chip Eagle: Quantum computing may soon be too powerful to ignore», *Techmonitor*, 17. November 2021; https://techmonitor.ai/technology/ibm-eagle-chip-quantum-computing.
2 Emily Conover, «The new light-based quantum computer Jiuzhang has

achieved quantum supremacy», *Science News*, 3. Dezember 2020; https://www.sciencenews.org/article/new-light-basedquantum-computer-jiuzhang-supremacy.

3 «Xanada Makes Photonic Quantum Chip Available Over Cloud Using Strawberry Fields & Pennylane Open-Source Tools Available on Github», *Inside Quantum Technology News*, 8. März 2021; www.insidequantum technology.com/news-archive/xanadamakes-photonischer-quantum-chip-verfügbar-über-wolken-unter-verwendung-von-erdbeerfeldern-pennylane-open-source-tools-available-on-github/.

Teil II: Quantencomputer und Gesellschaft

Kapitel 6: Die Entstehung des Lebens

1 Leah Crane, «Google has performed the biggest quantum chemistry simulation ever», *New Scientist*, 12. Dezember 2019; www.newscientist.com/article/2227244-google-has-performed-the-biggest-quantum-chemistry-simulation-ever/.

Kapitel 7: Das Ergrünen der Welt

1 Alan S. Brown, «Unraveling the Quantum Mysteries of Photosynthesis», *The Kavli Foundation*, 15. Dezember 2020; www.kavlifoundation.org/news/unraveling-the-quantum-mysteries-of-photosynthesis.

2 Peter Byrne, «In pursuit of quantum biology with Birgitta Whaley», *Quanta Magazine*, 30. Juli 2013; www.quantamagazine.org/in-pursuit-of-quantum-biology-with-birgitta-whaley-20130730/.

3 Katherine Bourzac, «Will the artificial leaf sprout to combat climate change?», *Chemical & Engineering News*, 21. November 2016; https://cen.acs.org/articles/94/i46/artificial-leafsprout-combat-climate.html.

4 Ali El Kaafarani, «Four Ways Quantum Computing Could Change The World», *Forbes*, 30. Juli 2021; www.forbes.com/sites/forbestechcouncil/2021/07/30/four-ways-quantum-computing-could-change-the-world/?sh=398352d14602.

5 Katharine Sanderson, «Artificial leaves: Bionic Photosynthesis as Good as the Real Thing», *New Scientist*, 2. März 2022; www.newscientist.com/article/mg25333762-600-artificial-leavesbionic-photosynthesis-as-good-as-the-real-thing/.

Kapitel 8: Genug Nahrung für alle

1 «What Is Quantum Computing? Definition, Industry Trends, & Benefits Explained», *CB Insights*, 7. Januar 2021; https://www.cbinsights.com/research/report/quantum-computing/?utm_source=CB+Insights+Newsletter&utm_campaign=odf1cb4286-newsletter_general_Sat_20191115&utm_medium=email&utm_term=0_9dc0513989-0df1cb4286-88679829.
2 Allison Lin, «Microsoft doubles down on quantum computing bet», *Microsoft, The AI Blog*, 20. November 2016; https://blogs.microsoft.com/ai/microsoft-doubles-quantum-computing-bet/.
3 Stephen Gossett, «10 Quantum Computing Applications and Examples», *Built In*, 25. März 2020; https://builtin.com/hardware/quantum-computing-applications.

Kapitel 9: Die Energieversorgung der Welt

1 Holger Mohn, «What's behind quantum computing and why Daimler is researching it», *Mercedes-Benz Group*, 20. August 2020; https://group.mercedes-benz.com/company/magazine/technology-innovation/quantum-computing.html.
2 Ibid.

Teil III: Quantenmedizin

Kapitel 11: Genom-Editing und die Heilung von Krebs

1 Liz Kwo und Jenna Aronson, «The Promise of Liquid Biopsies for Cancer Diagnosis», *American Journal of Managed Care*, 11. Oktober 2021; www.ajmc.com/view/the-promise-of-liquid-biopsies-for-cancer-diagnosis.
2 Viviane Callier, «A Zombie Gene Protects Elephants From Cancer», *Quanta Magazine*, 7. November 2017; www.quantamagazine.org/a-zombie-gene-protects-elephants-from-cancer-20171107/.

Kapitel 12: KI und Quantencomputer

1 «AlphaFold: a solution to a 50-year-old grand challenge in biology», *Deepmind*, 30. November 2020; www.deepmind.com/blog/alphafold-a-solution-to-a-50-year-old-grand-challenge-in-biology.

2 Ron Leuty, «Controversial Alzheimer's Disease Theory Could Pinpoint New Drug Targets», *San Francisco Business Times*, 6. Mai 2019; www.bizjournals.com/sanfrancisco/news/2019/05/01/alzheimers-disease-prions-amyloid-ucsf-prusiner.html.
3 German Cancer Research Center, «Protein Misfolding as a Risk Marker for Alzheimer's Disease», *ScienceDaily*, 15. Oktober 2019; www.sciencedaily.com/releases/2019/10/191015140243.htm.
4 «Protein misfolding as a risk marker for Alzheimer's disease – up to 14 years before the diagnosis», *Biounity.com*, 14. Oktober 2019; www.bionity.com/en/news/1163273/protein-misfolding-as-a-risk-marker-for-alzheimers-disease-up-to-14-years-before-the-diagnosis.html.

Kapitel 13: Unsterblichkeit

1 Mallory Locklear, «Calorie Restriction Trial Reveals Key Factors in Enhancing Human Health», *Yale News*, 10. Februar 2022; www.news.yale.edu/2022/02/10/calorie-restriction-trial-reveals-key-factors-enhancing-human-health.
2 Kashmira Gander, «‹Longevity Gene› That Helps Repair DNA and Extend Life Span Could One Day Prevent Age-Related Diseases in Humans», *Newsweek*, 23. April 2019; www.newsweek.com/longevity-gene-helps-repair-dna-and-extend-lifespan-could-one-day-prevent-age-1403257.
3 Antonio Regalado, «Meet Altos Labs, Silicon Valley's Latest Wild Bet on Living Forever», *MIT Technology Review*, 4. September 2021; www.technologyreview.com/2021/09/04/1034364/altos-labs-silicon-valleys-jeff-bezos-milner-bet-living-forever/.
4 Allana Akhtar, «Scientists Rejuvenated the Skin of a 53 Year Old Woman to That of a 23 Year Old's in a Groundbreaking Experiment», *Yahoo News*, 8. April 2022; www.yahoo.com/news/scientists-rejuvenated-skin-53-old-175044826.html.

Teil IV: Die Welt und das Universum

Kapitel 14: Klimawandel

1 Ali El Kaafarani, «Four Ways Quantum Computing Could Change The World», *Forbes*, 30. Juli 2021; www.forbes.com/sites/forbestechcouncil/2021/07/30/four-ways-quantum-computing-could-change-the-world/?sh=398352d14602.

2 *IPCC Sixth Assessment Report Climate Change 2022: Impacts, Adaptation and Vulnerability*; www.ipcc.ch.

Kapitel 15: Die Sonne in der Flasche

1 Jonathan Amos, «Major Breakthrough on Nuclear Fusion Energy», BBC News, September 9, 2022; www.bbc.com/news/science-environment-60312633.
2 Claude Forthomme, «Nuclear Fusion: How The Power of Stars May Be Within Our Reach», *Impakter*, 10. Februar 2022; www.impakter.com/nuclear-fusion-power-stars-reach/.
3 Jonathan Amos, «Major Breakthrough on Nuclear Fusion Energy», *BBC News*, 9. September 2022; www.bbc.com/news/science-environment-60312633.
4 «Multiple Breakthroughs Raise New Hopes for Fusion Energy», *Global BSG*, 27. Januar 2022; www.globalbsg.com/multiple-breakthroughs-raise-new-hopes-for-fusion-energy/.
5 «Nuclear Fusion is One Step Closer with New AI Breakthrough», *Nation World News*, 13. September 2022; www.nationworldnews.com/nuclear-fusion-is-one-step-closer-with-new-ai-breakthrough/.

Kapitel 16: Das Universum simulieren

1 «The World Should Think Better About Catastrophic and Existential Risks», *The Economist*, 25. Juni 2020; www.economist.com/briefing/2020/06/25/the-world-should-think-better-about-catastrophic-and-existential-risks.
2 Für eine Diskussion der Stringtheorie siehe: Michio Kaku, *Die Gottes-Formel: Die Suche nach der Theorie von Allem* (Rowohlt 2021).

Weiterführende Literatur

Für diejenigen, die sich ein wenig mit Computerprogrammierung auskennen, könnten die folgenden Bücher von Nutzen sein:

Bernhardt, Chris: *Quantum Computing for Everyone*. MIT Press, Cambridge 2020

Edwards, Simon: *Quantum Computing for Beginners*. 2021

Grumbling, Emily und Horowitz, Mark (Hg.): *Quantum Computing: Progress and Prospects*. National Academy Press, Washington D.C. 2019

Jaeger, Lars: *The Second Quantum Revolution*. (*Die zweite Quantenrevolution: Vom Spuk im Mikrokosmos zur neuen Supertechnologie*) Springer, Schweiz, 2018

Mermin, N. David: *Quantum Computer Science: An Introduction*. Cambridge University Press, Cambridge 2016

Rohde, Peter P.: *The Quantum Internet: The Second Quantum Revolution*. Cambridge University Press, Cambridge 2021

Sutor, Robert S.: *Dancing with Qubits: How quantum computing works and how it can change the world*. Packt Publishing, Birmingham 2019

Abbildungsnachweise

Abb. 1, S. 37: Freeth, T., Higgon, D., Dacanalis, A., et al. A Model of the Cosmos in the Ancient Greek Antikythera Mechanism. *Sci Rep* 11, 5821 (2021).
Abb. 2, S. 46 Turing-Maschine Mapping Specialists Ltd.
Abb. 3, S. 60: Mapping Specialists Ltd.
Abb. 4, S. 68: Mapping Specialists Ltd.
Abb. 5, S. 75: Mapping Specialists Ltd.
Abb. 6, S. 90: Mapping Specialists Ltd.
Abb. 7, S. 105: Mapping Specialists Ltd.
Abb. 8, S. 114: Andrew Lindemann, courtesy IBM
Abb. 9, S. 117: Mapping Specialists Ltd.
Abb. 10, S. 230: Mapping Specialists Ltd.
Abb. 11, S. 296: Mapping Specialists Ltd.
Abb. 12, S. 329: Mapping Specialists Ltd.

Register

A

B

C

D

E

H

O

P

Q

R

S

T

W

X

Y

Z

Weitere Titel

Abschied von der Erde

Die Gottes-Formel

Die Physik der unsichtbaren Dimensionen

Die Physik der Zukunft

Die Physik des Bewusstseins

Die Physik des Unmöglichen

Im Paralleluniversum